Kunst-Reiseführer in der Reihe DuMont Dokumente

W0045041

Zur schnellen Orientierung – die wichtigsten Orte und Sehenswürdigkeiten Südostspaniens auf einen Blick:

In der vorderen Umschlagklappe: Spanische Mittelmeerküste

In der hinteren Umschlagklappe: Stadtplan Valencia

Hartmut Klüver

Spaniens Südosten
Die Levante

Die Mittelmeerküste von Amposta
über Valencia und Alicante
bis Cartagena

DuMont Buchverlag Köln

Umschlag vorne: Castillo Silla del Cid bei Elda

Umschlag Innenklappe: Novelda, Kachelmotiv an Sta. Magdalena

Umschlag hinten: Benidorm, Mirador

Frontispiz: Die Geschworenen von Valencia vor dem Stadttor Torres de Serranos; Holzschnitt des 15. Jh.

© 1987 DuMont Buchverlag, Köln
2. Auflage 1989
Alle Rechte vorbehalten
Satz und Druck: Rasch, Bramsche
Buchbinderische Verarbeitung: Bramscher Buchbinder Betriebe

Printed in Germany   ISBN 3-7701-1869-3

Inhalt

Vorwort

Dieses Buch ist in erster Linie für den Einzelreisenden gedacht, der seinen Urlaub nicht nur am Strand verbringen will, sondern auch Eindrücke von der Landschaft, der Geschichte und der Kunst der Levanteküste mit nach Hause nehmen möchte. Der Umfang der Darstellung wurde ganz bewußt auf die Küste beschränkt; das weitere Hinterland der Levante, das in seiner Erstreckung ungefähr deckungsgleich ist mit dem ehemaligen Königreich Valencia, hätte mit seiner Vielzahl sehenswerter Objekte den Umfang des Buches gesprengt. Auch die Küste allein bietet eine fast unüberschaubare Zahl interessanter Gebäude, Bilder und Skulpturen, von denen hier nur die nach Meinung des Verfassers schönsten und bedeutendsten dargestellt sind.

Die Geschichte der Levante zeigt sich heute in vielfältiger Form. Dazu gehören die Hinterlassenschaften der maurischen Eroberer in den Gartenbaulandschaften der *huertas* und den Palmenhainen ebenso wie die Relikte des Imperium Romanum, dazu gehören die vielen Festungsbauwerke entlang der Küste, und dazu gehören auch die menschlichen Siedlungen aller Epochen und Erscheinungsformen. Die Gegenwart hat der Landschaft mit der Industrialisierung im Raum Valencia und dem wachsenden Fremdenverkehr entlang der gesamten Küste ihren Stempel aufgedrückt. Die Levanteküste ist heute das am stärksten durch den Tourismus überformte Gebiet Spaniens mit schier endlosen Reihen von Hochhäusern, einem immensen Verkehrsaufkommen und all den anderen fragwürdigen Erscheinungen dieser Kultur bis hin zu einer massiven Verschmutzung und Zerstörung der Umwelt. Die stillen Winkel und malerischen Gassen, die es früher noch gelegentlich gab, sind weitgehend verschwunden und haben dem lärmenden Treiben der Andenkenläden und Hotelkomplexe Platz gemacht. Die Levanteküste hat hierunter in einem Ausmaß gelitten, das jeden langjährigen Kenner des Raumes erschreckt.

Neben diesen Negativrekorden hat sich die Levante aber auch eine Vielzahl reizvoller Eigenheiten bewahren können, die letztlich der Grund für dieses Buch waren. Dazu gehören die *huerta*-Landschaften, die zwar den Erfordernissen der modernen Landwirtschaft angepaßt, nicht aber umgeformt wurden, und dazu gehören auch die zahlreichen historischen Gebäude und Anlagen, die in den letzten Jahren durch den spanischen Staat mit ungeheurem Aufwand restauriert und als nationale Kulturdenkmäler der Nachwelt erhalten wurden. Dieses Rettungsprogramm ist noch nicht abgeschlossen und wird sicherlich noch viele Jahre benötigen; seine positiven Auswirkungen sind schon heute nicht mehr zu übersehen.

Zu den Besonderheiten der Levante gehört der Gegensatz zwischen der übervölkerten Küste und dem stillen, gebirgigen Hinterland mit seinen verschlafenen Dörfern und Kleinstädten, in denen die Zeit manchmal stehengeblieben zu sein scheint. Wer die spanische Levante kennenlernen will, muß die Küste verlassen, um nach Spanien zu kommen.

Wer die Kunstschätze der Levanteküste sehen möchte, muß mobil sein. Ohne Auto sind viele der hier genannten Kulturzeugnisse nicht oder nur sehr schwer zu erreichen, wenn man von den großen Städten absieht. Auf die Aufnahme jener Objekte, die nur unter Schwierigkeiten und nach langen Fußmärschen zu erreichen sind, wie etwa die zahlreichen Felszeichnungen, wurde weitgehend verzichtet; gelegentlich sind Querverweise gegeben worden. Die Auswahl der dargestellten Gegenstände versucht, sich an ihrer historischen und künstlerischen Bedeutung zu orientieren, ohne dabei die subjektiven Interessen des Autors zu übergehen. Gelegentlich sind auch weniger wertvolle Objekte in die Darstellung aufgenommen worden, wenn diese im Verlauf der Fahrtroute ohne Umweg zu besichtigen waren.

Besonderer Wert wurde auf die Darstellung der historischen Entwicklung und der geographischen Bedingungen gelegt, ohne die die künstlerische und architektonische Entwicklung in diesem Raum nicht denkbar ist. Ebenso wurde versucht, den kirchengeschichtlichen Hintergrund zumindest in Ansätzen darzustellen. Die Öffnungszeiten der Kirchen, Museen, Verwaltungen und Festungswerke unterliegen zahlreichen Schwankungen, die nicht nur jahreszeitlich begründet sind. Wo dies möglich war, wurden entsprechende Hinweise aufgenommen.

Ich widme diese Arbeit der Erinnerung an meinen Vater Albert Klüver (1914–1972), dem ich die erste Begegnung mit der Levanteküste und die Liebe zu diesem Land verdanke.

Amöneburg, im August 1987   Hartmut Klüver

Der Schauplatz

Das italienische Wort ›Levante‹ bezeichnet in seiner ursprünglichen Bedeutung das ›Land des Sonnenaufgangs‹. Die historische Bezeichnung Levante meinte die Länder des östlichen Mittelmeeres, vor allem die Hafen- und teilweise auch die Binnenstädte Kleinasiens, Palästinas und Ägyptens, die rege Handelsbeziehungen mit den Stadtrepubliken des historischen Italien pflegten.

Der Name ›Spanische Levante‹ bezeichnet ein Gebiet an der Südostküste der Iberischen Halbinsel, welches die Provinzen Castellón, Valencia, Alicante, Murcia und Teile der Provinz Albacete umfaßt, ohne daß der so beschriebene Raum nunmehr mit einer eindeutig fixierten Grenze umgeben werden kann. Vielmehr haben wir unter der Levante einen übergeordneten Sammelbegriff für eine historische Region zu verstehen, deren räumliche Ausdehnung durch die genannten Verwaltungsgrenzen am besten charakterisiert werden kann. Entstanden ist der Begriff vermutlich als umgangssprachliche Übertragung vom östlichen Mittelmeer, der eigentlichen Levante, auf das östliche Spanien, das jahrhundertelang das Zentrum des Seehandels der Iberischen Halbinsel war.

›Land des Sonnenaufgangs‹ trägt nicht nur den klimatischen Bedingungen dieses Raumes Rechnung, sondern spiegelt sich ebenso in den farbigen Namen seiner Küsten wider. Costa Dorada (Goldene Küste), Costa del Azahar (Küste der Orangenblüte) und Costa Blanca (Weiße Küste) sind bezeichnende Namen jener beiden Faktoren, für die dieser Landstrich berühmt ist: Die von steter Sonne beschienenen weißen und goldenen Strände ebenso wie der Reichtum der Landschaft an landwirtschaftlichen Produkten, vor allem an Apfelsinen, Zitronen und anderen Südfrüchten, deren Anbaugebiete vor allem in der Provinz Valencia das bestimmende Element sind.

Auch die Abgrenzung dieser Küsten darf man sich nicht als eine feste Grenzlinie vorstellen; vielmehr gehen die einzelnen Küstenabschnitte ineinander über, so daß die Grenzgebiete als einmal zu dieser und einmal zu jener Küste gehörig bezeichnet werden. Die Namen der Küsten unseres Raumes haben vor allem in touristischer Hinsicht heute an Bedeutung gewonnen, weil sie nicht nur der geographischen Bezeichnung jeweils eines bestimmten Abschnittes der spanischen Ferienlandschaft dienen, sondern auch in der Tourismuswerbung als Schlagworte vermarktet werden.

Die Costa Dorada im Norden erstreckt sich etwa bis auf die Höhe der Städte Tarragona und Tortosa und bezeichnet damit die nördliche Grenze des hier vorgestellten Raumes. An sie schließt sich die Costa del Azahar an, die etwa von Tortosa bis zu dem in das Meer vorspringenden Cabo de la Nao reicht und damit den Golf von Valencia einschließt.

Vom Cabo de la Nao bis zum Cabo de Palos bei Cartagena reicht die Costa Blanca, die die südliche Grenze des Raumes einschließt und deren Name auf ihre weißen Strände hinweist. Mit Alicante und Cartagena liegen an ihr zwei bedeutende Häfen der spanischen Mittelmeerküste. Mit der *huerta* von Murcia verfügt sie zudem in ihrem Hinterland über ein bedeutendes landwirtschaftliches Gebiet. Südlich der Costa Blanca beginnt die Costa del Sol, ein ausgedehntes Feriengebiet mit Badeorten, die ebenso bekannt sind wie jene an der Costa Blanca.

Aus touristischen Gründen ist der räumlich nicht eng fixierte Begriff der Costa Blanca in den letzten Jahren auch auf das Gebiet südlich des Cabo de Palos bis etwa zum Cabo de Gata bei Almería ausgedehnt worden, wodurch die Costa Blanca als Küstenlinie eine Ausdehnung von fast 500 km erhalten hat. In der einschlägigen Reiseliteratur finden sich derzeit noch beide Abgrenzungen nebeneinander.

Der Raum dieses Reiseführers soll aber begrenzt werden auf das Küstengebiet zwischen Tortosa im Norden und Cartagena im Süden, wobei auch das Hinterland mit eingeschlossen ist. Dieses Hinterland wird bestimmt durch das Nebeneinander der kahlen, oft nur schwer zugänglichen Bergwelt und der fruchtbaren Bewässerungslandschaften der *huertas* (Gärten) von Castellón, Valencia, Gandía und Murcia. Die *huerta* von Valencia ist zum Beispiel eines der wichtigsten Landwirtschaftsgebiete Spaniens mit ausgedehnten Gartenbauflächen ebenso wie unüberschaubaren Obstbaumkulturen. Die sorgsame Bewässerung der Felder und Plantagen in den *huertas* ermöglicht mehrere Ernten im Jahr und ergibt so hohe Erträge, daß Orangen und Reis als die traditionellen Anbaufrüchte der *huertas* zu einem wichtigen Exportgut der spanischen Landwirtschaft geworden sind.

In ihrer verkehrsmäßigen Anbindung ist die Levante gut erschlossen. Dies gilt ganz besonders für Autotouristen, die über das französische Autobahnnetz eine direkte Verbindung zur spanischen Küstenautobahn haben und somit das Ziel Valencia ohne Unterbrechung erreichen können. Die spanische Autopista reicht derzeit von La Junquera an der Grenze bis nach Alicante im Süden und wird lediglich bei Valencia unterbrochen, wo die Stadt durchquert werden muß. Als ergänzende Verbindung stehen neben der Eisenbahn auch die Flughäfen von Valencia und Alicante zur Verfügung.

Geographische Strukturen

Die Oberfläche

Die Levante wird bestimmt durch den Gegensatz zwischen dem relativ flachen Küstenstreifen und der abrupt beginnenden Gebirgszone. Der Küstenstreifen erreicht Ausdehnungen von wenigen hundert Metern bis zu mehreren Kilometern Breite. Größere Erweiterungen erfährt das Flachland nur in den Küstenhöfen und in den Mündungsgebieten der großen Flüsse, die zugleich Standorte intensiver agrarischer Nutzung sind. Die größten zusammenhängenden Tieflandgebiete sind die Ebenen von Castellón, Valencia, Gandía, Alicante, Murcia und Orihuela.

Dem Reisenden wird dieser Gegensatz bei der Fahrt durch das Land deutlich, wenn er das Gebirge verläßt und in die Ebene von Castellón als der ersten bedeutenderen Stadt der Levante eintritt. Auch die Fahrt nach Valencia und in die anderen großen Küstenhöfe zeigt immer wieder den Gegensatz zwischen dem flachen, intensiv bewässerten und landwirtschaftlich genutzten Küstenstreifen und dem kahlen, unfruchtbaren Küstengebirge.

Die Gebirgszone steigt häufig steil an und erreicht Höhen weit über 1000 m. Höchste Erhebung ist der Peñagolosa mit 1813 m. Der Weg in das Hinterland der Küste ist eine Fahrt in eine Mittelgebirgslandschaft von herber Schönheit, die mit ihren weiten Ausblicken über die fruchtbaren Täler zwischen den kahlen verbrannten Höhen und den zahlreichen Stauseen immer wieder begeistert. Die Gebirgszonen sind, im Gegensatz etwa zur Küste, nur äußerst spärlich besiedelt und leiden unter zunehmender Abwanderung ihrer Bevölkerung, die an der Küste bessere Arbeits- und Verdienstmöglichkeiten findet. Wer Einsamkeit und eine noch weitgehend urwüchsige Landschaft sucht, findet sie hier auf jeden Fall. Die spärliche Vegetation verleiht den schroff aufragenden Felsen und Bergen einen ganz eigenen Reiz, der ungewohnt ist. In den wenigen noch intensiv genutzten Teilen dieses Raumes wird selbst die kleinste ebene Fläche noch zur Anpflanzung von Öl- und Nußbäumen genutzt, um wenigstens einen geringen Ertrag zu erzielen. Daneben liegen nur wenige hundert Meter weiter oftmals reine ›Mondlandschaften‹ ohne Bewuchs.

Zum überwiegenden Teil besteht die Küste der Levante aus flachen Stränden, die über viele Kilometer hinweg als Badestrand genutzt werden können. Vom Kap von Tortosa über Castellón und Valencia bis hin zum Kap San Antonio ist das Ufer ein einziger Strand mit zumeist sandigem, gelegentlich auch kiesartigem Untergrund. Nur bei Cullera unterbricht ein kurzer Steilküstenabschnitt den Sandstrand. Hohe Steilküsten finden sich dann wieder am Kap San Antonio und am Kap de la Nao sowie den folgenden vorspringenden Küstenabschnitten. Gelegentlich finden sich flachere Steilufer, die teilweise mit dem Boot erreichbare Sandstrände haben. Der nach Süden folgende Küstenstreifen zeichnet sich durch eine wechselnde Abfolge von Stränden, Steilküste, Klippen und flachen Uferstrecken aus, die sich so bis zum Kap Palos hinziehen. Bei Valencia besteht mit La Albufera ein Strandsee von bedeutender Größe. Kleinere Strandseen liegen auch nördlich des Kap Roig und ziehen sich hin bis zum Kap von Santa Pola.

Im Küstenbereich liegen auch die Hauptverkehrslinien, also Straßen, Autobahn und Eisenbahnlinie, da nur hier aufgrund der natürlichen Voraussetzungen eine durchgehende Verbindung möglich ist. Die bis in den Küstenverlauf vorspringenden Gebirgsausläufer sind entweder durch Tunnelstrecken für den Verkehr passierbar gemacht worden, wie dies etwa zwischen Benidorm und Calpe der Fall ist, oder sie wurden oberflächig durchbrochen und eingeebnet wie im Bereich des Maestrazgos. Die Verbindungen in das Hinterland orientieren sich weitgehend am Verlauf der Täler; größere, die Landschaft verändernde Baumaßnahmen wurden erst in den letzten Jahren in Angriff genommen.

Temperaturen und Niederschläge

Die mitteleuropäische Hauptreisezeit für den Urlaub in Spanien ist der Sommer. Günstiger, weil klimatisch angenehmer, sind aber das späte Frühjahr und der frühe Herbst, d. h. die Monate Mai bis Juni und September bis Oktober. In dieser Zeit ist die Levante nicht mehr von den zahllosen Touristen überschwemmt, was sich im Service der Hotels und Restaurants ebenso deutlich bemerkbar macht wie im Verkehrsaufkommen und bei der Zimmersuche. Die Strände sind spürbar leerer und häufig auch sauberer als in der Hauptreisezeit, wenn scheinbar ganz Westeuropa nach Spanien fährt. Auch das Klima zeigt sich dann von seiner angenehmsten Seite. Die Temperaturen liegen im Mai – Juni um 26 °C und im September – Oktober um etwa 28 °C und sind damit wesentlich erträglicher.

Die Hauptregenzeiten an der Levanteküste sind das Frühjahr und der Herbst, während der Sommer praktisch niederschlagsfrei ist. Die Wintermonate verzeichnen zwar milde Temperaturen, sind aber auch reich an Niederschlägen, die nur im südlichen Teil der Küste um Alicante herum spärlicher ausfallen. Alicante zählt in dieser Zeit noch zu den stark frequentierten Urlaubsorten, da die klimatischen Verhältnisse dort auch im Winter sehr stabil sind mit angenehmen, frostfreien Temperaturen und wenigen Regenfällen, die ein Überwintern ermöglichen. Man kann dort auch im Winter noch im Hemd auf der Straße sitzen und seinen Café nehmen. Natürlich bieten auch die Ferienorte rund um Alicante entsprechende Bedingungen, so daß z. B. Benidorm in dieser Zeit einen regen touristischen Betrieb hat.

In wenigen Teilen der Region werden Niederschläge von mehr als 500 mm erreicht; zumeist liegen sie unter 400 mm. Nur in den höheren Küstengebirgen treten Niederschlags-

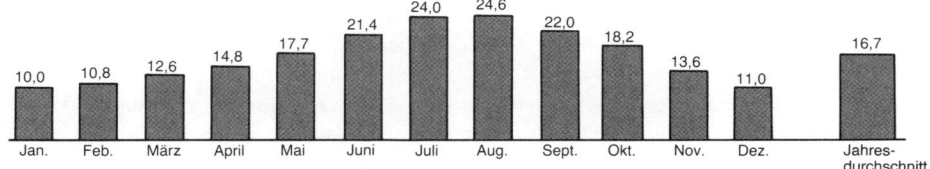

10,0	10,8	12,6	14,8	17,7	21,4	24,0	24,6	22,0	18,2	13,6	11,0	16,7
Jan.	Feb.	März	April	Mai	Juni	Juli	Aug.	Sept.	Okt.	Nov.	Dez.	Jahres-durchschnitt

Durchschnittliche Temperaturen an der Levanteküste (Durchschnitt von 30 Jahren)

summen von bis zu 1000 mm auf, während das Gebiet südlich des Kap San Antonio sich sogar durch eine relative Trockenheit unterscheidet. In ihrem jährlichen Wechsel sind die Niederschläge ganz erheblichen Schwankungen unterworfen; schon daraus ergibt sich die Notwendigkeit der künstlichen Bewässerung in der Landwirtschaft.

Das Territorium – nationale Vielfalt durch regionale Autonomie

Die spanische Nation ist kein einheitliches Staatsgebilde, sondern in ihrem Inneren ebenso vielfältig und differenziert wie es alle großen Nationen sind. Räumlich definiert durch historische und politische Grenzen, gegründet auf langer historischer Tradition und getragen vom gemeinsamen Willen zur nationalen Einheit nach außen bietet sie viel Spielraum für regionale Eigenentwicklungen, die letztlich die nationale Vielfalt in der staatlichen Einheit Spanien ausmachen.

Grundlegendes Element einer regionalen Differenzierung des Landes und häufig Auslöser regionaler Autonomiebestrebungen ist die Sprache. Innerhalb der spanischen Grenzen werden vier Hauptsprachen gesprochen, die sich deutlich voneinander unterscheiden: Das Kastilische *(castellano)*, das Baskische *(vasco)* und das Katalanische *(català/án)* sowie in Galicien das Galicisch. Katalonien und fast die gesamte Mittelmeerküste bis etwa Alicante sprechen das Katalanische, ebenso wie auch die zur Levante zählenden Balearen. Diese Sprache findet im Gebiet des ehemaligen Königreichs Valencia mit dem Valencianischen *(valencià/ano)*, eine eigene Dialekt-Ausprägung, die in den letzten Jahren eine besondere Förderung erfahren hat. Das *valenciano* ist nicht mehr nur im täglichen Leben verbreitet, sondern hat auch Eingang in die literarische Produktion und die Wissenschaft gefunden.

Valenciano ist heute vorwiegend im Küstenbereich zwischen Amposta im Norden und Alicante im Süden verbreitet. Zum Inland hin verläuft seine Verbreitungsgrenze etwa entlang der Linie Lucena – Onda – Liria – Enguera – Villena – Elche und Orihuela. Die Bevölkerung des gebirgigen Hinterlandes der Levante spricht dagegen weitgehend *castellano*.

Die nach dem Tode Francos neu gebildeten siebzehn autonomen Regionen sind fast deckungsgleich mit alten historischen und politischen Räumen, wodurch auch eine gewisse historische Kontinuität erhalten wird. Gefühlsmäßige Bindungen, historische Traditionen und sprachliche Verbindungen sind für die Bildung der Regionen weit entscheidender gewesen, als rein sachliche Zwänge.

In der Levante ist mit der Region Valencia ein neuer Verwaltungsraum entstanden, der die Provinzen Castellón, Valencia und Alicante umfaßt und historisch wie politisch weitgehend mit dem ehemaligen Königreich Valencia identisch ist. Die sprachliche Einheit der Region ist ein weiteres verbindendes Element. In der angrenzenden historischen Region Murcia hat sich die Provinz Albacete derweil aus dem Verbund gelöst und sich der Region Kastilien – La Mancha angeschlossen, so daß die alte Region Murcia nur noch in politischer, nicht aber territorialer Hinsicht besteht.

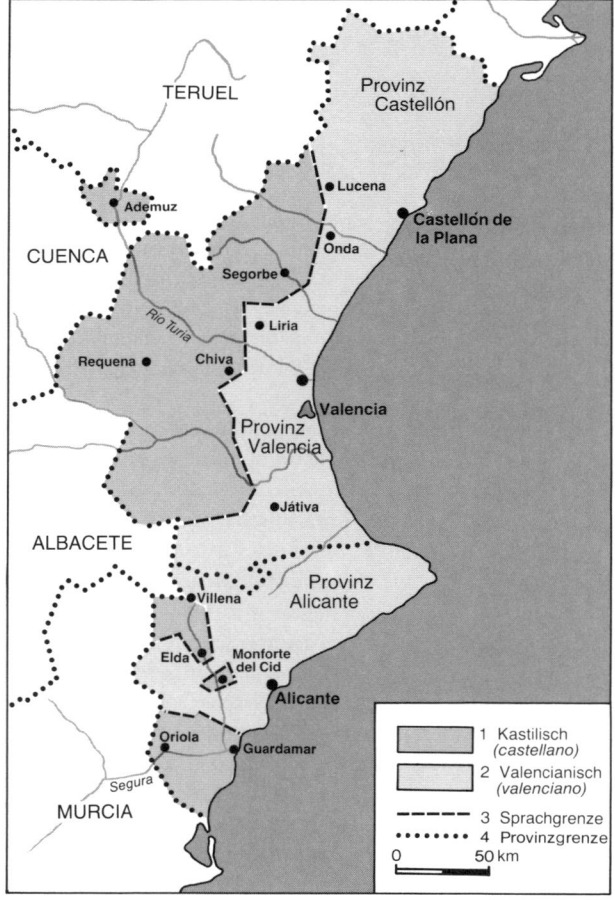

Sprachgebiete in der Levante

Mit 23 000 km² bzw. 11 000 km² Fläche gehören Valencia und Murcia zu den kleineren autonomen Gebieten Spaniens, die sich aber im Gegenzug durch eine sehr hohe Bevölkerungsdichte hervorheben.

Die Bevölkerung

Das Gebiet der Levante war schon in historischer Zeit aufgrund seiner klimatischen Bedingungen ein bevorzugtes Siedlungsgebiet und ist es bis heute geblieben. Die intensive landwirtschaftliche Nutzung in den Küstenebenen mit ihren hohen Erträgen garantierte Arbeit und Einkommen für die aus ärmeren Gebieten des Landes dorthin wandernden Menschen. Wenngleich auch heute noch über 15 % der spanischen Bevölkerung in der Landwirtschaft tätig sind und in den Intensivgebieten wie den *huertas* von Valencia und Murcia oder in Andalusien sogar Spitzenwerte von fast 20 % der Erwerbsbevölkerung in der Landwirtschaft erreicht werden, hat die Landwirtschaft ihre ursprüngliche Bedeutung mit der in den 60er und 70er Jahren einsetzenden Industrialisierung verloren. Heute wirken Valencia, Castellón und Alicante vor allem aufgrund ihrer Arbeitsplätze in Industrie und Tourismus als Anziehungspunkte für die Bevölkerung. Die Kapazität der Industriebetriebe reicht aber bei weitem nicht aus, um allen Arbeitsuchenden eine Tätigkeit zu vermitteln, so daß mittlerweile auch aus der Levante eine Abwanderung nach Katalonien und in das benachbarte Ausland mit Schwerpunkt Frankreich festzustellen ist. Dies hat dazu geführt, daß die Provinz Castellón derweil keine Wanderungsgewinne aus der Bevölkerung anderer Provinzen erzielen kann, die Provinzen Valencia und Alicante nur noch geringe Bevölkerungszuwächse von etwa 10 % haben und die Provinz Murcia mit stark ausgeprägter landwirtschaftlicher Erwerbstätigkeit sowie ihren Bergbaugebieten Verluste in der Bevölkerung von bis zu 20 % im Zeitraum von 1961 bis 1970 verzeichnete. Murcia ist zudem eine der Provinzen, in denen selbst die Hauptstadt als wirtschaftliches Zentrum Verluste in der Bevölkerungsstärke hinnehmen mußte. Die innerprovinzielle Arbeitsmigration von der Provinz in die regionale Hauptstadt spielt denn auch kaum mehr eine Rolle.

In Spanien hat die Verstädterung in der Gegenwart das aus allen Industrienationen bekannte Ausmaß erreicht. Dies gilt natürlich auch für die Levante. Valencia als ihre größte Stadt hat inzwischen rund 750 000 Einwohner, Castellón ca. 100 000 Einwohner, Alicante 250 000, Murcia 300 000 und Cartagena 170 000 Einwohner. In der Provinz Valencia wohnen auf ca. 11 000 km² Fläche rund 2,1 Millionen Menschen, was einer Bevölkerungsdichte von fast 200 Menschen/km² entspricht. Damit gehört dieser Raum zu den am dichtesten besiedelten Gebieten Spaniens. Ähnliche Verhältnisse gelten auch für die Provinz Alicante, während in Murcia nur 84 Einwohner auf einen km² Fläche kommen, was ungefähr dem spanischen Durchschnitt von etwa 75 bis 80 Einwohnern/km² entspricht.

Die Entvölkerung des Landes zugunsten der Zentren setzt sich weiter fort. Weit mehr als ein Drittel der gesamten spanischen Bevölkerung lebt derweil in nur 38 Großstädten, so daß die Landregionen in Extremfällen Bevölkerungsdichten von unter 10 Einwohnern/km² aufweisen.

In der Levante setzte die Wanderung in die Zentren schon zu Beginn des Jahrhunderts in noch schwacher Form ein, um sich dann immer mehr auszuweiten. In der Region Valencia ist daher der Anteil der Landbevölkerung von über 60 % der Gesamtbevölkerung im Jahre 1900 über 50 % (1940) auf schließlich etwa 25 % im Jahr 1970 gefallen, während die in den Städten lebenden Menschen inzwischen 75 % der Bevölkerung ausmachen. Dies führt dazu, daß die Küstenstädte hinsichtlich ihrer Bevölkerungsdichte Spitzenwerte erreichen mit (1970) 369 Einwohnern/km² in Castellón, 537 Ew/km² in Alicante und gar 2035 Ew/km² in Valencia.

Die Erschließung der Mittelmeerküste für den Fremdenverkehr hat auch in den Bezirken Valencia und Murcia frühzeitig zu Änderungen der Erwerbsstruktur geführt. Dies war um so mehr von Bedeutung, als die klassischen Erwerbsquellen Landwirtschaft, Handel und Bergbau tiefgreifende Strukturveränderungen durchmachten. Die fortschreitende Mechanisierung der Landwirtschaft setzt weiterhin ebenso wie in allen anderen Ländern fortlaufend Arbeitskräfte frei, die bei zunehmender Industrialisierung wegen ihrer ungenügenden beruflichen Qualifikation nur schwer Arbeitsplätze finden werden. Im Bergbau von Murcia ist die in der Vergangenheit unübersehbare Vielzahl kleiner und kleinster Betriebe nach Änderung der Konzessionsbedingungen, Veränderungen der Marktlage und bei steigendem finanziellem Investitionsbedarf für die Ausbeutung der Lagerstätten inzwischen einer geringen Zahl großer Unternehmen gewichen, die mit modernen Methoden flächenmäßig große Konzessionsgebiete ausbeuten.

Schließlich hat auch die rasante Entwicklung des Fremdenverkehrs an der Küste Veränderungen bewirkt, zu denen die Schaffung einer Vielzahl neuer Arbeitsplätze im Gastgewerbe, als Verkäufer in den zahllosen Geschäften der Badeorte, als Hausmeister, Gärtner und Bauarbeiter gehört. Vielfach haben die betroffenen Fischer in den Badeorten neue Tätigkeiten im Tourismus gefunden.

Im Vergleich mit Westeuropa (z. B. Bundesrepublik 4 %/1981) ist der Anteil der in der Landwirtschaft tätigen Personen mit etwa 25 % (1977) in den Provinzen Castellón und Murcia bzw. 14 bis 15 % in den Provinzen Alicante und Valencia noch recht hoch.

Im Bereich der verarbeitenden Industrie erreicht die landwirtschaftlich starke Provinz Murcia noch einen Anteil von etwa 35 % der Erwerbstätigen, die anderen Provinzen unseres Raumes dagegen zwischen 41 % und 49 %. Der tertiäre Sektor, also der Bereich der Dienstleistungen, ist mit 42 % in Valencia stark ausgeprägt; in Castellón und Alicante beträgt sein Anteil nur 34 % bzw. 35 % der Erwerbstätigen, in Murcia immerhin noch 39 %. Im Vergleich mit den anderen Provinzen Spaniens kann die Erwerbsstruktur in der Levante noch als ausgeglichen angesehen werden.

Die Siedlungen

Die Städte und Gemeinden der Levanteküste haben in den letzten Jahrzehnten eine Umgestaltung erfahren, die nur in wenigen Fällen als vorteilhaft angesehen werden kann. Im Zuge der explosionsartigen Ausweitung des Fremdenverkehrs ist die gesamte Mittelmeerküste mehr oder weniger mit Hochhäusern zubetoniert worden; kaum eine Ortschaft hat ihr ursprüngliches Gesicht bewahren können. Auch die Gestaltung der alten Dorfkerne ist den Forderungen der Touristen angepaßt und mit zahllosen Lokalen, Souvenirgeschäften und Hotels übersät worden. Eines der extremsten Negativbeispiele ist Benidorm, von vielen auch als das ›Klein-Manhattan‹ der Levanteküste bezeichnet, das in der Urlaubszeit zu einer modernen Millionenstadt mit allen unangenehmen Begleiterscheinungen wird. Das Meer von Hochhäusern dieser Stadt wird inzwischen ganzjährig genutzt. Das ursprünglich beschauliche Fischerdorf auf einem Felsen über dem Meer existiert nur noch in Resten, nachdem die alten Gebäude zu Restaurants, Hotels, Geschäften, Spielsalons und Bars umgestaltet wurden. Die vor 20 Jahren noch relativ ruhigen alten Dorfstraßen können heute wegen der sich durch sie schiebenden Menschenmassen kaum noch fotografiert werden. Die Verkehrsbelastung auf den innerstädtischen Straßen ist so immens geworden, daß teilweise nur noch Schrittverkehr möglich ist; die Suche nach einem Parkplatz im Zentrum ist ohnehin ein hoffnungsloses Unterfangen. Mit der Einrichtung von Einbahnverkehr und Fußgängerzonen versucht man in den letzten Jahren, diese Probleme in den Griff zu bekommen. Während vor zwei Jahrzehnten noch die britischen und teilweise die deutschen Touristen überwogen, die über den Flughafen von Alicante einreisten, ist das innerspanische Publikum zur Zeit in der Überzahl. Sie besitzen auch die zahllosen Apartments in den Hochhäusern und nutzen diese oftmals nur als Wochenendsitz am Meer.

Aber auch die anderen Badeorte, zumal die bekannteren, sind derweil durch einen ungehemmten architektonischen Wildwuchs mehr verschandelt als bereichert worden. Die Verkehrsbelastung in den engen Straßen auch der Neubaugebiete hat häufig einen Umfang angenommen, der sich kaum noch mit dem Begriff der Ruhe und Erholung verbinden läßt. Auch hier gibt es aber Ausnahmen in den kleineren Fischerdörfern, die sich aus den verschiedensten Gründen platzmäßig nicht ausweiten konnten und daher am Boom nicht im sonst möglichen Maße teilnahmen.

Das weitgehend ungebrochene Verhältnis der Spanier zu ihrer Umwelt tut ein Übriges, um den Urlaub mit Lärm, Gestank, Verunreinigungen, Baustellen und Verkehrsstaus nicht immer zur Erholung werden zu lassen, obwohl auch hier in den letzten Jahren deutliche Verbesserungen zu registrieren sind.

Die moderne Architektur der Levanteküste stellt heute eine Mischung moderner und modernisierter historischer Formen dar, unter denen die uniforme Gestaltung der Hochhäuser weit überwiegt. Die zahlreichen Touristensiedlungen, die unter dem Begriff der *urbanización* (etwa: Wohnsiedlung) zusammengefaßt werden, versuchen diese Uniformität durch die Anlehnung an alte Baustile und individuelle Gestaltung zu vermeiden, erzeugen aber durch ihre Masse bereits wieder den Eindruck der Gleichförmigkeit. Vielerorts durchgesetzt hat sich ein pseudo-spanischer Stil mit maurischen Gestaltungselementen bei den Einfamilienhäusern, neben dem aber auch sehr moderne Bauten stehen. Eine eigene regionale Architektur hat die Levante auch in historischer Zeit nicht entwickelt, sondern immer wieder die von außen kommenden Einflüsse in sich aufgenommen und modifiziert. Trotz dieser Fremdeinflüsse hat die ländliche Bevölkerung der Küste und ihrer Ebenen in begrenztem Maße und als notwendiges Ergebnis ihrer wirtschaftlichen Tätigkeit eigene, auf das Gebiet beschränkte und über Jahrhunderte erhaltene Siedlungsformen entwickelt.

Dieses sind auf den bäuerlichen Verwendungszweck zugeschnittene Gebäude, errichtet aus Luftziegeln, Sand und Kalk. Regional treten die als *barracas* bezeichneten Hausformen in unterschiedlichen Ausprägungen auf. So unterscheiden sich die Gebäude der *huerta* von Valencia von denen der Fischer des Küstenraumes, von denen der geschlossenen Dörfer und natürlich auch von den an einigen Stellen ehemals vorkommenden Höhlenwohnungen. Die Bauernhütte der *huerta* als einzeln in der Landschaft stehendes Gebäude hat zumeist nur ein Stockwerk mit einem engen seitlichen Korridor, von dem zwei oder drei Schlafkammern abzweigen. Am Ende des Gebäudes befindet sich der Schornstein und oftmals ein zusätzlicher Herd. Darüber liegt ein schmaler Dachboden. Das Satteldach besteht häufig aus Schilf und Gräsern, die miteinander vernäht und verwebt sind und etwa den aus Norddeutschland bekannten Reetdächern vergleichbar sind. Die Gebäude sind oftmals paarweise angeordnet; eines dient zum Aufenthalt des *huerta*-Bauern, seiner Familie und eventuell seiner Arbeiter, das andere als Lager und Arbeitsraum sowie als Küche. Die Zahl dieser für die *huerta* Valencias so typischen Bauwerke ist in der jüngsten Zeit stark rückläufig, weil die moderne Landwirtschaft keine Verwendung mehr dafür hat, und sie den gewachsenen Komfort-Ansprüchen der *huerta*-Bauern kaum noch genügen können. Häufig werden diese historischen Gebäude auch mit modernen Dachziegeln und gemauerten Wänden aus Ziegelsteinen so modernisiert, daß ihre Verwandtschaft zu den alten *barracas* kaum noch zu erkennen ist. Beispiele dieser Gebäude im ursprünglichen Zustand sind heute praktisch nur noch im Huerta-Museum in Alcantarilla zu finden; dennoch lohnt es sich, durch die valencianische *huerta*-Landschaft zu fahren und das eine oder andere Gebäude in Augenschein zu nehmen.

Neben den reinen Formen gibt es noch eine Vielzahl von Mischformen der *barracas* und des ländlichen Hauses. Zumeist sind es einfache Varianten mit zentraler Anordnung der Räume in den Dörfern der Fischer und in der weiteren Umgebung, in einer überwiegend eigenständigen Ausprägung sogar in der Huerta del Segura und im Delta des Ebro. Das ländliche Haus der *huerta* ist im Gegensatz zur *barraca* des Feldes fest aus Ziegelsteinen erbaut, mit einem zentralen oder seitlich angelegten Korridor, von dem die Schlafräume abzweigen. In dieser Form ist die Verwandtschaft zur *barraca* noch unübersehbar, wenngleich sicherlich praktische Gründe für diese Konstruktion ursprünglich eine Rolle gespielt haben mögen. An seinem Ende mündet der Korridor in den Speiseraum und die dahinter liegende Küche. Den Abschluß des Gebäudes bildet der Hof mit den Ställen für die Hühner und anderes Kleinvieh. Der Korridor ist breit ausgeführt, um eine Durchfahrt für den Handwagen und den Eselskarren, die typischen Beförderungsmittel der *huertas*, zu schaf-

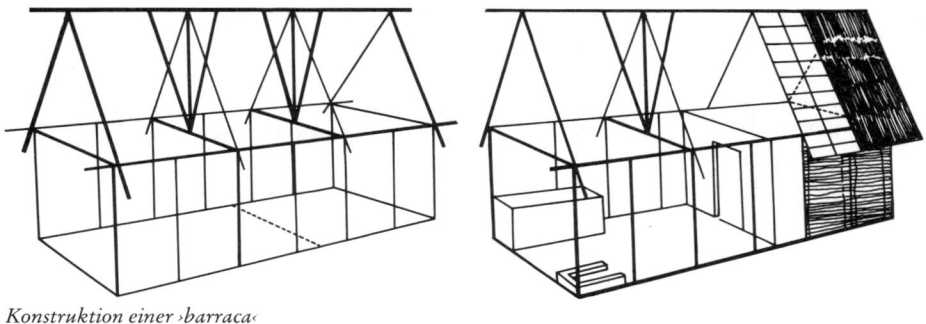

Konstruktion einer ›barraca‹

fen. Im oberen Stockwerk befinden sich entweder Räume für den Eigentümer und seine Familie oder, wo dies nicht der Fall ist, weil der Eigentümer mit dem Bauern identisch ist, weitere Schlafzimmer und Lagerräume. Das im Gegensatz zur *barraca* mit Ziegeln gedeckte Dach ist als Satteldach ausgeführt.

Im Gebiet von Alicante findet sich als bauliche Sonderform, die in ihrer Verbreitung bis in die *huerta* von Gandía reicht, das *riu-rau* als typische Hausform der Marina de Alicante.

Der Begriff *riu-rau* ist eine überlieferte umgangssprachliche Bezeichnung von weitgehend ungeklärter Herkunft, für die eine Vielzahl bislang unbewiesener Deutungen vorliegt. Eine gewisse Bedeutung wird den Ansätzen zugewiesen, die die Herkunft des Namens auf die maurische Epoche zurückführen. Andere Deutungsversuche sehen eine Verwandtschaft zwischen dem spanischen Wort *río* (= Fluß) und der Vielzahl von Bächen und Kanälen in den Bewässerungsgebieten.

Kennzeichen des rechteckigen Hauses ist die Lage der Zimmer an der langen Front mit einem davor angelegten Säulengang, der dem Schutz der dort ausgelegten Tabletts dient, auf denen die Trauben zu Rosinen getrocknet werden. Die Säulengänge sind unterschiedlich ausgebildet; den persönlichen Vorstellungen des Besitzers wird hier Spielraum gelassen. Neben einfachen Rundbogen kommen eckige Säulen und andere Formen vor. Ebenso wie sich die Säulengänge unterscheiden, gibt es auch Unterschiede in der Abfolge und Aufteilung der Räumlichkeiten, so daß man von einer Grundform mit zahllosen Variationen, jedoch nicht unbedingt von einem Standardgebäude sprechen kann. Das *riu-rau* hat vorwiegend im nördlichen Teil der Provinz Alicante Verbreitung gefunden.

Auch im Süden der Levante haben sich in der Landwirtschaft zweckdienliche Gebäudeformen entwickelt. Im Raum Elche mit seiner langen arabischen Vergangenheit, die sich nicht zuletzt im Reichtum an Dattelpalmen äußert, weisen die Häuser als Schutz gegen die Sonne nur wenige kleine Fenster in den Außenmauern auf. Charakteristisch ist auch der Innenhof, als *patio* bezeichnet, der in vergleichbarer Form in der Provinz Valencia auftritt. Dieser ist natürlich kein typisches Element nur des Gebietes von Elche, sondern vielmehr eine kennzeichnende Form des Mittelmeerraumes an sich. In der historischen Ausprägung

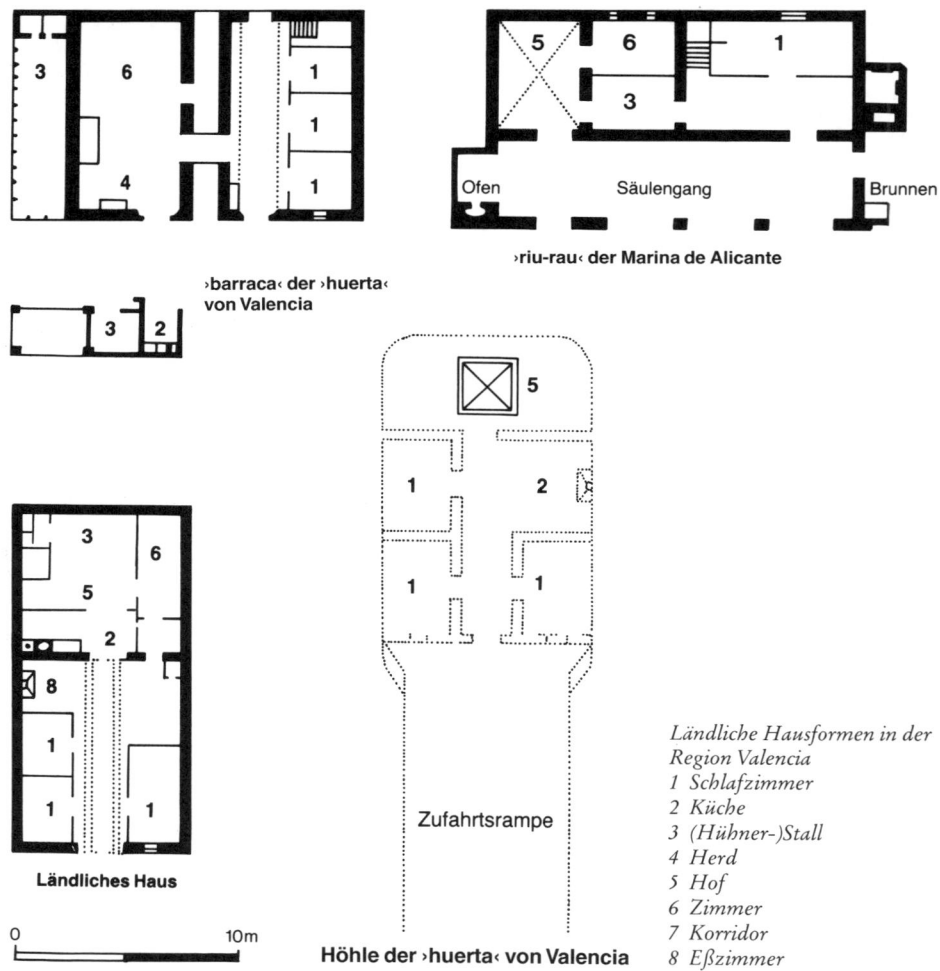

›barraca‹ der ›huerta‹ von Valencia

›riu-rau‹ der Marina de Alicante

Ofen   Säulengang   Brunnen

Ländliches Haus

0   10m

Zufahrtsrampe

Höhle der ›huerta‹ von Valencia

Ländliche Hausformen in der Region Valencia
1 Schlafzimmer
2 Küche
3 (Hühner-)Stall
4 Herd
5 Hof
6 Zimmer
7 Korridor
8 Eßzimmer

war auch in Anlehnung an arabische Vorbilder das Flachdach vorherrschend, das bei den moderneren Bauten durch ein mit Ziegeln belegtes Satteldach abgelöst wurde.

Weiter südlich in der Vega Baja um Orihuela, angrenzend an die Provinz Murcia, hat sich die valencianische *barraca* zu einem größeren Haus mit umzäuntem bzw. ummauertem Hof weiterentwickelt. All diese ehemals für die hier beschriebenen landwirtschaftlichen Gebiete der Provinzen Valencia und Murcia so typischen Gebäudeformen sind in der modernen Zeit überflüssig und durch neue der Technisierung angepaßte Bauten abgelöst worden, so daß es immer schwieriger wird, diese Gebäude zu finden. (In ihrer ursprünglichen Form sind auch sie – leider – nur noch im Museum zu finden.) Empfehlenswert ist deshalb sicherlich ein Besuch im Huerta-Museum in Alcantarilla bei Murcia, wo ein Teil dieser ländlichen Lebensweise dokumentiert ist (s. S. 302).

Die Wirtschaft der Levante

Die Landwirtschaft mit ihren ausgedehnten Bewässerungsflächen bei Castellón, Valencia, Gandía und Murcia bestimmt immer noch das äußere Bild des Wirtschaftslebens der Levante. Daneben spielen auch die Fischerei im Küstenbereich und in begrenztem Maße die Viehwirtschaft eine wichtige Rolle. In den letzten Jahren hat die Industrie erheblich an Bedeutung gewonnen und die traditionelle Erwerbsquelle Landwirtschaft im Produktionswert überrundet. Vor allem Valencia als eine der größten Städte Spaniens hat mit der Ansiedlung von Automobil- und Elektroindustrie großen Aufschwung genommen und sich nach Barcelona zum zweiten Industriezentrum der Mittelmeerküste entwickelt. Darüber hinaus existiert eine umfangreiche Kleinindustrie, die in engem Zusammenhang mit der regionalen Landwirtschaft steht, da sie entweder entsprechende Be- oder Verarbeitungsmaschinen herstellt oder mit Verpackung oder Weiterverarbeitung der Agrarerzeugnisse beschäftigt ist. Arbeitsplätze in geringerem Umfang bietet auch der Hafen von Valencia, der insbesondere für den Export von Bedeutung ist.

Traditionell in der regionalen Wirtschaft verankert sind eine Reihe keramischer Fabriken bei Valencia, deren weitgefächerte Produktpalette neben den üblichen Sanitär- und Keramikerzeugnissen zahlreiche Artikel für den Bedarf des Fremdenverkehrs umfaßt. Einige der ältesten Kachelmuster dieser Werke gehen noch auf Entwürfe aus maurischer Zeit zurück.

In unserem Gebiet gibt es in vielen Orten kleinere Industriebetriebe, die den Raum bekannt gemacht haben. Dazu gehören neben anderen
- die Herstellung von Lederwaren, insbesondere Schuhen, z. B. in Elda, Petrel, Elche und Monóvar,
- die Möbelfabrikation in Orihuela und anderen Orten,
- die Textilindustrie etwa im Raum Alcoy und die Herstellung der bekannten Fächer im Gebiet von Valencia,
- die Papier- und Spielwarenherstellung in Ibi und Onil,
- die Verarbeitung und Verpackung von Lebensmitteln und die Herstellung von Konserven in Jijona, Cocentaina und Alicante,
- die Herstellung von *turrones,* einer aus Mandeln und Honig bestehenden süßlichen Spezialität der Region in Jijona,
- die Marmorbrüche von Novelda,
- die Teppichweberei in Crevillente.

Weitere Arbeitsmöglichkeiten bieten neben der metallverarbeitenden Industrie schließlich noch die Raffinerie und die petrochemische Industrie bei Valencia. Neue Bedeutung gewinnt nach einem zeitweiligen Rückgang auch der Bergbau im Gebiet von La Unión/ Portmán bei Cartagena, der bei massivem Einsatz moderner Methoden nur relativ wenig Arbeitskräfte beschäftigt.

Der Dienstleistungsbereich ist vorwiegend an der Küste von ganz erheblicher Bedeutung. Neben den zahllosen Betrieben des Fremdenverkehrs bieten auch die damit verbundenen Versorgungsbetriebe eine Vielzahl von Arbeitsplätzen. Hinzu kommt der übliche Dienstleistungsbereich vor allem in den Städten sowie der Bereich des öffentlichen Dienstes, der z. B. durch einen großen Marinestützpunkt in Cartagena einschließlich diverser Werftbetriebe repräsentiert wird.

Die Levanteküste als Touristenregion

In den letzten Jahrzehnten ist Spanien zu einem der bedeutendsten Fremdenverkehrszentren der Welt geworden, das inzwischen zeitweise mehr Besucher verzeichnet, als das Land Einwohner hat. 38 Millionen Einwohnern standen z. B. 1984 43 Millionen Besucher aus dem Ausland gegenüber. Die Entwicklung des Fremdenverkehrs in Spanien begann im Jahr 1959 mit der wirtschaftlichen Öffnung des Landes nach außen als Folge der Abwendung von der bisherigen Autarkiepolitik (s. S. 46). Als glückliche Entscheidung erwies sich die Aufhebung des Visumzwanges für den internationalen Reiseverkehr und die intensive staatliche Förderung der Tourismusgebiete. Die strenge staatliche Kontrolle des rasant wachsenden neuen Gewerbes gemeinsam mit einem günstigen Preisniveau in den 60er und 70er Jahren führte zusammen mit dem Ausbau des bis dahin recht dürftigen Verkehrsnetzes zu einem raschen Aufschwung. Die Vollendung der spanischen Küstenautobahn und der durch Frankreich führenden Verbindungslinie Ende der 70er Jahre machte das Land auch für den Autotouristen erreichbar, der bis dahin erhebliche Strapazen hatte auf sich nehmen müssen. So war die Reise in die Levante vor dem Ausbau der Autobahnverbindungen nur mit einem Zeitaufwand von etwa drei Tagen zu realisieren, wobei die zahlreichen Ortsdurchfahrten in Frankreich und Spanien auch für den Verfasser immer ein Erlebnis ›besonderer‹ Qualität waren, ebenso wie der geradezu obligatorische Stau bei der Grenzabfertigung. Über die Autobahnen kann Spanien nunmehr in einem Tag erreicht werden; die Grenzformalitäten dauern auf der Autobahn nur wenige Minuten. Die etwa 650 km betragende Entfernung von der Grenze in das Herz der Levante ist in einem Tag gut zu bewältigen.

Der Fremdenverkehr bildet mit seinem ungeheuren Umfang inzwischen einen unverzichtbaren Posten in der spanischen Handelsbilanz und bei den Deviseneinnahmen des Landes. 1978 betrugen die Deviseneinnahmen aus dem Ausländertourismus den Gegenwert von rund 5,5 Milliarden US-Dollar, während z. B. die an Deutschland im Rahmen des Marshall-Planes nach dem Zweiten Weltkrieg gezahlte Hilfe ›nur‹ 1,7 Milliarden Dollar erreichte. Schon dieser Vergleich zeigt die Bedeutung, die dem Tourismus für die wirtschaftliche Entwicklung zukommt.

Die Mehrzahl der nach Spanien reisenden Touristen kommt aus den Nachbarländern Frankreich und Portugal. Die drittgrößte Gruppe stellen sodann die bundesdeutschen Urlauber, dicht gefolgt von den Briten und Besuchern aus den Benelux-Ländern. Die weitaus meisten Besucher reisen auf dem Landwege ein, wozu die gute Straßenverbindung nach Frankreich sicherlich beiträgt; etwa ein Drittel benutzt das (Charter-)Flugzeug. Schiff und Eisenbahn sind nurmehr von geringer Bedeutung. Die Wahl des Verkehrsmittels ist in hohem Maße abhängig von der Entfernung zwischen Heimat- und Zielort. Der Land- bzw. Seeweg wird in erster Linie von den Touristen aus Frankreich und Portugal bevorzugt, während Skandinavier und Briten zu etwa zwei Dritteln, die Deutschen etwa zur Hälfte das Charterflugzeug benutzen.

Spanienurlaub ist für die Mehrzahl der Besucher Badeurlaub. Hauptzielgebiet des Reiseverkehrs sind die Küsten und Inseln, während das Inland nur wenig Gäste verzeichnet. Allein die Mittelmeerküste konnte 1984 rund 36 % aller Besucher auf sich vereinigen; 29 % besuchten die Balearen und 13 % die Kanarischen Inseln. Die Costa del Azahar und die Costa Blanca konnten allein etwa jeden neunten Besucher anlocken. Der Fremdenverkehr im Binnenland spielt dagegen kaum eine Rolle. Zwar gibt es Rundreisen durch das Land sowie Kulturreisen zu bedeutenden Städten und Stätten; ihr Umfang ist jedoch ebenso gering wie die Zahl der daraus resultierenden Übernachtungen.

Hinzu kommt ferner der innerspanische Fremdenverkehr. Die einheimischen Urlauber bevorzugen neben der nordspanischen ›grünen‹ Küste vor allem die Küste der Provinz Alicante mit ihrem ausgeglichenen Klima, daß einen angenehmen Aufenthalt auch im Winter ermöglicht. Der innerspanische Fremdenverkehr mit Zielrichtung Küste hat inzwischen eine Entwicklung genommen, die dem Ausländertourismus in den 70er Jahren nicht nachsteht. Hauptreisezeit sind die Monate Mai bis September, also die Zeit der europaweiten Schulferien mit Besuchsspitzen von rund acht Millionen Menschen im August. Aber auch hier bestätigt die Ausnahme die Regel. So war der September 1985 im Fremdenverkehr der Levante ein Spitzenmonat. Der schlechte Sommer in Mitteleuropa mit häufigem Regen belebte in diesem Monat noch einmal den Reiseverkehr, so daß z. B. an der Levanteküste in dieser Zeit für den Individualreisenden kaum eine Unterkunft zu bekommen war. Dies war besonders in den großen Ferienzentren Peñíscola, Cullera, Calpe, Altea und Benidorm bis hinunter nach Alicante der Fall.

Die Beherbergungskapazität, d. h. die Zahl der Hotels, Pensionen, Apartmenthäuser etc. an der Mittelmeerküste hat einen enormen Umfang erreicht, der sich leider in einer schier endlosen Reihe von Hochhäusern entlang der Küste dokumentiert. Gleich nach der Costa Brava offeriert die Costa Blanca die meisten Unterkunftsmöglichkeiten. Hotels und Pensionen stellen neben den vielen Campingplätzen und der steigenden Zahl von Apartements den größten Anteil.

Die Apartments haben sich in den letzten Jahren als eine fast ideale Unterkunftsform erwiesen. Angefangen vom Einraum-Studio, dem häufigsten Typ, bis hin zur mehrere

Zimmer umfassenden Wohnung, bieten sie dem Besucher ein Höchstmaß an Freiheit und Komfort, dem Eigentümer zugleich aber auch eine annehmbare Rendite. Apartments können in praktisch jedem Ferienort an der Küste gemietet werden; entweder durch die lokalen Vermittlungsbüros oder Tourismus-Büros oder direkt beim Hausverwalter. Hier ist ein Preisvergleich durchaus ratsam, versuchen doch gelegentlich die Hausverwalter durch Aufschläge eine kleine Nebeneinnahme zu erhalten.

Einzige natürliche Determinante des Besucherstroms ist das Klima, das weitgehend die zahlenmäßige und zeitliche Verteilung des Fremdenverkehrs regelt. Die physischen Gegebenheiten des Landes, vor allem die Küstenformen, spielen erstaunlicherweise eine geringe Rolle. Sowohl erschlossene und mithin übervölkerte Badebuchten wie etwa Benidorm als auch kleine abgelegene und in die Steilküste eingebettete Buchten ziehen Urlauber an, wobei letztere oftmals als besonders reizvoll empfunden werden. Überhaupt ist es immer wieder erstaunlich, welche Strapazen manche Urlauber auf sich nehmen, um einen abgelegenen Strand zu erreichen. Dies hat dazu geführt, daß an der Levante kaum ein Küstenabschnitt noch Einsamkeit vermittelt und man schon einen nur vom Meer erreichbaren Strand aufsuchen muß, um allein zu sein.

Auch die Beschaffenheit des Strandes scheint für viele Besucher nicht ausschlaggebend zu sein. Kiesstrände werden ebenso frequentiert wie Sandstrände und sogar Felsplatten. Zudem liegen Sand- und Kiesstrände oft dicht beieinander. Bestes Beispiel an der Levanteküste sind Calpe und Altea mit einem Kiesstrand und Benidorm nur wenige Kilometer weiter mit einem ausgezeichneten Sandstrand.

Eine Besonderheit der spanischen Urlaubsküste sind die sogenannten *urbanizaciones*. Die von vielen Investoren ursprünglich gehegte Hoffnung auf hohe Rendite hat sich auch an der Levanteküste nicht immer erfüllt, so daß man sich oftmals den Ansprüchen und Möglichkeiten weniger zahlungskräftiger Schichten durch Umstellung von Einzelhaus- auf Apartmenthausbebauung oder Reihenhäuser anpassen mußte. Die Erwartung vieler Wohnsitzerwerber aus dem Ausland, insbesondere aus Deutschland, hier hohe Gewinne zu erzielen, ist selten wahr geworden.

Die ursprünglich auf Ausländer gerichtete Konzeption ist vielfach inzwischen auf inländische Nachfrager umgestellt worden. Dies gilt besonders für die Levanteküste. Eines von vielen möglichen Beispielen ist die *urbanización* La Manga del Mar Menor in der Nähe von Cartagena am Strandsee Mar Menor. Auch diese als amphibische Pfahlbaustadt nach dem Muster des französischen Port Grimaud geplante Siedlung ist in ihrer Konzeption inzwischen weitgehend der inländischen Nachfrage angeglichen worden, nachdem die erwarteten kapitalkräftigen Ausländer ausgeblieben waren. Die geplante Einzelhausbebauung ist durch relativ billige Apartmenthäuser ersetzt worden. Zum Großteil werden die Apartments inzwischen durch Spanier aus Cartagena, Murcia oder Alicante als Wochenendwohnsitze genutzt; teilweise werden die Wohnungen schon ganzjährig bewohnt, wodurch die Errichtung einer in der ursprünglichen Konzeption nicht vorgesehenen sozialen Infrastruktur mit Geschäften, Schulen, Kindergärten etc. notwendig wurde.

Historische Entwicklung

Griechen und Phönizier

Früheste Spuren menschlicher Existenz auf der Iberischen Halbinsel lassen sich etwa 500 000 Jahre v. Chr. zurückverfolgen. Aus dem Jungpaläolithikum datieren die ersten Nachweise eines Cro-Magnon-Menschen in den *cuevas* (Höhlen) von Altamira (Nordwestspanien) und der Cueva de la Pileta (bei Ronda, Südspanien). Die Brückenfunktion der Iberischen Halbinsel zwischen Europa und Afrika führte dann vermutlich während der Jungsteinzeit um etwa 4000–3000 v. Chr. zur Einwanderung der Iberer, eines den Berbern verwandten Volksstammes aus Nordafrika. Die Ackerbau treibenden Iberer breiteten sich in der Folgezeit über fast die gesamte Halbinsel aus und gründeten erste geschlossene Siedlungen.

Auch für das Gebiet der Levante liegen zahlreiche Nachweise aus dieser Zeit vor. Vor allem die Provinzen Castellón und Valencia sind reich an künstlerischen Hinterlassenschaften in Form von Höhlenzeichnungen, die durchweg in unzugänglichen Gebieten auf relativ großen Höhen von 600–1000 m liegen, wo sie über Jahrtausende vor jeder Entdeckung geschützt waren. Erst zu Beginn dieses Jahrhunderts begann man mit ihrer damals noch weitgehend unsystematischen Erforschung; auch heute noch werden immer wieder neue Entdeckungen sowohl in Höhlen wie auch unter Felsüberhängen gemacht.

Die Iberische Halbinsel war zu dieser Zeit und in den folgenden Jahrhunderten Ziel kleiner Kolonistengruppen aus dem südöstlichen Mittelmeerraum, die ihre angestammten Wohngebiete verlassen mußten und sich auf der Suche nach einer neuen Heimat in Iberien ansiedelten.

Auf Impulse aus dem südöstlichen Mittelmeer ist mehrfach die Entwicklung der bronzezeitlichen Kultur von Argar um 2000–1000 v. Chr. im südöstlichen Küstenraum Spaniens zwischen den heutigen Städten Orihuela und Almería zurückzuführen, die ihre wirtschaftliche Basis vor allem im Reichtum der Region an Kupfer und Zinn fand. Auch die Förderung von Gold und Silber trug dazu bei, daß von diesem Gebiet kulturelle Impulse bis nach Frankreich ausgehen konnten und dort zur Bildung neuer Siedlungskerne führten.

Phönizier hatten bereits im 11. Jh. v. Chr. Kontakt mit Süd- und Südwestspanien; im 11. bzw. 8. Jh. v. Chr. gründeten sie die Stützpunkte Gades/Gadir (Cádiz) und Malaca (Málaga), die vor allem dem Handel mit den Iberern des Inlandes dienen sollten. Die phönizischen Kaufleute waren vorwiegend an den landeseigenen Handelsgütern Kupfer und Zinn, aber auch an Gold und Silber interessiert, für die es im östlichen Mittelmeer eine große Nachfrage gab. Daneben führten sie neue Verfahren der Metallbearbeitung und der Konser-

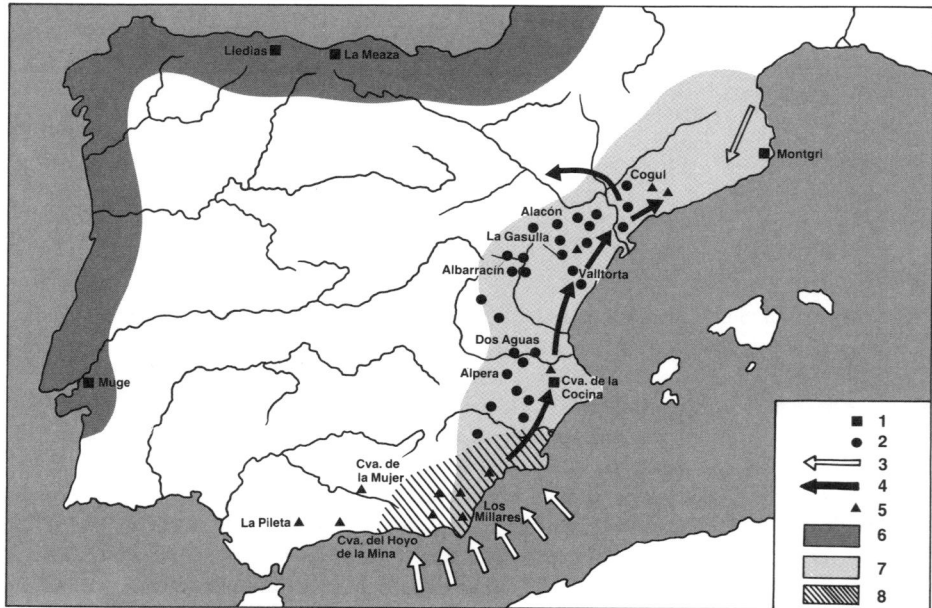

Mittel- und jungsteinzeitliche Siedlungen in Spanien   1 Lagerplätze der mittleren Steinzeit   2 Fundorte levantinischer Kunst   3 Wanderungen der Vorjungsteinzeit (Protoneolithikum)   4 Ausbreitungswege der Almería (Argar)-Kultur   5 Stationen des Protoneolithikums   6 Asturische und andere paläolithische Kulturen   7 Ausbreitungsgebiete der Levante-Kultur   8 Kultur von Almería (Argar)

vierung von Fisch ein, die die Bandbreite der mit den Iberern gehandelten Güter erheblich erweiterten.

Etwa Mitte des 7. Jh. v. Chr. bekamen die Phönizier erstmals Konkurrenz. Griechische Seefahrer begannen ebenfalls einen regelmäßigen Handel und gründeten in der Folge erste Niederlassungen entlang der iberischen Küste. Emporion, das heutige Ampurias am Golf von Rosas, war der erste und wichtigste Stützpunkt dieser Seefahrer. Seefahrt bedeutete zu dieser Zeit auch im praktisch geschlossenen Mittelmeer weitgehend eine Vorwärtsbewegung dicht unter der Küstenlinie, da weder die Schiffe noch die navigatorischen Hilfsmittel eine wirkliche Hochseefahrt erlaubten. Die schon recht gute Kenntnis des Mittelmeerraumes machte für größere Schiffe Überquerungen selbst ohne terrestrische Navigation möglich; diese waren aber mehr die Ausnahme denn die Regel.

An der Levanteküste gründeten die Griechen weitere Siedlungen und Handelsbasen; Arse (Sagunto), Hemereskopeion (bei Denia), Alonae (Benidorm) und Akra Leuke (Alicante) sowie im heutigen Andalusien die Siedlung Mainake (bei Málaga).

Die griechischen Kaufleute ließen es nicht bei der Verfolgung ihrer wirtschaftlichen Interessen bewenden. Die Gründung ihrer Niederlassungen bedeutete für das Land, vor allem für

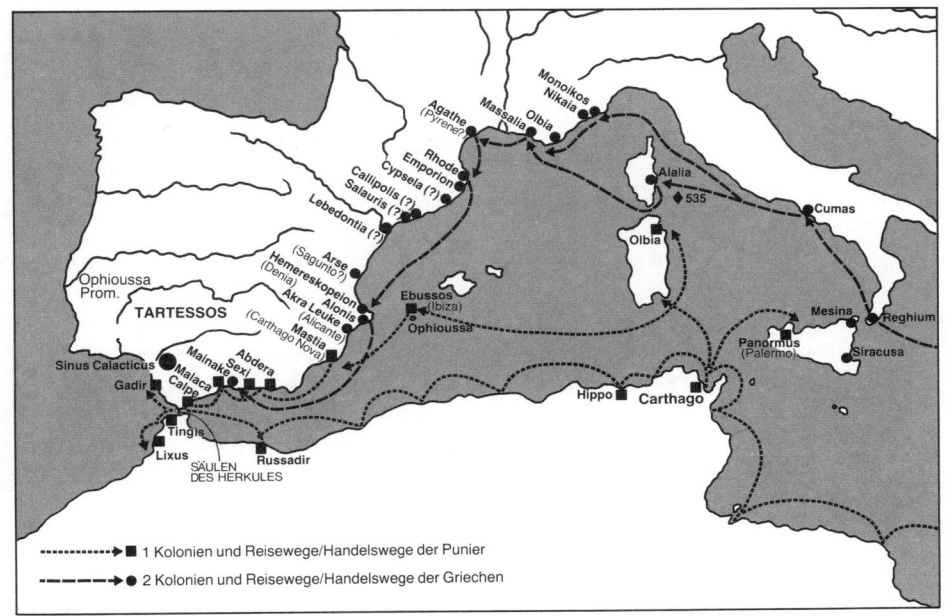

Punische und Griechische Kolonisation an der spanischen Levanteküste

die Küstenregion auch eine Vielzahl geistiger und künstlerischer Anregungen. Dazu gehört etwa die Büste der sogenannten ›Dama de Elche‹, die ihren Namen nach der alten iberischen Stadt Elche trägt, in der sie entdeckt wurde (s. S. 276; Abb. 81). Griechische Schriftsteller waren es auch, die die ersten Berichte über das Land Iberien und seine Bewohner schrieben und dabei die Gesamtheit der spanischen Stämme erstmals mit dem Namen Iberer belegten.

Griechen und Phönizier hatten nicht lange Gelegenheit, sich die Kolonisation der südöstlichen iberischen Küstengebiete zu teilen. Sowohl von Norden als auch von Süden rückten etwa um 600/500 v. Chr. neue Stämme nach Spanien vor. Im Norden waren dies keltische Volksgruppen, die vom Rhein und aus Nordfrankreich über die Pyrenäen kamen und mit Ausnahme der von den Griechen und Phöniziern beanspruchten Küstenräume die übrige Halbinsel eroberten. Sie wurden vorwiegend im Binnenhochland sowie im gebirgigen Osten und Nordwesten seßhaft, vermischten sich aber schon bald mit deren iberischen Bewohnern. Das Aufgehen der keltischen Gruppen in den iberischen Stämmen führte letztlich zur Bildung eines neuen Volkes, der Keltiberer.

Karthago und Rom in Iberien

Vermutlich als Reaktion auf das keltische Vordringen nach Spanien und die rasche Eroberung großer Landesteile riefen die sich bedroht fühlenden phönizischen Kolonisten in Gades (Cádiz) schließlich das Brudervolk der Karthager zu Hilfe, die zu einer bedeutenden Macht in wirtschaftlicher und militärischer Hinsicht geworden waren und ein ausgedehntes Reich aufgebaut hatten. Der Hilferuf sollte sich allerdings bald als Bumerang erweisen, denn Karthago dachte nicht daran, seine Hilfe ohne Gegenleistung zu gewähren. Das karthagische Streben richtete sich vielmehr auf eine Ausdehnung des eigenen Machtbereiches und damit auf die Eroberung, Beherrschung und Integration der Iberischen Halbinsel. Zugleich wurden diese neu zu erkämpfenden Gebiete als Ersatz für die im 1. Punischen Krieg (264–241 v. Chr.) an Rom verlorenen Inseln Sardinien und Sizilien angesehen.

Die ehemals phönizischen Siedlungen wurden von den Karthagern ohne Schwierigkeiten in den eigenen Machtbereich überführt und auch die griechischen Kolonien mußten sich ihnen beugen. Etwa um 250 v. Chr. eroberten die Karthager die an der Mündung des Betisflusses (Guadalquivir) gelegene sagenhafte iberische Stadt Tartessos (Tharsis). Im Zuge ihres weiteren Vordringens gewannen sie etwa ab 237 v. Chr. zunächst das Erzgebiet der Sierra Morena in Südostspanien (236 v. Chr.), wodurch die Zahlung der letzten Rate der Kriegsentschädigung aus dem 1. Punischen Krieg an Rom möglich wurde (231 v. Chr.). 227 v. Chr. gründete man als neue Hauptstadt der iberischen Besitzungen Neu-Karthago (Carthago Nova), das heutige Cartagena. Durch seine günstige Lage als natürlicher Hafen wurde diese Stadt bald zum größten Umschlagplatz für den Warenverkehr Spaniens mit dem übrigen Mittelmeer und zum Zentrum der karthagischen Macht. Allein in den umliegenden Minen sollen damals bereits mehr als 40000 Menschen beschäftigt gewesen sein.

Unter der Führung Hamilkar Barkas, dem Vater des Feldherrn Hannibal und Schwiegervater des Heerführers Hasdrubal, eroberten die karthagischen Armeen in den folgenden Jahrzehnten das kastilische Hochland, drangen bis Salamanca vor und nahmen die Mittelmeerküste bis zur Mündung des Ebro. Teilweise unterwarfen sich die iberischen Stämme den überlegenen Eroberern und traten sogar in ihre Dienste; teilweise leisteten sie aber auch erbitterten Widerstand, der bis zu ihrer völligen Vernichtung führte.

Das Ziel der Karthager, ganz Spanien unter ihre Herrschaft zu bringen, konnte nach dem Auftreten Roms auf spanischem Boden nicht mehr erreicht werden. Das erstarkende römische Imperium begann seine Interessensphäre auch auf die Iberische Halbinsel auszudehnen und stieß damit wieder einmal auf Karthago, so daß der Konflikt vorgezeichnet war.

In der Anfangsphase dieser Interessenkollision versuchten beide Seiten einer Auseinandersetzung noch aus dem Wege zu gehen. 226 v. Chr. verzichtete Hasdrubal im sogenannten Ebrovertrag darauf, den Ebro in feindlicher Absicht zu überschreiten und nach Nordspanien vorzudringen. Die Römer erkannten im Gegenzug die karthagische Herrschaft über die Gebiete südlich des Ebro an.

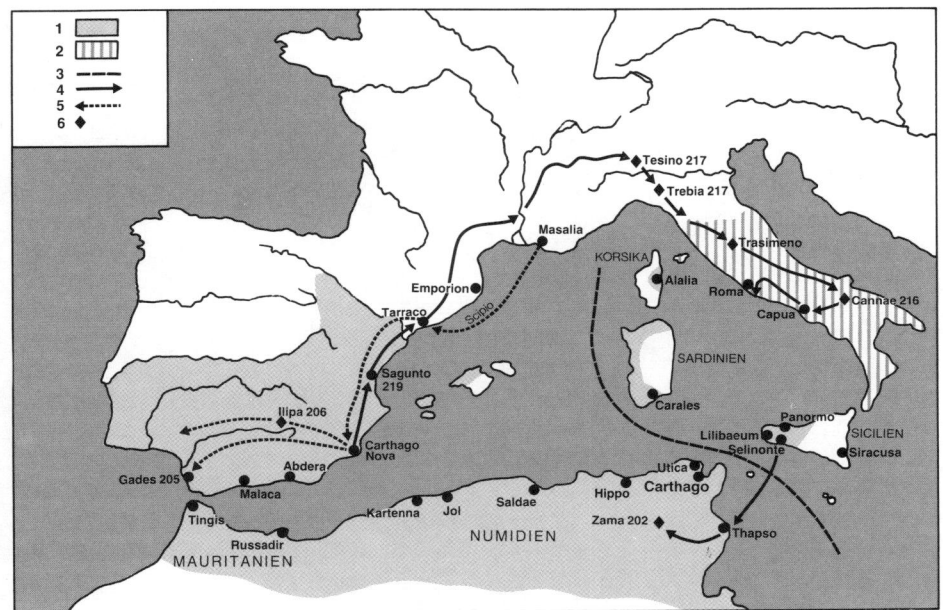

*Karthago und der 2. Punische Krieg 1 Das Karthagische Reich in seiner größten Ausdehnung
2 Vereinigung von Italien durch Rom 3 Grenzen der Einflußbereiche von Rom und Karthago
4 Route des Hannibal 5 Gegenoffensive Roms 6 Kämpfe im 2. Punischen Krieg*

Dieser halbwegs friedliche Zustand sollte nicht lange dauern. Nach der Ermordung des
karthagischen Feldherrn Hasdrubal 221 v. Chr. wurde Hamilkars Sohn Hannibal oberster
karthagischer Feldherr und setzte die weitere Eroberung Iberiens fort. Die trotz einer
römischen Intervention durchgeführte Eroberung der iberischen Stadt Sagunt (Sagunto) 219
führte in der Folge zur Kriegserklärung Roms und damit zum 2. Punischen Krieg (218–201
v. Chr.).

Auch Spanien und die Levante blieben von diesem Krieg nicht unberührt. Von Spanien
brach Hannibal mit einem Heer von 50 000 Soldaten nach Italien auf, um Rom auf eigenem
Boden zu schlagen, während seinem Bruder Hasdrubal der Schutz der iberischen Besitzungen übertragen wurde. Aber auch Rom trug mit Flotte und Heer den Krieg nach Spanien.
217 v. Chr. erlitten die Karthager in einer Seeschlacht vor der Ebromündung eine Niederlage, der 216 v. Chr. ein weiterer römischer Sieg über Hasdrubal und 212 v. Chr. der Verlust
Saguntos folgte: Römische Truppen stießen von der Levante aus bis an den Guadalquivir
vor. Nach einer Niederlage der Römer gegen die karthagischen Armeen und dem Tod der
römischen Heerführer 211 v. Chr. mußte sich das römische Expeditionskorps wieder bis an
den Ebro zurückziehen.

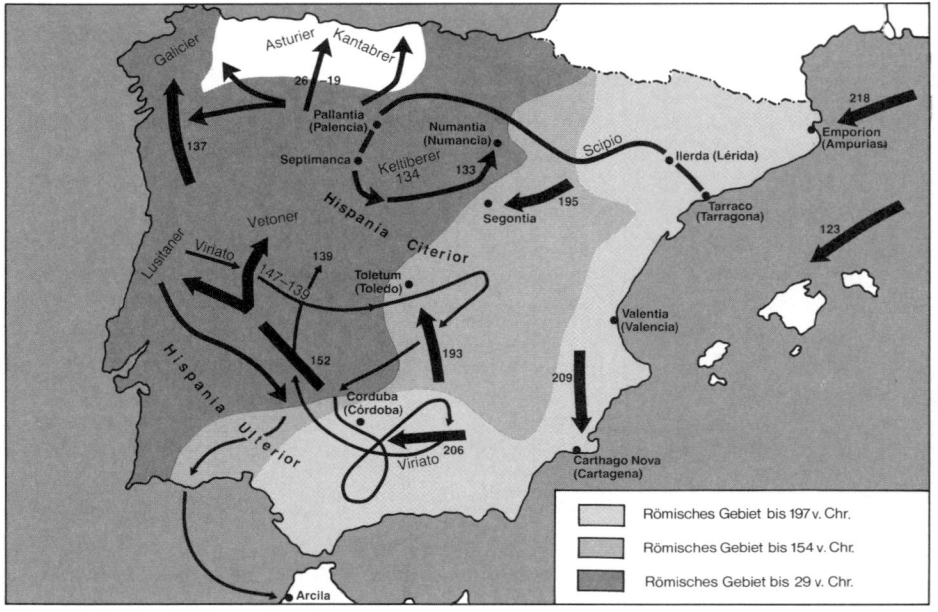

Die römische Durchdringung Spaniens

Nur zwei Jahre später gelang der wieder verstärkten römischen Armee die Eroberung von Carthago Nova, der karthagischen Kapitale in Iberien. Der 206 v. Chr. folgende Sieg der Römer bei Ilipa (Südwestspanien) und die anschließende Eroberung von Gades (Cádiz) besiegelten die Unterwerfung der Iberischen Halbinsel durch Rom und die endgültige Niederlage Karthagos.

Die Iberische Halbinsel stand damit der römischen Expansion offen, die sich in drei Phasen vollzog. Die erste Eroberungswelle Roms dauerte bis etwa 197 v. Chr. und kann als Abrundung der im Krieg eroberten Küstengebiete angesehen werden. Die römische Herrschaft wurde in Nordspanien (etwa das Gebiet des heutigen Kataloniens), im Bereich der Levante und in Südspanien (heutiges Andalusien) gefestigt. Die eroberten Gebiete wurden in zwei Verwaltungsprovinzen, Hispania Ulterior und Hispania Citerior, zusammengefaßt. Die von diesen Gebieten ausgehende zweite Phase der Eroberung erfaßte bis etwa 154 v. Chr. Kastilien.

Mit der dritten Kolonisierungsphase bis etwa 29 v. Chr. wurde die restliche Iberische Halbinsel in Besitz genommen, wobei Teile der Nordwestküste noch viele Jahre Widerstand gegen die Besetzung leisteten (bis ca. 19 v. Chr.). Die Römer trafen bei diesem fast zwei Jahrhunderte dauernden Ringen immer wieder auf Stämme, die anders als die Bewohner der Levante noch nicht mit fremden Invasoren zusammengetroffen waren und erbitterten

Widerstand leisteten. Ein Zeichen dafür ist der fast 20 Jahre dauernde Widerstand der Stadt Numantia (Numancia) in Altkastilien, die erst 133 v. Chr. von den Römern erobert und dabei völlig vernichtet wurde.

Obwohl Rom in der Wahl seiner Mittel zur Eroberung und Befriedung des immer wieder von Guerillakämpfen erschütterten Iberien nicht kleinlich war und teilweise ganze Volksstämme ausgerottet oder gewaltsam in ferne Gebiete umgesiedelt wurden, war das Land erst zu Lebzeiten des Kaisers Augustus (63 v. Chr.–14. n. Chr.) endgültig in der Gewalt der Römer. Die Verwaltung wurde zu dieser Zeit durch die Schaffung der neuen Provinzen Tarraconensis, Lusitania und Baetica im Jahre 15/14. v. Chr. neu gegliedert und das Land dem Verwaltungsgefüge des Imperiums angeglichen.

Die Integration Spaniens in das römische Reich brachte dem Land neben den geschilderten Nachteilen der Eroberung aber auch eine Reihe vorteilhafter Impulse. Zum ersten Mal in ihrer Geschichte waren die Völker der Iberischen Halbinsel, wenngleich unter einer fremden Macht, doch als eine ›Nation‹ vereint. Die Einführung des Lateinischen als einheitlicher Verwaltungssprache trug ebenso hierzu bei wie die Effizienz der römischen Verwaltung und die Vereinigung ziviler und militärischer Gewalt. Das in allen Gebieten des Imperiums geltende römische Recht war ein Einigungsfaktor, römische Kunst und Kultur förderten das kulturelle Leben der Halbinsel und gaben wiederum den Anstoß zu eigenständigen, iberischen Entwicklungen. Entwicklungen, die im Gegenzug sich durchaus positiv auf die Kultur des Reiches auswirken sollten. Dichter und Philosophen ebenso wie spätere Caesaren kamen aus Spanien: Vater und Sohn Seneca, die Imperatoren Trajan, Hadrian und Theodosius entstammten spanisch-römischen Familien.

Rom brachte den iberischen Stämmen zunächst die Vielzahl seiner Götter, später aber ebenso das Christentum, das in den folgenden Jahren zur bestimmenden religiösen und politischen Macht des spanischen Lebens werden sollte. Wie in Italien wurden die Christen in Spanien zur römischen Zeit grausam verfolgt, bis sich ihr Glaube um 311 schließlich auch auf rechtlicher Grundlage durchsetzen konnte. Die Schutzpatrone zahlreicher spanischer Städte wie z. B. Barcelona, Toledo, Mérida und Valencia erinnern noch heute an diese Zeit.

Fast vier Jahrhunderte herrschte in Spanien ein relativer Frieden, bis die Auswirkungen der Völkerwanderung (375–711) auch hier spürbar wurden. Die von den Hunnen aus ihren angestammten Siedlungsgebieten vertriebenen Sueben, Vandalen und Alanen kamen in mehreren Zügen auf die Iberische Halbinsel und teilten sie im Jahre 409 untereinander auf. Aus Südwestfrankreich drangen die Westgoten vor (um 417), welche 456 mit der Unterwerfung der Sueben den Sieg auf der Halbinsel davontrugen. Hauptstadt des neuen Reiches wurde Ende des 6. Jh. Toledo. Die Goten, die nur 2 % der Gesamtbevölkerung ausmachten, vermischten sich allmählich mit den Einheimischen, gotisches Volkswesen blieb zuletzt nur noch in Lehnworten sowie Orts- und Familiennamen erhalten. Kleidung, Kunst und Literatur dagegen wurden römisch überformt, Verwaltung und Beamtentum behielten ihre römische Grundlage.

Im Jahre 587 wurde schließlich die religiöse Spaltung des Landes aufgehoben: König Rekkared I. trat vom arianischen Christentum zum Katholizismus über, die kirchliche

Einheit des Reiches wurde zwei Jahre später auf dem 3. Konzil von Toledo verkündet, der katholische Glauben wurde zur Reichsreligion.

Die Mauren in Spanien

Wenngleich der Katholizismus Staatsreligion geworden war, dauerten die Religionskämpfe im westgotischen Reich fort. Streitigkeiten innerhalb des Adels um Macht und Einfluß, aber auch ungünstige wirtschaftliche und soziale Bedingungen hatten das Reich so geschwächt, daß es einer neuen Invasion aus Nordafrika nur noch wenig Widerstand entgegensetzen konnte. Nach der arabischen Eroberung Marokkos drangen islamische Heere auch auf die Pyrenäenhalbinsel vor. Zwei erste Landungsoperationen in der Bucht von Algeciras konnten von den Westgoten nur mit Mühe zurückgeschlagen werden.

Dies änderte sich, als eine der um den Thron des Reiches streitenden gotischen Parteien die Araber zur Hilfe rief und ihnen die Landung in Spanien ermöglichte. Gemeinsam mit den gotischen Rebellen eroberte das arabisch-berberische Heer 711 n. Chr. unter seinem Führer Tariq die strategisch wichtige Felsenfestung am Eingang des Mittelmeeres. Die Erinnerung daran lebt noch heute in dem Namen Gibraltar, der ehemalige Djebel al Tariq (Berg des Tariq), fort.

Roderich, der letzte König der Westgoten, wurde von dem Heer Tariqs besiegt, das sich dann auch seiner westgotischen Verbündeten entledigte. Im Verlauf von nur sieben Jahren wurde fast die ganze Iberische Halbinsel erobert und der Krieg noch bis nach Frankreich getragen. Mit Ausnahme einiger Gebiete im Norden Spaniens und in unzugänglichen Regionen der Inlandsgebirge blieb Spanien in den folgenden Jahrhunderten in arabischer Hand.

Die maurische Besetzung Spaniens hatte viele Auswirkungen. Die römisch-katholische Kirche, die zuvor bereits das gesamte Leben als Staatskirche beeinflußt hatte, wurde entscheidend zurückgedrängt, obgleich die Mauren eine erstaunliche Religionsfreiheit zuließen. Die zuvor teilweise absolute Macht der zahlreichen regionalen Herrscher wurde ebenfalls entscheidend beschnitten, ohne diese dabei vollends zu vertreiben.

Aber auch positive Impulse wurden dem Land gegeben, die zum Teil noch bis heute fortwirken. Die künstlich bewässerten Gartenlandschaften der *huertas* sind das augenfälligste Relikt dieser Vergangenheit, schufen die Mauren doch erst die technischen und organisatorischen Voraussetzungen für die Schaffung dieser einzigartigen Anlagen. Ebenso gehen viele noch heute erhaltene und genutzte Gebäude, Burgen und Paläste auf die Mauren zurück, von denen die bekanntesten die Alhambra in Granada und die Moschee *(mezquita)* in Córdoba sind. In der Levante finden wir die Reste ihrer Bauten u. a. in Sagunto, Monteagudo und Elche. Arabische Moscheen dienten häufig auch als Grundlage christlicher Kirchen wie z. B. in Valencia.

Die Landwirtschaft wurde durch die Araber mit neuen Kulturpflanzen bekannt gemacht, die teilweise heute noch zu den wichtigsten Anbaupflanzen gehören: Reis, Granatbaum, Zuckerrohr, Orangen, Baumwolle, Johannisbrotbaum und andere Früchte des Orients, die in Südspanien hervorragende klimatische Bedingungen und in den *huertas* auch eine ausreichende Bewässerung fanden. Córdoba, die neue Hauptstadt der neuen Herrscher, wurde zum wirtschaftlichen und vor allem zum kulturellen Mittelpunkt Spaniens. Kunsthandwerk, Waffenproduktion, Teppich-, Seiden- und Lederwarenherstellung, andalusische Emaillearbeiten, keramische Platten und Gefäße ebenso wie Gläser aus Valencia übertrafen in ihrer handwerklichen Präzision und Vollkommenheit sogar die orientalischen Vorbilder und wurden zu wichtigen Exportgütern.

Neben der Einführung orientalischen Hofzeremoniells, das vielerorts kopiert wurde, holten die neuen Herrscher Spaniens auch arabische Dichter, Musiker, Gelehrte und Künstler an ihre Höfe, die ihre Wirkung auf die spanische Kultur nicht verfehlten. Die seit phönizisch/karthagischer Zeit bestehenden Kupfer-, Blei-, Zinn- und Silberminen wurden ausgebaut, die Erträge deutlich gesteigert. Die allgemeine Belebung der spanischen Wirtschaft unter der maurischen Leitung führte schließlich zur Ansammlung ungeheurer Reichtümer, die im übrigen Europa geradezu sagenhafte Erzählungen über die Schätze entstehen ließ. Auch in religiöser und ethnologischer Hinsicht bewirkten die neuen Machtverhältnisse Veränderungen. Aus dem Nebeneinander zweier Völker in einem Land und dem Nebeneinander der Gegensätze Christentum und Islam entstanden Mischformen, wie sie in dieser Ausprägung nur in Spanien auftreten konnten, dessen Völker schon immer mit fremden Invasoren hatten leben müssen. Ihren Ausdruck fanden diese Mischungen vorwiegend in der Kunst, die völlig neue und typische Formen entwickelte. Islamische Künstler schufen im Auftrag christlicher Herren ihre als Mudéjarstil bezeichneten Formen, ebenso wie christliche Künstler unter arabischer Herrschaft in ihre Werke Elemente beider Religionen einfließen ließen (s. S. 70 f.).

Die Ansammlung wirtschaftlicher und politischer Macht im spanisch-islamischen Reich gab die Voraussetzung für eine weitgehende Loslösung von der übrigen islamischen Welt. Hatte Abd ar-Rahman I. sich 756 noch selbst zum unabhängigen Emir von Andalusien gemacht und die Omaijaden-Dynastie begründet, so erhob einer seiner Nachfolger, Abd ar-Rahmann III. (912–961), im Jahre 929 Anspruch auf den Titel eines Kalifen und Nachfolger Mohammeds.

Die Reconquista

Der Niedergang der islamischen Herrschaft in Spanien deutete sich zu dieser Zeit bereits an. Schon um 730 hatte von Covadonga (Asturien) aus die Rückeroberung *(reconquista)* der Halbinsel begonnen; die christlichen Staaten Asturien und Navarra waren gegründet wor-

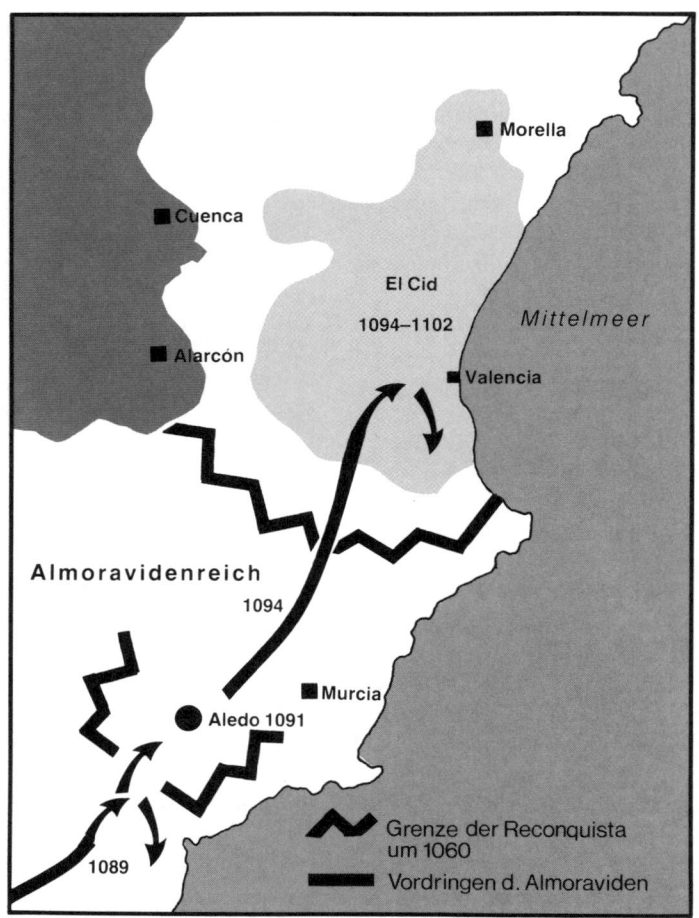

Die Epoche des Cid

den. Die vielen, zumeist erfolgreichen Feldzüge des Kalifen Abd ar-Rahman III. konnten wie bereits die seiner Vorgänger, diesen Prozeß nur für einige Zeit verzögern, nicht aber verhindern. Daran änderte auch die Zerstörung von Santiago de Compostela durch den maurischen Feldherrn Almansûr (span. Almanzor) nichts. Die Nachfolger des Kalifen waren nicht mehr in der Lage, das zerfallene Reich zu halten und seine Einigkeit zu bewahren. Einzelne Statthalter der ehemals das Land beherrschenden Omaijaden-Dynastie gründeten ihre eigenen selbständigen Reiche. Im Zeitraum von 1031 bis 1046 zerfiel das Kalifat von Andalusien in mehr als 20 dieser Teilstaaten *(taifas)*.

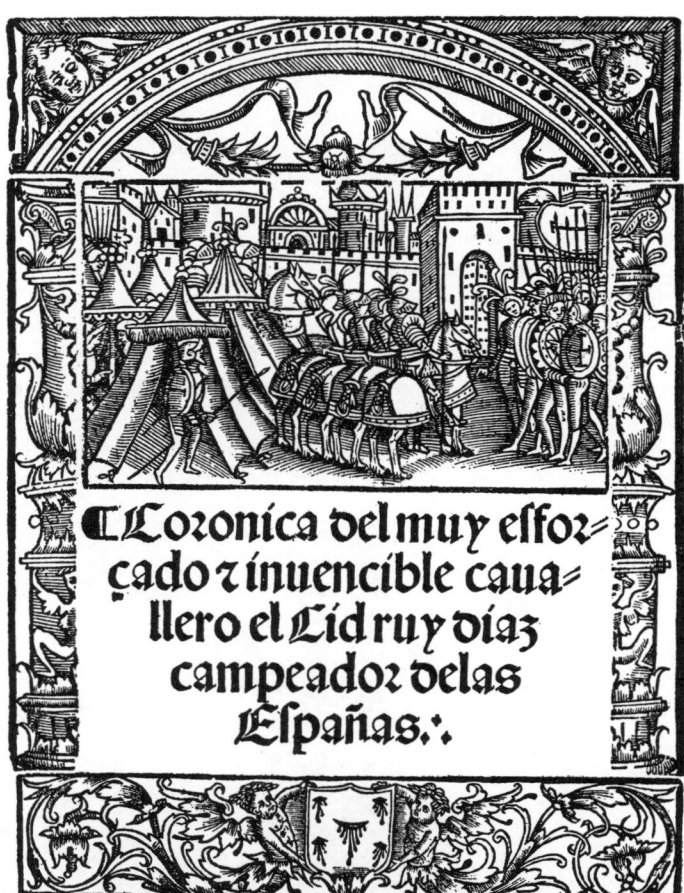

CLoʒonica del muy eſfoʒ=
çado ⁊ ínuencíble caua=
llero el Cid ruy díaʒ
campeadoʒ delas
Eſpañas.∴.

Holzschnitt aus einem Druck der Geschichte des Cid. 15. Jh.

Die Unfähigkeit der maurischen Führer, die Heere der *reconquista* mit eigenen Kräften abzuwehren, führte schließlich zu einer neuen Invasion. Aus Marokko kommend versuchten die berberischen, islamisch-orthodoxen Reformbewegungen, Almoraviden und Almohaden, die verlorengegangene Einheit des islamischen Spanien wiederherzustellen.

Die *reconquista* war weder eine planmäßige, von allen Seiten der Christenheit getragene Aktion, noch war sie nur ein Kampf für den Glauben und die Freiheit. Vielmehr ist sie als eine Vielzahl kaum miteinander in Verbindung stehender Aktionen und Scharmützel zu sehen, die sich von der Gründung Asturiens und Navarras um 730 bis zur Vertreibung der letzten Mauren auf spanischem Boden im 17. Jh. über fast neun Jahrhunderte erstrecken. Auch die Motivation für die einzelnen Vorstöße war höchst unterschiedlicher Natur. Sicherlich war der Wunsch, das maurisch besetzte Land für die christlichen Reiche zurückzugewinnen, die Grundlage vieler Kämpfe. Aber ebenso oft war das Verlangen nach mehr Land und mehr Macht der Auslöser eines regionalen Konfliktes.

Das Verhältnis zwischen den arabischen Besatzern und der christlichen Bevölkerung war im allgemeinen recht friedlich und von gegenseitiger Toleranz geprägt. Selbst nach der Rückeroberung verblieb die maurische Bevölkerung zumeist in ihren Wohngebieten und lebte dort ebenso unbehelligt von den nunmehr christlichen Herrschern, wie zuvor die Christen unter maurischer Herrschaft gelebt hatten.

Die bekannteste und sagenhafteste Gestalt der *reconquista* ist wohl die Person des Ruy (Rodrigo) Díaz, genannt der Cid, heute einer der spanischen Nationalhelden. 1043 in Vivar bei Burgos geboren, machte er sich schon in jungen Jahren einen Namen als *campeador* (Kämpfer), den er fortan auch als Ehrennamen trug. Obwohl mit einer Nichte des Königs Alfons von Kastilien verheiratet, wurde er nach falschen Beschuldigungen aus Kastilien verbannt, fand dann zunächst Aufnahme beim maurischen Fürsten von Zaragoza und

Rückeroberung 1 Nördlichste Ausdehnung des Almohadenreichs 2 Weg der ›reconquista‹ 3 Königreich Kastilien (-León) 4 Erste Hälfte des 13. Jh. zu Kastilien 5 Königreich Aragón 6 Erste Hälfte des 13. Jh. zu Aragón 7 12./13. Jh. zu Portugal

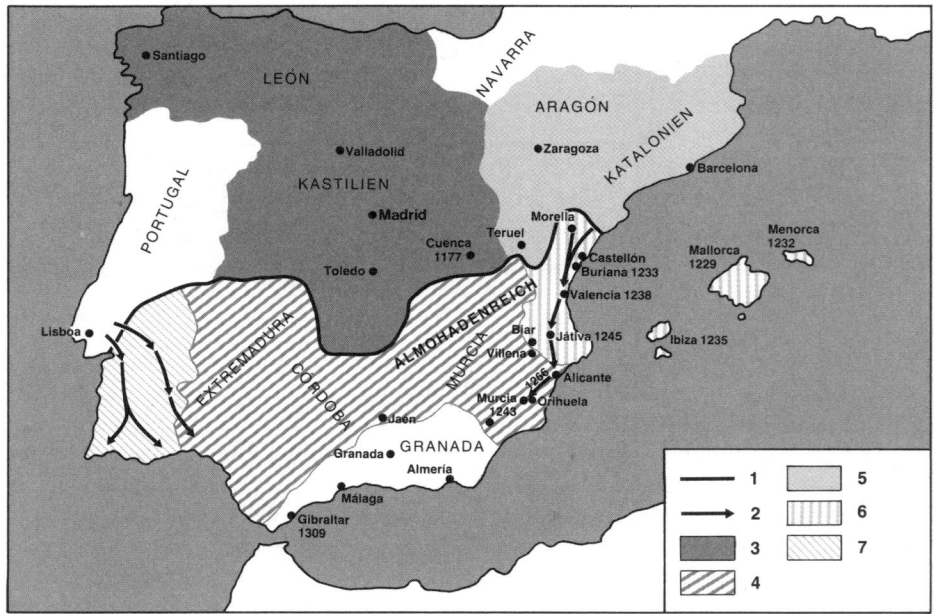

kämpfte für diesen auch gegen christliche Heere. Später diente er dem maurischen Herrn von Sevilla, der Vasall des christlichen Königs von Kastilien war. In diesen Kämpfen erwarb er sich den Ehrennamen ›Cid‹ (von arab. *sejjid* = Herr).

Nachdem der Cid sich mit seinem König ausgesöhnt hatte, kämpfte er wieder für diesen gegen die Mauren und eroberte 1094 die Levante und Valencia, das er gegen den Ansturm maurischer Heere fünf Jahre lang bis zu seinem Tod 1099 hielt. Die Stadt mußte von seinen Nachfolgern kurze Zeit später wieder an die Mauren übergeben werden. Die Taten des Cid sind in einem Lied der Nachwelt überliefert. Wenn auch die ersten Blätter dieser Handschrift verlorengegangen sind und der Name des Autors unbekannt bleibt, so ist doch zu vermuten, daß der »Cantar de mío Cid«, das älteste spanische Heldenepos, etwa um 1140 von einem gebildeten mozarabischen, d. h. unter mohammedanischer Herrschaft lebenden christlichen, Spanier geschrieben wurde. Er schildert in drei Teilen sein Leben von der Verleumdung und dem Abschied von seiner Familie über seine anfänglichen materiellen Nöte in der Verbannung und die Kämpfe gegen die maurischen Heere bis zur Eroberung Valencias, der Aussöhnung mit dem König und der Vereinigung mit seiner Familie. Wenngleich das Lied des Cid ein idealisierendes und mit der Realität der Zeit wenig übereinstimmendes Bild dieses Helden der *reconquista* zeichnet, so ist es doch eines der großen, zeitlosen Werke der spanischen Literatur.

Bis 1263 war das maurische Reich in Spanien auf das Gebiet des Königreichs Granada zusammengeschmolzen, das sich aber noch über 200 Jahre halten konnte. Die Levante war zu diesem Zeitpunkt bereits weitgehend durch Jakob I. von Aragón erobert worden: 1238 fiel Valencia, 1245 Játiva, Alcira und andere Städte, 1276 befand sich die ganze Levante unter aragonesischer Kontrolle. Spaniens Süden wurde in den folgenden Jahren durch die in der *reconquista* gegründeten Ritterheere (Calatrava- und Santiago-Orden) nach und nach erobert: Córdoba, die alte maurische Hauptstadt des Kalifats von Andalusien, fiel 1236, Sevilla 1248, Cádiz 1263, Tarifa 1292, Gibraltar 1309, Algeciras 1344, Málaga 1487.

Die 1469 zwischen dem späteren Ferdinand I. von Aragón und Isabella von Kastilien geschlossene Ehe vereinigte zwei Königreiche und läutete den endgültigen Untergang des Maurenreiches Granada ein. Das von den beiden ›Katholischen Königen‹ – so der vom Papst 1496 verliehene Ehrentitel – Isabella und Ferdinand belagerte Granada wurde im November 1491 erobert, die Stadt Granada ergab sich 1492 und der letzte maurische Herrscher Boabdil, verließ die Stadt.

Die Rückeroberung der Levante ist zugleich die Geburtsstunde des Königreichs Valencia, das über 400 Jahre bestehen sollte und in seiner Ausdehnung ungefähr mit dem oben als Levante bezeichneten Gebiet identisch ist. Jakob I. von Aragón erhob Valencia zur Hauptstadt des neugegründeten Königreichs, dessen von den Mauren verlassene Gebiete zunächst mit katalanischen Siedlern besetzt wurden. 1296 wurde das Gebiet des Königreichs nach Süden ausgeweitet und Alicante, Elche, Monóvar, Novelda, Orihuela, Elda und der übrige Teil des Südostens bis Torrevieja in das Reich integriert.

Innenpolitische Probleme ergaben sich für das Königreich Valencia um 1609 mit der durch den spanischen König Philipp III. veranlaßten Ausweisung der letzten noch auf spanischem

Boden lebenden Mauren, die bislang fast unbehelligt unter der christlichen Bevölkerung gelebt hatten. Immerhin handelte es sich allein im Gebiet der Levante und Südspaniens um etwa eine halbe Million Menschen, die aus maurischen Zeiten dort zurückgeblieben waren. Ihre Vertreibung hatte blutige Kämpfe in Stadt und Reich Valencia zur Folge und entvölkerte ganze Landstriche, die zuvor überwiegend von Mauren bewohnt gewesen waren. Betroffen waren vor allem die *huerta* von Orihuela, die trockenen Inlandsgebiete und die Täler im Norden und Nordosten des Königreichs. Dieser endgültige Abschluß der *reconquista* blieb auch für die Wirtschaft der Region nicht folgenlos, da es zunächst nicht möglich war, die fehlenden Arbeitskräfte in der *huerta* und die arabischen Händler und Handwerker in den Städten und Dörfern zu ersetzen. Während die *huerta* schnell neue Siedler und Arbeitskräfte anzog, blieben die Trockengebiete und die Täler für lange Zeit verwaist.

Der Spanische Erbfolgekrieg

Die Zeit zwischen der Vereinigung von Kastilien und Aragón bis zum Ausbruch des Spanischen Erbfolgekriegs ist durch eine Vielzahl bedeutender Ereignisse gekennzeichnet. Kolumbus entdeckte Amerika, das in der Folge zum größten Kolonialgebiet der Welt wurde. Die Ausweitung des spanischen Kolonialreiches, die Errichtung neuer ständiger Verkehrsverbindungen in die Kolonien hatten erhebliche wirtschaftliche Folgen für Spanien. Die ungehemmten Raubzüge der Eroberer und ihrer Nachfolger brachten unvorstellbare Vermögenswerte in das Land, die vor allem dem Adel, dem Klerus und der Beamtenschaft zuflossen. Auch erfolgte eine Umorientierung vom traditionellen Seehandelsgebiet Mittelmeer auf den Atlantikverkehr mit den Kolonien. Dies führte zu einem Bedeutungsverlust der Levantehäfen Valencia, Gandía, Alicante und Cartagena, deren ohnedies spärlicher gewordener Handelsverkehr bis ins 18. Jh. durch wiederholte Überfälle von Seeräubern immer mehr beeinträchtigt wurde.

Als weiteres einschneidendes Ereignis erfolgte im Jahre 1478 der Erlaß einer päpstlichen Bulle, mit der die Inquisition in Spanien eingeführt wurde. Diese Institution hatte sich zum Zweck der Reinerhaltung des Glaubens die Jagd auf Ketzer zur Aufgabe gemacht, die unter höchst fragwürdigen Umständen und mit teilweise unmenschlichen Mitteln durchgeführt wurde. 1492 erging ein Erlaß der Katholischen Könige, welcher der jüdischen Bevölkerung die Wahl ließ zu konvertieren, was sie gleichzeitig dem Zugriff der Inquisition aussetzte, oder auszuwandern – ein Verlust von einer Million Einwohnern für Spanien; entsprechende Edikte betrafen die Mauren in Kastilien (1502) und Aragón (1525).

Die traditionell liberale Einstellung der Levante erwies sich in dieser Zeit als schwere Hypothek, fand die Inquisition hier doch ein reiches Betätigungsfeld. Schon um 1412 hatte der religiöse Eiferer Vicente Ferrer, der zu einer bedeutenden Gestalt der Kirchengeschichte aufsteigen sollte, in der Kathedrale von Valencia und anderen Orten der Levante wie etwa

Valencia und Umgebung. Darstellung aus dem Taschenatlas von Ortelius, Ende 16. Jh.

Morella und San Mateo gegen das friedliche Zusammenleben der Christen mit maurischen Nachkommen und Juden gewettert und den ersten deutlichen Keil zwischen die Volksgruppen getrieben. Die Vertreibung der Mauren und später der Juden setzte dieses Werk fort, die Inquisition vollendete es mit der Vernichtung der letzten dort Gebliebenen.

Der wirtschaftliche Schaden aus diesen Vorgängen war besonders in den intensiv genutzten Gartenbaugebieten der Levanteküste von ungeheurem Umfang. Die jetzt fehlenden maurischen Arbeitskräfte konnten regional weder durch christliche Arbeiter noch durch ausländische Arbeitskräfte ersetzt werden, zumal in vielen Bereichen wie etwa dem Wasserbau die Fachkräfte fehlten. Es dauerte Jahrzehnte und war letztlich nur den besonders guten klimatischen Bedingungen der Levante zu verdanken, bis sich die Landwirtschaft in diesem Gebiet von den Rückschlägen erholt hatte.

Der Terror der Inquisition, die ungehemmte Ausbeutung durch den Adel und unhaltbare soziale Zustände führten schließlich zwischen 1519 und 1521 zur Rebellion der Zünfte, die fast alle großen Städte des Landes erfaßte und als ›Aufstand der Comuneros‹ Berühmtheit erlangte. Auch die valencianischen Zünfte, die *hermandades,* trugen diese Rebellion mit, die von königlichen Truppen blutig niedergeschlagen wurde und ihre Ziele nicht erreichen konnte.

Unter Karl V. und seinem Nachfolger Philipp II. war Spanien auf dem Höhepunkt seiner Macht und seines Reichtums. Nicht nur die Iberische Halbinsel, sondern auch halb Europa, Südamerika und große Teile der übrigen Welt wurden von Spanien beherrscht.

Die Nachfolger dieser Könige konnten das riesige Reich nicht mehr zusammenhalten. Der Verlust Portugals und der Niederlande war der erste Schritt, dem schnell weitere Gebietseinbußen folgten. Nach dem Tod des letzten Habsburgers auf dem spanischen Thron, Karl II. (1665–1700), ging das Reich durch Verfügung an den Bourbonen Philipp von Anjou, Enkel Ludwigs XIV. von Frankreich, über, der im Februar 1701 in Madrid einzog. Noch im selben Jahr schloß Kaiser Leopold I. mit England und Holland ein Bündnis gegen die jetzt in Frankreich und Spanien herrschenden Bourbonen, dem auch Portugal beitrat. 1704 wurde Gibraltar von englischen Truppen erobert und Erzherzog Karl von Österreich als Karl III. anerkannt. Englische und holländische Truppen landeten schließlich 1706 an der Levante-küste und besetzten Valencia, Alicante und andere Städte.

Ein Jahr später wurden die Österreicher bei Almansa von französischen Truppen unter dem Herzog von Berwick besiegt und der Küstenbereich damit für Philipp V. gewonnen. Durch den Tod seines Bruders Joseph I. wurde Karl III. als Kaiser Karl VI. wenige Jahre später, 1711, letzter Erbe des deutschen Habsburgerbesitzes und verließ Spanien. Dies bedeutete de facto die Anerkennung für Philipp V., der daraufhin im Frieden von Utrecht die europäischen Besitzungen Spaniens an seine Gegner abtrat und nur das Mutterland und seine Kolonien außerhalb Europas behielt. Damit hatten die Bourbonen ihren Anspruch auf den spanischen Thron endgültig gefestigt und sollten ihn über Jahrhunderte erhalten.

Vom Zeitalter Napoleons bis zur Gegenwart

Die Zeit zwischen dem Spanischen Erbfolgekrieg und dem Ausbruch der Französischen Revolution bescherte Spanien vielfache innere Veränderungen, aber auch unter der Regierung Ferdinands VI. (1746–59) eine Zeit des äußeren Friedens.

Wenige Jahre nach dem Ende der Erbauseinandersetzungen kam es unter der Regierung Philipps V. zu einem Angriffskrieg gegen Österreich (1717–30), der nach dem Kriegseintritt Frankreichs, Englands, der Niederlande und Savoyens mit der Niederlage Spaniens und der Rückgabe aller Eroberungen im Haager Frieden endete.

Mit der Herrschaft Karls III. von Bourbon (1731–35 Herzog von Parma, 1734–59 König von Neapel und Sizilien, 1759–88 König von Spanien), dem wohl aufgeklärtesten Herrscher unter den Bourbonen des 18. Jh., waren Reformen und Modernisierungen vor allem im Bereich der Landwirtschaft, der Industrie und des Erziehungswesens verbunden, die darauf ausgerichtet waren, die britische Überlegenheit abzubauen. Das Territorium Spaniens konnte mit der Rückeroberung der bislang von England besetzten Insel Menorca (1779–83) wieder auf frühere Besitzungen ausgeweitet werden.

Die spanische Landwirtschaft erhielt neuen Aufschwung durch die Einführung genossen-schaftsähnlicher Betriebsformen und die Schaffung von Musterbetrieben durch die Regierung. Die Industrie wurde mittels neuer Betriebe zur Herstellung von Glaswaren, Porzellan, Textilien, Teppichen, Hüten und andere, häufig auf alte maurische Vorbilder zurückgehende handwerkliche Fertigungen, neu belebt, die durch eine Systematisierung von beruflicher Bildung und technischer Fortbildung ergänzt wurden. Das besondere Augenmerk dieser Jahre galt aber der inneren Kolonisation, der Neubesiedlung der von den Mauren und *moriscos* verlassenen Gebiete. Im alten Bergbaugebiet der Sierra Morena, das auch landwirtschaftlich genutzt wurde, wurden im Rahmen dieser Besiedlungsmaßnahmen allein 6000 deutsche und niederländische Bauern angesiedelt, um den brachliegenden Boden neu zu bewirtschaften. Das Beispiel fand landesweit Nachahmer unter vielen Großgrundbesitzern, insbesondere aber im Süden, der unter der Vertreibung der Mauren am meisten gelitten hatte.

Mit der Kolonisation einher ging eine Intensivierung der Bodennutzung sowohl durch die Erschließung neuer Flächen als auch durch die Einführung neuer Kulturpflanzen und Versuche zur Wiederaufforstung der dem ungeheuren Holzbedarf zum Opfer gefallenen Waldbestände. In Andalusien wurden z. B. hunderttausende von Rebstöcken angepflanzt, Maulbeer-, Oliven-, Feigen- und andere Bäume gesetzt und damit zugleich Arbeitsplätze für die Landbevölkerung geschaffen.

Ähnlich wie in Andalusien wurden auch in der Levante große Flächen aufgeforstet, wenngleich man nicht das Ausmaß der andalusischen Bewaldungsaktion erreichte. Selbst die entsprechenden Auflagen der Regierung änderten hieran nichts. Dies lag zum Teil sicherlich an dem extremen Gegensatz zwischen wertvollen *huerta*-Flächen und den kaum zu kultivierenden Felsregionen in diesem Raum. Wirksame Veränderungen sind in dieser Hinsicht erst in den letzten Jahrzehnten dieses Jahrhunderts zu beobachten, nachdem erneut Wiederaufforstungsprogramme gestartet wurden. Für den Reisenden wird dies in der Levante am augenfälligsten entlang der Küstenautobahn, wo man beiderseits der Straße mit teils erheblichem Aufwand versucht, die kahlen Hügel zu begrünen.

In der Zeit Karls III. bedeuteten die von der Regierung initiierten Veränderungen nicht nur positive Impulse für die Landwirtschaft insgesamt, sondern außerdem für den einzelnen Betrieb eine erhebliche Wertsteigerung als Folge intensivierter Kultivierung und daraus resultierender steigender Erträge. Die Besitzverhältnisse in der spanischen Landwirtschaft blieben dagegen weitgehend unverändert, so daß die innere Kolonisation kaum soziale Änderungen brachte. Das meiste Land verblieb in der Hand weniger Grundeigentümer mit einer Vielzahl abhängiger Pächter und Landarbeiter. Das geltende Erbrecht mit der Vererbung des gesamten Besitzes an einen Erben förderte diese Entwicklung und führte in manchen Fällen als Folge geschickter Familien- und Heiratspolitik zur weiteren Vermögensanhäufung durch Grundbesitz in einzelnen Familien. Die Abgabe gemeindeeigenen Landes an landlose Arbeiter war dagegen von verschwindender Bedeutung und brachte ebensowenig eine wirkliche Veränderung der sozialen Verhältnisse wie das Verbot des Landerwerbs durch Kirchen und Klöster und das Verbot der Neugründung von Majoraten, der ungeteilten Weitergabe des Landerbes.

Das enge Verhältnis zum katholischen Glauben, der über Jahrhunderte das Leben dominiert hatte, war schon unter der Regierung Philipps V. erschüttert worden, als dieser den Kontakt mit Rom abbrach und den päpstlichen Nuntius aus dem Lande wies. Ferdinand VI. schuf mit dem Konkordat von 1753 eine Bereinigung dieser Beziehung. Der Staat erhielt das

Karl III. Zeitgenössischer Kupferstich

Recht zur Bestätigung aller geistlichen Ämter, die finanziellen Erträge Roms aus seinen spanischen Besitzungen und Ansprüchen wurden reduziert, die Inquisition eingeschränkt und die staatliche Rechtspflege von kirchlichem Einfluß befreit. Unter Karl III. schließlich wurde die religiöse Liberalität in begrenztem Maße wiederhergestellt, wie sie in der Levante und in Andalusien zeitweilig schon unter den Mauren geherrscht hatte. Neben der Freiheit des Glaubens zumindest für die Christen stand die weitere Einschränkung der Inquisition und das Verbot des bislang geltenden hochnotpeinlichen Verhörs, der Folter. Dem Beispiel Frankreichs und Portugals folgend, verbot Karl III. außerdem den Jesuitenorden und wies seine Mitglieder, die in großem Maße die Inquisition getragen hatten, aus dem Lande (1767). Auf Drängen Frankreichs und Spaniens schließlich wurde die Compañía de Jesús 1773 durch Papst Clemens XIV. aufgehoben, nur vier Jahrzehnte später aber durch Papst Pius VII. wiederhergestellt.

Das von Karl III. begonnene Reformwerk wurde von seinen Nachfolgern nicht fortgesetzt. Der ganz dem Einfluß seiner Frau, Marie Louise von Parma, unterworfene König Karl IV. (1788–1808) machte 1792 ihren Liebhaber Manuel Godoy zum ersten Minister des Staates. Die Mißwirtschaft dieser Regierung wurde in ihren Auswirkungen durch die Ausstrahlungen der Revolution im benachbarten Frankreich noch unterstützt und verwickelte das Land in der Folgezeit in eine Kette unglücklicher Ereignisse. Der Tod des französischen Königs Ludwig XVI. und seiner Gemahlin auf dem Schafott mußte die Kriegserklärung der spanischen Bourbonen an die französische Republik nach sich ziehen (1793). Nach anfänglichen Erfolgen war der spanische König 1795 schließlich froh, mit der Republik Frieden schließen zu können.

Der Aufstieg Napoleon Bonapartes zum ersten Konsul und später zum französischen Kaiser zog Spanien in den europäischen Auseinandersetzungen an die Seite Frankreichs. Die spanische Flotte trat an die Seite der französischen Marine und verlor mit dieser in der Schlacht von Trafalgar 1805 gegen die britische Royal Navy. Von dieser mit hohen Verlusten verbundenen Niederlage erholte sich die spanische Armada nicht mehr. Napoleon benutzte das spanische Territorium als Aufmarschgebiet für seinen Krieg gegen das mit England verbündete Portugal. Dieser Krieg, vor allem die ungehemmte Präsenz französischer Truppen auf spanischem Boden und die französische Forderung nach Abtretung einiger nordspanischer Provinzen brachte das Faß zum Überlaufen. In einem kurzen Volksaufstand durch alle Schichten wurde die Regierung Godoy gestürzt, der König dankte zugunsten seines Sohnes Ferdinand ab (19. 3. 1808), der als neuer Hoffnungsträger des spanischen Volkes galt. Die Hoffnung aber war nur von kurzer Dauer. Auf französischen Druck mußte Ferdinand VII. am 5. 5. 1808 abdanken und Napoleon die Krone Spaniens zur freien Verfügung stellen. Im Gegenzug garantierte Frankreich die territoriale Unversehrtheit Spaniens und die alleinige Anerkennung der katholischen Religion für Spanien. Damit war Spanien vollständig unter französische Kontrolle geraten.

Die Ernennung Joseph Bonapartes, des Bruders des Kaisers, zum König von Spanien, erwies sich in der Folge nicht als besonders glückliche Entscheidung Napoleons, da es diesem an Härte und militärischem Geschick fehlte, um mit den chaotischen Bürgerkriegsverhältnissen in Spanien fertig zu werden. Der immer wieder aufflammende spanische Widerstand konnte von den französischen Besatzungstruppen nicht gebrochen werden. Nach der Kapitulation von 17000 französischen Soldaten bei Bailén, der Übergabe eines französischen Geschwaders bei Cádiz, der Landung des britischen Generals Wellington in Portugal und der Niederlage Marschall Junots gegen eben dieses englische Expeditionskorps griff Kaiser Napoleon selbst auf der Iberischen Halbinsel ein. Mit einer 250000 Mann starken Armee zerschlug er in nur 14 Tagen den militärisch organisierten Widerstand der Spanier, eroberte Madrid und setzte seinen zwischenzeitlich an den Ebro geflüchteten Bruder wieder in die Regierung ein.

1812 berief die vor den Franzosen geflüchtete nationale Regierung die Gesetzgebende Versammlung nach Cádiz, wo die erste spanische Verfassung verkündet wurde. Schon ein Jahr später, am 21. 6. 1813, schlug Wellington die Franzosen bei Vitoria und führte damit die endgültige Entscheidung über die Zukunft des besetzten Spaniens herbei. Das Land gewann mit dem Rückzug der französischen Armeen seine nationale Souveränität wieder, die im Dezember des Jahres ausdrücklich von Napoleon anerkannt wurde. König Ferdinand VII. kehrte auf den spanischen Thron zurück.

Zwei Jahre später führte eine Gegenrevolution schließlich zu einem Bürgerkrieg und damit zur erneuten Intervention des französischen Nachbarn, dessen Truppen im Mai 1823 Madrid besetzten. Weitere Aufstände im Jahr 1825 dienten dem Ziel, dem bereits in Katalonien als Karl V. anerkannten Thronfolger Don Carlos (1788-1855), dem Bruder des Königs, zur Macht zu verhelfen. König Ferdinand griff in dieser Situation auf die altkastilische Thronfolge zurück, um den Machterhalt seiner Familie zu sichern und seinen Bruder als Nachfolger auszuschalten. Durch ein Hausgesetz, die sogenannte Pragmatische Sanktion, führte er die Thronfolge auch für weibliche Nachkommen ein und ermöglichte damit der 1830 geborenen Infantin Isabella die Nachfolge. Nach seinem Tod 1833 verweigerte Don Carlos der gerade drei Jahre alten Tochter des Königs die Anerkennung und ging ins Exil nach Portugal: In Spanien übernahm die Königinmutter Maria Christine von Neapel gegen erbitterten inneren Widerstand die Regentschaft.

In den baskischen Provinzen, in Aragón und Katalonien, aber auch in der Levante brach ein zugunsten Karls V. geführter Bürgerkrieg (1833–39) aus, der erst mit Ende des Karlistenvormarsches kurz vor Madrid und der Flucht von Don Carlos nach Frankreich ins endgültige Exil ein Ende fand. Die folgenden Jahre bis 1868 brachten der spanischen Innenpolitik Phasen ständig wechselnder Orientierung. Mehrfach mußte die Königinmutter Maria Christine das Land verlassen, um dann doch wieder zurückzukehren, erneute Aufstände der Karlisten brachen aus und wurden niedergeschlagen, schließlich wurde Isabella im Alter von nur dreizehn Jahren 1843 zur Königin proklamiert.

Auch als 1871 Amadeus von Aosta spanischer König wurde, brachte dies keine Entschärfung der inneren Spannungen. Der Ausbruch des nunmehr vierten Karlistenaufstandes und seine Niederschlagung führten letztlich zur Abdankung des Königs (1873), der nicht gegen diese ungeheuren Widerstände regieren wollte. Die Cortes als nunmehr einziges Organ des Staates erklärte Spanien daraufhin in einer verzweifelten Rettungsaktion zur Republik, die von Emilio Castelar diktatorisch geführt wurde, bis dieser seinerseits gestürzt und von Francisco Serrano als Ministerpräsident abgelöst wurde.

Die Levante hatte an den teilweise chaotischen Verhältnissen dieser Zeit ihren Anteil. Nicht nur, daß Valencia eines der Zentren der Karlisten war, auch andere Städte der Levante beteiligten sich ebenso emotionell aufgeladen an diesen Versuchen, eine neue politische Richtung für Spanien zu finden. Unter der Regierung Castelars brach in Cartagena der Aufstand der sozialistischen Kommune aus, der nach hartnäckigem Widerstand erst unter der Regierung Serranos zum Zusammenbruch gebracht werden konnte.

Die Tage der Republik dauerten nicht lange. Im Dezember 1874 wurde der achtzehnjährige Sohn Isabellas als Alfons XII. (1874–85) zum neuen König proklamiert, das Königreich damit wieder aufgerichtet. Der relativ frühe Tod des Königs verhinderte vorerst eine weitere Beruhigung der innenpolitischen Lage. Der Nachfolger Alfons XII. wurde bereits am Tag seiner Geburt (12. 5. 1886) zum König proklamiert; die Regentschaft übernahm die Königinwitwe bis zu seiner Mündigkeitserklärung 1902.

1902 übernahm Alfons XIII. die Regierung (bis 1931). Sein Regierungsantritt war von Gewaltakten anarchistischer Kreise begleitet und während seiner Herrschaft kam es in den verbliebenen Kolonialgebieten Nordafrikas zu heftigen Kämpfen. Mit Einverständnis des Königs übernahm General Primo de Rivera 1923 durch einen Staatsstreich die Regierung.

Gemeinsam versuchte man, die desolaten Verhältnisse durch Neuordnung der Landesverwaltung, durch den Ausbau des Verkehrswesens und die Neuordnung der Finanzen zu bereinigen.

Im Jahre 1930, wenige Wochen vor seinem Tod, übergab Primo de Rivera die Regierungsgewalt an den ebenfalls royalistischen General Berenguer. Dessen Versuche zur Rettung der Monarchie in Spanien fanden schnell ein Ende, nachdem als Ergebnis von Gemeindewahlen 1931 die Republikaner siegten und die Republik ausgerufen wurde. Mit der Gründung der zweiten Republik verließ auch Alfons XIII. das Land und begab sich ins Exil, ohne aber seinen rechtmäßigen Anspruch auf den Thron aufzugeben.

Die neue Republik brachte Spanien zahlreiche innere Veränderungen. Die ehemals als unlösbar angesehene Verbindung von Kirche und Staat, die über Jahrhunderte Bestand gehabt hatte, wurde nun gelöst, der Zusammenhalt der Nation durch die Gewährung eines Autonomiestatus für Katalonien in Frage gestellt und durch anarchistische Zustände in anderen Teilen des Landes, darunter auch die Levante, gefährdet. Der Sohn Primo de Riveras, José Antonio, gründete als Reaktion auf diese von vielen als unhaltbar angesehenen Zustände im Oktober 1933 die Falange Española Tradicionalista y de la J. O. N. S. (Junta de Ofensiva Nacional-Sindicalista), eine politische Bewegung des rechten Flügels mit nationalsozialistischen Zielen.

Die Rechtsparteien siegten in den Wahlen vom November 1933. Da jedoch von der vorherigen Regierung eingeleitete Reformen teils aufgehoben oder zumindest ihre Durchführung verzögert wurde, spitzte sich die innenpolitische Lage zu; die Fronten verhärteten sich. Nachdem die Linksparteien als Volksfront vereint bei den Neuwahlen am 16. Februar 1936 die Mehrheit erzielt hatten und Bemühungen von Rechts, die Wahl zu annullieren, gescheitert waren, wurde der Bürgerkrieg unvermeidlich. Als in der spanischen Garnison von Melilla (Marokko) eine Militärrevolte ausbrach, übernahm General Francisco Franco, inzwischen Führer der Falange-Partei, die Führung der Aufständischen. Der Bürgerkrieg begann. In Burgos (Spanien) bildete Franco eine Gegenregierung. Die Junta Defensa Nacional, die Versammlung für die nationale Verteidigung, ernannte ihn im selben Jahr zum Staatschef (*caudillo* = Oberhaupt) und Generalissimus. Der von beiden Seiten (Rechtsparteien versus Volksfront) mit äußerster Härte geführte und vom Ausland unterstützte Kampf um die Macht forderte 1,2 Millionen Tote und endete im Frühjahr 1939 mit dem Sieg der Franco-Anhänger. Damit hatte die Auseinandersetzung den wohl größten Blutzoll der an Kämpfen nicht armen spanischen Geschichte gefordert. Franco veranlaßte den Zusammenschluß der Rechtsparteien zur Einheitspartei Movimiento Nacional und verbot die Linksparteien. Parlamentswahlen wurden abgeschafft, die Ständevertreter in der Cortes hatten lediglich Beraterfunktion. Die Opposition wurde gewaltsam unterdrückt. Dennoch begann nach dem Ende des Bürgerkriegs für Spanien eine Zeit des Wiederaufbaus und der sozialen Reformen, die zwar zunächst nur zögernd anlief, aber letztlich den Weg bereitete für ein Spanien als moderne europäische Nation. Die Regierung befolgte eine Außenpolitik der weitgehenden Neutralität. Abgesehen von der Entsendung eines Freiwilligenverbandes (Blaue Division) an die Ostfront konnte sich Spanien dem Zweiten Weltkrieg entziehen.

Die Neutralitätspolitik bzw. die Isolierung Spaniens bedingte in den Jahren nach 1939 eine Politik wirtschaftlicher Autarkie. Der gesamte Im- und Export litt unter den mit dieser Politik einhergehenden Einschränkungen, nicht zuletzt machten sie den Import moderner Technologien, die für den industriellen Aufschwung notwendig gewesen wären, unmöglich. Die in dieser Zeit unter staatlichem Schutz gegründeten zahlreichen Kleinunternehmen litten unter Kapitalmangel und unzureichender Organisation und waren in wirtschaftlicher Hinsicht weitgehend unrentabel. Erst die Aufhebung der Autarkiebestrebungen und die eingeschränkte wirtschaftliche Öffnung des Landes ab etwa 1959 leiteten wesentliche Strukturveränderungen ein. Die bis etwa 1970 noch durchgeführten staatlichen Entwicklungspläne mit dirigistischem Charakter wirkten sich zudem wesentlich günstiger aus, als die Eingriffe der Jahrzehnte vorher. Deutliche Auswirkungen hatte auch die beginnende Verflechtung der spanischen Wirtschaft mit dem Ausland, die 1986 zu Spaniens Eintritt in die EG führte, sowie die aus dem Fremdenverkehr erzielten Einnahmen als Folge der staatlichen Förderung des Tourismus in den Küstengebieten ab 1966. Auch heute noch bilden die Deviseneinnahmen aus dem Fremdenverkehr einen wesentlichen Posten in der spanischen Zahlungsbilanz.

Der politische Status der Republik Spanien wurde nach der Machtübernahme Francos nicht lange beibehalten. Schon 1947 erfolgte eine gesetzliche Regelung, wonach die Nachfolge des Caudillos durch eine Person königlicher Abstammung sichergestellt werden sollte. Damit wurde Spanien wieder zum Königreich, als dessen Thronprätendent Don Juan Carlos bestimmt wurde. Nach dem Tod Francos wurde dieser Nachfolgeplanung mit der Krönung von Juan Carlos I. (1975) zum König von Spanien Rechnung getragen. Seitdem befindet sich das Land beständig auf dem Weg in eine demokratische Zukunft, die nicht zuletzt durch die erfolgreichen Wahlen und Abstimmungen der letzten Jahre ihre Bestätigung erfahren hat.

Kunst, Kultur, Architektur in Spanien und der Levante

Die Felsmalerei an der Mittelmeerküste

Künstlerische Zeugnisse des Menschen sind für die Levante schon aus der frühesten Zeit ihrer Besiedlung nachgewiesen. Es handelt sich hierbei um eine Vielzahl von Felsmalereien, von denen die größte Zahl erst nach dem Ende des letzten Jahrhunderts entdeckt wurde. Prähistorische Darstellungen sind über die gesamte Iberische Halbinsel verbreitet und unterscheiden sich wesentlich sowohl von der Ausführung und der Thematik als auch von der Art der Fundorte untereinander. Chronologisch ist eine damit verbundene Einteilung in drei verschiedene Stile möglich:

- Höhlenzeichnungen des Jungpaläolithikums (etwa vor 40000 bis 10000 Jahren), die auf der ganzen Halbinsel verbreitet sind. Konzentriert finden sich Darstellungen dieser Stilepoche vor allem im kantabrischen Raum, d. h. in Nord- und Nordwestspanien (Baskenland und Asturien). Gruppenmäßig treten sie auch in Zentralspanien und in Andalusien auf. Die Zeichnungen scheinen in Höhlen angebracht worden zu sein, die nicht als Wohnstätten verwendet wurden, sondern rein kultischen Zwecken dienten. Die farbigen Höhlenzeichnungen zeigen vorwiegend Jagdwild, was zu der Hypothese führte, es handele sich um kultische Darstellungen, mit denen die Steinzeitmenschen versuchten, das erwünschte Jagdwild durch stellvertretende Abbildung zu bannen und es so für die primitive Waffe oder Fallgrube erreichbar zu machen (Analogiezauber). Vielleicht bot die Zeichnung aber auch der Seele des verletzten oder getöteten Tieres die Versöhnung für die Tat durch die ewige Darstellung. Die Abbildungen sind zumeist äußerst naturalistisch, oftmals lebensgroß und vielfarbig gestaltet mit gut durchmodellierten Körpern.
- Felszeichnungen des sogenannten Levantestils, deren Entstehung etwa ab 6000 v. Chr. anzusetzen ist. Ihr zeitliches Ende findet diese Darstellungsform etwa mit dem Auftauchen metallverarbeitender Kulturen um 4000 v. Chr.
- Felszeichnungen der sogenannten schematischen Kunst, die ihren Ursprung im Osten des Mittelmeeres hat und zeitlich etwa in das vierte Jahrtausend v. Chr. und die Endphase der Bronzezeit einzuordnen ist. Ihr Beginn fällt ungefähr mit dem Ende der ostspanischen Felskunst zusammen. Die Zeichnungen sind von sehr unterschiedlichem Charakter, wie etwa die tiefeingeschnittenen Felsritzungen in Nordwestspanien oder auf den Kanarischen Inseln zeigen, die nur mit der Verwendung von Metallwerkzeugen vorstellbar sind. Die Darstellungen dieses Stiles sind häufig von symbolhafter Form, Personen und dämo-

nenhafte Wesen werden nur undeutlich gezeichnet. Fundstätten im südlichen Spanien finden sich vorwiegend im Bereich der Sierra Morena, die aufgrund der umfangreichen Erzvorkommen eines der allerersten Siedlungsgebiete war.

Für das Gebiet dieses Führers sind insbesondere die Zeichnungen des Levantestils von Bedeutung. Schon zu Beginn des 19. Jh. war die Existenz einzelner Zeichnungen in der Levante bekannt und dokumentiert; es sollte aber noch einmal fast 100 Jahre dauern, bis eine umfangreiche Erforschung dieser Relikte menschlichen Lebens erfolgte. Die Suche nach weiteren Zeichnungen wurde aber in großen Teilen so unsystematisch betrieben, daß selbst in jüngster Zeit immer wieder neue Zeichnungen gefunden werden. Auch Anspielungen etwa des Dichters Lope de Vega (1562–1635) auf solche Zeichnungen haben jahrhundertelang nicht zu einer Entdeckung geführt, die somit dem letzten Jahrhundert vorbehalten war.

Im Gegensatz etwa zu den frühen Zeichnungen des Jungpaläolithikums befinden sich die Darstellungen der Levantekunst nicht mehr in tiefen und unzugänglichen Höhlen *(cuevas)*, die nur von wenigen auserwählten Priestern zu Kultzwecken aufgesucht wurden, sondern sind in großer Zahl in flachen Felsnischen *(covachos)*, unter Felsüberhängen oder an anderen halbwegs geschützten Felswänden angebracht. Der Erhaltungszustand der Zeichnungen ist trotz des jahrtausendelangen Einflusses von Wind und Regen, klimatischen Schwankungen von Eiseskälte bis zu brütender Hitze, Trockenheit und Feuchtigkeit, Mikroorganismen, Pilzen und Pflanzen erstaunlich gut.

Teilweise sind die Darstellungen durch den Rauch und die Wärme von Hirtenfeuern, die mit ihren Herden Schutz unter den überhängenden Felswänden suchten, in Mitleidenschaft gezogen. Den größten Schaden hat zumeist erst die Zeit nach der Entdeckung der Zeichnungen verursacht, wenn entweder die Bilder von ihren Standorten gelöst wurden oder sie durch Vandalismus von Touristen und anderen Besuchern beschädigt oder gar völlig zerstört wurden. Ein Teil der Bilder, zumeist solche, die von Forschern abgetragen wurden, wird

Cueva Remigia in der Gasulla-Schlucht (Castellón). Stier verfolgt (?) einen Bogenschützen (nach Porcar)

1 PEÑÍSCOLA Innenhof der Burg

2 VINARÓZ Pfarrkirche

3 BENICARLÓ Pfarrkirche, Südfassade

4 VINARÓZ Pfarrkirche, Westportal

5 PEÑÍSCOLA Hafen
6 PEÑÍSCOLA Nuestra Señora d'Ermitana,
Südfassade

7 PEÑÍSCOLA Straßenszene

8 CATÍ Pfarrkirche, Südseite

9 MORELLA Gesamtansicht mit Burg

10 MORELLA Sta. María, Südportal

11 MORELLA Stadttor von Norden

12 MORELLA Sta. María

13 MORELLA San Miguel, Südportal

14 Der Arco Romano bei CABANES

15 ALBOCÁCER San Pablo

16 CASTELLÓN DE LA PLANA Glockenturm ▷

17 CASTELLÓN DE LA PLANA Kathedrale
18 ONDA Burg

19 VILA-REAL Pfarrkirche, Südseite

21 SAGUNTO Sta. María, Westfassade

◁ 20 SAGUNTO Ansicht mit Burg und römischem Theater

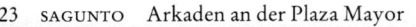

22 SAGUNTO Archäologisches Museum, Mosaik, etwa 2. Jh. n. Chr.

23 SAGUNTO Arkaden an der Plaza Mayor

24 SAGUNTO Im Judenviertel

25 SEGORBE Kathedrale

26 SEGORBE Gotischer Kreuzgang der Kathedrale

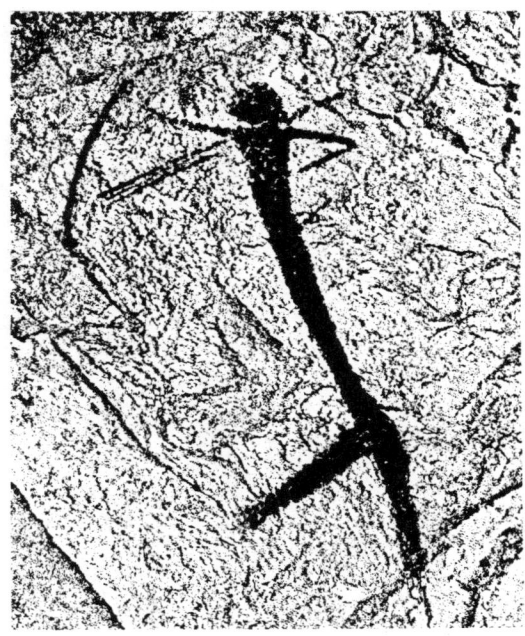

Bogenschütze aus der Valltorta-Schlucht (Castellón)

heute in den regionalen Museen aufbewahrt und somit der Nachwelt erhalten. Zum Teil befinden sie sich in den großen überregionalen Museen, wie etwa in Barcelona.

Die Zeichnungen der Levantekunst verteilen sich auf ein sehr eng begrenztes Gebiet am bergigen Küstensaum des Mittelmeeres. Dies erfaßt hauptsächlich die Provinzen Tarragona, Castellón, Teruel, Cuenca, Valencia, Albacete, Alicante und Murcia, am Rande auch die Gebiete von Huesca, Lérida, Jaén, Almería und Cádiz.

Die Zeichnungen der Levantekunst zeichnen sich durch ihre stilisierte und expressionistische Darstellung ebenso aus wie durch den in ihnen enthaltenen Bewegungsrhythmus, der ihnen einen lebendigen Ausdruck verleiht. Aus der Darstellung eines bestimmten, für den Menschen der Zeit wichtigen Ereignisses, etwa auf der Jagd, wird, indem das Bild in u. U. modifizierter Form wiederholt wird, die Entwicklung von der Momentaufnahme zum erzählenden Bild ermöglicht.

Darstellungsweise und Maßverhältnisse der Bilder sind höchst unterschiedlich. Als Farben überwiegen Rot und Schwarz in einer Vielzahl unterschiedlicher Tönungen, in Ausnahmefällen im Gebiet von Albarracín tritt auch Weiß auf. Die Größe variiert zwischen einigen Zentimetern bis hin zu über einem Meter.

Für den Autotouristen ist nur ein Teil der Bilder relativ einfach über ausgeschilderte Straßenverbindungen zugänglich. Häufig muß neben einer unzureichenden Beschilderung

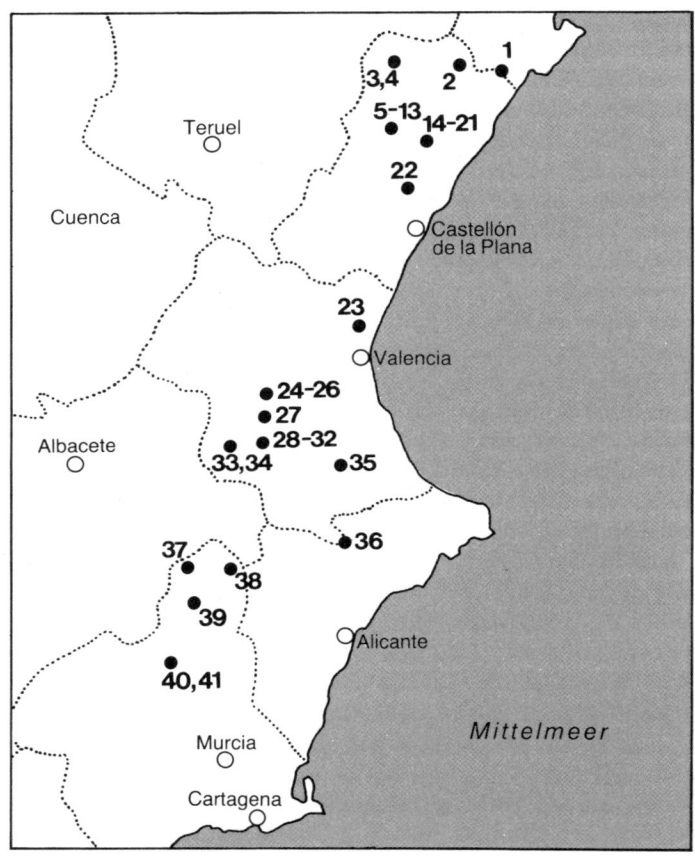

Felskunst an der
Levanteküste

1 Abrigos de la
Esperanza, Ullde-
cona (Tarragona)
2 Cueva de El Pol-
vorin, Puebla de
Benifaza (Castel-
lón de la Plana)
3 Cueva alta de la
Masía, Morella la
Vella, Morella
(Castellón)
4 Cueva del Roure,
Morella la Vella,
Morella (Castellón)
5 Cueva Remigia,
Gasulla-Schlucht,
Ares del Maestre
(Castellón)
6 Cingle de la Mola
Remigia, Gasulla-
Schlucht, Ares del
Maestre (Castellón)
7 Racó de Molero,
Gasulla-Schlucht,
Ares del Maestre
(Castellón)
8 Racó de Gasparo,
Las Solanas, Ares
del Maestre
(Castellón)
9 Les Dogues, Ares
del Maestre
(Castellón)
10 Mas Blanc, Ares
del Maestre
(Castellón)

11 El Cingle, Ares del Maestre (Castellón)   12 Racó de Nando bzw. Los Corvarjos, Benasal (Castellón)
13 Roca del Senallo, Villafranca del Cid (Castellón)   14 Cuevas de El Civil, Valltorta, Tírig (Castellón)
15 Cueva dels Tolls, Valltorta, Tírig (Castellón)   16 Cueva Rull, Valltorta, Tírig (Castellón)
17 Cueva dels Cavalls, Tírig (Castellón)   18 Cueva del Arco, Valltorta (Castellón)   19 Abrigo de Mas
d'en Josep, Valltorta (Castellón)   20 Cueva alta del Llidoné, Valltorta, Cuevas de Vinromá (Castellón)   21 Cueva Saltadora, Valltorta, Cuevas de Vinromá (Castellón)   22 La Joquera, Borriol (Castellón)   23 Gilet, Albalat (Valencia)   24 Cinto de las Letras, Dos Aguas (Valencia)   25 Abrigo de la
Pareja, Dos Aguas (Valencia)   26 Cinto de la Ventana, Dos Aguas (Valencia)   27 Barranco de las
Cañas, Millares (Valencia)   28 Cuevas de la Araña, Bicorp (Valencia)   29 Barranco Garrofero, Bicorp
(Valencia)   30 Barranco Gineses, Bicorp (Valencia)   31 Balsa Calicanto, Bicorp (Valencia)   32 Abrigo
Gavidia, Bicorp (Valencia)   33 Abrigo del Sordo, Ayora (Valencia)   34 Abrigo de Tortosilla, Ayora
(Valencia)   35 Abrigo Boro, Quesa (Valencia)   36 Cuevas de la Sarga, Alcoy (Valencia)   37 Cantos de
la Visera, Monte Arabí, Yecla (Murcia)   38 Cueva del Peliciego, Jumilla (Murcia)   39 Barranco de los
Grajos, Cieza (Murcia)   40 Cañaica del Calar, El Sabinar (Murcia). La Risca, Moratalla (Murcia)
41 Fuente del Sabuco, El Sabinar (Murcia)

der Weg über wenig oder gar nicht ausgebaute Straßen in Kauf genommen werden. Die zunehmende Kommerzialisierung, die sich z. B. bei den Tropfsteinhöhlen und Grotten im Nahbereich der Küste bereits unangenehm bemerkbar macht, wird vermutlich auch diese Relikte frühen menschlichen Lebens bald so erschließen, daß zwar zum einen der ungehinderte Zugang, zum anderen jedoch die baldige Zerstörung die Folge sein werden. Bislang liegt der größte Schutz immer noch in der Unerreichbarkeit der Zeichnungen.

Verhältnismäßig leicht sind die Bilder bei Ares del Maestre und bei Bicorp zu finden; auch hier sollte man sich aufgrund der schlechten Beschilderung beizeiten im örtlichen Rathaus erkundigen (s. Plan S. 66, Nr. 5–11, 28–32).

Die Spuren des Imperium Romanum

Relikte vorrömischer Zeit, das heißt Zeugnisse der frühen iberischen Kultur sowie der Epoche der griechischen und phönizischen Einwanderungen sind in Spanien nur vereinzelt erhalten. Relativ zahlreich dagegen sind archaische Bauwerke, wobei es sich überwiegend um Megalithbauten handelt, die etwa seit 2500 v. Chr. auf der gesamten Iberischen Halbinsel entstanden sind. Die iberische Kultur (ca. 600–100 v. Chr.) wurde von Griechen und Kelten beeinflußt. Eine Vielzahl von Figuren, Statuetten, Vasen sowie anderer Keramik- und Bronzearbeiten sind für die Levante nachgewiesen. Als bedeutendstes Stück gilt die Büste der ›Dame von Elche‹, deren Original sich heute in Madrid befindet, während in Elche lediglich eine Kopie gezeigt wird (s. S. 276). Andere Kunstwerke oder Gebrauchsgegenstände dieser Zeit sind in den jeweiligen Regionalmuseen ausgestellt, unter denen besonders das Prähistorische Museum von Valencia hervorzuheben ist (s. S. 190).

Die Eroberung der Halbinsel durch das römische Imperium legte den Grundstein für die kulturelle und architektonische Entwicklung in Spanien. Erst die das gesamte Land und alle Bevölkerungsschichten ergreifende Romanisierung führte – ebenso wie später die Christianisierung – zum Entstehen einer gewissen einheitlichen iberischen (römischen) Kultur.

Von besonderer Bedeutung sind die Anlagen der römischen Festung Saguntum (Sagunto) in der Nähe von Valencia. Aufbauend auf einer alten iberischen Siedlung, legten die Römer als Nachfolger Karthagos, das die Stadt wenige Jahre besessen hatte, hier eine ausgedehnte Festungsanlage an, der die Reste iberischer Zyklopenmauern als baulicher Untergrund und Steinbruch zugleich dienten. Trotz mehrfacher Eroberung und Zerstörung durch Vandalen, Mauren und Franzosen ist ein großer Teil der Anlage erhalten geblieben und kann seinen römischen Ursprung, auf dem ja auch die jeweiligen Eroberer aufbauten, nicht verleugnen. Die Ruinen des *castillo* und des römischen Theaters, an deren Restaurierung seit Jahren gearbeitet wird, geben ein eindrucksvolles Zeugnis römischer Baukunst an der Levanteküste. Neben den verschiedenen Museen in den Städten der Levanteküste zeigt auch ein in die Festungsanlage integriertes Archäologisches Museum eine Vielzahl von Exponaten, die in und um Sagunto gefunden wurden (s. S. 137). Ein weiteres Relikt des römischen Imperiums in unserem Gebiet ist der römische Bogen bei Cabanes, der einen begrenzten Einblick in die römische Baukunst vermittelt (s. S. 124). Kennzeichen dieser Baukunst ist die Entwicklung des echten Gewölbes mit sorgfältig behauenen und eingepaßten Steinen. Nur dadurch sind letztlich die überkommenen Bauwerke möglich, die das Imperium Romanum in allen Teilen seiner mittelmeerischen Welt hinterließ. Das von den Römern geschaffene Straßennetz war von Verlauf und Ausführung so grundlegend, daß sich bis in das späte Mittelalter der gesamte Verkehr fast ausschließlich auf diesen Straßen abwickelte. Ihr Verlauf läßt sich noch am heutigen Fernstraßennetz verfolgen.

Die Entwicklung der großen Zentren des Landes hängt eng mit dem von den Römern gebauten Verkehrsnetz zuammen. Toledo liegt im Zentrum dieser Verbindungen und bezog aus eben dieser Lage seine spätere Bedeutung. Die Städte der Levante erlangten als Hafenstädte Bedeutung durch ihren Anschluß an das Straßennetz im Hinterland und stellten somit die Verbindung zwischen dem Kernland des Imperiums in Italien und den Handelszentren und Residenzen in Spanien her.

Die Westgoten bewahrten weitgehend das römische Erbe in den von ihnen eroberten Gebieten (s. S. 31). Nur eingeschränkt entwickelten sie hieraus eigene Stilformen, die durch das in der Endzeit des römischen Reiches begründete Christentum beeinflußt wurden. Ihre Zeugnisse finden sich daher vor allem in Form von Sakralbauten, in der Levante etwa in Cuenca. Die an anderen Gebäuden erhaltenen westgotischen Reliefs sind in ihrer Aussage im wesentlichen ebenfalls religionsbezogen mit stilisierten Motiven aus der biblischen Geschichte. Der überhöhte Rundbogen als Weiterentwicklung des römischen Vorbildes ist ebenfalls ein westgotisches Relikt. Andere Kennzeichen des sowohl germanisch als auch orientalisch beeinflußten westgotischen Stils sind hölzerne Flachgiebelhäuser, Rechteckflächen, Quadersteine für die Fußböden, Pflanzenmotive und geometrische Zeichen zu Dekorationszwecken und Erstformen der später weiterentwickelten Rosette. Neben dem überhöhten Rundbogen findet sich auch das überhöhte Tonnengewölbe, gelegt auf Bündel- oder Pfeilersäulen.

Der maurische Einfluß auf die Kunst

Die maurische Besetzung Spaniens führte zu tiefgreifenden Veränderungen auf den Gebieten von Kunst und Architektur. Die Entwicklung eigener Richtungen in Kunst und Architektur erfolgte erst lange nach der Besetzung des Landes auf der Grundlage der vorgefundenen Kultur und zusätzlicher Einflüsse aus den arabischen Heimatländern der Eroberer. Zum Zeitpunkt ihres Eindringens in den iberischen Raum besaßen die Berber durch ihre nomadische Lebensweise nur gering ausgeprägte kulturelle Fertigkeiten, vor allem natürlich, was Architektur betraf.

Zudem unterlag das kulturelle Leben der Stämme neben den fundamentalen Einflüssen des Islam dem ständigen Wandel der Eindrücke aus den Ländern, die in den Jahren zuvor für den Propheten erobert worden waren und nun kulturell in ein zu formendes islamisches Reich integriert werden sollten. Die neuen Herren Spaniens machten sich daher zunächst einmal mit dem Vorgefundenen vertraut, ergänzten es aber schon sehr bald mit Eindrücken und Formen anderer Kulturkreise ihres Machtgebietes. Als erstes fanden dekorative Elemente des Orients aus Syrien, Mesopotamien und Persien Eingang in die spanische Formenwelt.

Im allgemeinen vereinigt der Begriff der spanisch-maurischen Kunst und Architektur alle Werke des islamischen Westens. Dieser Begriff kann entsprechend den historischen Vorgängen auf der Iberischen Halbinsel natürlich weiter differenziert werden etwa in die Richtungen der spanisch-arabischen oder spanisch-omaijadischen und einer eigentlichen maurischen Periode, die alle ihre eigenen Ausdrucksformen gefunden haben.

Unter dem Propheten und seinen Nachfolgern ging die Ausbreitung des Islam im allgemeinen nicht mit einer künstlerischen Ausgestaltung der notwendigen Kultbauten, Paläste oder Festungen einher. Erst die Übernahme des Kalifats durch die Omaijaden und die Verlegung ihrer Residenz vom puritanischen Medina in das (handels-) offenere Damaskus (661 n. Chr.) führte in der folgenden Phase der Konsolidierung der Macht und Sicherung des Reiches zu einer intensiveren Auseinandersetzung mit künstlerischen und architektonischen Aspekten. Zunächst griff man auf die vorhandenen Entwicklungen in den für den Propheten eroberten Gebieten und den benachbarten Ländern des Mittelmeeres zurück, sowohl Baumeister als auch Material für die Ausgestaltung der neuen Gebetshäuser und Paläste wurden von dort herangezogen. Dadurch war es möglich, jahrhundertealte konstruktive und dekorative Prinzipien der Spätantike und Einflüsse aus dem persischen Sassanidenreich aufzugreifen, miteinander zu verknüpfen und letztlich im arabischen Raum weiterzuentwickeln. Die neuen Stilrichtungen verbreiteten sich rasch in den eroberten Gebieten und gelangten so schließlich auch nach Spanien.

Das Ende der Omaijaden in Spanien (756–1031) bedeutete keineswegs ein Ende dekorativer Gestaltung, vielmehr ist eine Intensivierung des künstlerischen Lebens festzustellen, die nicht zuletzt aus der Konkurrenz der zahlreichen Nachfolgestaaten *(taifas)* auf spanischem Boden entstand. Ihre Ausdrucksformen fand die *taifa*-Kunst vor allem im Bau von Befestigungsanlagen, also einer Militärarchitektur, deren Zeugnisse in monumentaler Form z. B. in Albarracín und in Sagunto erhalten sind. Der Einfluß der Almoraviden auf die islamische Kunst war in seiner Gesamtheit nicht sehr bedeutend, weil nichts wirklich Neues geschaffen wurde; die Grundzüge blieben in dieser Zeit erhalten, tiefgreifende Veränderungen unterblieben zugunsten einer feinen Nuancierung und Vervollkommnung. Dies zeigt sich im Wechsel der Dekorationen von den floralen Motiven hin zu den geometrischen Formen der Arabeske, später auch einer Wiederbelebung der floralen Arabeske in Form des Akanthus-, Weinblatt- und Palmenstils.

Erst den nachfolgenden Almohaden ist es im 12./13. Jh. vergönnt, durch eine Symbiose mit den andalusischen Kunstformen eine Belebung der islamischen Kunst zu erreichen. In der sakralen Architektur bleibt der Typ der Hofmoschee bestimmend. Als maurischer Einfluß ist dagegen z. B. der Wechsel des Stützensystems von den Marmorrundsäulen hin zum Backsteinpfeiler mit kantigem Profil zu sehen, ebenso die Entwicklung des Hufeisenbogens zu einer in der Mitte geknickten und tief heruntergezogenen Form.

Der Einfluß spätrömischer und christlich-byzantinischer Elemente in dieser maurischen Periode scheint trotz der offensichtlichen Verwandtschaft der Formen zweifelhaft; Hufeisenbogen bzw. Rundbogen lassen sich ebenso wie bestimmte Frühformen der Kuppeldecke auch in der arabischen Frühgeschichte nachweisen, so daß die Herkunft dieser Formen in der maurischen Epoche kaum geklärt werden kann.

Zeugnisse der maurischen Kunst finden sich für die Teilepochen ab 750 n. Chr. nur vereinzelt. Beispiele ihrer Ausdrucksformen geben etwa die großen Moscheen in Andalusien (Córdoba, Granada) und in Toledo. Im Gebiet der Levante haben sich solche Formen lediglich in wenigen Gebäudeteilen erhalten, nicht aber als komplexe architektonische Gebilde.

Unter dem Einfluß des römischen und westgotischen Kunstgutes entwickelten christliche Architekten unter arabischer Herrschaft und unter Verwendung omaijadischer Stilelemente als Synthese zweier gegensätzlicher Kulturen den mozarabischen Stil (10.–12. Jh.), der in Spanien sogar die Grenzen des islamischen Herrschaftsbereiches überwand und von den mozarabischen Bevölkerungselementen weit in den Norden des Landes gebracht wurde. Die künstlerischen Mischformen zweier verschiedener Völker und Kulturkreise waren das Ergebnis sowohl der Überlegenheit islamischer Kultur und Architektur als auch der weitgehenden religiösen Toleranz, die den christlichen Teilen der Bevölkerung die Errichtung eigener Kirchen und Klöster auch in arabischem Gebiet erlaubte.

Kennzeichen des mozarabischen Stils sind neben den Grundrißformen des lateinischen Kreuzes oder der Basilika auch ein bis zum Dreiviertelkreis überkrümmter Hufeisenbogen, maurisch stilisierte Kapitelle und Holzkuppeldecken. Erst die Herrschaft der strenggläubigen, gewissermaßen puritanischen Almohaden machte dieser Koexistenz ein Ende und läutete eine kurze Epoche eines nüchternen und zugleich monumentalen Baustils ein. Die Unterbindung mozarabischen Kirchenbaus in dieser Zeit ebenso wie Streitigkeiten der Mozaraber untereinander, bei denen viele Kirchen und Baudenkmäler zerstört wurden, haben dazu geführt, daß nur noch verhältnismäßig wenige Gebäude dieser Epoche erhalten geblieben sind. Baudenkmäler der Romanik sind in der Levante im Gegensatz zu Nordspanien relativ selten. Nur in den Provinzialmuseen werden gelegentlich Einzelstücke und Fragmente dieser Epoche gezeigt. Als romanisches Bauwerk ist lediglich in Valencia die Puerta de Palau der Kathedrale erwähnenswert (s. S. 179).

Das weitere Vordringen der christlichen Heere und die endgültige Rückeroberung des Landes hatten in künstlerischer Hinsicht eine Umkehrung der Verhältnisse zur Folge: Nunmehr nahmen die neuen christlichen Herrscher die arabischen Baumeister in ihre Dienste, um die letztlich doch von ihnen bewunderte, durch lichte, beschwingte Formen getragene Architektur der Araber für die eigenen Zwecke, d. h. insbesondere für ihre Residenzen, nutzbar zu machen.

Der von den maurischen Architekten, den *mudéjares,* praktizierte Mudéjarstil wurde zu einer der bedeutendsten künstlerischen Formen auf der Iberischen Halbinsel (etwa 12.–16. Jh.). Unter dem Einfluß zunächst der Romanik, später der aus Frankreich kommenden Gotik, entwickelten sich zwei Hauptformen des Mudéjar, neben denen etliche regionale Eigenentwicklungen stehen:

- Der romanisch-mudéjare Stil mit dickem Mauerwerk aus Backsteinen, Holzdecke auf Pfeilern, Vierungskuppel, Kreuzschiff, Fischgrät- und Zickzackmuster.
- Der gotisch-mudéjare Stil mit nicht dekorierten Außenflächen aber um so größerer Pracht im Inneren, vor allem maurisch-gotischen Verzierungen.

Die Einflüsse des Mudéjar sind überall in Spanien erhalten geblieben. Eines ihrer schon von weitem sichtbaren Elemente sind die farbigen Dachziegel an den Vierungskuppeln der levantinischen Kirchen. Neben Städten mit kompletten Mudéjar-Vierteln (vor allem in Aragón, z. B. Teruel, s. S. 143) finden sich mudéjare Stilelemente an vielen Einzelgebäuden der Levante, wie etwa der Kirche Santa Catalina in Valencia. Auch die Keramikherstellung, noch heute einer der traditionellen Erwerbszweige in der Levante, ist in ihrem frühen Design durch die spanisch-maurische Keramikschule geformt worden.

Etwa zu Beginn des 13. Jh. machten sich in Spanien die Einflüsse der französischen Gotik deutlicher bemerkbar. Der neue Stil sollte im entscheidenden Jahrhundert der *reconquista* weitgehend dazu dienen, den Sieg der christlichen Herrscher über die islamischen Fürsten in monumentalen Bauten zu demonstrieren. Die schweren, erdgebundenen Konstruktionen der Romanik wurden abgelöst durch eine leichte, beschwingte, vom Boden gelöste Bauweise mit hohen Gewölben, Bogen, Kreuzrippen und Säulenbündeln; die Portale, verziert mit Skulpturen und Ornamenten, brachen mit den alten, ernsten und strengen Formen. Kennzeichnende Elemente sind hier die geringe und fast gleiche Höhe der Kirchenschiffe, die oft auf der Fundamentierung ehemaliger Moscheen oder gar nur deren Umbau beruhen. Dazu zählt auch die große Zahl von Seitenkapellen , die häufig als Privatkapellen von vermögenden Familien ihrem jeweiligen Schutzpatron geweiht wurden.

Bedeutende Beispiele der Gotik finden sich an der Levanteküste vor allem in Valencia mit der Lonja de la Seda (Seidenbörse; Abb. 51, 53), der Kathedrale mit ihrem Turm, dem Miguelete (Abb. 28, 31), der Kirche San Juan del Hospital und den Stadttoren (s. S. 173 ff.). Dazu gehören ferner auch San Felipe in Játiva, die Stiftskirche von Gandía, die Kirche von Orihuela und das Rathaus von Elche (s. S. 199, Abb. 56, 59; S. 224, Abb. 60, 61; S. 281 ff.; S. 279).

Das 15. Jh. brachte schließlich die Fortführung der Gotik zu einer rein spanischen Form, der Isabellinik, die eine Verbindung von Gotik, Romanik und mudéjaren Elementen unter Einschluß zeitgenössischer und regionaler Einflüsse darstellt. Es ist dies zugleich eine der bedeutendsten Epochen der spanischen Geschichte mit der Regierung der Katholischen Könige, deren Symbole, das Joch und das Rutenbündel, ebenso wie der Schild mit den Wappen der Königreiche von Kastilien und Aragón, im ganzen Land zu finden sind.

Auch die Levante hat in diesen Jahrhunderten zahlreiche Künstler hervorgebracht, die indes mit ihren Werken nur selten eine Verbreitung erfahren haben, die über die Grenzen dieses Raumes hinausgeht. Zu den bekannteren Bildhauern gehört der in Valencia geborene Damián Forment (um 1480–1541), der 1501 als seine erste Arbeit das hölzerne *retablo mayor* der Colegiata in Gandía schuf. 1504 arbeitete er für die Stadt Valencia an der Gestaltung zweier Statuen der heiligen Vicente Martír und Vicente Ferrer, die zum Schmuck valencianischer Kriegsschiffe bestimmt waren. Schon 1509 verließ er seine Heimat und siedelte nach Zaragoza über, so daß die Anzahl seiner Arbeiten in der Levante letztlich äußerst gering ist.

Jacomart Bacó († 1461) war ein in Valencia geborener Maler, der im Auftrag König Alfons' von Aragón einige Jahre in Neapel und der Toscana arbeitete und dort u. a. Kriegsfahnen malte. Erst 1451 kehrte er wieder nach Valencia zurück, wo er zehn Jahre später starb. Von seiner Hand stammte u. a. ein Bild in der Kirche von Catí bei Tortosa sowie mehrere Bilder in den Kirchen von Morella, Játiva, Segorbe und Valencia. In seinem Stil vermutet man einen gewissen Anklang an die Arbeiten Jan van Eycks (1390–1441), mit denen er wohl während seiner Auslandsjahre konfrontiert wurde.

Auch Bartolomé Bermejo scheint unter dem Einfluß der van Eycks gestanden zu haben, wenn auch diese Zuordnung nur aufgrund seiner Arbeiten erfolgen kann, da über das Leben dieses aus Córdoba stammenden und überwiegend wohl in Barcelona tätigen Malers nur wenig bekannt ist. Erstmals erwähnt wird sein Name 1490.

Paolo da San Leocadio (15. Jh.) war ein italienischer Maler, der sich in Spanien auch Pablo de San Leocadio nannte. 1471 wurde er vom Domkapitel in Valencia berufen, um Wände und Gewölbe des Altarhauses in Fresko auszumalen, eine Arbeit, die er 1478 fertigstellte. Von ihm stammt das große Altarbild der Kirche zu Gandía, eine Stiftung der Familie Borgia. In der Sakristei der Iglesia de Santiago in Vila-real werden ihm mehrere Einzeltafeln zugeschrieben.

Gabriel Martí (um 1400) arbeitete ebenfalls für die Kathedrale zu Valencia, wo er 1417/18 einen Altar für die Capilla de San Vicente Ferrer malte. Von ihm ist lediglich nachgewiesen, daß er 1409–26 in Valencia tätig war. Vermutlich ist er identisch mit einem Meister Martí, der 1432 die María de la Clau des Hochaltars zeichnete.

Zu erwähnen ist auch Valentín Montoliú, Maler in Tarragona (1439) und San Mateo (1448–69), der sich als Begründer der Malerei im Maestrazgo, der Landschaft um San Mateo, einen Namen machte. Ihm werden Bilder in Catí, Villafranca del Cid, Játiva und San Mateo zugeschrieben.

Von der Renaissance zur Gegenwart

In Italien geschulte Architekten brachten die Formen der Renaissance im 16. Jh. auch nach Spanien. Ausgehend von der geistigen Bewegung des Humanismus versuchte die Renaissance eine Wiederbelebung der antiken Formen, besonders bei den Profanbauten. Klar gegliederte Fassaden mit waagerechtem Dachgeschoß, große Kuppeln, Innenhöfe, Rundbogen und Tonnengewölbe waren ihre Kennzeichen.

Die spanische Renaissance des 16. und 17. Jh. ist infolge des Überschwangs der Formen und Motive ihrer Gebäude und Darstellungen weniger eine reine, italienische Renaissance als vielmehr eine eigentümliche ›Barock-Renaissance‹, die in dieser Ausprägung nur dort auftritt. Zu den bedeutendsten Werken gehört unter anderem das Colegio del Patriarca in Valencia (s. S. 186). Der Bau des königlichen Schlosses Escorial bei Madrid gab der spanischen Renaissance eine Wendung zu einem neuen strengen, fast puritanischen Stil, der kennzeichnend für viele Sakralbauten der folgenden Jahre wurde. Als Weiterentwicklung eines österreichisch-spanischen Stils (etwa 1550–1690) nach dem Erbauer des Escorial, Juan de Herrera benannt, bildete er das Gegengewicht zu den überreichen Verzierungen des plataresken Stils (ca. 1480–1560). Er kann als eine Mischung und logische Fortentwicklung von Mudéjar- und Renaissancestil gesehen werden, wenngleich neben den Formen der Renaissance auch solche der Gotik zu erkennen sind.

Das 16. Jh. brachte in Spanien eine Vielzahl von Künstlern hervor, die zum Teil mit ihren Werken auch in den Städten der Levante vertreten sind. Dazu gehört z. B. der Bildhauer und Architekt Alonso de Berruguete (1482/89–1561), ein Vertreter des plataresken Stils, der vorwiegend in Kastilien arbeitete, dessen Werke aber auch in der Levante zu finden sind.

Diego de Siloé († 1563), Sohn des Bildhauers Gil de Siloé, machte sich als Vertreter der italienischen Renaissance ebenfalls einen Namen. Wichtige Arbeiten von ihm finden sich vor allem in den Kathedralen Andalusiens, kleinere Werke auch in der Levante.

Vicente Juan Macip (1490–1550) arbeitete vorwiegend in Valencia, seine Bilder werden im dortigen Museum aufbewahrt. Sein Sohn Juan de Juanes (1520/23–79), eigentlich Juan Macip, trat als Maler seine Nachfolge an, erreichte aber zumindest in der Levante einen größeren Bekanntheitsgrad.

Lediglich von lokaler Bedeutung ist dagegen der Maler Gonzalo de la Cruz (* 1542), der vermutlich nur in Valencia tätig war und zuletzt 1587 als Kirchenrat für die dortige Kirche Sta. Catalina erwähnt wird.

Juan Cardona (um 1520) wurde 1523 zum Stadtmaler von Valencia ernannt und malte neben verschiedenen kleinen Arbeiten wie Fahnen etc. auch die Kapelle des Palacio de Generalidad (1546). Sein Sohn Bartolomé Cardona diente ihm in dieser Zeit als Gehilfe (zuletzt 1560 erwähnt), ohne daß beide größeren Ruhm als Maler erlangten.

Nicolás Falcó der Ältere, tätig in Valencia, arbeitete 1502 bereits dort und ist auch für die Zeit von 1507 bis 1525 im Dienst des Domkapitels nachweisbar. Er gilt als Schöpfer des um 1508 entstandenen großen *retablo* im Museum von Valencia.

Ebenfalls in Valencia an der Kathedrale war Ferrando (Fernando) de Llanos tätig, der unter anderem den Cosmas- und Damian-Altar malte. Vermutlich stammte er aus dem Ort Santa María de los Llanos bei Cuenca, wie auch sein Namenszusatz anklingen läßt. Sein Stil ist als Folge seiner Zusammenarbeit mit Leonardo da Vinci 1504/05 stark italienisch beeinflußt. 1507 arbeitete er gemeinsam mit Yañez (1500–40) am Hochaltar der Kathedrale von Valencia, 1511–1513 bemalte er die Orgel dieser Kirche (s. S. 181). Auch in Murcia, Chinchilla (Albacete) und Caravaca sowie verschiedenen Kirchen des Königreichs Valencia werden ihm Arbeiten zugeschrieben.

Pedro Orrente (1570/80–1644) war als Maler etwa bis 1617 in Valencia tätig und verlegte seine Werkstatt dann nach Toledo, wo die dortige Kathedrale vielen Künstlern Arbeit gab. 1641 weilte er in Murcia, wo er einige seiner Arbeiten begutachten ließ (s. S. 298). Sein Stil weist venezianische Einflüsse auf. Es gilt als möglich, daß er auch in Valencia durch Ribalta wichtige Anregungen empfangen hat.

Ferrando Yañez de la Almedina (1500–40), in Italien als Maler ausgebildet, war zusammen mit Ferrando de Llanos 1506 in Valencia tätig. 1526 sind Arbeiten von ihm in Cuenca nachgewiesen. Seine Arbeit gemeinsam mit der von Llanos war für die valencianische Malerei insofern von Bedeutung, als sie für lange Zeit die Kunst Leonardo da Vincis in den Vordergrund rückte.

Im Gegensatz zu den meisten Malern und Bildhauern der Levante kommt Francisco de Zurbarán (1598–1664) große künstlerische Bedeutung für ganz Spanien und darüber hinaus zu. Über seine Ausbildung zum Maler und seine Wanderjahre ist nicht viel bekannt, jedenfalls hat er wohl bei keinem bekannten Meister gearbeitet. Erst seine Freundschaft mit dem fast gleichaltrigen Diego Rodríguez de Silva y Velázquez (1599–1660) sowie die Berührung mit dem Kreis der spanischen Caravaggio-Nachfolger um Ribera wirkte sich befruchtend auf seine Arbeit aus. Ab 1626 arbeitete er, inzwischen bekannt geworden, in Sevilla, wo er 1628 zum Stadtmaler ernannt wurde. 1633 erhielt er den Ehrentitel eines *pintor del rey* (Maler des Königs). Seine Arbeiten finden sich heute in vielen Gebieten Spaniens, vor allem auch in der Levante, in Madrid und im südlichen Spanien. Kennzeichen seines Malstiles sind monumentale Einzelgestalten in einer durch kräftige Hell-Dunkel-Gegensätze gewonnenen plastischen Gestaltung.

Der Barockstil mit seinen leidenschaftlichen, bewegten Formen (etwa 1600–1750) schenkte der Levante eine Vielzahl typischer Gebäude. Dazu zählen in Valencia der Glockenturm von Santa Catalina, der Palast de Marqués des Dos Aguas, die Kirchen Santos Juanes und San Bartolomeo sowie in Alcoy die Kirche Santa María, die gleichnamige Kirche in Elche, der Bischofspalast, die Ermita de Jesús und die Fassade der Kathedrale in Murcia und das Rathaus von Alicante.

Seinen Höhepunkt erreichte der Barock mit dem Werk der Architektenfamilie Churriguera im 18. Jh. und der nach ihr benannten besonderen Stilrichtung (etwa 1680–1750). Überladen, mit prunkvollen und extravaganten Girlanden und geschraubten Säulen, verkörpert sie mit ihrer ungehemmten Dekorationslust ein wesentliches Element spanischen Empfindens. Das Dekorativ-Malerische spielt eine ungleich größere Rolle als ein einheitlicher architektonischer Grundgedanke, der den Werken des Churriguerismus eher fern liegt. Dem mitteleuropäischen Betrachter erscheinen die Bauten des Churriguerismus daher mit ihrer schwülstigen Ausgestaltung häufig kurios und weniger als Meisterwerke der Architektur. Wenngleich die Hauptschaffensgebiete José Churrigueras (1650–1723) in Salamanca und Madrid lagen, fand sein Stil durch seine Schüler weite Verbreitung in vielen Gebieten Spaniens. Vorwiegend finden sich seine Darstellungsformen an den Portalen und Innendekorationen der Kirchen, die sich für eine solche überreiche Verzierung geradezu anboten.

Auch die Malerei und Bildhauerei wurden durch diese spanische Richtung des Barock entscheidend zu einer eigenen Entwicklung veranlaßt. Zu ihren Vertretern, deren Werke auch in die Levante Eingang gefunden haben, zählt der Bildhauer Francisco Salzillo (1707–83), dessen Werke in Murcia in einem eigenen Museum der Öffentlichkeit zugänglich sind (s. S. 300).

Francisco Salzillo (auch Zarcillo, Sancillo) y Alcaraz, in Murcia geboren und gestorben, unterhielt dort eine große Werkstatt, aus der mehr als 1800 Arbeiten für die Kirchen und Klöster zumeist der Umgebung kamen. Neben dieser Vielzahl kleiner Arbeiten, darunter auch geschnitzte Figuren, war er ebenso bedeutend als Schöpfer großer, oft sogar überlebensgroßer bekleideter Gruppen, die von tiefem religiösem Gefühl zeugen. Salzillo arbeitete fast ausschließlich für kirchliche Auftraggeber. Seine Werke finden sich in Murcia und der weiteren Umgebung, zum Teil auch in den Städten der Levante, weniger dagegen in den anderen Gebieten des Landes. Er ist daher vorwiegend regional als Künstler von Bedeutung.

Das 17. Jh. brachte in Valencia noch andere wichtige Künstler hervor, von denen indes die wenigsten eine Verbreitung über die Grenzen der Stadt oder der Region hinaus erfahren haben. Vielfach sind nur ihre Werke überliefert, während über die Künstler kaum mehr als ihr Name bekannt ist.

Zu diesen zählt Bartolomé Matarana, ein Maler aus Cuenca, der seit 1601 in Valencia nachweisbar ist, wo er in der Corpus Christi-Kirche Vergoldungsarbeiten durchführte. Pablo Pontóns, ein Historien- und Bildnismaler in Valencia († 1691), arbeitete gemeinsam mit J. J. Espinosa am Hochaltar von Santa María zu Morella. Er war auch für die Kathedrale und andere Kirchen in Valencia tätig.

Weitreichende Bedeutung über die Levante hinaus hat dagegen die Künstlerfamilie Vergara zu Valencia. Francisco (I) Vergara el Viejo (1681–1753) war nach seiner Ausbildung unter anderem bei Konrad Rudolf, überwiegend an der Kathedrale von Valencia beschäftigt, wo er zahlreiche Statuen, Medaillonporträts und Reliefs schuf. Während sein Sohn Francisco (II) schon als siebzehnjähriger starb, gelang seinem Neffen Francisco (III) Vergara (1713–61) später eine bedeutende Karriere als Bildhauer in Madrid und Rom.

Ebenfalls in Valencia arbeitete Franciscos (I) zweiter Sohn Ignacio (1715–76) als Bildhauer an der Kathedrale, wo er von seinem Vater ausgebildet wurde. 1753 gründete er zusammen mit seinem Bruder José (1726–99) die Kunstakademie. Im Gegensatz zu seinem Vater und seinen Brüdern ließ sich José zum Maler ausbilden. Seine Werke finden sich heute vorwiegend in Valencia, aber auch in Alcudia di Carlet, Burjassot, Cartagena, Castellón de la Plana, Chiva, Murcia, Segorbe und Teruel.

Tomás Vicente Tosca (1651–1723) war nicht nur Mathematiker und Architekt, sondern auch Priester am Oratorio de S. Felipe Neri zu Valencia. Von ihm stammen die Entwürfe für das Monumento de Semana Santa in der Kathedrale Valencia sowie Teile anderer Kirchen.

Die Schule von Valencia

Auch die Malerei entwickelte in der Levante eigene Richtungen als Folge der kulturellen und künstlerischen Bedeutung, die Valencia als Kapitale mit ihren zunehmenden internationalen Verbindungen erlangte. Etwa um 1600 entstand als Folge dieses Bemühens um Eigenständigkeit, das von den meisten Künstlern der Region getragen wurde, die Malschule von Valencia als eine Vermischung von Realismus, Mystizismus und Dramatik unter Anwendung ausgeprägter Hell-Dunkel-Kontraste nach dem Vorbild des Italieners Paolo da San Leocadio.

Hauptvertreter der Schule von Valencia war der Maler Francisco Ribalta (1551–1628), der sich lange in Italien aufhielt und sich dort in seiner Arbeit von Caravaggio, möglicherweise auch von Raffael inspirieren ließ. Die Herkunft Ribaltas, der in Valencia starb, ist nicht geklärt. Auf der Kreuzannagelung der Eremitage bezeichnete er sich selbst als Katalane; auch Lope de Vega wies auf die Möglichkeit einer katalanischen Abstammung hin. Es gibt aber auch die weitgehend ungeklärte Hypothese, daß der Familienname seiner Mutter Catala gewesen sein könnte. Mit seinen Heiligendarstellungen schuf er sich einen eigenen, spanischen Weg der geistlichen katholischen Malerei. Seine Hauptwerke finden sich im Museum von Castellón (s. S. 130).

Francisco Ribalta gehört ohne Zweifel zu den Begründern der nationalspanischen Malerei des 17. Jh. und muß als einer der bedeutendsten Künstler der Levante angesehen werden. Schon 1606/07 bemühte er sich um das Zustandekommen einer Maler-Akademie in Valencia, deren Haupt er schließlich auch wurde. Hier erwarb er sich besondere Beachtung als Lehrer Riberas.

Ribalta verstand es, sich schnell vom Einfluß des Romanismus zu befreien und einen eigenen, selbständigen malerischen Hell-Dunkel-Stil (Tenebroso-Stil) zu entwickeln. Seine religiöse Inbrunst, verbunden mit einem stark ausgeprägten Naturalismus war ebenso wie Monumentalität, Dramatik, plastische Kraft und dunkler Kolorit hervorstechendes Merkmal nicht nur seiner Kunst, sondern auch valencianer Eigenart.

Ribaltas Schüler Jusepe (Guiseppe, José) de Ribera (1580–1652) aus Játiva entwickelte sich schließlich zu einem noch bedeutenderen Maler und Radierer der valencianischen Schule, obwohl er sich seit seinem 16. Lebensjahr in Italien aufhielt und nie nach Spanien zurückkehrte. Ribera schickte den Großteil seiner Werke nach Spanien zurück, wo sich die meisten heute in den Museen von Castellón, Sevilla und Valencia befinden. Sein Rufname ›Lo Spagnoletto‹ verdeutlicht die Stellung, in der ihn die Neapolitaner sahen. Sein Einfluß auf die

Malschule von Sevilla, zu der er enge Beziehungen unterhielt, war ungleich größer als auf die Schule von Valencia, der er entstammte.

Das malerische Schaffen Riberas ist geprägt von dem Bestreben, von der dunklen Tenebroso-Malerei, die noch sein Lehrmeister Ribalta gepflegt hatte, zu einer neuen, lichterfüllten Form von kräftiger Farbigkeit zu finden. Sein Primat im Kolorit wurde von den bedeutenden Malern seiner Epoche anerkannt und war häufig Ausgangspunkt ihrer jeweiligen eigenen Arbeiten.

Ein weiterer Vertreter der Schule von Valencia ist Jéronimo Jacinto Espinosa (1600–80), der seine Ausbildung bei seinem Vater Jéronimo Rodriguez Espinosa (1562–1638) und den weitgehend unbekannten Malern Mosen Nicolás und Fray Nicolás Borrás erhielt. Erst die weitere Ausbildung bei Francisco Ribalta gab den Anstoß zu einer eigenen künstlerischen Linie und führte ihn schließlich in die künstlerische Nachfolge seines Meisters. Grundlegend dafür war, daß Espinosa sich in seinem Stil an Ribalta orientierte und diesen ohne große Veränderungen über Jahrzehnte beibehielt. Zwischen 1623 und 1674 war er in Valencia und dem umgebenden Raum tätig; hier sind viele seiner Werke erhalten, so in Segorbe, Morella, Alcalá de Chivert, Teruel, Onda und natürlich Valencia. Ebenso wie Ribalta und Ribera gilt Espinosa heute nicht nur als valencianischer, sondern auch als spanischer Maler mit relativ hohem Bekanntheitsgrad.

Mit Bartolomé Estebán Murillo (1618–82), Francisco de Zurbarán (1598–1664) und Diego de Velázquez (1599–1660) brachte die Schule von Sevilla als eine von Valencia befruchtete Fortführung einige der größten spanischen Künstler hervor, deren Werke nicht nur in der Levante und Andalusien, sondern in ganz Spanien und der Welt verbreitet sind.

Das Erbe der Mauren

Neue Impulse für die Landwirtschaft

Die Eroberung Iberiens durch die islamischen Heere brachte dem Land in den folgenden Jahrhunderten als positiven Aspekt eine intensive Belebung seiner Wirtschaft, vor allem der bis dahin weitgehend stagnierenden Landwirtschaft. Eine der Hauptgrundlagen für die Entwicklung des neuen Wirtschaftslebens stellte die Einführung neuer Kulturpflanzen aus dem arabischen Raum dar, verbunden auch mit der Einführung neuer Anbaumethoden und Bewässerungstechniken, die in ihrer Kombination erst die bis heute andauernde intensive wirtschaftliche Nutzung ermöglichen.

Nicht alle der neu eingebrachten Pflanzen erwiesen sich für den Anbau auf der Iberischen Halbinsel mit ihren differierenden klimatischen Verhältnissen als geeignet. In einigen Fällen waren die natürlichen Voraussetzungen einfach nicht ausreichend, um trotz aller Bemühungen um Anpassung eine wirtschaftliche Produktion zu ermöglichen, in anderen Fällen bestand keine Nachfrage für die neuen Früchte.

Überraschend ist die Vielzahl von Pflanzen aus arabischer Zeit, die auf spanischem Boden nachgewiesen wurden: Reis, Zuckerrohr, Baumwolle, Dattelpalme, Hartweizen, Melone, Wassermelone, Spinat, Eierpflanze, Erdmandel, Aprikose, Pfirsich, Schwarzer Maulbeerbaum, Granatapfel, Zitrone, Johannisbrotbaum, Schwarzkirsche, Banane, bittere Orange, Birne, Blumenkohl, Spargel, Artischocke, Henna, Krapp, Kaper, Safran, Klee, Quitte, Jasmin, Rose, Levkoje, Hanf und etliche andere Pflanzen, darunter vermutlich Mais und Buchweizen.

Die arabischen Quellen aus jener Zeit zählen sogar mehrere hundert Pflanzen auf, die damals in Al-Andalus, dem maurischen Königreich, angebaut und gepflegt worden sein sollen, deren Nachweis aber heute nicht mehr möglich ist. Der bekannt hohe Stand arabischer Landwirtschaft in Spanien läßt diese Angaben sehr wahrscheinlich werden. Es ist schwer zu beurteilen, ob einzelne Pflanzen wirklich neu eingeführt oder bereits in Spanien vorhanden waren und von den Arabern nur gepflegt und intensiver angebaut wurden. Ebenso schwer ist die Beurteilung, ob es sich bei den Angaben um eine wirkliche neue Pflanze oder vielleicht nur um eine Kreuzung oder Züchtung eines längst vorhandenen Gewächses handelte, hatten die maurischen Herren es in der Technik der Transplantation und Aufpfropfung doch zu einer unbestrittenen Meisterschaft gebracht. Dennoch bleibt das Verdienst der Araber für die Landwirtschaft ihrer Zeit und für die Landwirtschaft Spaniens unbestritten.

Teilweise haben sich die arabischen Namen der neuen Pflanzen in der spanischen und portugiesischen Sprache bis heute erhalten, wie etwa Reis (span. = *arroz;* port. = *arroz* von arab. *ar-ruzz*); Zuckerrohr (*azúcar; açúcar – as-sukkar*); Baumwolle (*algodón; algodão – alqutun*); Zitrone (*limón; limão – limun*); Bittere Apfelsine (*naranja; laranja – nârandj*).

Aber auch die schon von den Römern eingeführten Pflanzen wurden von den Arabern übernommen, gepflegt und in ihren Erträgen gesteigert, zumal sie unter den vorhandenen natürlichen Bedingungen wesentlich leichter anzubauen waren als ein Großteil der aus dem arabischen Reich mitgebrachten Pflanzen und kaum künstliche Bewässerung benötigten.

Obwohl der Koran den Alkoholgenuß grundsätzlich verbietet, erfreute sich die Rebenkultur unter den Arabern in Spanien einer wahren Blütezeit. Dies ist nur zum Teil darauf zurückzuführen, daß die Pflanzen mit typisch arabischem Geschick für die Erzeugung frischer Trauben und Rosinen kultiviert wurden; tatsächlich spielte auch der Genuß von Wein und anderen Alkoholsorten eine wichtige Rolle für alle Schichten der arabischen Bevölkerung, wenngleich er niemals offiziell gebilligt wurde. In allen Schänken, Gaststätten und Vergnügungsplätzen war Wein ein fester Bestandteil des Angebots und gesellschaftliche Veranstaltungen endeten zumeist mit erheblichem Alkoholkonsum, an dem auch die wiederholten Proteste strenggläubiger Muslime und der Geistlichkeit nichts änderten.

Neben der Erzeugung frischer Trauben für den täglichen Bedarf spielte die Gewinnung von Rosinen eine wichtige Rolle und stellte einen bedeutenden Zweig bäuerlicher Tätigkeit dar. Die Veredlung der Trauben bzw. Rosinen zu einem hochwertigen Produkt, das den Vergleich mit den Erzeugnissen anderer Landwirtschaftsgebiete des arabischen Großreichs nicht zu scheuen brauchte, ist erst den hervorragenden Leistungen der arabischen Landleute zu verdanken. Die Herstellung von Rosinen spielt ebenso wie die Traubengewinnung auch heute noch eine wichtige Rolle.

Daneben steht als eine weitere wichtige Kulturpflanze der Feigenbaum. Bedeutende Feigenkulturen sind von arabischen Schriftstellern unter anderem für die Levante und den Raum Murcia bezeugt. Häufig werden sie gleichzeitig mit Rebkulturen genannt, so daß man von einer Doppelstock-Kultur – unten Reben, oben Feigen – sprechen kann, die zugleich ein typisches Element intensiver arabischer Landwirtschaft ist. Dies wird beispielsweise durch den arabischen Schriftsteller Idrisi für die Region Murcia bestätigt.

Von ebensolcher, wenn nicht größerer Bedeutung war die Kultivierung des Ölbaums zum wichtigsten Fettlieferanten der islamischen Wirtschaft in Spanien, dessen Öl auch als äußerst wichtiger Brennstoff für die Lampen etc. diente. Der Ölbaum wurde ebenfalls oft in Doppelstock-Kultur mit Reben angebaut, und es ist wohl kein Zufall, daß die stabilsten Grenzen des islamischen Reiches in Spanien mit dem Verbreitungsgebiet des Ölbaums übereinstimmten, der somit ein Kerngebiet maurischer Macht und Herrschaft kennzeichnete.

Im Raum Murcia bestand zu arabischer Zeit bereits eine bedeutende Anbaufläche dieses Baumes. Trotz eines gewissen Überangebotes an pflanzlichen Ölen im Mittermeergebiet als Folge eines ungehemmten Ausbaues dieser Kulturen in der Neuzeit ist bis heute im Bereich der Levanteküste, vor allem in ihrem südlichen Teil, eine intensive Kultivierung des Ölbaums festzustellen.

Die intensive Landwirtschaft in arabischer Zeit war nicht möglich, ohne zugleich eine ausreichende Bewässerung sicherzustellen. Dieses Problem hatten schon die Römer erkannt und durch den Bau eines Bewässerungssystems, mit dem Wasser über weite Entfernungen herangeführt werden konnte, zu lösen versucht. Erst den Arabern war es vergönnt, durch die Kombination aus neuen Techniken und Methoden und eine straffe, gleichwohl an sozialen Prinzipien orientierte Organisation ein Optimum an Möglichkeiten für den Bewässerungsfeldbau zu schaffen. Die ausgefeilte Bewässerungstechnik der Araber war so wegweisend, daß sie noch Jahrhunderte später von den Spaniern in ihre Kolonien übertragen wurde. Das spanisch-muslimische Bewässerungssystem läßt sich grob in drei verschiedene Arten unterteilen:

– Bewässerung durch Nutzung des Oberflächenwassers vornehmlich der Flüsse. Die Zuleitung des Wassers erfolgt über die bereits bestehenden oder von den Arabern neu gebauten Bewässerungskanäle der *vegas* (s. S. 82). Die gleichmäßige, gerechte Bewässerung aller Felder wurde durch eine spezielle Gerichtsbarkeit, das sogenannte Wassergericht, gewährleistet, die neben den rechtlichen auch durchaus soziale Aspekte berücksichtigte (s. S. 81).
– Bewässerung durch Nutzung des vorhandenen Grundwassers. Anders als die Bewässerung mit Oberflächenwasser setzt dieses Verfahren schon eine relativ aufwendige Technik für Förderung und Verteilung des Wassers voraus.
– Das dritte, relativ selten angewandte Verfahren ist in gewisser Weise eine Verbindung der beiden vorherigen Methoden. Dazu gehört die Anlage von Stau- oder Sammelbecken für Niederschläge, Quell- und Sickerwasser sowie auch die Regenwassernutzung durch besonders terrassierte Felder.

Technisch anspruchsvoll sind vor allem die beiden ersten Methoden. Die Kanalbewässerung machte nicht nur ein ausgedehntes Kanalnetz mit entsprechendem Gefälle, sondern auch Möglichkeiten zur Steuerung und Regulierung des Wasserflusses notwendig, sollten doch die Felder nur soviel Wasser wie notwendig erhalten. Abgesehen davon, daß eine Überbewässerung für die Pflanzen schädlich gewesen wäre, stellte sie auch eine Vergeudung des knappen und begehrten Gutes Wasser dar, gegen die die anderen Bauern protestiert und das Wassergericht angerufen hätten.

Die Verteilung des Wassers erfolgte mit einfachen Kanälen und einem System von Schleusen und Schiebern. Zulauf und Ablauf des Wassers wurden mit nur einem gemeinsamen Kanal durchgeführt. Sollte ein Feld bewässert werden, wurde zu diesem Zweck der obere Schieber geöffnet und der untere Schieber geschlossen, so daß das Wasser zwar auf das Feld fließen, nicht aber ablaufen konnte. Die Folge war eine Überflutung des Feldes, die eine unterschiedliche Intensität erreichen konnte, indem etwa nur die vorher gezogenen Furchen geflutet wurden oder eine geschlossene Wasserdecke über dem Feld geschaffen wurde. Im ersten Fall spricht man von Furcheneinstau bzw. Berieselung, dem Normalfall für die meisten Pflanzen, im zweiten Fall von Schichtbewässerung.

Nach erfolgter Bewässerung, die je nach Frucht etwa alle acht bis 14 Tage durchgeführt wurde, wurden die oberen Schieber des Feldes, die den Zulauf bildeten, geschlossen und die unteren Schieber geöffnet, um überschüssiges Wasser wieder in den Kanal ablaufen zu lassen.

Die Schichtbewässerung bis zur völligen Überflutung des Feldes fand vor allem im Reisbau Anwendung, teilweise auch als Überlaufbewässerung, bei der der Zulauf solange geöffnet blieb, bis nicht nur das Feld überflutet war, sondern das Wasser auch auf tiefer gelegene Parzellen übergelaufen war. Dieses ›historische‹ Verfahren findet heute noch in den *huerta*-Landschaften der Mittelmeerküste Anwendung, wenngleich die neueren Bewässerungssysteme über getrennte Kanäle für Zu- und Ablauf verfügen. Schwierig wird die Wasserversorgung, wenn Geländeteile nicht allein durch die Schwerkraft des fließenden Wassers bewässert werden können. Hier muß das Wasser in geeigneter Form gehoben und transportiert werden. Die Mauren benutzten dafür die sogenannte *noria*. Es ist dies ein Schöpfrad, das über ein Göpelwerk betrieben wird und vermutlich in seiner Urkonstruktion aus Syrien mitgebracht wurde. Bei Brunnenbewässerung wurde anstelle des Schöpfrades eine Eimerkette verwendet. Angetrieben wurde diese Vorrichtung meist durch ein Maultier als dem geradezu klassischen Arbeitstier des Mittelmeerraumes. Wenngleich die Förderleistung mit etwa 7 l/Sek. für heutige Begriffe sehr gering erscheint, konnten mit der Eimerkette doch Förderhöhen von 3–6 m erreicht werden.

Die Kanäle der modernen Bewässerungssysteme werden heute in Beton gebaut, und die Schöpfräder und Eimerketten sind derweil durch Motorpumpen ersetzt worden, die mühelos Förderleistungen von über 50 l/Sek. aus sehr viel tieferen Brunnen erreichen.

Das im Bereich der *huertas* relativ reichlich vorhandene Grundwasser als Voraussetzung der Brunnenversorgung hat dazu geführt, daß in der *huerta* von Valencia rund 40 % und im Raum Castellón etwa 35 % des Wassers aus Brunnen gewonnen wird. Die Brunnenförderung macht den einzelnen *huerta*-Bauern von der Gemeinschaftsversorgung aus dem Kanalsystem und der ehemals damit verbundenen Zuteilungsregelung weitgehend unabhängig.

Auch das berühmte *tribunal de las aguas de la vega*, das Wassergericht von Valencia, das als das älteste Gericht der Welt jeden Donnerstag um 12 Uhr vor der Kathedrale tagt, ist im Zeitalter ausreichender Wasserversorgung und moderner Fördertechniken sowie einer in alle Bereiche auch des bäuerlichen Lebens hineingreifenden Jurisprudenz inzwischen nur noch eine Attraktion für Touristen, praktisch aber z. B. gegenüber industriellen Wasserverschmutzern machtlos. Seiner Rechtsprechung unterworfen waren immer nur die in einer genossenschaftsähnlichen Form organisierten Bauern der *huerta*-Dörfer, nicht aber von außen kommende Personen und Gruppen (s. a. S. 177).

Die historische Gestalt des Bewässerungssystems ist mittlerweile überall von moderner Technik überformt. Im Original erhaltene Kanalbauten und Fördereinrichtungen sind praktisch nicht mehr zu finden, nachdem moderne Methoden und Materialien ihren Eingang auch in die Kanalbautechnik der *huerta*-Landschaften gefunden haben. Auch die Lebensgewohnheiten der Bauern haben sich durch diese Einflüsse verändert. Das Maultier als typisches Arbeitsmittel ist durch das Motorfahrzeug ersetzt worden, und motorbetriebene

Arbeitsgeräte erleichtern derweil die früher so aufwendige Handarbeit. Einzelne Maultiergespanne, die man gelegentlich noch auf den Straßen sieht, sind nur noch ein Relikt auf Zeit und werden in einigen Jahren gänzlich verschwunden sein. Überlebenschancen haben diese Tiere wohl nur noch in den gebirgigen Teilen des Landes. Die Unterkunft des *huerta*-Bauern, die *barraca*, ist entweder abgerissen oder zum Wochenendhaus umfunktioniert worden. Nur vereinzelt findet man noch diese Gebäude, die selten noch voll bewohnt werden (s. S. 18 f.).

Einen Eindruck von dem, was die historische *huerta* aus arabischer und spanischer Zeit ausmacht, vermittelt lediglich das Huerta-Museum in Alcantarilla bei Murcia, dessen Besuch auf jeden Fall empfehlenswert ist (s. S. 302).

Der Gartenbau der Huertas

Voraussetzung einer erfolgreichen Landwirtschaft ist neben der notwendigen Wasserversorgung ein relativ ebenes, möglichst leicht geneigtes Gelände, das sich dank eigener Schwerkraft leicht be- und entwässern läßt. Solche Idealverhältnisse finden sich in Spanien vorwiegend in zwei Landschaftstypen: den Küstenhöfen und den großen Flußmündungsgebieten bzw. in beckenartigen Talweitungen.

Küstenhöfe sind ebenso wie die Deltabereiche der großen Flüsse Spaniens (z. B. Delta des Ebro) aus fluviatilen Sedimenten aufgebaut mit einem leichten, für die Entwässerung geeigneten Gefälle zum Meer. Zur Landseite sind die Küstenhöfe weitgehend durch Gebirge abgeriegelt und stellen somit eine zum Meer hin orientierte Fläche dar. Aufgrund ihrer natürlichen Gegebenheiten sind die Küstenhöfe mit die ältesten Siedlungsgebiete Spaniens und zugleich auch die ältesten Bewässerungsgebiete. Schon in römischer Zeit wurden hier Kanäle und Schleusen angelegt, die eine Steigerung der landwirtschaftlichen Produktion und damit einen umfassenden Beitrag zur Nahrungsmittelversorgung des Imperiums ermöglichten.

Dies gilt ganz besonders für die *huertas* von Valencia und Murcia, die schon früh landwirtschaftliche Erzeugnisse, in erster Linie Getreide und Öl, nach Rom lieferten. Als *huerta* (aus lat. *horta* = Garten) werden vorwiegend die alten Bewässerungsgebiete an der Rom zugewandten Mittelmeerküste der Iberischen Halbinsel bezeichnet. Der häufig synonym gebrauchte Begriff der *vega* ist dagegen jünger und bezeichnet Bewässerungsgebiete mit langer arabischer Kulturtradition. Der Gebrauch dieser Begriffe ist nicht einheitlich; beide werden sowohl gleichbedeutend als auch hierarchisch gebraucht. So ist z. B. die *huerta* von Murcia als altes römisches Bewässerungsgebiet Teil der später von den Arabern geschaffenen

Gliederung des Kulturlandes im Küstenhof von Valencia ▷

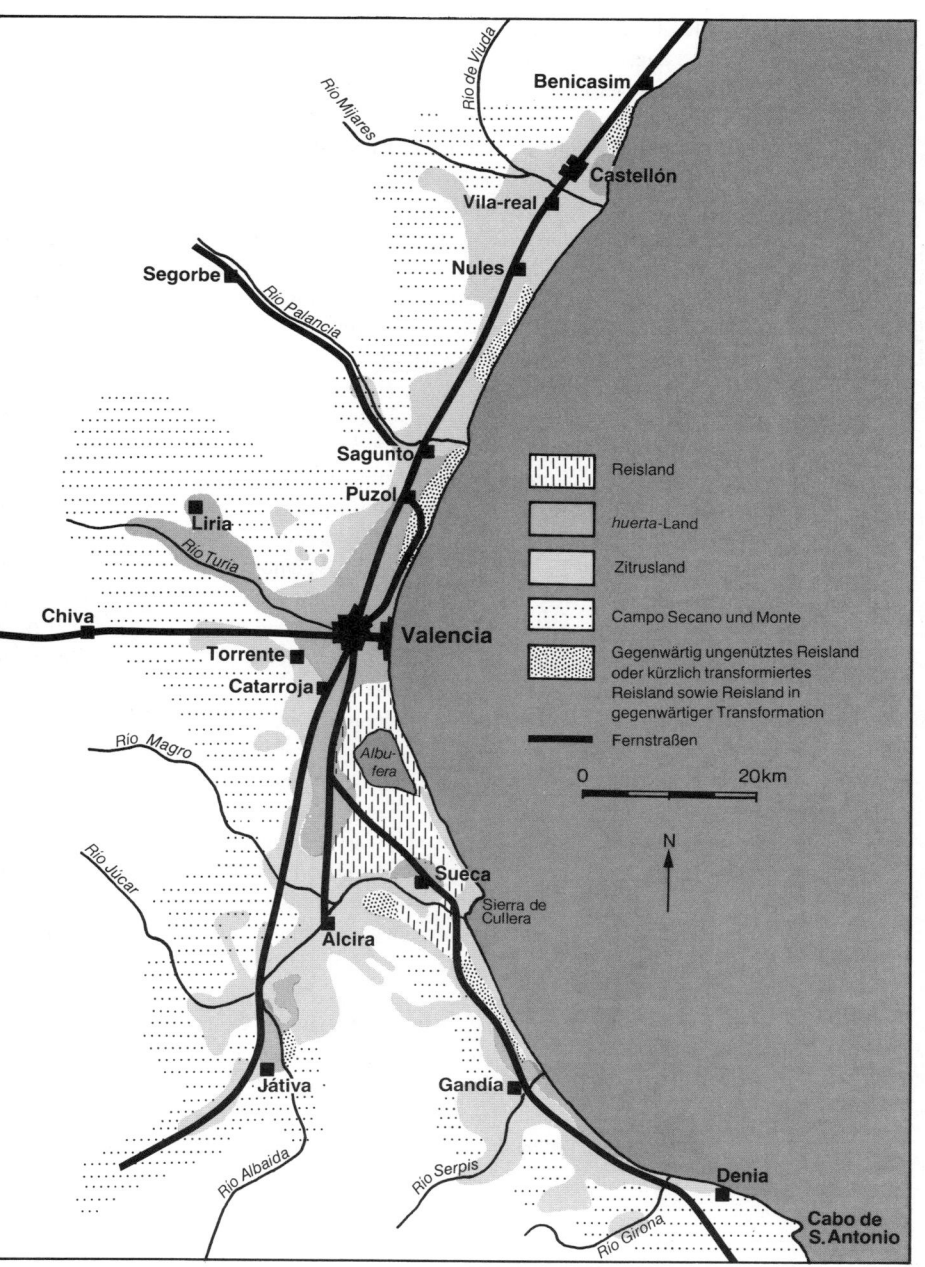

Benicasim

Castellón

Vila-real

Nules

Segorbe

Sagunto

Puzol

Liria

Chiva

Valencia

Torrente

Catarroja

Albu-
fera

Sueca

Sierra de
Cullera

Alcira

Játiva

Gandía

Denia

Cabo de
S.Antonio

Rio de Viuda

Rio Mijares

Rio Palancia

Rio Turia

Rio Magro

Rio Júcar

Rio Albaida

Rio Serpis

Rio Girona

	Reisland
	huerta-Land
	Zitrusland
	Campo Secano und Monte
	Gegenwärtig ungenütztes Reisland oder kürzlich transformiertes Reisland sowie Reisland in gegenwärtiger Transformation
	Fernstraßen

0   20km

N

Vega del Segura. Beiden Begriffen gemeinsam ist daher nur, daß sie intensiv landwirtschaftlich genutztes Bewässerungsgebiet historischen Ursprungs bezeichnen.

Sowohl die *huerta* wie auch die *vega* in ihrer Gesamtheit dienten von Beginn an nicht nur der Selbstversorgung, sondern schon immer auch der Versorgung eines größeren Marktes. Dieser lag für die römische Kolonie Spanien im Kernland Italien und seiner Kapitale Rom, die einen unstillbaren Bedarf an Öl und Getreide hatten. In maurischer Zeit forderte das spanisch-arabische Reich selbst diese Nahrungsmittel.

Vorbedingung für diese Rolle der *huertas* war neben der intensiven Landwirtschaft mit dem Ziel der Mehrproduktion über den eigenen Bedarf hinaus vor allem ein funktionierendes Verkehrssystem, mit dem die Früchte an ihre Bestimmungsorte geschafft werden konnten. Die technischen Fähigkeiten der Römer, die ein ganz Spanien erfassendes Straßennetz schufen, und später die der Araber, die Landwirtschaft und Handel neu belebten, erwiesen sich dazu als äußerst wichtiger Faktor.

Die alten Agrarlandschaften haben auch in der modernen Industriegesellschaft ihre Stellung als leistungsfähige Versorgungsgebiete bewahren können, indem sie sich nicht zuletzt mit steigender Mechanisierung den Erfordernissen angepaßt haben. Viele historische Strukturen und Eigenarten dieser Räume sind dabei verlorengegangen, so daß man die ehemalige Bedeutung dieser Gebiete heute vielfach nur noch erahnen kann.

In der Levante liegen mit den *huertas* von Castellón, Valencia, Gandía und Murcia die bedeutendsten *huerta*-Landschaften. Besonderes Kennzeichen der *huertas* ist die Vielfalt der dort angebauten Kulturen. Neben Gemüse und Hackfrüchten sowie mehrjährigen Pflanzen wie z. B. Artischocken stehen auch Obstbäume wie etwa Apfelsinen und Zitronen. Daraus entsteht die im Mittelmeerraum so bekannte und typische Stockwerkkultur bzw. Mischkultur, bei der unter Obstbäumen Gemüse gepflanzt wird oder zeitliche Überlappungen bei aufeinanderfolgenden Gemüsesorten erfolgen. So werden beispielsweise zwischen reifenden Tomaten grüne Bohnen gepflanzt, wodurch eine bessere Flächenausnutzung erreicht wird.

Die künstliche Bewässerung und die klimatischen Bedingungen gestatten in den *huertas* eine ganzjährige Nutzung mit bis zu vier Ernten pro Jahr. Feste Fruchtfolgen sind relativ selten; der Anbau orientiert sich eindeutig an den Erfordernissen des Marktes. Im Winter und im Frühjahr werden überwiegend Pflanzen angebaut, für die auf den Märkten Mittel- und Westeuropas zu dieser Zeit eine Nachfrage besteht, während der Sommeranbau zur Deckung des Inlandbedarfes dient.

Die durch wirtschaftliche Erfordernisse gesteuerte Anbauvielfalt hat gemeinsam mit der hohen Fruchtbarkeit die *huertas* zum Inbegriff eines fruchtbaren Gartens gemacht. Der Begriff der Gartenlandschaft drängt sich daher automatisch jedem Besucher auf, der einmal ein Stück durch eine solche Landschaft gefahren oder gewandert ist. In den *huertas* erstrecken sich kilometerweit links und rechts der Autobahn die grünen Gartenflächen und Baum-

Anbauzeiten einiger ›huerta‹-Gewächse im Küstenhof von Valencia ▷

84

Anbauzeiten einiger ›*huerta*‹-Gewächse im Küstenhof von Valencia

Kultur	Jan	Feb	Mär	Apr	Mai	Jun	Jul	Aug	Sep	Okt	Nov	Dez
Artischocken	▼	▼	▼	▼					●			
Zwiebeln ('BAB')				▼								●
Zwiebeln (GRANO')				●				▼				
Pferdebohnen	▼	▼	▼									
Weiße Rüben		▼										
Frühkartoffeln					▼	▼						
Tomaten			●			▼	▼	▼	▼	▼		
Möhren			▼									
Weizen					▼	▼						
Kürbisse					●			▼				
Melonen					●		▼	▼				
Paprika						●		▼	▼	▼	▼	
Eierfrüchte						●		▼	▼	▼	▼	
Erdnüsse											▼	
Frühe Bohnen								▼				
Späte Bohnen										▼		
Mais									▼	▼	▼	
Tabak						●		▼				
Kohl								●				▼
Spätkartoffeln											▼	▼

● Frühester Umpflanztermin (bei Saatbeetvorzucht)

▼ Erntemonate

kulturen, die nur bei Valencia von den immer mehr auswuchernden Industrieflächen und Vorstädten verdrängt werden.

Den tiefsten Eindruck vom Wesen der *huerta* erhält der Besucher sicherlich dann, wenn er dies Gebiet zu Fuß oder mit dem Auto erkundet und auf sich einwirken läßt. Man sollte dabei aber vermeiden, die Felder bzw. Baumkulturen zu betreten, da die *huerta*-Bauern für die Zerstörung ihrer Pflanzen naturgemäß wenig Verständnis haben. Während der Reifezeit der Apfelsinen sollte man es auch vermeiden, sich von den bis an die Straße reichenden Bäumen zu bedienen; noch vor wenigen Jahren wurden diese von bewaffneten Aufsichtskräften gesichert, die bei möglichen Diebstahlsversuchen massiv einschritten. Man kann aber in der Provinz Valencia während der Erntezeit praktisch überall an der Straße von den Bauern Apfelsinen und anderes Obst sehr günstig einkaufen.

Zu den wichtigsten Kulturen der Küstenhöfe gehört neben den Zitrusfrüchten noch der Reis, die beide von den Arabern eingeführt wurden. Der Anbau von Zitrusfrüchten wird aber erst seit Beginn des 15. Jh. in Spanien und vor allem in Valencia kommerziell betrieben. Die Rentabilität der Zitrusfrüchte lag indes nie über der Rentabilität der klassischen *huerta*-Früchte, so daß die Zitrusfrüchte nie wirklichen Eingang in die alten *huerta*-Gebiete fanden. Vielmehr bilden sie ein eigenes geschlossenes Waldgebiet westlich der *huerta*-Zone von Valencia, das dementsprechend als Zitrusland bezeichnet wird. Begrenzt wird das Zitrusland zum einen durch die alte *huerta*-Fläche, ferner in der Ausdehnung auf neu erschlossene Flächen vor allem durch Probleme kleinklimatischer Art sowie durch Veränderungen des Bodens, der nicht überall geeignet ist. Im Raum Valencia betrug ihr Areal 1978 immerhin rund 120 000 ha und damit mehr als 50 % der gesamten spanischen Anbaufläche von Zitrusfrüchten. In der Provinz Castellón sind es sogar 90 % der Bewässerungsflächen, die von Zitrusbäumen besetzt werden, die somit dort die Haupterwerbsquelle der Landwirtschaft bilden. Der Schwerpunkt des Anbaus liegt in den *huertas* der Mittelmeerküste auf Apfelsinen und Mandarinen, die zu 70 % exportiert werden. Die Bundesrepublik und Frankreich sind die wichtigsten Abnehmerländer dieser Früchte. Der Absatz leidet trotz guter Qualität und hoher Produktion aber darunter, daß die spanischen Früchte nicht unter einem gemeinsamen Namen verkauft, sondern von mehreren hundert spanischen Zwischenhändlern vertrieben werden. Sie sind damit im Nachteil gegenüber den israelischen und marokkanischen Südfrüchten, die den Vorteil gemeinsamer Werbung für sich in Anspruch nehmen können. Der Beitritt Spaniens zur Europäischen Gemeinschaft wird daher eine Änderung des Vertriebs notwendig machen, wenn die spanischen *huerta*-Bauern überleben wollen.

Eine wichtige Rolle spielt auch der von den Mauren eingeführte Reis, der weniger zum Export als vielmehr zur Deckung des Inlandsbedarfs dient. Vom Mai bis in den September müssen die Reisfelder fast ununterbrochen von Wasser bedeckt sein, so daß der Besucher die Reisfelder in dieser Zeit schon an den ausgedehnten Wasserflächen erkennen kann. Der Wasserbedarf der Pflanzen ist in dieser Zeit enorm. Für die Bewässerung eines Hektars Reisland in Valencia werden rund 35 000 m³ Wasser benötigt.

Der beste Platz für den Reisanbau ist in der Levante neben den bevorzugten großen Flußmündungen die Albufera von Valencia, wo er jedoch mittlerweile zurückgeht. Dies hat verschiedene, vorwiegend wirtschaftliche Gründe, da der Reisanbau relativ arbeitsaufwendig ist und mit anderen Pflanzen oder in anderen Erwerbszweigen wie etwa der Industrie, höhere Einkommen erzielt werden können.

Es soll nicht verschwiegen werden, daß die Landwirtschaft in Valencia und den anderen *huertas* mit erheblichen Schwierigkeiten zu kämpfen hat. Der für den Touristen so reizvolle Anblick dieser Gartenbaulandschaften inmitten eines sonst so lebensfeindlich scheinenden Landes mit seinen kahlen, braunen und verbrannten Hügeln und Bergen, die den Reisenden entlang der Küste begleiten, täuscht über die inneren Probleme des Landes oftmals hinweg. In Valencia hat die industrielle Produktion inzwischen den Wert der Agrarprodukte überstiegen. Arbeitskräfte wandern aus der Landwirtschaft ab in die industrielle Fertigung der dort ansässigen Kraftfahrzeugproduktion; die notwendig werdende Mechanisierung der Landwirtschaft hat oftmals höhere Kapitalkosten zur Folge, die von *huerta*-Bauern vielfach nur schwer getragen werden können. Die Stadt Valencia weitet sich flächenmäßig erheblich aus. Immer mehr landwirtschaftliche Fläche im Randgebiet der Stadt wird sowohl für gewerbliche als auch für Wohnzwecke benötigt. Die Verlegung des Flußbettes des Turia brachte zwar einerseits Verbesserung der Wasserversorgung, forderte andererseits aber auch landwirtschaftliche Flächen, die ersatzlos verlorengingen. Ein weiteres Problem in diesem Zusammenhang ergibt sich aus der zunehmenden Umweltverschmutzung durch die neuen Industrien und die wachsenden Wohnviertel der Vorstädte; besonders die chemische Industrie, die Raffinerie und die Ölförderung im Küstenbereich vor Valencia tun sich hier hervor. All dies belastet letztlich auch die Landwirtschaft der *huerta*.

Die Zukunft der *huertas* wird darüber hinaus von inneren Problemen bedroht. Neben dem erhöhten Kapitalbedarf zur Modernisierung sind dies die häufig ungeregelte Nachfolgefrage, die für die Zukunft immer bedeutsamer werden wird, vor allem aber die extreme Zersplitterung der landwirtschaftlichen Flächen, die einen wirtschaftlichen Betrieb immer unmöglicher machen wird. Fast jeder zweite Betrieb in der *huerta* von Valencia hat derzeit eine Betriebsfläche von weniger als einem halben Hektar und liegt damit unter dem Existenzminimum, wodurch für die Eigentümer der Nebenerwerb in einem industriellen Betrieb zur Notwendigkeit wird. Die Zukunft wird daher schon in nächster Zeit erhebliche Veränderungen in den Bewässerungsgebieten der Mittelmeerküste erforderlich machen, die Konzentration auf weniger Betriebe mit größerer Betriebsfläche sowie eine weitergehende Mechanisierung und eine Reduzierung der Arbeitskräfte.

Der Palmenwald von Elche

Auf dem Weg von Alicante nach Murcia durchquert man auch das Gebiet um die Stadt Elche mit seinen weithin sichtbaren Palmenhainen, für die die Stadt in Spanien und Europa bekannt ist (Farbabb. 24).

Die hier angepflanzten Dattelpalmen gehören mit zu den ältesten Kulturpflanzen. Ihre Heimat ist der Vordere Orient, wo die Phoenix dactylifera schon von den Babyloniern kultiviert wurde. Die gegen Frost und Hitze relativ unempfindliche Pflanze bedarf im Boden großer Feuchtigkeit, gleichzeitig aber hoher Temperaturen, so daß die Flußniederungen großer Trockengebiete und die Oasen der Subtropen ihre optimalen Standorte sind. In der Zeit zwischen Blüte und Ernte, einem Zeitraum von etwa acht bis neun Monaten, benötigt die Dattelpalme trockene Luft, große Wärme und genügend Bodenfeuchtigkeit. Die arabischen Dichter umschrieben dies mit den Worten: »Die Füße im Wasser, den Kopf im Feuer des Himmels.« Die rund 100 verschiedenen Arten dieser Pflanze sind durch Züchtung inzwischen soweit angepaßt, daß sie auch unter weniger günstigen Bedingungen noch erfolgreich angepflanzt werden können. Die günstigste Zone für den Anbau der Palme umfaßt den Bereich des afrikanisch-asiatischen Wüstengürtels von etwa 15° bis 35° nördlicher Breite. Die wichtigsten Pflanzgebiete der Dattelpalme liegen heute vor allem im Vorderen Orient, wo der Irak fast 25% der Welternte hervorbringt sowie in Ägypten, Saudi-Arabien, Iran, Tunesien, Algerien, Marokko, Kalifornien und Pakistan.

Die einzelne Dattel enthält bis zu 70% Zucker und 6% Eiweiß sowie Vitamine und ist daher eine wichtige Ernährungsfrucht. Datteln werden frisch gegessen oder als Vorrat getrocknet, gepreßt und in Schafleder eingenäht. In Ägypten und Indien werden schlechtere Dattelsorten zu Dattelschnaps verarbeitet, besonders zuckerreiche Datteln werden für die Herstellung von Dattelsirup (Dattelhonig) verwendet.

Die Herkunft der Dattelpalmen in Elche, deren Bestand heute auf 60000 bis 100000 Palmen geschätzt wird, liegt im Dunkeln. Arabischen Schriftstellern zufolge sollen die ersten Palmen nach der Eroberung Spaniens durch Abd ar-Rahman I. im Jahre 756 gepflanzt worden sein. Zu dieser Zeit war die Dattelpalme im arabischen Raum bereits eine Kulturpflanze, die nach langjährigen Züchtungs- und Veredelungsversuchen ausreichende Ernten trug und als ›Brotbaum‹ der Bevölkerung galt, war doch die gesamte Frucht verwertbar. Eine andere Herkunftstheorie der spanischen Palmen geht davon aus, daß die Palmenbäume beim Eintreffen der Araber bereits in Südspanien und an der Levanteküste vorhanden waren und von den erfahrenen arabischen Landwirten und Biologen kultiviert wurden. Über den Handel mit den damals wegen ihrer Süße sehr begehrten Früchten soll die Palme schon Jahrhunderte vor Christus weit nach Osten und Westen bis in das Indusstromland bzw. über Ägypten in das Mittelmeer und die Randgebiete der Sahara gelangt sein. Diese Theorie ist ebenfalls wahrscheinlich, brachten doch Phönizier, Griechen und Karthager auch andere Pflanzen über das Meer in die neuen Handelsräume Griechenland und Italien sowie später nach Spanien. Der ansässigen Bevölkerung oblag es, diese Pflanzen zu kultivieren.

Die Weiterentwicklung der Dattelpalme ist an der Levanteküste erst mit dem Eindringen der Araber gelungen, die mit ihrem reichen Wissen über diese Pflanze und ihrer Erfahrung aus dem bis dahin fruchtlosen Baum den ›Brotbaum‹ ihrer neuen Heimat machten. Ihre Bemühungen um die Kultivierung der Palme waren so erfolgreich, daß für das 15. Jh. das Vorhandensein früchtetragender Dattelpalmen sogar für das Gebiet um Barcelona bezeugt ist, obwohl die dort herrschenden natürlichen Bedingungen, vor allem die Temperaturverhältnisse mit Frostperioden im Winter, für die Anpflanzung von Palmen nicht eben günstig waren.

Im Agrarkalender von Córdoba, einem der ältesten Verzeichnisse landwirtschaftlicher Anbaumethoden und -zeiten ebenso wie bei anderen arabischen Schriftstellern finden sich sehr exakte Anweisungen über die Methode der Anpflanzung, der Bewässerung und Salzdüngung des Baumes bis hin zur künstlichen Befruchtung, durch die die Palmenfrüchte erst ihre damals so geschätzte Süße erlangen. Erst nach dieser Veredlung trugen die spanischen Palmen schließlich Früchte, konnten die Palmenhaine erweitert und die Zahl der Bäume vergrößert werden, so daß die Dattelkultur bis ins 15. Jh. hinein einen bedeutenden Umfang erreichte. Schwerpunkträume waren Sevilla, Granada und Elche.

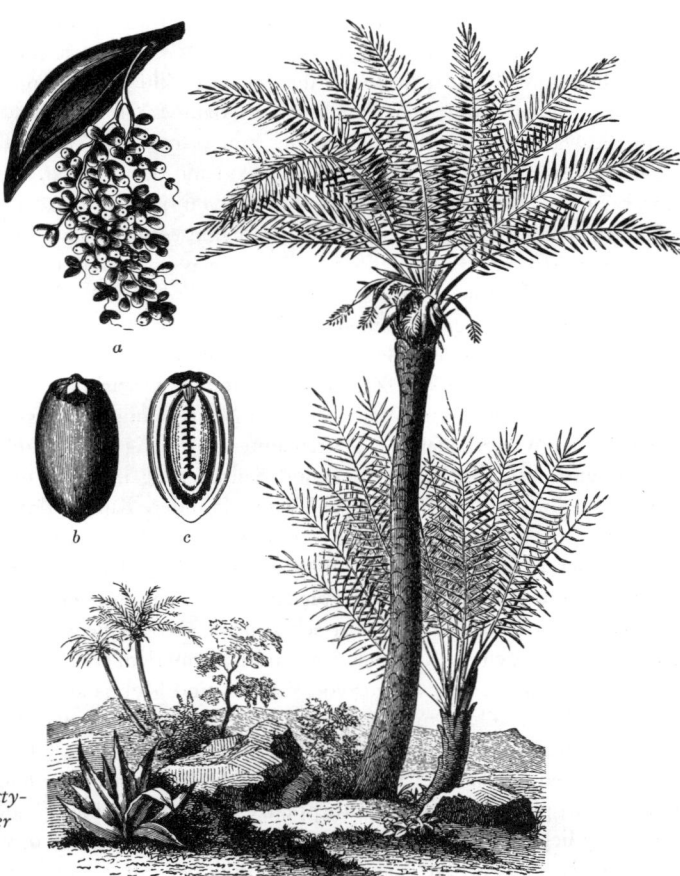

Dattelpalme (Phoenix dacty-lifera). a Fruchttragender Kolben mit Scheide.
b u. c. Frucht

Die Vertreibung der Mauren aus Spanien leitete auch den Niedergang der Dattelpalme ein, weil nunmehr die Fachleute für ihre Kultivierung fehlten. Einzig in Elche überlebte ein größerer Bestand dieser Bäume die folgenden Jahrhunderte; daneben gibt es kleinere Pflanzungen bei Cartagena, Orihuela, Cox, Crevillente bis hinab nach Alhama de Murcia.

Die Palmenoase von Elche konnte die Zeit des Niedergangs nur deshalb überstehen, weil hier mehrere günstige Faktoren zusammentrafen, die den Bäumen ein Überleben auch ohne intensive Pflege ermöglichten. Elche liegt mit 38° nördlicher Breite an der äußersten Verbreitungsgrenze des Baumes und ist der nördlichste Punkt, an dem diese Pflanze bei entsprechender Pflege noch verwertbare Früchte hervorbringt. Die klimatischen Bedingungen kommen den Heimatverhältnissen der Palme recht nahe, liegt Elche doch im niederschlagsärmsten und heißesten Gebiet Spaniens bzw. sogar Europas. Mit durchschnittlichen jährlichen Niederschlagssummen zwischen 122 mm am Cabo de Gata und 368 mm in Alicante, die vorwiegend im Frühjahr und im Herbst als heftige unregelmäßige Regen fallen sowie mit Temperaturen, die durchaus die Grenze von 40° C überschreiten können, entsprechen Trockenheit und Wärme dem Bedarf der Pflanze. Milde Winter mit gelegentlichen kurzfristigen Frösten begünstigen das Überleben des Baumes selbst in der kalten Jahreszeit.

Für die Dattelpalme vorteilhaft ist der humusarme, aber mineralstoffreiche Boden der tertiären Küstenebene von Elche. Der Untergrund der leichten, warmen Böden wird von Gips, salzhaltigem Mergel und Kalken gebildet. Hinzu kommt der relative Salzreichtum des für die künstliche Bewässerung der Palmenhaine verwendeten Wassers des Río Vinalopó. Die Verwendung von Grundwasser für die Bewässerung zusätzlich zu den ungenügenden Wassermengen des Flusses war niemals in ausreichendem Maße möglich, weil der Grundwasserspiegel infolge geringer Niederschläge und starker Verdunstung viel zu tief liegt.

Um die Wasserversorgung der Palmenhaine und Gärten zu sichern, wurde in Elche schon Anfang des 17. Jh. ein erstes Stauwerk errichtet. Eine wirkliche Verbesserung der Wasserverhältnisse trat aber erst im 19. Jh. mit einer Neuregelung der Wasserverteilung ein.

Der geringe Wasserbedarf der Dattelpalme, der häufig durch direkte Wurzelbewässerung gedeckt wird, hat ihre Verbreitung und Kultivierung in Elche ohne Zweifel begünstigt, benötigt sie doch wesentlich weniger Wasser als andere Kulturpflanzen. Die seit Beginn des 20. Jh. vorgenommene zusätzliche Versorgung mit dem Wasser des Río Segura hat den Anbau neuer Nutzpflanzen mit höherem Wasserbedarf möglich gemacht und damit die Verdrängung der Dattelpalme zur Folge gehabt. Allein bis 1956 konnten mit dem zusätzlichen Wasser rund 40 000 ha landwirtschaftlicher Nutzfläche erschlossen und berieselt werden, so daß sich auch die Küstenebene von Elche mit dem Wandel der Nutzpflanzen in ihrer Gestalt und Struktur den *huertas* von Valencia und Murcia annäherte. Die Dattelpalme ist trotz dieser Entwicklung nicht untergegangen. Nachdem zeitweilig bereits ein Rückgang in der Anzahl der Bäume eingetreten war, konnte in den letzten Jahrzehnten eine Zunahme, auch durch neu gepflanzte Palmenhaine bei Cox, beobachtet werden, so daß das Überleben dieser in Europa einzigartigen Kulturpflanze gesichert scheint.

In Elche liegt die Palmenblüte in den Monaten April und Mai, während sie in anderen Gebieten wie etwa Nordafrika schon im Februar beginnt. Dementsprechend verschiebt sich die Erntezeit. In Afrika kann häufig schon Anfang August geerntet werden, in Elche ist die Ernte erst im Spätherbst, oftmals sogar erst in den Wintermonaten möglich.

Dort, wo die Palme in erster Linie zur Produktion von Datteln dient, wird die Zahl der männlichen Bäume bewußt auf dem niedrigsten Stand gehalten, zumal die Bestäubung der weiblichen Bäume ohnehin auf künstlichem Weg erfolgt. Die Araber haben auch auf diesem Gebiet eine jahrhundertealte Erfahrung von solcher Vollkommenheit gesammelt, daß sich an den Methoden bis heute nichts geändert hat.

In Elche ist die Gewinnung von Datteln dagegen nur ein Nebeneffekt von allerdings nicht unerheblichem Umfang. Im Vordergrund steht hier die Gewinnung von Palmwedeln für das Osterfest, die erst seit dem Abschluß der *reconquista* bedeutsam geworden ist. Die künstliche Bestäubung, die mit einem erheblichen Arbeitsaufwand verbunden ist, ist hier daher nicht notwendig. Man wendet vielmehr die natürliche Methode an, indem männliche Bäume mehr oder weniger gleichmäßig über den ganzen Palmenhain verteilt werden.

Die Erträge, die in Elche aus der Dattelkultur erzielt werden, sind statistisch nicht erfaßt und können nur geschätzt werden. Die Ernte wird nicht exportiert, sondern vollständig im Land verbraucht. Man kann davon ausgehen, daß pro Dattelpalme eine Ernte von etwa 40 bis 100 kg Datteln an sechs bis zehn Fruchtbündeln erzielt wird. Während in Afrika über 100 verschiedene Dattelsorten kultiviert werden, sind es in Elche nur etwa zwei bis drei Sorten. Die Kerne der spanischen Datteln sind zwar dicker und größer, aber weniger süß als die der afrikanischen Vettern.

Neben den Datteln werden in Elche jährlich rund 9000 Palmwedel gewonnen, die vor Palmsonntag in verschiedenen Formen der Verarbeitung in ganz Spanien in den Handel kommen. Es gibt diese Palmwedel sowohl grün als auch gebleicht, vergoldet, geflochten oder auf andere Art verziert. Besonderer Wertschätzung erfreuen sich die gebleichten Palmwedel, da sie – auch im Vergleich mit anderen Verarbeitungsformen – nur in einem höchst aufwendigen Verfahren gewonnen werden können und entsprechend kostspielig sind. Für die Gewinnung gebleichter Wedel werden ausschließlich männliche Bäume benutzt. Nachdem die äußeren, ältesten Blätter des Baumes entfernt wurden, werden die übrigen Blätter bis auf die Spitzen der jüngsten sorgfältig zu einem häßlich wirkenden Schopf zusammengebunden. Mit diesem Verfahren wird die Bildung von Chlorophyll in den Blättern unterbunden, so daß diese weiß bleiben, wobei die inneren Blätter am stärksten bleichen. Erst ein gutes Jahr später wird kurz vor Palmsonntag die Ernte eingebracht, die von jedem so behandelten Baum etwa zehn Blätter umfaßt. Die inneren Wedel der Endknospe bleiben stehen, um den Baum lebensfähig zu erhalten. Aus dem selben Grund kann dieses Verfahren immer nur im Abstand von mehreren Jahren angewendet werden. Bei einem geschätzten Umfang von etwa 6000 männlichen Bäumen in Elche stehen jedes Jahr immerhin bis zu 1000 Bäume für die Gewinnung gebleichter Palmwedel zur Verfügung, so daß die innerspanische Nachfrage weitgehend befriedigt werden kann.

Beschreibung der Reiserouten

Von San Carlos de la Rápita nach Benicaló

Die Reise in die spanische Levante beginnt südlich des Ebro-Deltas in dem kleinen Landstädtchen **San Carlos de la Rápita** (Sant Carles de la Ràpita) am Eingang des natürlichen Hafens Los Alfaques, der durch eine halbinselförmig vorspringende Landzunge und die dadurch entstehende Bucht gebildet wird. Die idealen Ankerplätze dieser Bucht bewogen im 18. Jh. König Karl III. zur Gründung von San Carlos, um dort einen großen Handelshafen zu schaffen. Dieses Ziel ist nicht erreicht worden, und San Carlos ist heute mit seinen rund 10 000 Einwohnern ein nur für die umgebenden Dörfer bedeutsames Agrarzentrum. Von dem gescheiterten Projekt der Hafenstadt kündet heute nur noch der großzügig gestaltete zentrale Platz der Stadt mit Wohnhäusern aus der Gründungszeit. Die ausgedehnten Sandstrände und das ruhige Wasser der Bucht von Los Alfaques machen San Carlos zu einem interessanten Ferienort. Ausflüge bieten sich an in den benachbarten Nationalpark des Ebro-Deltas sowie zu den auf der Halbinsel liegenden Salinenanlagen, Salinas de la Trinidad. Salinen dieser Art, die der Gewinnung von Meersalz dienen, sind entlang der gesamten Küste bis weit in den Süden verbreitet (Farbabb. 22). Von San Carlos de la Rápita führt die Küstenstraße weiter nach **Vinaróz** (Vinaròs) einer Kleinstadt mit rund 17 000 Einwohnern, die einen großen Fischereihafen besitzt.

Wer Zeit hat, sollte dort Langusten essen, für die der Ort weithin bekannt ist. Die hauptsächlichen Produkte der Region finden sich auch im Namen des Ortes wieder, ist Vinaróz doch eine Zusammenfassung von *vino y arroz* (Wein und Reis).

Kunsthistorisch bedeutsam ist die ehemals befestigte *Pfarrkirche* (Abb. 2) der Stadt mit ihrem barocken Hauptportal (1698–1702) und dem Seitenportal (1560; Abb. 4). Die gedrehten Säulen des Hauptportals finden sich in gleicher Ausführung an vielen Barockportalen der Levantekirchen. Rankenornamente geben dem im oberen Bereich rund gestalteten Portal ein eckiges Aussehen; sie umkleiden ebenso den gesamten Portalaufbau. Turm und Außenmauern der um 1700 barockisierten Kirche weisen noch einige wenige romanische Elemente auf. Aus der Zeit des Templerordens und später des Ordens der Ritter von Montesa, die Vinaróz zur Komturei machten, finden sich an einigen Stellen noch Mauerreste und Türme. In Vinaróz starb 1712 auch der Herzog von Vendôme, der in den Spanischen Erbfolgekriegen Philipp von Anjou zur Krone verholfen hatte und sich dorthin zurückzog.

Von Vinaróz geht es weiter nach **Benicaló,** einer ungefähr gleich großen, auf eine griechische Gründung zurückgehenden Stadt. Typisch für Benicaló und in diesem Küstenabschnitt einmalig sind die terrassenförmig ansteigenden, orientalisch anmutenden Häuser des alten Dorfkernes. Die aus dem 18. Jh. stammende *Pfarrkirche* (Abb. 3) hat eine Barockfassade und eine mit bunten Kacheln *(azulejos)* gedeckte Kuppel. Bemerkenswert ist auch der oktogonale Turm der Pfarrkirche, der vom Kirchenschiff etwas abgesetzt steht.

Die Fassade entspricht in ihrem zweigeschossigen Aufbau mit gedrehten Säulen und dem barocken Rankenwerk in Grundzügen dem Portal der Pfarrkirche von Vinaróz, ist aber insgesamt einfacher gestaltet. Beide Kirchen geben einen guten Eindruck vom spanischen Barock in seinen unterschiedlichen Ausprägungen und sind typisch für die kleinen Pfarrkirchen der Region.

Im Gebiet von Benicarló wird überwiegend Weinbau betrieben. Daneben spielen der Anbau von Orangen und die Fischerei sowie natürlich der Tourismus als Erwerbsquelle eine Rolle. Die Felder werden in großem Umfang künstlich bewässert, wozu häufig noch die alten *norias* (Schöpfräder) dienen, die weiter südlich in Valencia und Murcia weitgehend schon durch moderne Pumpen abgelöst sind. Am Rand von Benicarló liegt der *parador* Costa del Azahar, ein moderner und zweckmäßiger Bau ohne architektonischen Reiz, aber mit der üblichen Qualität dieser staatlichen Hotels. Das Haus ist in der Hauptreisezeit ständig ausgebucht; eine Reservierung ist ratsam.

Die Festung Peñíscola

Noch an der Küste liegt nur 8 km weiter südlich **Peñíscola,** das in geographischer wie historischer Hinsicht zu den bemerkenswertesten Ortschaften dieser Küste zählt (Abb. 5, 7). Der alte Kern des heute nur wenig mehr als 3000 Einwohner zählenden Dorfes liegt auf einer felsigen Halbinsel vor der Küste etwa 60 m über der Meeresoberfläche. Die Verbindung zum Festland wird durch eine schmale Landzunge hergestellt, die bis zum Bau eines Hafens (1925) und der Befestigung der Ufer bei schwerer See überschwemmt wurde, wodurch der Stadtfelsen in eine Insel umgewandelt wurde. Somit ist Peñíscola am ehesten mit dem französischen Mont St. Michel vergleichbar. Der Felsen von Peñíscola hat einen Durchmesser von ungefähr 300 m; auf ihm drängen sich im Schutz der Festungsmauern die zahlreichen, mit flachen Dächern versehenen Häuser des alten Dorfes.

Die Lage auf dem durch das Meer geschützten Felsen ließ den Ort aus strategischen Gründen schon in früher Zeit große Bedeutung gewinnen. Schon von den Phöniziern wird der Platz als Tyrice erwähnt. Der Karthager Hannibal machte hier Station, und Legenden zufolge sollen hier einige Jünger des Apostels Paulus gelandet sein. Auch die Römer wußten ebenso wie die Araber und andere die Vorteile des Felsens zu schätzen, der in der Geschichte verschiedene Namen trägt, die seine zeitweiligen Besitzer ihm gaben: Gaya, Chersonesus, Onusa etc. Die historischen Ereignisse auf und um den Felsen können zum Teil nur vermutet werden. Vieles ist nicht überliefert, anderes nur in Legenden und Sagen mit zahllosen

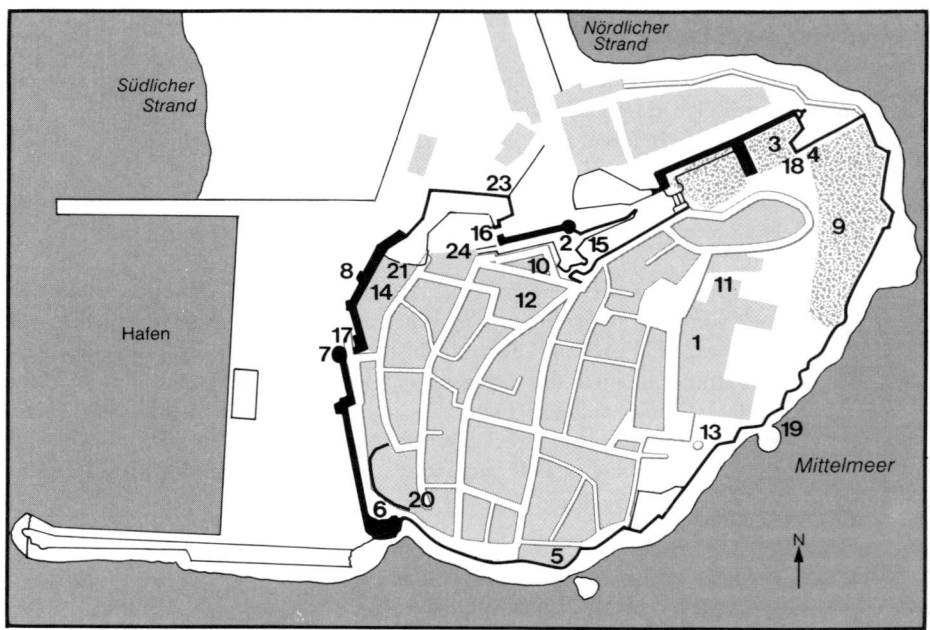

Übersichtsplan von Peñíscola 1 Burg 2 Pilatusbalkon 3 Batterie de Santiago 4 Batterie de los Fosos 5 Prinzenbollwerk 6 Feldschanze El Bonete 7 Türmchen des Papstes Luna 8 Brunnenmauer 9 Artilleriepark 10 Rathaus 11 Einsiedeleikirche 12 Pfarrkirche 13 Leuchtturm 14 Kapelle der heiligen Anna 15 Felipe II. – Tor 16 Tor der heiligen Maria oder de Escasereros 17 Tor des Papstes Luna 18 Tor der Hilfe (Puerta del Socorro) 19 Papst-Luna-Treppe 20 Bufador (Bläser) 21 Quellen 22 Heiliger Petrusbrunnen 23 Äußerer Brunnen 24 Platz der heiligen Maria oder Escaseres (Escasereros)

Ausschmückungen. Es gilt als weitgehend gesichert, daß die erste Besiedlung der Halbinsel durch Menschen der Kultur von Almería erfolgte, die an der Küste entlang nach Norden zogen und vermutlich den leicht zu verteidigenden Felsen wegen seiner Süßwasserquellen besiedelten. Um 300 v. Chr. soll auch eine griechische Siedlung dort bestanden haben. Die strategische Bedeutung macht Auseinandersetzungen um diesen Platz zwischen Karthagern und Römern wahrscheinlich. Schließlich wurde in Peñíscola 60 n. Chr. das erste nationale Konzil der Christen Spaniens abgehalten, das durch den Überfall römischer Truppen mit einem Massaker endete. Der begrenzte Umfang dieser Auseinandersetzungen weitete sich aus mit der arabischen Invasion in Spanien. Die arabische Flotte brauchte den Ort als Basis für ihre Operationen gegen die katalanischen Christenreiche, nachdem der Fels 718 auf Befehl des Feldherrn Tariq erobert und das dortige Augustinerinnenkloster zerstört worden war. Arabische Geographen bezeichneten Peñíscola wegen seiner Lage, der relativ großen

Bevölkerung und der für die Flotte wichtigen Süßwasserquellen als sehr wichtigen Ort, an dem auch ein Leuchtfeuer für die Seefahrer betrieben wurde. Das arabische Banáskla oder Baniscula wurde zur bedeutenden Grenzfestung ausgebaut, von der die maurischen Statthalter die umliegenden Gebiete bis Vinaróz kontrollierten. Die Einführung des Bewässerungsfeldbaus durch die Araber in den Landwirtschaftszonen von Benicarló und Vinaróz steigerte noch die Bedeutung der Festung als Versorgungs- und Umschlagplatz.

Nach vergeblichen Belagerungen im Verlauf der *reconquista* wurde Peñíscola 1234 von seinen arabischen Bewohnern kampflos an die neuen christlichen Herren des Landes übergeben, die sich als Gegenleistung verpflichteten, die Gesetze, Gewohnheiten, Freiheiten und Privilegien der Araber zu respektieren. Mit der Übergabe der Festung wurde auch die vollständige Rückeroberung des restlichen arabischen Reiches von Valencia möglich. Am Ende dieses Feldzuges stand jedoch das Ende der arabischen Bevölkerung von Peñíscola, die unter Mißachtung der geschlossenen Übereinkunft vertrieben wurde.

Wirtschaftlich war das Dorf auf dem Felsen für die alten wie für die neuen Besitzer von großem Reiz. Die Araber hatten unmittelbar neben dem Burghügel Salinen gebaut, deren Salz ein wichtiger Grundstoff für die Nahrungsmittelkonservierung durch Pökeln, aber auch für die Herstellung von Brot und Käse war. Unter den christlichen Herrschern wurden die Salinen weiter betrieben und sehr schnell ein Salzregal errichtet; die Gewinnung und der Handel mit Salz wurden königliches Monopol. Daneben entwickelte sich auch der Hafen zu einem bedeutenden Handelszentrum und war z. B. im 14. Jh. ein wichtiger Exporthafen für die Weizenernte der Region.

1294 wurde die Festung in die Obhut des Templerordens übergeben, um die aus den Kriegszügen entstandenen Schulden des Reiches zahlen zu können. Der Templerorden, 1118/19 als militärischer Orden zum Schutz der Jerusalempilger gegründet, hatte mit dem Fall von Akkon 1291 seine Aufgabe im Heiligen Land eingebüßt. Da der Orden den Kampf gegen die Ungläubigen auf seine Fahnen geschrieben hatte, lag es nahe, ein neues Betätigungsfeld zu suchen, welches sich in der spanischen *reconquista* fand. Fortan übernahm der Orden den Schutz der christlichen Grenzgebiete gegen die Mauren sowie den Schutz der Pilger auf dem Weg zum Grab des heiligen Jakob in Santiago de Compostela, der zu dieser Zeit größten Wallfahrtsstätte der christlichen Menschheit. Da die Könige der europäischen Staaten häufig nicht in der Lage waren, ihre aus der Waffenhilfe entstandenen Schulden an die Templer zu zahlen, wurden diesen als Ersatz sowohl Ländereien als Pfand übereignet als auch Rechte zur Eintreibung von Steuern und Abgaben übertragen. Der ohnehin reichliche Besitz des Ordens vorwiegend in Frankreich wurde dadurch noch mehr vergrößert und war wohl einer der Gründe dafür, daß der Orden 1312 durch Papst Clemens V. auf dem Vienner Konzil auf Antrag des französischen Königs verboten und aufgelöst wurde. Der Besitz des Ordens in Frankreich fiel überwiegend an die Krone; in der Levante wurden seine Ländereien, darunter auch Peñíscola, durch das Königreich Valencia übernommen.

1317 wurden die ehemaligen Güter des Templerordens dem neu gegründeten spanischen Orden Santa María de Montesa übertragen. Aufgabe dieses neuen militärischen Ordens war der Schutz der levantinischen Küste gegen arabische Überfälle. Auch Peñíscola und sein

Umland wurden dem neuen Orden übertragen und von diesem unter dem Namen Maestrazgo de Montesa mit der neuen Hauptstadt San Mateo verwaltet. Noch heute trägt die Landschaft die historische Bezeichnung Maestrazgo und auch San Mateo führt zur Erinnerung noch immer die Bezeichnung einer Hauptstadt des Maestrazgo. Der Name leitete sich ab von *maestre* (Großmeister), dem ersten Würdenträger des Ordens; Maestrazgo ist demgemäß das ›Gebiet des Großmeisters‹, der dort seinen Sitz hatte. Dem Ritterorden von Montesa ist schließlich das vermutlich bedeutendste Ereignis in der Geschichte Peñíscolas zu verdanken. Der Orden bot 1411 dem aus Avignon kommenden Gegenpapst Benedikt XIII. die Stadt und Festung als Sitz und Zuflucht an. Ursache dieser Entwicklung war die Spaltung der katholischen Kirche nach dem Tod Gregor XI. im Jahre 1378. Zum Nachfolger auf dem Stuhl Petri war von den Kardinälen Urban VI. gewählt worden, dessen Wahl wenige Monate später widerrufen wurde. An seiner Stelle wurde Clemens XII. berufen, der Avignon zu seiner Residenz machte. Mit Urban VI. und Clemens XII. standen zwei Männer gegeneinander, die beide einen mehr oder weniger begründeten Anspruch auf den päpstlichen Stuhl erhoben. Die Parteinahme des Konklaves für Clemens XII. konnte die Situation nicht klären.

Der noch durch Gregor XI. berufene Kardinal von Aragón, Don Pedro Martinez de Luna, wurde von Clemens XII. zum päpstlichen Gesandten der spanischen Länder ernannt. Damit verfolgte dieser wohl vorwiegend machtpolitische Ziele, um seinen Anspruch zu rechtfertigen und die Gefolgschaft der Spanier für sich zu erhalten. Mit dem Tode des Papstes von Avignon wurde Pedro de Luna zum Nachfolger berufen. Unter dem Namen Benedikt XIII. übernahm er sein neues Amt, ohne von Rom jemals die Anerkennung zu erhalten. Der anhaltende Widerstand gegen seine Berufung und die gegen ihn eingeleiteten Maßnahmen veranlaßten Benedikt XIII., seinen kleinen päpstlichen Hof 1411 von Avignon in das vom Montesa-Orden angebotene Peñíscola zu verlegen. Sein Versuch, 1415 seine Legitimität als Papst damit zu belegen, daß er der einzige überlebende Kardinal aus der Zeit vor der Kirchenspaltung sei, schlug fehl; man forderte seine Abdankung als einzig mögliche Lösung. Gegen diese Forderung setzte sich Benedikt zur Wehr; allerdings fehlten ihm die notwendigen Mittel, seinem Anspruch Nachdruck zu verleihen. So blieb ihm nur die Beschränkung seiner Aktivitäten auf sein Machtgebiet im Raum Peñíscola und eine intensive theologische Arbeit, für die er sich eine bedeutende Privatbibliothek in der Festung schuf.

Seine persönliche Haltung, das starre Festhalten an seinem Anspruch auf das päpstliche Amt, brachten dem streitbaren Don Pedro de Luna nicht nur den Beinamen ›der unnachgiebige Alte‹ ein, sondern auch den Verlust seines Freundes und Beichtvaters Fray Vicente Ferrer, der als einer der großen Geistlichen Spaniens später heiliggesprochen wurde. Dieser Verlust war um so tragischer, als Vicente Ferrer bereits zu Lebzeiten im Maestrazgo einen außergewöhnlichen Ruf als Priester und Prediger genoß und sich hier somit zwei bedeutende Geistliche gegenüberstanden, die gemeinsam vieles hätten bewirken können.

Auch in der Festung Peñíscola, die unter Pedro de Luna erheblich ausgebaut wurde, verlief sein Leben nicht ungestört. 1417 wurde ihm hier das Urteil des Konzils von Konstanz zugestellt, welches ihn als Schismatiker und Ketzer brandmarkte. Später wurde die Festung

29   VALENCIA   Kathedrale, Detail der Hauptfront
◁ 28   VALENCIA   Kathedrale
30   VALENCIA   Kathedrale, Westportal

31   VALENCIA   Kathedrale, Aposteltor

32, 33 VALENCIA Kathedrale, Flügel des Hauptaltars

34 VALENCIA Markthalle

35 VALENCIA Kathedrale, Capilla de Santo Cáliz

36 VALENCIA   Kathedrale, Capilla de Santo Cáliz, linker Teil

37 VALENCIA   Kathedrale, Capilla de Santo Cáliz, rechter Teil

38 VALENCIA Bischofspalast

39 VALENCIA Nuestra Señora de los Desamparados

40 VALENCIA San Estebán

41 VALENCIA Palacio del Marqués de Dos Aguas

42 VALENCIA San Agustín

43 VALENCIA Palacio del Marqués de Dos Aguas, Hauptportal

44 VALENCIA Sto. Domingo, Kapitelsaal ▷

45 VALENCIA Sto. Domingo, Kreuzgang

46 VALENCIA Capitania general und Sto. Domingo

47 VALENCIA Torres de Serranos, Außenfassade

48 VALENCIA Torres de Serranos, Altstadtfassade

49 VALENCIA Stadttor de Quart

51 VALENCIA La Lonja, Südfassade
50 VALENCIA Palacio de la Generalidad
52 VALENCIA Palacio de la Generalidad, Sala Dorada

53 VALENCIA La Lonja ▷

wiederholt durch Ferdinand I. und Alfons V. belagert und von allen Landverbindungen abgeschnitten. Während dadurch die Lebensmittel immer wieder äußerst knapp wurden, konnte die Wasserversorgung mittels eigener Quellen sichergestellt und so der Blockade Widerstand geleistet werden. Die Erstürmung der Festung wurde wohl nur durch die zu erwartenden Verluste unter den Angreifern und die Macht und den Einfluß des Montesa-Ordens verhindert, der Pedro de Luna seinen Schutz gewährte. Zwischenzeitlich erfolgten mehrere Versuche, den unbequemen, weil streitbaren, Gegenpapst zu vergiften. So ist ein Giftanschlag mit Arsen überliefert, den er dank seiner Gesundheit überlebte. Erst 1423 im Alter von 95 Jahren starb Benedikt XIII., der im Maestrazgo oft auch als Papa Luna bezeichnet wird, in seinem Fluchtort Peñíscola. Bis zu seinem Tod hatte er niemals seinen Anspruch auf das Amt des obersten Hirten aufgegeben. Von Bedeutung ist vor allem sein theologisches Lebenswerk, welches sich nicht nur in seiner Tätigkeit als Priester, sondern auch in seinen zahlreichen Schriften dokumentiert, die während der Zeit des Exils entstanden sind. Als bedeutendes Werk gilt seine Schrift »Consolación de la vida humana« (Trost im menschlichen Leben).

Zum Nachfolger Benedikts XIII. wurde in Peñíscola Clemens VIII. gewählt, der 1429 zugunsten des vom Konstanzer Konzil erkorenen Martin V. abdankte und damit die Spaltung der katholischen Kirche beendete. Das Erbe Pedro de Lunas, seine umfangreiche Bibliothek, Möbel, Schmuckstücke und päpstliche Symbole, die Tiara und das päpstliche Steuerverzeichnis, das Liber Censuum, wurden in die Obhut des Kardinals de la Foix übergeben. Zum Teil befinden sie sich heute wieder in der Burg.

Die unter Benedikt XIII. ausgebauten Festungsanlagen mußten ihren militärischen Wert auch in den Auseinandersetzungen der folgenden Jahrhunderte unter Beweis stellen. Im Spanischen Erbfolgekrieg stand Peñíscola als einzige Gemeinde der Levante auf der Seite Philipps V. und verteidigte sich gegen eine längere Belagerung durch englische Truppen. Dafür wurden ihr 1709 die Stadtrechte verliehen. In den Napoleonischen Kriegen wurde die Festung von französischen Truppen kampflos besetzt; die Einwohner mußten ihre Häuser verlassen und in anderen Gemeinden der Levante Zuflucht suchen. Im Zug der Rückeroberung 1814 wurde Peñíscola durch den Artilleriebeschuß spanischer Truppen schwer beschädigt. Nicht nur wurden zahllose Gehöfte auf dem Burgberg und dem vorgelagerten Gelände zerstört; auch die in unmittelbarer Nähe der Festung liegenden gotischen Bauten wurden restlos vernichtet. Es war dies wegen der vielen Zerstörungen das einschneidendste Jahr in der Geschichte der Stadt. Später wurde die Burg, wie viele andere durch die Entwicklung der Waffentechnik überholte Befestigungen, mehrfach als Gefängnis für königliche Gefangene benutzt.

Der Hügel von Peñíscola gliedert sich in drei große Bereiche: Die Festungsanlage (Abb. 1) mit dem Schloß auf dem höchsten Punkt des Felsens, den übrigen ummauerten Bereich mit den Häusern des alten Dorfes und den Bereich außerhalb der Mauern mit dem Hafen und seinem Vorfeld (Abb. 5).

Der *äußere Mauerring* setzt sich aus einer Vielzahl von Batterien und Schanzen zusammen, von denen einige späteren Umbauten zum Opfer gefallen sind. Der Weg in den

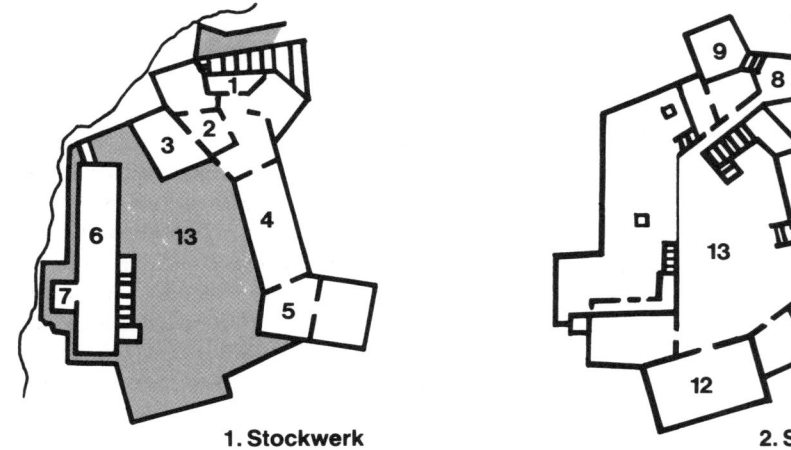

1. Stockwerk   **2. Stockwerk**

Peñíscola, Die Burg   1 Haupttor   2 Wachstube   3 Zisterne   4 Stall   5 Wohnräume   6 Konklave-saal   7 Verliese   8 Wohnräume Benedikts XIII.   9 Papst-Luna-Turm   10 Gotischer Speisesaal   11 Aufenthaltsräume der Burg   12 Kirche   13 Waffenplatz

ummauerten Bereich führt in Kehren den Berg hinauf und an der Außenmauer entlang, deren Quadersteine direkt auf den Fels gesetzt sind. Die meisten der Außenbefestigungen sind während der Regierung Philipps II. errichtet worden. Mit der Bauleitung war der Generalkapitän von Valencia, Vespasiano de Gonzaga beauftragt worden. Der aus Italien stammende Architekt und Ingenieur Juan Bautista Antonelli, von dem auch zahlreiche Befestigungen in den südamerikanischen Kolonien Spaniens stammen, entwarf den Bauplan. An den Mauern und dem Tor angebrachte Wappen und Inschriften weisen überall auf den königlichen Auftraggeber hin. So etwa am Eingangstor in die Festung, das den Namen König Philipps II. trägt und wegen seines dunklen, gewundenen Gewölbes auch dunkles Tor genannt wird. Die recht monumental wirkende Toranlage wird Juan Herrera zugeschrieben, der auch den königlichen Palast Escorial bei Madrid errichtete und vermutlich zur Lösung der beim Bau der Tordurchfahrt auftretenden statischen Probleme herangezogen wurde. Das Portal ist mit einem unbearbeiteten Schlußstein, dem Wappen des Königs und einer auf ihn verweisenden Inschrift geschmückt.

Östlich des Haupttores wurde 1754 auf Anordnung Ferdinands VI. in der Batterie der heiligen Maria ein weiteres Tor erbaut. Das Portal Santa María ermöglicht den direkten Zugang auf den Platz der heiligen Maria, auch Plaza de Escasereros (Plaça de Escaseres) genannt, und damit den Zugang zum östlichen Teil der Stadt. Ein weiterer Zugang in den ummauerten Bereich ist schließlich von der Hafenseite möglich, wo auf Anweisung Benedikts XIII. das Portal de Sant Pere (San Pedro; Portal des heiligen Petrus) errichtet wurde, welches nach seinem Erbauer auch Puerta del Papa Luna (Papst-Luna-Tor) genannt wird. Im

Gegensatz zum Rundbogen des Philipp II.-Tores ist die Puerta del Papa Luna in der Form eines romanischen Flachbogens ausgeführt. Auch hier sitzt über dem Schlußstein ein Wappenschild. Es ist dies das Wappen Pedro de Lunas, das aber erst 1414 angebracht wurde. Das von diesem Tor erreichbare Hafenbecken in seiner jetzigen Form ist 1925 als modern befestigter Ausbau der vorhandenen alten Anlegestellen erbaut worden.

Ein weiterer Zugang zur Festungsanlage öffnet sich zwischen den Batterien de Santiago und de los Foros, die Puerta del Socorro. Das ›Tor der Hilfe‹ ist nicht mehr als ein gut geschützter Zugang für Fußgänger und wohl eine Art Fluchtweg für außerhalb befindliche Wachen. Hier liegen auch die noch erhaltenen Teile der Gewölbeanlagen und die unterirdischen Gänge des sogenannten Artillerieparks.

Auf Papst Luna geht die aus Quadersteinen bestehende Mauer im südöstlichen und östlichen Teil der Festung zurück, die in der dreieckigen Außenschanze El Bonete endet. Ein ehemals dort stehender großer Wachturm ist während des Unabhängigkeitskrieges zerstört worden. In der Nähe dieser Schanze liegt auch der Bläser oder Bufador, eine Felsspalte, durch die bei Sturm das Meerwasser aufsteigt und einen Salzwassersprudel entstehen läßt, dessen Geräusche ihm seinen Namen gegeben haben. An der Südseite der Festungsanlage schließlich liegt die Treppe des Papstes Luna, die mit einer kleinen Legende verbunden ist, derzufolge diese Treppe für den Papst innerhalb einer einzigen Nacht durch ein Wunder in den Felsen geschlagen sein soll.

Die Trinkwasserversorgung der Festungsanlage wird durch mehrere Süßwasserquellen sichergestellt, die im Burgfelsen entspringen. Die Quellen liegen im Ostteil des Felsens beieinander und versorgen über unterirdische Kanäle den Außenbrunnen vor der Batterie der heiligen Maria sowie die Brunnen in Stadt und Burg. Diese Quellen machten den eigentlichen Wert der Halbinsel aus, waren sie es doch erst, die der Festungsbesatzung die Möglichkeit gaben, fast unbegrenzt auszuharren.

Die *Burg* von Peñíscola, wegen ihres Aussehens El Macho (= der Kerl) genannt, liegt auf der Spitze des Felsens in einer Höhe von 64 m über dem Meer. Die jetzt vorhandenen Anlagen wurden durch den Templerorden auf den Resten alter arabischer Befestigungen errichtet, die bis 1234 dort bestanden hatten. Der Ausbau der Burg und ihre Umwandlung in eine Residenz mit mehr schloßartigem Charakter erfolgte nach der Ablösung der Templer durch den Montesa-Orden. Unter Benedikt XIII. entstanden Ergänzungen und Erweiterungen zu denen unter anderem ein von der Kirche durch den Burghof bis zu den päpstlichen Räumen führender gotischer Flügel gehörte, der allerdings später wieder zerstört wurde.

Der Haupteingang in die Burg ist ein Rundbogentor, über dem in Form eines Bandes in Stein gehauene Wappen angebracht sind. Über dem Schlußstein sitzt ein Wappenstein mit dem Kreuz des Templerordens; daneben sind rechts und links das Distelwappen des Ordensmeisters Berenguer Cardona und das Schild des Festungskommandanten.

Durch das Tor gelangt man zunächst in einen Vorraum, von dem auf der linken Seite die Aufenthaltsräume der Wachen abzweigen. Gegenüber geht es zu den Stallgebäuden. Typisch für die Festung ist das schon hier anzutreffende Nebeneinander von Rundbogentoren einerseits und spitzbogigen Tonnengewölben eines valencianisch-gotischen Stils andererseits. Diese Form der in Valencia und Aragón verbreiteten Gotik findet sich im gesamten Küstenbereich vom Roussillon über Perpignan bis nach Valencia und Mallorca.

Ein Aufgang führt von der Wachstube, neben der auch die Zisterne liegt, auf den rund 50 m über dem Meer liegenden Waffenhof. Dieser wird begrenzt durch die Burgkapelle, die zeitweilig als päpstliche Basilika diente, sowie durch den großen gotischen Saalbau auf der anderen Seite. Eine Treppe geht hinauf zur darüber liegenden Terrasse. Die Wohnräume Benedikts befinden sich über dem Eingangsbereich. Zu ihnen zählt ein karg eingerichteter Arbeitsraum, der auch die zu seiner Zeit sehr umfangreiche Bibliothek des Gegenpapstes aufnahm. Die Möbelstücke, vor allem der Schreibtisch, sind sehr schlicht und scheinen kaum der ehemals hier residierenden Persönlichkeit angemessen. Von der mehr als tausend Bände umfassenden Privatbibliothek ist in Peñíscola kein einziges Buch mehr vorhanden. Sie wurden nach dem Tode des Papstes verkauft und gelangten so in den Besitz des Vatikans, des Colegio de Foix und der Nationalbibliothek in Paris.

Unter dem Waffenplatz liegt das sogenannte *Konklave*. Der große Gewölbesaal ist über eine Treppe zu erreichen und nur schwach durch Lichtschächte beleuchtet. In einem Nebenraum ist der Zugang zum Burgverlies untergebracht, einer nur von oben zugänglichen Kammer im Felsen, die durch ein starkes Gitter verschlossen ist. Der Raum ist praktisch nur ein in das Gestein geschlagenes viereckiges Loch ohne Zufuhr von Licht oder Frischluft. Um in die Kammer zu gelangen, benötigte man eine Leiter, wodurch auch der Verbleib der Gefangenen gesichert war. Zu den bedeutenderen Bauwerken in Peñíscola gehören neben der Burg, in der heute zahlreiche Ausstellungen stattfinden, auch die beiden Kirchen des Ortes: die *Pfarrkirche* dicht hinter dem Haupttor und die Kirche *Nuestra Señora d'Ermitana* (de la Ermita; Einsiedelei-Kirche) direkt neben der Burg. Beide Kirchen liegen innerhalb des ummauerten Bereiches, sind aber nicht die ältesten Gotteshäuser der Gemeinde. An der Stelle der Ermitana-Kirche befand sich früher vermutlich eine wesentlich ältere Kapelle, die im Zuge der Auseinandersetzungen um Peñíscola zerstört wurde.

Die Pfarrkirche ist ein verhältnismäßig einfaches Bauwerk, daß mehrfache Veränderungen erlebt hat. Von den ursprünglichen gotischen Gewölben sind nur drei erhalten, an die ein neoklassizistischer Anbau anschließt. Ein von Churriguera entworfener Barockaltar wurde im Bürgerkrieg 1936 durch Feuer zerstört und ist nicht wieder erneuert worden, so daß das Presbyterium der Kirche sich durch überraschende Kahlheit auszeichnet. Die Außenwand der Kirche trägt zum Rathausplatz hin ein Kreuz mit lilienförmigen Enden, dem Symbol sowohl des Calatrava-Ordens als auch des Montesa-Ordens. Die 1739 errichtete, also noch recht junge Pfarrkirche, enthält in ihrer Sakristei ein kleines Kirchenmuseum mit Erinnerungsstücken aus der Zeit des Pontifikats Benedikt XIII., die früher in der Burg aufbewahrt wurden. Dazu gehört sein Prozessionskreuz, ein gotisches Stück aus vergoldetem Silber und mit Bergkristallen besetzt. Das Kreuz wurde von Goldschmieden aus dem nahen San Mateo zu Beginn des 15. Jh. gefertigt und trägt in flach geprägten Bildern das Wappen von Valencia und das Bild Christi. Das sechseckige, mit flachen Gravierungen und dekorativen Strebebögen versehene Prozessionskreuz wurde nur bei festlichen Anlässen benutzt; es ist fast einen Meter hoch und etwa 45 cm breit. Auch der Kelch Benedikts wird in der Pfarrkiche aufbewahrt. Der aus vergoldetem Silber mit Emaille hergestellte gotische Kelch stammt aus dem 15. Jh. Er hat einen sechseckigen Fuß mit eckigem, unterbrochenem Rand und ist mit getriebenen Ranken, Blumen und dem Wappen Benedikts XIII. verziert. Der sechseckige Stamm trägt einen zu einer Kugel getriebenen Knoten. Zu den weiteren Besitztümern des Kirchenmuseums gehört eine Reliquie von Gil Sanchez Muñoz mit Holz des Heiligen Kreuzes sowie ein Prozessionskreuz Philipps II. im typischen plateresken Stil.

Das Heiligtum der Mutter Gottes der Einsiedelei (*Santuario de la Mare de Deu D'Ermitana* bzw. *de la Madre de Dios de la Ermita*) ist eine Quadersteinkonstruktion im valencianischen Barock und wurde 1708 bis 1714 auf Kosten des damaligen Gouverneurs Don Sancho de Echeverría erbaut (Farbabb. 15, Abb. 6). An ihrer Stelle befand sich vermutlich im 6. Jh. eine kleine Einsiedelei, die der Kapelle auch ihren Namen gegeben hat. Nuestra Señora d'Ermitana hat ein einfaches rechteckiges Tor aus wuchtigen Quadersteinen. Die Fassade ist neben militärischen Initialen auch mit dem Wappen Philipps V. an der Giebelseite geschmückt. Auf den Stifter der Kirche weist eine Tafel mit einer Inschrift unter dem Wappenschild des Gouverneurs hin. Ursprünglich besaß die Kirche eine Heiligenfigur ihrer Schutzpatronin, die zwar vor der arabischen Invasion in einer Höhle verborgen werden konnte, Jahrhunderte später aber in den Wirren des Bürgerkrieges 1936 spurlos verschwand. Die nach der Legende durch den Apostel Santiago (Jakob) nach Peñíscola gebrachte Skulptur war in einem Barocktabernakel untergebracht, der noch erhalten ist und heute ein später gestiftetes Heiligenbild enthält.

Die Heiligenverehrung spielt an der ganzen Küste, wie überhaupt in Spanien, eine ebenso bedeutende Rolle wie die alljährlich wiederkehrenden Feiern zur Erinnerung an die *reconquista*. Das Fest der *moros y cristianos* zählt daher zusammen mit dem Fest des jeweiligen Schutzpatrones zu den geselligen Höhepunkten einer jeden Gemeinde. Oftmals sind beide Feste durch die historischen Ereignisse miteinander verbunden. In Peñíscola wird jährlich am 8. und 9. September der Schutzpatronin Mare de Deu d'Ermitana mit farbenprächtigen Tanzdarstellungen und Aufführungen gedacht, die auf dem Waffenplatz der Festung stattfinden. Die Tradition dieser Spiele, die sowohl der Verehrung der göttlichen Jungfrau als auch der Unterhaltung dienen, geht vermutlich zurück bis auf die Zeit der islamischen Eroberung der Insel; belegt sind die Aufführungen erst seit 1677. In den letzten Jahren haben die Feiern zusehend eine touristische Bedeutung erfahren; aus den ehemals auf zwei Tage beschränkten Feierlichkeiten mit deutlich religiösem Charakter ist inzwischen eine Festwoche mit einem auf den Fremdenverkehr abgestimmten Rahmenprogramm geworden.

Ausflug ins Hinterland nach Morella

Von Peñíscola fährt man die Küstenstraße ein Stück zurück bis Vinaróz und biegt dort ab auf die N 232, die zum 67 km entfernten Morella führt. Die Straße führt mitten durch die wilde

Berglandschaft des Maestrazgo über die Sierra Turmell und den Paß Puerto de Querol in 1020 m Höhe. Die wenig befahrene, aber sehr kurvenreiche Straße mit zahlreichen Spitzkehren ermöglicht an vielen Stellen eine hervorragende Aussicht in die weite und ursprüngliche Landschaft. Obwohl die Straße relativ gut ausgebaut ist, erfordern die vielen Kurven und die oftmals fehlende, immer aber ungenügende Befestigung die volle Konzentration des Fahrers, vor allem bei der Begegnung mit einem Bus oder einem Lastkraftwagen, die diese Strecke mit spanischer Vehemenz befahren. Für den ortsunkundigen Autofahrer ist eine Nachtfahrt auf dieser Strecke nicht ratsam.

Der Besuch in **Morella** ist für den historisch und architektonisch Interessierten auf jeden Fall lohnenswert und entschädigt für die lange Anfahrt, zumal man auf dieser Fahrt vielleicht etwas ›mehr Spanien‹ zu sehen bekommt als in den Touristenzentren der Küste. Morella liegt

Morella   1 Pfarrkirche (Erzpriesterkirche)   2 San Miguel   3 San Juan   4 San Francisco   5 ehemaliger Konvent   6 Schulkapelle   8 San Nicolás   8 Kapelle   9 Rathaus

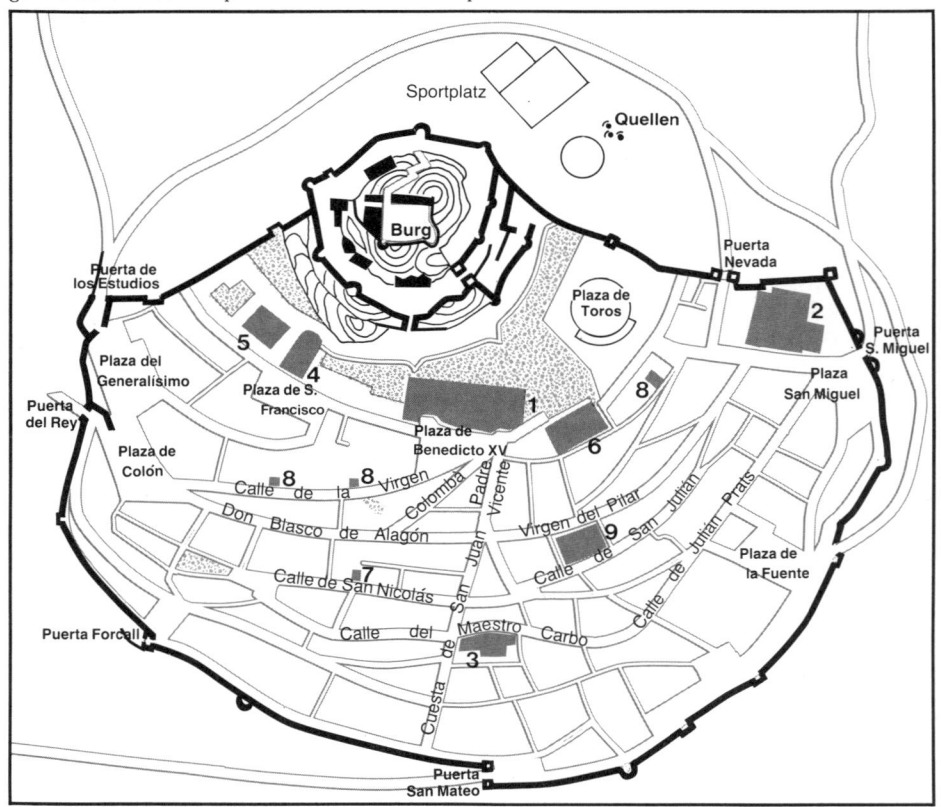

Die Burg von Morella. Kupferstich von 1874

bereits im Randbereich des Maestrazgo und wird oftmals nicht mehr zu dieser historischen Region gezählt. Bei der Anfahrt sieht man die Stadt schon von weitem auf einem Berg in einer Höhe von fast 1000 m liegen und die Landschaft beherrschen (Abb. 9). Umgeben wird die Stadt von einer aus dem 14. Jh. stammenden Mauer mit einem Umfang von etwa 2500 m und einer durchschnittlichen Höhe von 9 m, die mit 14 Türmen und sechs befestigten Toren versehen ist (Abb. 11). Morella ist eine alte Grenzfestung des Königreiches Valencia gegen das benachbarte Aragón, geht aber in seiner Bedeutung noch auf viel frühere Zeiten zurück. Sowohl die Iberer und Griechen als auch die Römer (Castra Aelia) und Araber besiedelten den Berg, bis schließlich Valencia dort im 14. Jh. seine fast uneinnehmbare Grenzfestung schuf. Die Geschichte der Stadt ist reich an Begebenheiten, zu deren wichtigsten die Besuche des Cid, des Königs von Aragón und des maurischen Königs von Lérida im Jahr 1084 ebenso gezählt werden, wie der Aufenthalt von Papst Benedikt XIII. Dieser las in Morella eine Messe in Anwesenheit des Königs von Aragón. Auch der heilige Vicente Ferrer, Beichtvater des umstrittenen Gegenpapstes, zelebrierte mehrfach in Morella. In den Kriegen der letzten Jahrhunderte war die Stadt mit ihrem Befestigungssystem und ihrer für die Überwachung der Region besonders geeigneten Lage immer wieder Mittelpunkt militärischer Operationen. Vielfach wurden hier auch Truppen und Stäbe stationiert.

Morella ist heute Standort einer 1870 gegründeten kleinen Textilfabrik, die zum bedeutendsten Arbeitgeber der Stadt geworden ist. Die Bevölkerungszahlen sind in den letzten Jahren ganz erheblich auf derzeit etwa 3300 Einwohner zurückgegangen. Die Jugendlichen verlassen wegen der fehlenden Erwerbsmöglichkeiten den Ort und ziehen in die Industrie- und Fremdenverkehrsgebiete an der Küste, da auch die einheimische Landwirtschaft mittlerweile keinen ausreichenden Unterhalt sichern kann. Der Umzug an die Küste ist meist endgültig; nur wenige pendeln über die etwa 70 km lange Strecke ins Hinterland.

Die Entvölkerung der Stadt zeigt sich inzwischen auch deutlich in ihrem äußeren Erscheinungsbild. Das bislang fast vollständig bewahrte mittelalterliche Aussehen ist vielerorts vom Zerfall bedroht, weil die Häuser nicht mehr bewohnt oder anderweitig genutzt werden. Die Aufnahme der Stadt in die Liste der nationalen historisch-künstlerischen Monumente kommt bislang nur den Mauern der Befestigungsanlagen und den Sakralbauten zugute, für die die Provinzverwaltung die Verantwortung trägt.

Die *Burg* von Morella gründete ursprünglich auf iberischen Befestigungen, die später von Römern, Arabern und Valencianern umgebaut und erweitert wurden. Während der Karlistenkriege 1833 bis 1839 residierte hier der als ›Tiger des Maestrazgo‹ bekanntgewordene General Cabrera. Die eigentliche Burg bestand aus dem inneren und einem äußeren Festungskörper auf unterschiedlichen Höhen. Im ersten, unteren Bereich mit einer Böschungshöhe von 18 m lagen die Pulvermagazine, die Wohnräume und die Materiallager; darüber erhob sich ein weiterer Felsen von etwa 12 m mit dem oberen Schloßbereich. Neben den Ruinen der Burg und der Besichtigung der Stadt und ihrer Befestigungen, von denen man einen ausgezeichneten Rundblick hat, lohnt auch der Besuch der Kirche *Santa María la Mayor*. Das zwischen 1265 und 1343 erbaute Gotteshaus gilt als schönste gotische Kirche der Region Valencia (Abb. 10, 12). Bedeutsam sind vor allem die beiden Portale dieser Erzpriesterkirche mit ihren Spitzbogen und Skulpturen, die Puerta de los Apóstoles und die Puerta de las Vírgenes, die sich beide zur selben Fassade öffnen. Die Archivolten des Aposteltores, aber auch die davor befindlichen Pfeiler, sind mit Skulpturen geschmückt. Seine Lichtrosetten sind sechsblättrig, während das Jungfrauenportal ein Vierpaß-Fenster trägt. Sie zeigen das Bild der Jungfrau und der heiligen Ursula. Die Puerta de las Vírgenes ist vermutlich später entstanden als die Puerta de los Apóstoles und fällt durch ihre dekorativen Elemente auf. Santa María la Mayor ist dreischiffig mit drei Apsiden ohne Querschiff. Eine besondere Lösung ist die Anlage des Chores mit einem Flachgewölbe, der auf vier Pfeiler des Mittelschiffes gestützt ist und in einem achtstrahligen Stern ausläuft. Der Chor kann über eine gewundene Treppe an einem der Pfeiler erreicht werden, deren Geländer von Antonio Sancho stammt und mit Flachreliefs aus dem 15. Jh. geschmückt ist. Im anschließenden

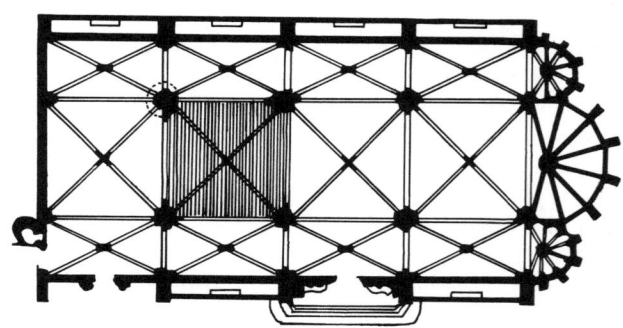

Morella, Santa María

Raum stellt der *trascoro* (Lettner) in einem langen Fries das jüngste Gericht dar. Es ist dies eine italienische Arbeit von José Beli.

Der Hochaltar der Basilika ist im churriguereskem Stil des 18. Jh. gehalten und gilt als ein hervorragendes Werk dieser Richtung. Dazu gehören als weiterer Schmuck Bilder der venezianischen Künstler Jéronimo Jacinto Espinosa und Pablo Pontóns. Das kleine Kirchenmuseum von Santa María besitzt außer verschiedenen Goldschmiedearbeiten aus der Region auch einige Gemälde von Ribalta, Tizian, Espinosa und Juan de Juanes.

Mit San Juan, San Nicolás und San Miguel bestehen innerhalb der Mauern Morellas noch weitere Kirchen bzw. Kapellen, die heute nur noch periphere Bedeutung haben und sich in keinem guten baulichen Zustand befinden. Unter Umständen sind die Kirchen über längere Zeiträume (mehrere Monate) geschlossen.

San Juan, die alte Pfarrkiche des Ortes, stammt aus der ersten Hälfte des 15. Jh., erhielt aber später eine neoklassizistische Ausgestaltung. *San Miguel,* ein größeres Bauwerk dicht hinter dem gleichnamigen Stadttor, wurde als Ergänzung zur Pfarrkirche errichtet und 1729 erneuert. Sie bietet wenig Reizvolles (Abb. 13).

Lohnend ist neben den sakralen Bauten der Besuch des gotischen *Rathauses (ayuntamiento)* mit dessen Bau im Jahre 1361 begonnen wurde. Sehenswert ist insbesondere die Fassade des bereits 1602 erstmals umgebauten Hauses.

In der Umgebung von Morella gibt es darüber hinaus einige weitere Sehenswürdigkeiten, etwa den Rest eines *Aquäduktes* aus dem 14./15. Jh., der Blütezeit der Stadt. Bei *Masía de Morella la Vella,* einem einsamen Gehöft einige Kilometer von der Stadt entfernt, finden sich außerdem vorzeitliche Felsmalereien, die nach einem Fußmarsch erreicht werden können (s. Plan S. 66, Nr. 3, 4).

Auf dem Rückweg von Morella zur Küste machen wir abseits der Straße in **Catí** Station. Ebenso wie Morella hat auch dieses Dörfchen seine mittelalterliche Struktur bewahren können. Die *Ortskirche* von Catí hat ein schlichtes romanisches Portal aus dem 13. Jh. (Abb. 8). Die Seitenkapellen sind dagegen gotisch, ebenso das Altarbild von Jaime Jacomart Bacó, das um 1460 entstand. Die Kirche besitzt einige religiöse Gegenstände aus dem 15. bis 17. Jh. Zum Dorf gehören eine erhebliche Anzahl kleiner Kapellen und Einsiedeleien, von denen die meisten außerhalb im Feld liegen. Interessant sind auch die Häuser des Dorfes, von denen einige gotische Bauelemente bewahrt haben. Catí ist einer der wenigen Fälle, in denen ein komplettes Dorf baulich fast unverändert die allgemeinen Entwicklungen seit dem Mittelalter überstanden hat.

Wieder zurück auf der Straße nach Peñíscola unterbricht man die Fahrt erneut nach etwa 10 km und biegt auf die Seitenstraße nach **San Mateo** ab (ca. 5 km). Das Städtchen war ehemals Hauptstadt des Maestrazgo und Sitz des Großmeisters des Montesa-Ordens. Die Gemeinde trägt noch heute auf ihren Ortsschildern den Zusatz ›Capital del Maestrazgo‹. Die ehemalige, heute einzig historische Bedeutung der Stadt zeigt sich auch daran, daß zu ihrer Blütezeit in den Jahren 1370, 1421 und 1495 die Cortes hier tagten.

San Mateo liegt in einem weiten Tal, umgeben von dichten Olivenwäldern und Weinbergen. Der Ort hat noch eine vorwiegend mittelalterliche Bausubstanz, wie dies für die mei-

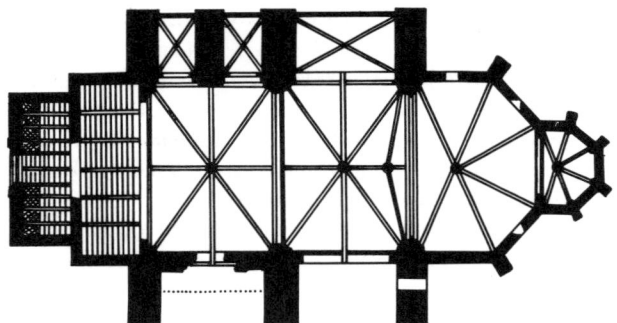

San Mateo, Pfarrkirche

sten Ortschaften des Maestrazgo gilt. Neben der Plaza Mayor mit ihren Laubengängen liegt die *Pfarrkirche* mit einer romanischen Fassade aus dem 13. Jh. Obwohl Rundbogen und Kapitelle des Eingangs Beschädigungen aufweisen, sind die dargestellten Motive (Adam und Eva, Salomé, Abraham, Engel) noch gut zu erkennen. Das bemerkenswert große Längsschiff und die Apsis der Kirche von etwa 1350 bis 1360 sind in gotischem Stil; ebenso das Seitenportal neben dem Glockenturm aus dem 15. Jh. (ca. 1425–40). Die seitlichen Kapellen der Kirche sind teilweise von wohlhabenden Einwohnern gestiftet worden. Die erste dieser Kapellen auf der linken Seite enthält z. B. neben einer Statue des Paters Eterno Reste eines Dreifaltigkeitsaltars aus der ersten Hälfte des 15. Jh. Sehenswert, wenngleich ohne überregionale Bedeutung sind die Reliquienschreine in den anderen Seitenkapellen. Teils sind die seitlichen Erweiterungen des Kirchenschiffs erst im 19. Jh. geschaffen worden, wie auch die farbigen Fenster zum Teil aus neuerer Zeit sind. Rechts neben dem Eingang befindet sich eine Tafel, die in lateinischer Inschrift auf das Wirken Benedikts XIII. hinweist. Wenige Meter entfernt liegt eine Seitenkapelle, die sich durch eine Reihe sehr schöner Wandkacheln auszeichnet. Der besondere Stolz des Pfarrers und der Gemeinde ist die für spanische Verhältnisse ungewöhnlich große Orgel, die an der Levanteküste wohl ein Einzelstück darstellt. Das Instrument ist noch relativ jung und für den Besucher weniger interessant.

Zur Pfarrkirche gehört ein kleines *Museum,* das eine Reihe wertvoller Exponate birgt. Zu diesen Stücken zählt das große Prozessionskreuz, die Arbeit eines einheimischen Goldschmiedes von 1397. Es ist mit Flachreliefs und Emaillearbeiten geschmückt, die u. a. den Spender des Kreuzes, einen Kaufmann aus San Mateo, darstellen. Das ebenfalls von einem einheimischen Künstler geschaffene Lignum Crucis kann auf das Jahr 1431 datiert werden. Der aus Valencia nach San Mateo gekommene Reliquienschrein der Madonna Galina ist vermutlich ebenfalls in der Werkstatt eines Schmiedes aus San Mateo gefertigt worden. Zu den weiteren Exponaten gehört ein Kelch des Papstes Luna, den er 1411 der Kirche vermachte. Die Reste eines alten gotischen Altarbildes aus Stein, Malereien aus dem 14./15. Jh. und Reste eines Altarbildes von Valentín Montoliú vervollständigen die Sammlung des Museums.

Der *Marktplatz* von San Mateo mit seinem Säulengang und einem zentralen, kugelförmigen Brunnenbecken ist nach alter Tradition heute noch Treffpunkt der Männer des Dorfes, wenngleich die weibliche Jugend auch diese Domäne zu erobern beginnt. Am Sonntagmorgen sitzen daher nicht mehr nur die Männer nach dem Kirchgang vor dem dortigen Lokal wie in alten Zeiten zusammen. Ihre geringe Zahl ebenso wie die Stille, die über dem Ort liegt, sind ein Ausdruck für die wirtschaftlichen Probleme dieser wie der meisten kleinen Gemeinden im Hinterland der Küste, die unter starker Bevölkerungsabwanderung zu leiden haben, weil die Verdienstmöglichkeiten fehlen. Es lohnt sich, die Straßen von San Mateo zu Fuß zu durchwandern. Bei diesem Spaziergang kann man einige gut erhaltene Gebäude besichtigen. Das *Rathaus* mit seinen an der Hauptfront mit Lichtrosetten versehenen Fenstern ist gotisch und lohnt eine Betrachtung. Dort werden neben einem mittelalterlichen Steinkreuz auch zahlreiche Dokumente aus der Geschichte der Stadt und des Maestrazgo verwahrt. Zusätzlich lohnt es sich, die Renaissancefassade des *Palastes des Grafen von Villores* anzuschauen.

Von San Mateo fährt man über eine wenig befahrene Landstraße nach **Albocácer** (ca. 20 km). Selbst in diesem kleinen Dorf finden sich wie im gesamten Maestrazgo noch Hinweise auf den Montesa-Orden, der der Gegend nachhaltig seinen Stempel aufgedrückt hat. In diesem Fall sind es die Ordensburg und die Kapelle des Ortes, die an die Geschichte erinnern. In der Wallfahrtskapelle *San Juan* befindet sich ein Bild des Altar- und Hofmalers Domingo Valls aus dem Jahre 1373. Die *Gemeindekirche* von Albocácer, erbaut Ende des 17./Anfang des 18. Jh., ist bescheiden und ohne große Bedeutung. Pfarrkirchen dieser Art sind in der Levante sehr weit verbreitet. Einen Besuch wert sind dagegen die wenige Kilometer entfernte, ausgeschilderte mittelalterliche Wallfahrtskirche San Pedro aus dem 15. Jh. und die aus dem beginnenden 17. Jh. stammende Renaissancekapelle San Pablo (Abb. 15). San Pablo besitzt einen großen Innenhof mit einem hölzernen Vordach, der zum Verweilen einlädt. Schön sind die Treppe und der Saal mit den Wandmalereien.

Wichtig ist Albocácer als Ausgangspunkt für die Besichtigung zahlreicher Höhlenmalereien; so z. B. die *Cuevas del Civil, de los Caballeros, del Mas d'en Joseph, Saltadora* und andere im oberen Teil der Valltorta-Schlucht (s. Plan S. 66, Nr. 14–21). Weitere dieser eindrucksvollen Zeichnungen mit ihren Jagdszenen, Tänzen und anderen Motiven finden sich einige Kilometer entfernt in der Schlucht von Gasulla. Ohne Führer, den man im Rathaus vermittelt bekommen kann, sind die in der Landschaft verborgenen Zeichnungen nur sehr schwer zu finden, was sicherlich zu ihrem Fortbestand beigetragen hat (s. Plan S. 66, Nr. 5–7).

Von Albocácer kann man auch über eine landschaftlich reizvolle Strecke zum Kurort **Benasal** und weiter nach **Villafranca del Cid** gelangen. Benasal ist wegen seiner Quelle bekannt, deren Wasser zur Behandlung von Nierenerkrankungen geeignet ist. Aus der Geschichte des vom Kurbetrieb etwas überrollten Ortes sind noch Reste der mittelalterlichen Stadtmauer, ein Palast mit einem Barockportal sowie in der Kirche ein gotischer Kelch erhalten.

Villafranca del Cid, ein teilindustrialisiertes Örtchen, besitzt in der gotischen Kirche ein Ölgemälde aus der Ribalta-Schule, dessen Maler nicht nachgewiesen ist. Zu den weiteren

Besitztümern der Pfarrkirche gehören auch drei mittelalterliche Prozessionskreuze, eine Monstranz und ein barocker Reliquienschrein. Im Rathaus wird außerdem ein sehr hübsches Altarbild aufbewahrt, das Valentín Montuliú zugeschrieben wird.

Entlang der Küste nach Castellón

Nächstes Ziel ist **Alcalá de Chivert** mit seiner *Pfarrkirche* aus dem 18. Jh. Sie hat einen 68 m hohen polygonalen Turm. Das *retablo* der Kirche soll verschiedenen Quellen zufolge von Jerónimo Jacinto Espinosa stammen. Auch in dieser Kirche werden einige wertvolle Gegenstände verwahrt, darunter Kelche der Gotik, Frührenaissance und des Rokoko sowie ein Kreuz aus dem 17. Jh. Über dem Ort, der vermutlich eine maurische Gründung ist, auf die schon sein Name hinweist, liegen auf einem Hügel die Ruinen einer kleinen Festung.

Auf dem Weg nach Castellón fährt man durch **Torreblanca** mit seiner Kirche aus dem 18. Jh. und biegt nach ca. 10 km rechts ab nach Cabanes. Die Abzweigung kommt sehr plötzlich und ist nicht gut zu erkennen; wichtiger Hinweis ist das dort stehende Schild, das auf den Arco Romano hinweist. **Cabanes** ist ein kleines verschlafenes Dorf, das auf eine alte Römersiedlung zurückgeht und heute ein Dasein abseits der Küstenstraße und des Tourismusrummels fristet. Außer einigen Ruinen ist hier nur noch ein *Römischer Bogen* (Arco Romano) erhalten geblieben, der einstmals die Via Augusta überspannte (Abb. 14). Um zu diesem Bogen zu gelangen, durchquert man zunächst die Ortschaft und fährt dann noch ein paar Kilometer weiter, bis man im Verlauf der Straße mitten im Feld auf den Bogen trifft. Er ist 5,35 m hoch, etwa 4 m breit und hat einen Bogendurchmesser von ebenfalls etwa 4 m. Er zählt damit zu den kleineren römischen Relikten dieser Art. Die Mauersteine des Bogens haben eine Stärke von fast einem Meter. Zusammengehalten wird die recht fragil erscheinende Konstruktion nicht nur durch die exakte Paßform der keilförmigen Quadersteine, sondern auch durch sechs Metallklammern. Der Bogen von Cabanes ist ein schönes Beispiel für die hochentwickelte römische Baukunst und die exakte handwerkliche Ausführung. Vom Arco Romano fährt man auf der selben Straße wieder zurück zur Küste und setzt die Fahrt in Richtung Oropesa fort.

Oropesa ist heute ein Dorf von etwa 2000 Einwohnern, das hauptsächlich wegen der dort angebauten Muskatellertrauben und seines feinen Sandstrandes bekannt ist. Das Anbaugebiet dieser Trauben, die einen trockenen Boden und starke Sonnenbestrahlung benötigen, erstreckt sich zwischen den Bergen des Desierto de las Palmas und dem Meer. Auch wenn das Gebiet zu klein ist, um mehr als regionale Bedeutung zu erlangen, kann sich das flüssige Ergebnis des Traubenanbaus doch sehen lassen. Die Wirkung des dort gekelterten Weines wird jedenfalls von manchen Besuchern gründlich unterschätzt.

Lohnenswert ist ein Gang durch das alte Dorf von Oropesa, das recht gut erhalten ist und bewahrt wird. Geschichtsträchtig sind die *Burgruinen* über dem Dörfchen, die in starkem

Gegensatz zu den leider auch hier wie überall an der Küste anzutreffenden Hochhäusern stehen, die derweil die Bucht umgeben und beherrschen. Im 8. und 9. Jh. war Oropesa von den Mauren zu einem wichtigen Bollwerk ausgebaut worden, wurde dann aber 1090 durch den Cid erobert. Später fiel es dann wieder den Mauren zu und wurde erst 1233 endgültig durch Jakob I. von Aragón genommen. Im 15. Jh. entstand schließlich als Schutz gegen das zunehmende Piratenunwesen auf dem nahegelegenen Kap Oropesa der *Torre del Rey,* der Turm des Königs. Dieser königliche Turm war Wachturm und Festung zugleich und ist ein anschauliches Beispiel für die Militärarchitektur der Zeit. Die Notwendigkeit zum Bau des Turmes ergab sich aus der Vielzahl der das Mittelmeer beherrschenden Berberpiraten, die den Ort 1534 und 1619 überfielen und verwüsteten und nur durch starke Militäraufgebote vertrieben werden konnten. Der Turm befindet sich in permanenter Renovierung, wie auch die meisten anderen Festungsbauwerke im Küstenbereich, so daß eine Besichtigung nicht möglich ist. Wichtiger als das Innere des Turmes, das ohnehin keine Besonderheiten bietet, ist das äußere Bild des wehrhaften Gebäudes. Obwohl das Dorf bis dicht an den Turm herangewachsen ist und der Leuchtturm direkt daneben steht, so lohnt doch der Versuch, sich den Torre del Rey als einsamen Wächter an einer ehemals dünn besiedelten Küste vorzustellen.

Eine schöne Aussicht über die Küste bietet die Abzweigung in die Berge zum **Monasterio del Desierto de las Palmas.** Über eine gut ausgebaute Straße geht es scheinbar endlos mit zahlreichen Kurven und einigen wenigen Engpässen hinauf bis auf 450 m zu dem ausgedehnten Karmelitinnenkloster aus dem 18. Jh. Die weitläufigen Nutzgärten um das Kloster ermöglichen eine gewisse Selbstversorgung, wie sie bis vor wenigen Jahren noch notwendig war und auch heute noch angestrebt wird. Das Kloster ist nicht zuletzt wegen der bei gutem Wetter phantastischen Aussicht, die einen Blick bis zu den Columbretes-Inseln (ca. 60 km) ermöglichen soll, vom Fremdenverkehr längst entdeckt und vereinnahmt worden, wie der große befestigte Parkplatz und ein Pavillon zeigen.

Der Orden der Karmeliter wurde im 12. Jh. gegründet und 1245 in einen Bettelorden umgewandelt. Namensgeber und Keimzelle des Ordens war eine Einsiedelei auf dem Berg Karmel im heutigen Israel. Ursprünglich ein Männerorden, wurden später auch Frauen aufgenommen. Als Folge der Französischen Revolution hatte der Orden stark unter antiklerikalen Tendenzen und Verfolgungen zu leiden, wovon er sich im Laufe der folgenden Jahrzehnte wieder so gut erholt hat, daß die Karmelitinnen heute der größte beschauliche Orden der katholischen Kirche sind. Während der männliche Teil des aus verschiedenen Flügeln bestehenden Ordens die Seelsorge und Mission außerhalb der Klostermauern erlaubt, sind die Karmelitinnen ein ausschließlich beschaulicher Orden und zu strenger Klausur verpflichtet. Spanien ist mit über 160 Häusern der Karmelitinnen zum wichtigsten Ordensland geworden. Das Kloster Desierto de las Palmas ist vermutlich eines der bedeutendsten Häuser des Ordens, worauf allein schon Größe und Zustand der Anlage hinweisen. Auch hier wird, wie in vielen Karmeliterklöstern, eine Variante des bekannten und berühmten Karmeliterlikörs hergestellt. Jedes Ordenshaus hat für diesen Likör ein eigenes Rezept und braut sozusagen seine Hausmarke.

Castellón de la Plana

Castellón ist die Hauptstadt der gleichnamigen Provinz, die auf eine Größe von 100000 Einwohner angewachsen ist. Der Namenszusatz ›de la Plana‹ (*plana* = Ebene) führt eigentlich zu einer falschen Vorstellung, denn von der Gesamtfläche der Provinz von 6700 km² gehört nur ein kleiner Teil zu der Küstenebene, in der Castellón liegt. Vielmehr leitet sich dieser Zusatz von der beherrschenden Position der Stadt für dieses Gebiet ab. Der weitaus größte Teil der Provinz besteht aus Gebirgsausläufern des iberischen Randgebirges, die sich teilweise bis ans Meer erstrecken und hier eine wilde und unzugängliche Küste entstehen lassen. Zum Landesinneren steigen die Gebirgszüge rasch an; höchste Erhebung der Provinz und der Region Valencia zugleich ist der Peñagolosa mit 1813 m. Die beiden einzigen ständig Wasser führenden Flüsse der Provinz sind der Mijares (Millars) und der Palancia; alle übrigen sind ausgetrocknete Flußbetten, die nur in Zeiten starker Niederschläge eine nennenswerte Wasserführung haben. Beide Flüsse werden intensiv für die Bewässerung der landwirtschaftlichen Flächen genutzt. Der Palancia bewässert z. B. große Flächen im Gebiet von Segorbe, der Mijares die Gärten und Felder der Ebene. Das typische trockene Mittelmeerklima der Region bringt heiße Sommer und gemäßigte, milde Winter, die einen Aufenthalt dort angenehm gestalten. Klimatische Variationen sind in erster Linie abhängig von der Entfernung zum Meer und der Höhenlage.

Zu den traditionellen Erwerbsquellen der Bevölkerung in Castellón und der Ebene gehören neben der Fischerei auch Industrie und vor allem Landwirtschaft. Hinzu gekommen ist in den letzten Jahrzehnten mit steigender Bedeutung der Fremdenverkehr. Die Rolle der Landwirtschaft ist schon bei der Einfahrt in die Ebene mit ihren weiten Feldern und Plantagen nicht zu übersehen, hat sie doch über Jahrhunderte das Leben der Menschen maßgeblich bestimmt. In der Tiefebene werden vorwiegend Orangen und Zitronen kultiviert, dazwischen stehen Mandelbäume, Wein und Getreide. In den höheren Lagen der Gebirgszone wachsen typische Bäume wie Korkeichen und Pinien. Die Erosion hat die Felsen weitgehend von jeder Bodenkrume entblößt; oftmals führen nur Dornenbüsche ein klägliches Dasein. Seit vielen Jahren wird im Rahmen eines Aufforstungs- und Rekultivierungsprogrammes versucht, mit sehr aufwendigen Methoden einen Neubewuchs der kahlen Landschaft zu erreichen.

In der Höhenzone wird neben der Forstwirtschaft in geringem Maße eine Viehwirtschaft mit Schafen und Ziegen betrieben, die hier gerade noch Nahrung finden. Die ehemals

---

Castellón im Mittelalter   A Kirchspiel Santa María   B Kirchspiel San Pedro   C Kirchspiel San Agu- ▷
stín   D Kirchspiel Santo Tomás   E Kirchspiel San Juan   F Kirchspiel San Nicolás   1 Pfarrkirche
2 Friedhof   3 Plaza   4 Plazuela de la Herba   5 Plazuela de las Cortes   6 Plazuela de las Carnicerías
7 Palacio (Palau)   8 Corte de la Batalla (Cort del Batle)   9 Corte del Justicia   10 Corte de la Goberna-
ción (Cort de Governació)   11 Calle Mayor (Hauptstraße)   12 Konvent San Agustín   13 Hospital
14 Jüdisches Viertel   15 Maurisches Viertel

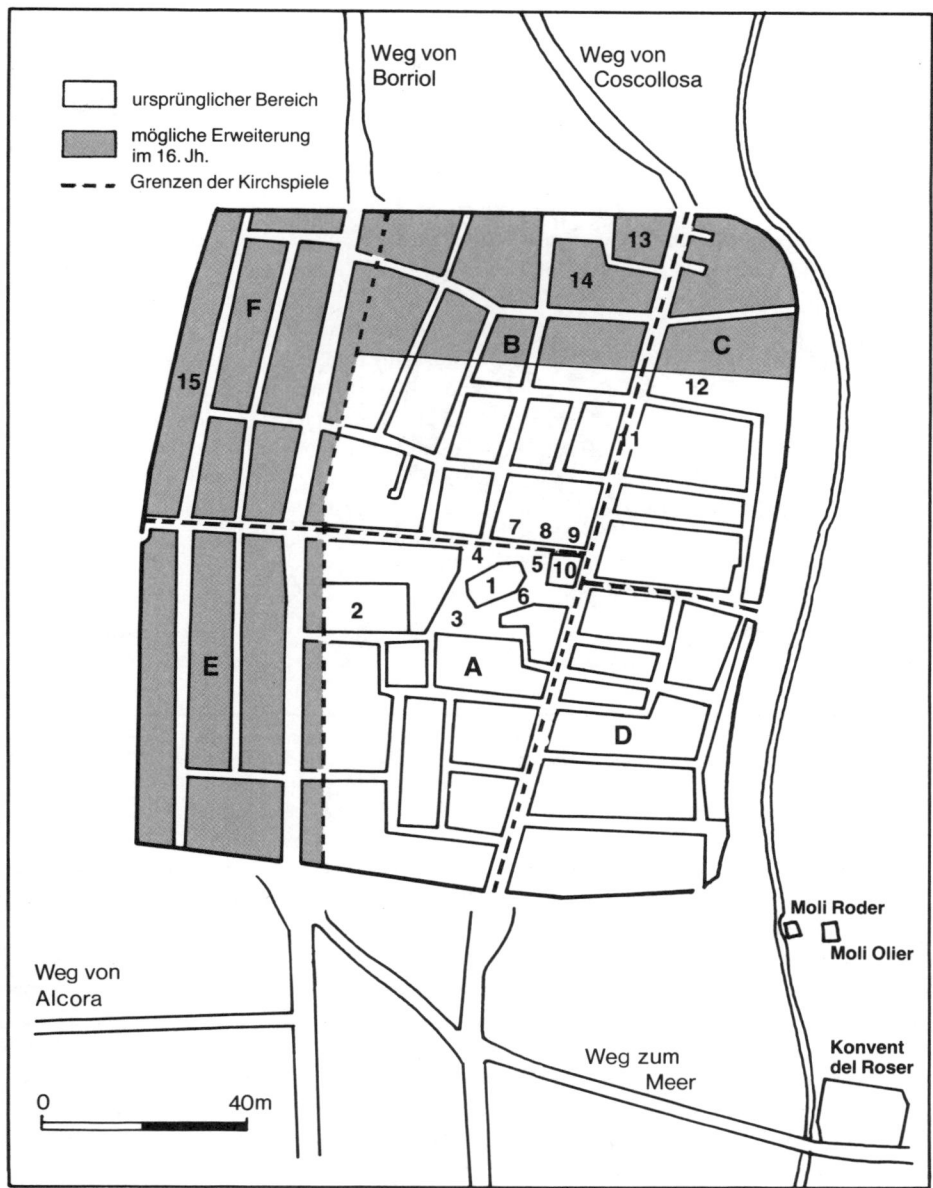

Weg von Borriol

Weg von Coscollosa

ursprünglicher Bereich

mögliche Erweiterung im 16. Jh.

Grenzen der Kirchspiele

F

15

B

C

13

14

12

11

7 8 9

4

1

5 10

6

2

3

A

D

E

Weg von Alcora

0   40m

Weg zum Meer

Moli Roder

Moli Olier

Konvent del Roser

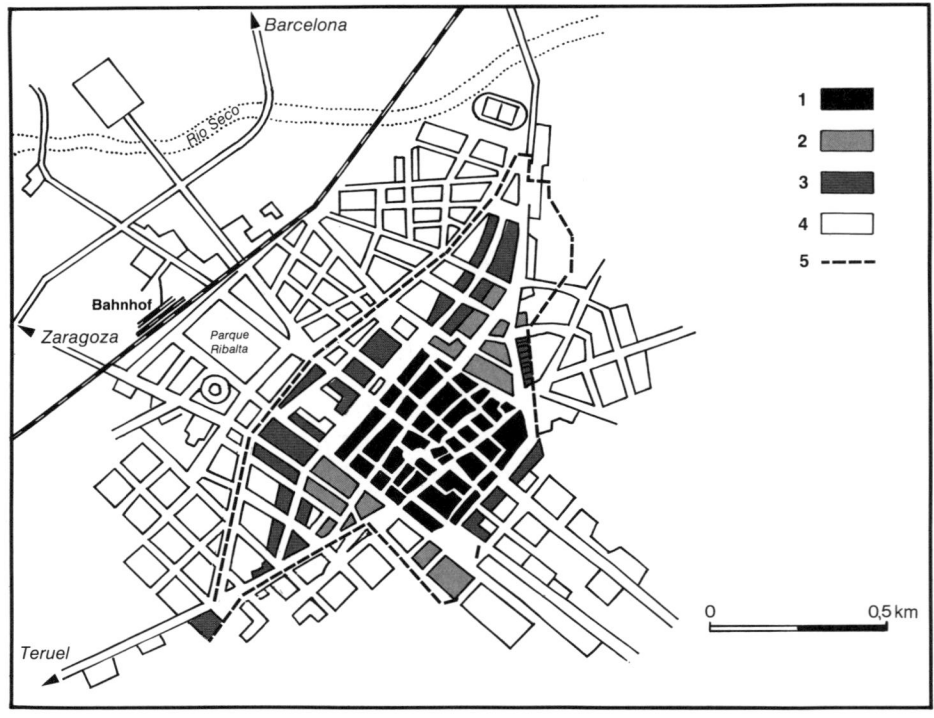

Castellón vom Mittelalter bis heute   1 Stadt bis zum 14. Jh.   2 Vorstädte des 17. Jh.   3 Erweiterung bis zur Mitte des 19. Jh.   4 Moderne Stadtteile   5 Stadtmauer

weitverbreitete Wanderherdenwirtschaft ist stark zurückgegangen. Die modernen Schäfer transportieren ihre kleiner gewordenen Herden inzwischen mit dem Lkw oder der Bahn zu den neuen Weideplätzen.

Die Gründung der Stadt Castellón geht zurück auf Jakob I. von Aragón. Schon vorher bestand auf dem Magdalenenhügel am Fuße des Gebirgszuges Desierto de las Palmas eine kleine Siedlung mit einem maurischen Fort, von dem heute noch Mauerreste erhalten sind. Von diesem Hügel beherrschte die Festung die gesamte Ebene. Gegen Ende des 11. Jh. wurde sie durch den Cid erobert; die Ebene mit einem dort geschaffenen maurischen Bewässerungssystem wurde erst um 1233 in Besitz genommen. Jakob I. siedelte am Fuß des Burghügels Christen an, die aber bald (1252) an einen günstigeren Platz umzogen, an dem später die heutige Stadt Castellón gegründet wurde. Der jährlichen Erinnerung an die Gründung der Stadt dient das Magdalenenfest, dessen Höhepunkt eine Prozession zur Magdalenenkapelle auf dem gleichnamigen Hügel ist. Einer Legende zufolge führten die Castellonenser bei diesem ersten Zug Laternen mit sich, die sie an ihren Hirtenstäben befestigten, um die Nacht zu erhellen. Darauf beruhen heute die bei der nächtlichen Prozession verwendeten vielfarbigen und leuchtenden *gaitas,* eine Art überdimensionierter, mit biblischen Motiven und Formen verzierter Laternen. Die planmäßige Anlage von Castellón zeigt sich noch heute im Grundriß der Stadt. Das unter Peter IV. im 14. Jh. entstandene ummauerte Viertel ist deutlich zu erkennen. Obwohl die Stadt zu dieser Zeit nur wenige tausend Einwohner hatte, bestanden in ihren Mauern bereits sechs Pfarreien. In den folgenden Jahrhunderten verlief die Stadtentwicklung weniger planmäßig. Im 17. Jh. entstanden erste Vorstädte außerhalb der Stadtmauern, die noch geschlossene Bezirke bildeten. Von diesen Vorstädten ging das weitere Wachstum aus, indem sie sich kontinuierlich von der Stadt weg in den freien Raum ausbreiteten. Die zwischen den Blöcken bestehenden baulichen Lücken, die auch innerhalb der im 19. Jh. geschaffenen Begrenzung vorhanden waren, wurden erst um die Jahrhundertwende gefüllt. Heute ist Castellón eine mittelgroße Stadt, an deren Hochhäuser die Felder der umgebenden Huerta de la Plana direkt angrenzen.

Mittelpunkt der Stadt ist die *Plaza Mayor* mit Rathaus, Kathedrale und Markthalle. Den gewerblich/finanziellen Mittelpunkt bildet die Plaza de la Paz als Standort der großen Banken. El Grao, der Hafen von Castellón, hat in der neuen Zeit auch eine neue Aufgabe bekommen. Der ehemalige Fischerhafen, in dem allenfalls noch landwirtschaftliche Produkte der Gegend verschifft wurden, ist zum Umschlagplatz der inzwischen angesiedelten Industrien geworden. Während des Spanischen Bürgerkrieges (1936–39) war die Stadt einer der letzten Stützpunkte der Republikaner. In diesen Auseinandersetzungen wurden alle Kirchen Castellóns geplündert, teilweise in Brand gesetzt und zerstört. Dabei wurden zahlreiche Kunstschätze vernichtet. Später hat man sich recht erfolgreich um die Behebung der baulichen Schäden bemüht.

Die Kathedrale *Santa María* wurde 1945 nach alten Plänen wiederaufgebaut. Im Stil – trotz mehrfacher Umbauten – der valencianischen Gotik des 14. Jh. verbunden, sind von ihrem Ursprung nur das Giebeltor und zwei Seitenfronten erhalten.

Man betritt die Kathedrale durch die seitlichen Türen, da das Hauptportal nur an kirchlichen Feiertagen geöffnet wird (Abb. 17). Dicht hinter der linken Seitentür steht ein Modell des Gebäudes im Maßstab 1 : 100, das recht anschaulich den Gesamtaufbau zeigt und in seiner Wirkung nur durch die schlechten Lichtverhältnisse beeinträchtigt wird. Die Kirche besitzt an sehenswerten Stücken nur noch einige Gemälde von Francisco Ribalta (1551–1628), der hier geboren wurde, und dem die Stadt auf dem Paseo de Ribalta ein

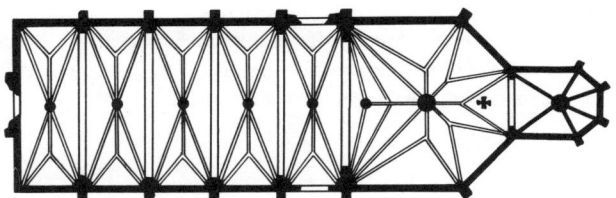

Castellón, Kathedrale

Denkmal errichtet hat. Gegenüber der Kathedrale erhebt sich freistehend der 58 m hohe achteckige Glockenturm Torre de las Campanas (Abb. 16). Der aus dem 16. Jh. stammende Turm ist das wohl bedeutendste überkommene Bauwerk der Stadt und wird von den Einheimischen El Fadri genannt. Der Turm wurde zwischen 1591 und 1604 von Francisco Galiansa und Guillem del Rey erbaut. Sein Dach ist mit glasierten Ziegeln gedeckt, einem typischen Baustoff für Türme und Kuppeln auf den Kirchen der Levante. Die acht Stockwerke des Turmes können, sofern der Turm geöffnet ist, über eine Wendeltreppe erstiegen werden.

Die Kathedrale und ihr Turm ähneln in ihrer baulichen Ausführung und ihrer Konzeption dem Miguelete-Turm von Valencia (s. S. 176).

Neben der Kathedrale liegt die *Markthalle* von Castellón. Die frühere Fischbörse ist in neuerer Zeit in eine allgemeine Markthalle und ein Einkaufszentrum umgewandelt worden. Solche Hallen, in denen Lebensmittel aller Art täglich frisch verkauft werden können, stellen ein typisches Element aller größeren spanischen Städte dar. Sie sind aber nicht nur Verkaufshalle, sondern durch die dort ebenfalls eingerichteten kleinen Bars zugleich Kommunikationszentrum.

Gegenüber der Halle befindet sich das *Rathaus,* das zwischen 1698 und 1716 gebaut wurde und in seinem Säulengang italienische Stilelemente enthält. Die Ehrentreppe des Hauses, die Standort einer kleinen Gemäldegalerie ist, wurde von Juan Batista Porcar bemalt, einem valencianischen Künstler, von dem auch Bilder in der Kapelle aufbewahrt werden. Weiterhin befinden sich dort Werke anderer weniger bekannter Künstler wie z. B. Gabriel Puig Ronda. Von Mateo Montoliú, einem Schüler Francisco Ribaltas, stammt ein Gemälde aus dem 15. Jh., das Christi Geburt darstellt. Sehenswert ist schließlich die Barockkirche *San Agustín,* die 1985 restauriert wurde und eine Kunstfliesendekoration besitzt. In ihr befindet sich das recht bekannte Gemälde Ribaltas, welches San Eloy und Santa Lucia zeigt. Ein gutes Beispiel für die Bauweise des ausgehenden 18. Jh. ist der neoklassizistische *Bischofspalast.*

Im Gebäude der Provinzverwaltung (Delegación Provincial) befindet sich das *Kunstmuseum* von Castellón. Dieses ist leider nur wochentags während der Dienststunden der Verwaltung geöffnet, und auch dann nur vormittags. Das Museum wurde im vergangenen Jahrhundert gegründet und besitzt eine beachtliche Sammlung von Gemälden des 15. bis 20. Jh. Dazu gehören Arbeiten von Bartolomé Bermejo (ca. 1430–98), Ribalta (1551–1628) und Jusepe de Ribera (17. Jh.). Hervorzuheben sind etwa die Darstellung des heiligen San Bruno von Ribalta und des heiligen Jerónimo von Ribera, der besonders durch die typische Hell-Dunkel-Malerei auffällt. Zu den Besonderheiten dieses Museums zählen eine kleine archäologische Abteilung mit Ausgrabungsfunden aus der Provinz Castellón sowie eine Keramiksammlung des 18. Jh. aus Alcora.

Das bescheidene *Kloster* der Kapuzinerinnen in der Straße Nuñez de Arce besitzt eine umfangreiche Sammlung von Gemälden, darunter etliche Werke, die Zurbarán oder wenigstens seiner Werkstatt zugeschrieben werden (s. S. 77).

Der Weg nach Valencia

Auf dem Weg in den Süden verläßt man Castellón und nähert sich der nächsten Station der Reise, der fast 40 000 Einwohner großen Stadt **Vila-real de la Plana.** Die in weitläufige Orangenplantagen eingebettete Stadt, auch unter dem Namen Villareal de los Infantes bekannt, wurde ebenso wie Castellón durch Jakob I. gegen Ende des 13. Jh. (1272/73) gegründet. Den Beinamen ›de los Infantes‹ erhielt sie ursprünglich nach dem für die königlichen Prinzen (Infanten) dort erbauten Palast. Später änderte die Stadt ihren Namen in ›de la Plana‹ (*plana* = Ebene). Der rechteckige Grundriß der planmäßig gegründeten Stadt läßt sich noch im Straßenbild erkennen, wenn auch die ehemaligen Befestigungen und Türme verschwunden sind. Zentrum der Stadt ist die mit Arkaden versehene Plaza Mayor.

In der Kirchengeschichte ist Vila-real eng verbunden mit der Erinnerung an den heiligen Pascual Baylón, der hier wirkte und dessen Gebeine hier beigesetzt wurden. Der heilige Pascual, im deutschen Sprachraum auch unter dem Namen Paschalis bekannt, wurde am Pfingstsonntag 1540 in Torrehermosa geboren und zeichnete sich nach der Überlieferung schon in frühester Jugend durch Bescheidenheit und tiefe Religiösität aus, die auch seine spätere Arbeit als Schäfer prägte. 1564 fand er Aufnahme bei den Franziskanern in Montforte. Obwohl man ihm, der nie eine Schule besucht hatte, dort die Möglichkeit bot, zu studieren und Priester zu werden, zog er es doch vor, sein Leben lang Laienbruder zu bleiben. Seine Arbeit war gekennzeichnet von Demut, Freundlichkeit und Gehorsam gegenüber seinen Oberen. Nach einer kurzen und heftigen Krankheit starb er Pfingstsonntag des Jahres 1592 im Alter von 52 Jahren. Beigesetzt wurde er in Vila-real in der Klosterkirche.

Villareal de los Infantes im 16. Jh.

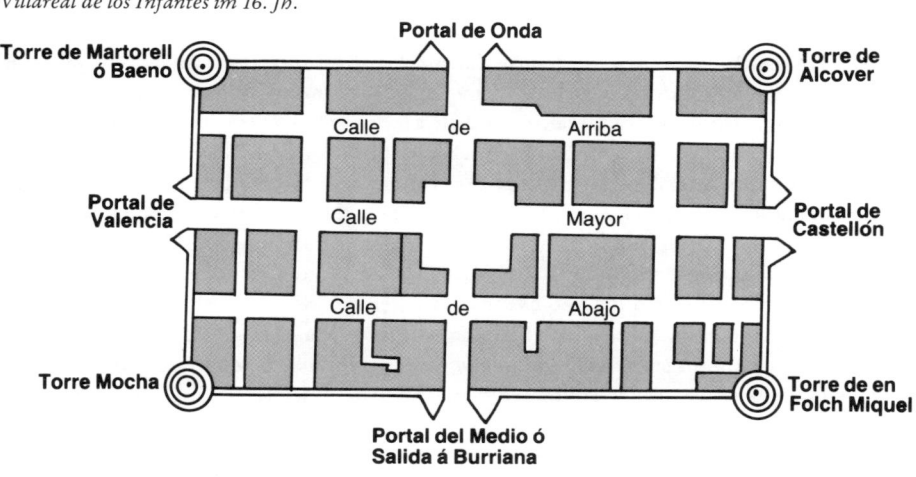

131

Schon bald nach seinem Tode setzte seine Verherrlichung ein mit zahlreichen Wundern, so daß er 1618 selig- und 1690 heiliggesprochen wurde. 1897 wurde Pascual von Papst Leo XIII. zum Schutzpatron der eucharistischen Vereine und Sakramentsbruderschaften erklärt. Er gilt auch als Patron der Hirten und der Köche. Pascual wird zumeist als Franziskaner dargestellt, mit Ketten um den Leib, Speisekelch oder Monstranz als Erscheinung vor ihm. Während des Spanischen Bürgerkrieges wurde das Grab des Heiligen profaniert, die Reliquien, soweit man ihrer habhaft werden konnte, verbrannt.

Außer einer erhaltenen Reliquie des heiligen Paschalis befindet sich in der aus dem 18. Jh. stammenden und 1972 neu erbauten *Klosterkirche* von Vila-real auch noch eine von Ignacio Vergara (1715–76) geschaffene Skulptur des San Pedro de Alcántara. Die Schnitzerei zeigt den heiligen Petrus in der üblichen Darstellung mit ausgebreiteten Armen vor dem Kreuz stehend, einen Totenkopf zu Füßen. Die *Pfarrkirche* ist der größte und bedeutendste Kirchenbau der Provinz Castellón und fällt vor allem durch ihren etwa 45 m hohen achteckigen Backsteinturm mit flachem Dach auf, der 1682 bis 1744 errichtet wurde. Ihrer Bauzeit gemäß, die auf den Zeitraum 1752 bis 1779 datiert wird, ist das Innere der Kirche barock gestaltet. Schön sind die von José Vergara (1715–76) stammenden Fresken in der Kommunionskapelle. Die Sakristei ist der Aufbewahrungsort für ein halbes Dutzend Gemälde des Italieners Paolo da San Leocadio (span. Pablo de Santo Leocadio; Anfang des 15. Jh.), der lange Zeit in Valencia lebte. Ein in der Kirche vorhandenes Gemälde, welches den heiligen Vicente Ferrer zeigt, wird Juan de Juanes (1523–79) zugeschrieben.

Eines der schönsten Teile der Kirche ist der Hochaltar, dessen *retablo* 16 Einzelbilder umfaßt, zu den schönsten gehören die schlichte Darstellung des Apostels Johannes in einer Schlacht und eine Kreuzigungsszene.

Erwähnenswert sind schließlich die *Kirche* des ehemaligen Hospitals und die *Kapelle Virgen de Gracia*, der Schutzpatronin der Stadt. In einer Krümmung des Mijares gelegen, lockt die Kapelle der gnadenreichen Jungfrau den Besucher mit Ruhe und Beschaulichkeit. Über der Eingangspforte ist ein Bildnis der Patronin angebracht, welches ohne schmückendes Beiwerk die Person in den Vordergrund stellt. Die Ausführung des Bildes entspricht in seiner einfachen Form den überall auf dem Land verbreiteten Bildnissen der jeweiligen lokalen Schutzpatrone und anderen öffentlich zugänglichen sakralen Darstellungen mit klaren Formen und wenigen kräftigen Farben ohne ablenkendes Beiwerk.

Einige Kilometer von Vila-real entfernt liegt **Onda**, das schon seit Anfang des 18. Jh. für seine Keramikherstellung bekannt ist. Die ehemals künstlerisch herausragenden wertvollen Einzelarbeiten der Töpfer sind heute durch eine industrielle Massenproduktion ersetzt worden, die sich weitgehend auf Gebrauchsgegenstände und Andenken beschränkt. Auf einem Hügel über der Stadt liegen die ausgedehnten Ruinen der *Burg der 300 Türme* (Abb. 18). Diese Festungsanlage besteht aus den Resten mehrerer Mauerringe, die, mit zahlreichen Türmen verstärkt, um den Hügel herumliefen. Das eigentliche Schloß liegt auf der Kuppe des Hügels und ist ebenso wie die äußeren Mauern nur noch als Ruine erhalten. Eine weitere Mauer mit zahlreichen Durchgängen und Toren umgab in früherer Zeit auch die Siedlung von Onda, deren Ursprünge auf eine vorrömische Epoche datiert werden. Der Name der

Burg der 300 Türme geht auf die Angabe eines Chronisten zurück, kann aber durch die vorhandenen Reste nicht bewiesen werden. Das *castillo* und die Mauerwerke waren ursprünglich im gotischen Stil errichtet worden und dienten nach der Zerstörung der Burg als Steinbruch für die Gemeinde. Stadt und Burg wurden ebenso wie viele andere Gemeinden der Region dem Montesa-Orden als Besitz übereignet, von dessen Oberhoheit die Stadt sich erst im Laufe des 17. Jh. durch die Zahlung einer erheblichen Summe freikaufen konnte.

Zu den ältesten erhaltenen Bauwerken von Onda gehört die Kirche *de la Sangre* aus dem 13./14. Jh. in der gleichnamigen Straße. Sie ist ein Teil der ehemaligen Hospitalskapelle. Inschriften, Ornamente und Malereien weisen noch deutlich auf den Einfluß hin, der von dem ehemals großen arabischen Bevölkerungsteil der Stadt ausging. La Sangre hat ein gotisches Portal mit romanischen Stilelementen und ist ein gutes Beispiel für die wechselhafte spanische Geschichte. Die *Gemeindekirche* des Ortes wurde 1727 auf älteren Fundamenten errichtet. Sehenswert ist außer ihrer Fassade ein Altarbild von Juan de Juanes. Die Front der Pfarrkirche zeichnet sich durch ihre reichhaltigen Verzierungen aus. Der untere Teil der zweigeschossigen Fassade aus dem Jahre 1854 wird von zwei Säulen mit korinthischen Kapitellen gebildet, die heute auch als Träger für nachträglich angebrachte Laternen von zweifelhafter Schönheit dienen. Der darüber liegende barocke Körper besteht aus zwei gedrehten Säulen und einer dazwischen stehenden Skulptur.

Nicht weit von der Pfarrkirche entfernt liegt in einer Seitenstraße eine kleine *Kapelle,* die dem heiligen Vicente Ferrer geweiht ist. Über der Tür zu dieser Kapelle befindet sich ein aus zwölf farbigen Kacheln bestehendes Bild des Heiligen, das diesen segnend auf einer Wolke schwebend zeigt.

Bei Onda liegt ein großzügig gestaltetes *naturkundliches Museum*, das von Karmelitern begründet wurde. Die interessante Ausstellung ist täglich außer montags von 9–18 Uhr zugänglich und lohnt einen Besuch.

Von Onda aus geht es nunmehr zurück in Richtung Vila-real, aber nach ca. 7 km rechts ab in Richtung Nules. Die kleine Gemeinde inmitten von Orangen- und Palmenhainen ist lediglich wegen der Reste ihrer alten Stadtmauern erwähnenswert. Von Nules folgt man der Straße nach Valle de Uxó und erreicht schließlich nach kurvenreicher Strecke die **Gruta de San José.** Die Grotte des heiligen Joseph mit ihrem unterirdischen Wasserlauf ist in den letzten Jahren zu einem Anziehungspunkt des Fremdenverkehrs geworden (Wartezeiten zu den Hauptbesuchszeiten!). Die Höhlen können mit Booten befahren werden und bieten schon aufgrund der bengalischen Beleuchtung in allen vorstellbaren Farbkombinationen ein sehenswertes Bild. Das Wasser ist erstaunlich klar und ermöglicht den Blick bis auf den Grund der einzelnen Höhlen und Gänge, die teilweise gewaltige Räume bilden, teilweise aber auch nur kleine Durchfahrten mit niedrigen Decken sind.

Von Valle de Uxó fährt man auf die Küstenstraße zurück und erreicht einen der bekanntesten und historisch bedeutendsten Orte der Levanteküste: **Sagunto.** Die zwischen der Küste und den Bergrücken der Sierra del Cid liegende Stadt wird von ihrem Wahrzeichen, einer alten römischen Festung, überragt (Abb. 20). Spanische Historiker stellen die Stadt auf eine Stufe mit Numancia und Zaragoza, weil sie als iberische Siedlung den Karthagern über mehr

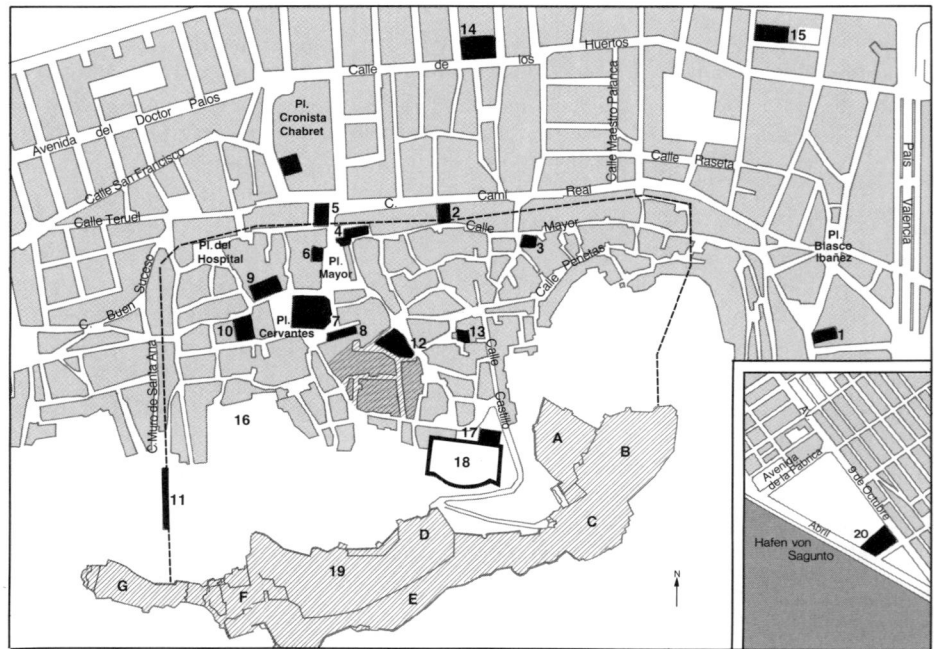

Sagunto   *1 Kirche del Salvador   2 Palast Diezmo   3 Einsiedelei San Miguel   4 Platz des mittelalterlichen Forums   5 Rathaus   6 Tor des Almudín   7 Santa María   8 Reste des Tempels der Diana   9 Casa general/Casino. Jetzt Kulturhaus Capellán Pallarés   10 altes Adelshaus   11 Reste der mittelalterlichen Stadtmauer   12 ehemaliges jüdisches Viertel   13 Einsiedelei la Sangre   14 Ruinen des römischen Circus   15 Ruinen des römischen Pantheons   16 Kalvarienberg   17 Archäologisches Museum   18 Römisches Theater   19 Festung   A Plaza de la Conejera   B Plaza de Almenaras   C Plaza de Armas (Waffenplatz; Eingang)   D Plaza de Estudiantes   E Plaza de San Fernando   F Plaza de la Ciudadela   G Plaza del Dos de Mayo   20 Nuestra Señora de Begoña*

als acht Monate heldenhaften Widerstand leistete. Bei ihrer Eroberung durch Hannibal 212 v. Chr. zündeten die Bewohner die Stadt an und töteten sich anschließend, um nicht in Gefangenschaft zu geraten. Der Fall von Sagunto bildete den Auslöser für den 2. Punischen Krieg zwischen Rom, das mit den Saguntern verbündet war, und Karthago. Die Karthager konnten sich nicht lange am Besitz der strategischen Position von Sagunto erfreuen. Schon 212 v. Chr. wurde die Stadt von den Römern eingenommen und von ihnen zu einem bedeutenden Zentrum mit ausgedehnter Festungsanlage ausgebaut.

Die Geschichte der Stadt geht zurück bis in das frühe Altertum, als die Anschwemmungen des Río Palancia die Küstenlinie noch nicht wie heute um etwa 6 km vorgeschoben hatten. Damals lag Sagunto, das Arse der Etrusker, auf seinem Bergrücken direkt am Meer. Schon zu dieser Zeit war die Stadt für ihre Eisenverhüttung und ihre Obstkulturen bekannt. Beide Erwerbszweige haben sich über Jahrhunderte erhalten und fortentwickelt. Die modernen Hochöfen stehen heute an der Straße zum neuen Hafen der Stadt, dem Grao (Puerto) de Sagunto, der ein bedeutender Erzverladeplatz ist.

Der weitaus größte Teil der heute in Sagunto erhaltenen historischen Bausubstanz geht auf die römische Zeit zurück. Die Römer bauten die bei der Eroberung 214 v. Chr. völlig zerstörte Stadt nicht nur wieder auf, sondern errichteten auch zahlreiche neue Gebäude und Anlagen, die die Zeit überdauert haben.

Die Eroberung Spaniens durch die Mauren im 8. Jh. brachte auch Sagunto in arabische Hand. Bis 1099 blieb die nun Murbiter/Murviedro (von *muri veteres* = die alten Mauern) genannte Stadt unter arabischer Herrschaft, bis sie durch den Cid erobert wurde. Den maurischen Herren verdankte Sagunto ebenfalls eine Vielzahl von Gebäuden, darunter großzügig gestaltete Bäder, Paläste und Schulen (Abb. 24). Die Landwirtschaft wurde von ihnen ebenso belebt wie der Handel, so daß die damalige Küstenstadt eine neue Blüte erlebte (Abb. 23). Von den ›alten Mauern‹ ist nicht mehr viel geblieben, wurden sie doch als Steinbruch für den Bau der Neustadt benutzt, und auch von den arabischen Palästen ist wenig erhalten.

Mit dem Beginn der christlichen Herrschaft entstanden die beiden Kirchen Salvador (13. Jh.) und Santa María (1334), während gleichzeitig die maurischen und jüdischen Gemeinden in der Stadt lebten. Während des Napoleonischen Krieges in Spanien verteidigte sich Sagunto ab etwa 1808 lange Zeit erfolgreich, bis die Stadt 1811 von Marschall Louis Gabriel eingenommen und bis 1814 besetzt wurde.

Der Name der Stadt wurde 1868 von Murviedro wieder in das historische Sagunto geändert. Nach der Restauration der Monarchie 1874 unter Alfons XII. bekam die Stadt den Ehrentitel *muy illustre y leal villa*, weil sie den neuen König als erste Kommune anerkannt

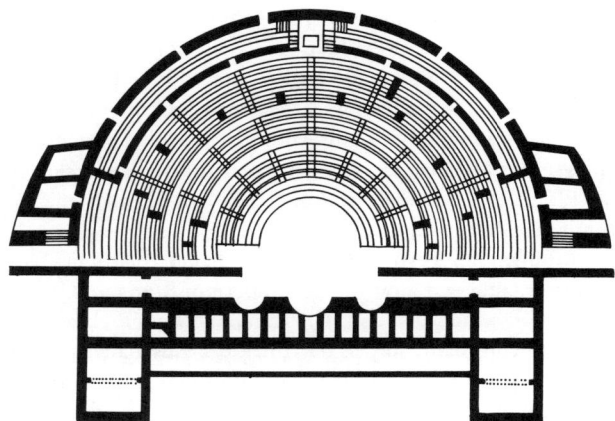

Sagunto, römisches Theater

*Das römische Theater
von Sagunto.
Nach: L'Univers
Pittoresque, 1844*

hatte. Neben den tiefgreifenden Modernisierungen der Landwirtschaft bescherte das 20. Jh. ihr auch eine beträchtliche Industrialisierung, die sich entlang der Hauptverkehrslinie zum Hafen hin entwickelte. So ist die Stadt heute nicht mehr nur ein historisches Monument, sondern vor allem eines der wichtigsten Wirtschaftszentren und die zweitgrößte Stadt der Region Valencia.

Die mächtige *Festung* Saguntos erstreckt sich über eine Länge von fast 1 km über der Stadt und ist ihr weithin sichtbares Wahrzeichen. Sie ist kein römischer Bau, sondern enthält Reste fast aller Völker, die jemals hier gelebt haben, so etwa der Iberer, Karthager und Mauren. Hinzu kommen die Veränderungen der Neuzeit. An besonders schönen Tagen hat man von dort einen Ausblick bis nach Benicasim im Norden und Cullera im Süden. Neben den eigentlichen Festungsgebäuden besteht die Anlage aus sieben befestigten Plätzen, die verschiedenen Zwecken dienten. Teils geht ihre Aufgabe aus ihren Namen hervor. So diente die Plaza de Almenara (= Signalfeuer) vielleicht zur Nachrichtenübermittlung, die Plaza de Armas war der Waffenplatz der Festung und die Plaza de Estudiantes (= Platz der Lernenden) würde heute wohl als Exerzierplatz bezeichnet werden. Die Reste iberischer Zyklopenmauern sowie Teile einer mittelalterlichen Mühle befinden sich auf dem Waffenplatz. Wehranlagen des Mittelalters bestehen noch auf der hochgelegenen Plaza del Dos de Mayo und der Plaza de la Ciudadela, während die Plaza de San Fernando und die Plaza de Almenara aus römischer Zeit stammen.

Zu Füßen der Festung liegt in nördlicher Richtung das *römische Theater*, eines der am besten erhaltenen Bauwerke des Imperium Romanum in Spanien. Die stufenförmig ansteigenden Sitzreihen des rund 50 m durchmessenden Theaters wurden im 1./2. Jh. direkt in den Hang hineingebaut, so daß der Blick der Zuschauer über den Szenenaufbau auf das Meer gerichtet war. In ihrem Ursprung beruht die Anlage auf einer entsprechenden griechischen Einrichtung, wurde von den Römern dann erneuert und erweitert, so daß das Theater auf den 33 Sitzreihen zwischen 6000 und 10000 Zuschauer fassen konnte. Damit war es zweifellos eines der bedeutendsten römischen Theater im ostspanischen Raum.

Die eigentliche Bühne ist relativ klein; von dem dazugehörigen Gebäude sind nur die Unterbauten des Bühnenraumes und östlich ein paar Seitengewölbe erhalten. Die Sitzreihen sind durch breite Gänge und Treppen in mehrere Blöcke und Reihen aufgegliedert. Oberhalb dieser läuft ein breiter Gang mit sechs Türen, die den Zugang zu den oberen Plätzen ermöglichen. Der Zuschauerraum mit den Sitzreihen ist über drei durchlaufende und sechs weitere Zwischentreppen im oberen Teil zugänglich. Die beiden unteren Reihen unterscheiden sich von den anderen dadurch, daß sie breiter und weniger hoch sind als diese. Hier waren die Sessel für hochgestellte Persönlichkeiten aufgestellt, die anderen Zuschauer nahmen direkt auf den Steinbänken Platz. Während der Napoleonischen Kriege, zum Teil auch schon vorher, litt die Anlage darunter, daß sie als Steinbruch für den Bau von Befestigungsanlagen mißbraucht wurde. Heute finden in dem schon 1896 zum nationalen Monument erklärten Theater während der Sommermonate wieder Aufführungen statt, wenngleich sich das Bauwerk in dauernder Restauration und Rekonstruktion befindet.

Neben dem Theater liegt das 1952 errichtete *Archäologische Museum* von Sagunto, in dem zahlreiche Fundstücke aus der Festung und der Umgebung der Stadt aufbewahrt werden. Dazu zählen neben römischen Plastiken und Mosaiken (Abb. 22) auch iberische Mühlsteine, Steinkugeln für Katapulte sowie Waffen, Masken, Tafeln mit Inschriften und vieles mehr. Zu den besonders schönen Stücken gehören eine iberische Stierskulptur und eine Bacchusfigur. Den Besuch des Museums, das wie auch die Festungsanlage montags geschlossen ist, sollte man auf keinen Fall versäumen.

Die ältere der zwei historisch bedeutenden Kirchen Saguntos ist *San Salvador* aus dem 13. Jh., die auf den Fundamenten einer Moschee errichtet worden sein soll. Der gotische Bau San Salvador hat ein romanisches Tor, das in der schlichten Fassade deutlich hervortritt. Im Inneren besitzt die einschiffige Kirche eine Holzdecke mit einem steinernen Kreuzgewölbe über dem Chor.

Santa María, die zweitälteste Kirche der Stadt, liegt an der Plaza Mayor und ist in einem gotisch-levantinischen Stilgemisch gebaut (Abb. 21). Im 14. Jh. begonnen, wurde sie erst im 18. Jh. fertiggestellt. So stammen die Apsis und das Mittelschiff aus dem 14. Jh., weitere Teile aus dem 15. Jh. und das Hauptportal gar aus dem 18. Jh. Der Baukörper besteht aus drei Schiffen, deren Gewölbe sich mehr als 20 m hoch erheben und mit ihren Strebebögen die seitlichen Kapellen bilden. Das Haupttor liegt an der östlichen Seite der Kirche. Das monumentale zweigeschossige Tor ist mit platteresken Pfeilern verziert und steht somit im Gegensatz etwa zu den schlichten Seitengängen. Außer der gotischen Fassade ist vor allem der prunkvolle Hochaltar aus dem 18. Jh. mit seiner barocken Gestaltung reizvoll.

Von der frühesten Stadtgeschichte zeugt die Ruine eines *Diana-Tempels*. Sie liegt in der Nähe der Santa María am Fuß des Burgberges. Erhalten blieben nur die Reste gewaltiger Mauern in einem Stück von 15 m Länge und 4 m Höhe, die aus großen Steinblöcken aufgebaut sind und auf das 4. bis 5. Jh. v. Chr. datiert werden; es ist das einzige Gebäude, das Hannibal während der Eroberung der Stadt vor der Zerstörung retten konnte.

Segorbe 1 Bogen der Veronika 2 Reste der Festung 3 Santa Ana 4 San Pedro 5 Altarbild Cueva Santa 6 Seminargebäude 7 Rathaus 8 Franziskanerkirche 9 Altes Hospital 10 Aquädukt 11 Torre del Botxi 12 Städtisches Museum 13 Gefängnisturm 14 Bischofspalast 15 Kathedrale 16 Stadtmauern 17 San Martín 18 Guardia Civil 19 Brunnen 20 Santa María

Zu den schönsten Teilen Saguntos gehören die engen Straßen des alten *Judenviertels* unterhalb der Burg. Ein Spaziergang durch diese für den Autoverkehr gesperrten stillen Gassen mit ihren zahlreichen Treppen, versteckten Winkeln und den vergitterten Fenstern der weißgestrichenen Häuser gehört zu den schönsten Eindrücken, die man aus Sagunto mitnehmen kann.

Von Sagunto fährt man nun zunächst auf einer gut ausgebauten Straße weiter in das Landesinnere nach **Segorbe.** Die heute weniger als 10000 Einwohner zählende Stadt liegt in einem durch den Palancia bewässerten Tal und hat eine reiche Geschichte. Die erste nachgewiesene Siedlung an diesem Platz war das keltiberische Segobriga, dessen Bewohner mit den Römern gegen die Iberer kämpften. Aus römischer Zeit stammt denn auch eine ganze Anzahl von Zeugnissen. Später wechselte die Stadt mehrfach den Besitzer, bis sie von den Westgoten zum Bischofssitz erhoben wurde. Die relativ lange arabische Besetzung endete mit der Eroberung durch Jakob I. von Aragón, der 1244/45 in der Festung Quartier nahm. Von der zweiten Hälfte des 15. bis zum Ende des 18. Jh. residierten dort schließlich die Grafen von Segorbe.

Inbesondere während des Bürgerkrieges hatten die historischen Bauwerke und ihre Ausstattung – wie fast überall in der Levante – erheblich gelitten, wurden aber schon bald wieder aufgebaut und feinfühlig restauriert, so daß die Stadt heute über ein relativ geschlossenes mittelalterliches Ensemble verfügt.

Zu den wichtigsten Bauwerken von Segorbe gehört die einschiffige *Kathedrale*, die vom 13. bis ins 18. Jh. erbaut wurde (Abb. 25). Das Presbyterium wurde 1483 durch den Architekten Juan de Burgos geschaffen, der Gesamtbau 1534 vollendet. Die erste Renovierung der Kirche erfolgte bereits 1791 bis 1795 mit erheblichen Erweiterungen und einer Erhöhung des Schiffes unter gleichzeitiger neoklassizistischer Ausgestaltung des Inneren. Zu den erhaltenen Teilen der Innenausstattung gehören die Altarbilder von Vicente Juan Macip (ca. 1490–1550) und die Werke einiger anderer spanischer Künstler, darunter El Greco, Juan de Juanes, Ribalta und J. J. Espinosa. Die Tafelmalereien in den Seitenkapellen stammen von Vicente Juan Macip, dem Vater von Juan de Juanes, der den Stil Raffaels auf die Malerei um Valencia übertrug.

Eines der schönsten Stücke der umfangreichen Sammlung von Kunstwerken in der Kirche und dem angeschlossenen Museum ist ein Donatello zugeschriebenes Madonnenrelief aus dem 15. Jh., dessen angestammter Platz unmittelbar neben der Tür liegt. Die seitlichen Kapellen sind großenteils erst während der Erweiterung der Kirche im 16. Jh. geschaffen worden.

An die Kathedrale schließt sich ein gotischer Kreuzgang an, dessen Bauzeit auf das 13. bis 15. Jh. datiert wird und der einer der ältesten Teile der Kirche ist (Abb. 26). Der Kreuzgang besteht aus einfachen Strebepfeilern, Spitzbogenarkaden und einer anschließenden Renaissancegalerie.

Segorbe. Burg und Schloß im 16. Jh. Zeichnung von Gonzalo Valero

Gegenüber der Kirche liegt der *Bischofspalast* von Segorbe, in dem zahlreiche Bilder aufbewahrt werden, darunter auch ein *retablo* der ehemaligen Kartause Valldechristo, die 1385 gegründet wurde und heute nur mehr als Ruine existiert.

Aus dem 17. Jh. datiert ein von Jesuiten geschaffenes *Seminargebäude* an der Calle de Valencia in der Nähe der Kathedrale. Erbaut im Jahre 1771 durch Don Pedro Mirales, verfügt es über einen großen Konventssaal und eine kleine Kapelle, die durch ihre Ausstattung besonders auffallen.

Das Seminar ist vor allem wegen der im Inneren reichhaltig verwendeten farbigen Kacheln sehenswert. Äußerlich fällt es durch seinen in zwei Etagen aufgebauten Eingang mit seitlichen schlichten Säulen sowie durch die unterschiedlich vergitterten Fenster ins Auge.

Die *Iglesia San Martín de la Monjas* wurde im 16. Jh. durch den Bischof von Segorbe errichtet. Von 1606 bis 1612 erbaut, wurde sie später restauriert und besitzt heute eine Vielzahl von Gemälden, u. a. von Ribalta und Jacomart. Sehenswert sind schließlich auch die gut erhaltenen bzw. restaurierten *Stadtmauern* aus römischer Zeit sowie die *Festungsanlage* aus dem 14. Jh., in der noch Gefängnistürme erhalten sind.

Von Segorbe fährt man die Straße noch ein Stück weiter und erreicht nach wenigen Kilometern **Jérica,** einen kleinen Ort, der einige Baudenkmäler bewahrt hat. Die Gemeinde wird von einem *Turm* im aragonesischen Mudéjarstil beherrscht, der wohl der einzige dieser Art in der ganzen Provinz Valencia ist und oftmals auch als Minarett angesprochen wird. Seine bauliche Gestaltung geht vermutlich auf die während des Mittelalters im Ort lebenden Mauren zurück, die nach der *reconquista* die christliche Oberherrschaft anerkannten und teilweise zum katholischen Glauben übertraten. In der Nähe liegen die Ruinen eines alten *maurischen Schlosses.* Aus römischer Zeit sind lediglich geringe Reste von Festungswerken erhalten. Von der ursprünglich gotischen Kirche *San Roque* aus dem 14. Jh. (1395) sind heute nach ständigem Verfall nur noch kümmerliche Reste erhalten. Neben der Pfarrkirche besteht mit der *Iglesia del Socorro* noch eine weitere Kirche im Ort, die einige Gemälde aus dem 16. Jh. besitzt. Im *städtischen Museum* ist schließlich eine Sammlung von Skulpturen und Keramikarbeiten von unterschiedlichem Wert zu besichtigen, die zumeist aus der Gegend stammen.

Nach Teruel und Cuenca

Von Sagunto aus bietet sich die Möglichkeit, die Weiterreise nach Valencia durch einen Abstecher in das Hinterland aufzulockern. Diese Route ist als Tagesetappe ausgelegt und berührt zwei sehenswerte Städte. Man verläßt Sagunto auf der N 234 und erreicht über Segorbe schließlich Teruel. **Teruel** hat etwa 27 000 Einwohner und liegt auf einer Anhöhe am Río Turia. Infolge der Höhenlage (920 m) bietet die Stadt auch im Sommer ein angenehmes

Klima und ist schon deshalb in dieser Zeit ein angenehmes Reiseziel. Teruel geht in seinem Ursprung zurück auf das iberische Turba. Aus dieser Zeit sind zahlreiche, vorwiegend steinerne Gebrauchsgegenstände und Keramiken sowie einige Höhlenzeichnungen erhalten. Die römische Eroberung Iberiens besiegelte das Schicksal der ersten Siedlung an diesem Ort: Sie wurde 218 v. Chr. zerstört. Die günstige Lage des Siedlungsplatzes verhinderte jedoch die vollständige Aufgabe. Zur Zeit der islamischen Eroberung Spaniens hatte sich hier wieder eine respektable Siedlung gebildet, der von den Mauren der Name Teruel gegeben wurde. Maurischem Einfluß sind etliche Bauwerke der Stadt zuzuschreiben.

1171 wurde Teruel durch eine christliche Armee unter Alfons II. von Aragón erobert. Die folgende Liberalisierung und religiöse Toleranz ermöglichte dem maurischen Bevölkerungsteil zunächst noch ein friedliches Nebeneinander mit den Christen. Dies äußerte sich besonders in den hier stark ausgeprägten und gut erhaltenen Mudéjarbauwerken (s. S. 71), denen Teruel heute seinen Ruf als historische Stadt verdankt.

Aber auch in Teruel war die allgemeine Entwicklung nicht aufzuhalten. 1486 wurde die jüdische Bevölkerung vertrieben, 1502 die letzte Moschee geschlossen und damit die maurische Phase in der Geschichte der Stadt beendet.

Teruel ist jedoch nicht allein aufgrund seiner Mudéjarbauten berühmt. Es erlangte literarische Bekanntheit durch die Geschichte der beiden Liebenden von Teruel aus dem 13. Jh. (»Los Amantes de Teruel« von einem anonymen Dichter). Die tragische Liebe von Diego de Marcilla und Isabel de Segura wurde nicht nur Thema zahlreicher Dichter, Maler und Bildhauer, sondern hat über Jahrhunderte auch zahlreiche Liebespaare auf den Spuren der Unglücklichen nach Teruel gelockt. Der Kern der Geschichte ist recht einfach: Da der junge Mann nicht über die notwendigen finanziellen Mittel verfügte, um seiner Angebeteten eine standesgemäße Hochzeit zu bieten, suchte er die entsprechenden Möglichkeiten vermutlich im Grenzgebiet zum maurischen Spanien, wo sich in den Kriegswirren dieser Zeit mit wenig Skrupel leichtes Geld verdienen ließ. Seine Braut versprach ihm, fünf Jahre auf ihn zu warten. Natürlich kehrte Diego de Marcilla nach abgelaufener Wartezeit nicht zurück, so daß seine Braut sich schließlich entschloß, einen anderen Verehrer zu heiraten. Gerade in dem Moment, wo die Ringe getauscht und die Geliebte die Frau eines anderen Mannes geworden war, stürmte Diego in die Kirche und fiel seiner Braut sterbend zu Füßen. Als er am folgenden Tag beigesetzt werden sollte, trat Isabella noch einmal an den Aufgebahrten heran, hauchte ihm einen letzten Kuß auf die Wange und sank tot zu Boden. Beide wurden ob dieses tragischen Ausgangs ihrer unglücklichen Liebe nebeneinander beigesetzt; über den rechtmäßig angetrauten Ehemann wird dagegen nichts berichtet. Der spanische Volksmund charakterisiert die Geschichte der Liebenden von Teruel treffend mit den Worten:

»Los amantes de Teruel,
tonta ella y tonto él!«

(»Die Liebenden von Teruel,
dumm war sie und dumm war er!«)

Auch die Zeit der Inquisition ging an Teruel nicht spurlos vorüber. Im Jahr 1482, also genau zehn Jahre vor der Eroberung Granadas und rund 300 Jahre nach der Einnahme Teruels durch die Christen wurden zwei Inquisitoren in die Stadt entsandt, um diese von den hier in großer Zahl vermuteten Ketzern zu reinigen. Diese Vermutung kam nicht von ungefähr, lebten doch in Teruel wie in vielen anderen Gemeinden der Levante zu dieser Zeit noch die christlichen, jüdischen und mohammedanischen Bürger friedlich miteinander. Dieses bislang ungestörte Zusammenleben vereinte die Bürger der Stadt in ihrem Protest und ihrem Widerstand gegen die Inquisition. Die Stadtmauern wurden von den Bürgern besetzt, dem Tribunal mit Waffengewalt der Zugang verweigert. Die darauf geradezu automatisch folgende Exkommunizierung wurde nach einem Protest des städtischen Klerus' durch den Papst wieder aufgehoben. Die Inquisition versicherte sich nunmehr der Hilfe des Königs, um ihren Willen durchzusetzen. Alle öffentlichen Ämter wurden konfisziert, das persönliche Vermögen der damit Beauftragten beschlagnahmt. Um diese auch für das Reich recht einträgliche Maßnahme durchzusetzen, entsandte König Ferdinand der Katholische daraufhin Truppen nach Teruel, denen sich die Stadt im Frühjahr 1485 ergeben mußte.

Die Reinigung der Bevölkerung von den Ketzern fiel jetzt um so schlimmer aus. Mauren und Juden wurden ohne Ausnahme aus der Stadt verwiesen, ihr Vermögen wurde eingezogen. Auch auf konvertierte, d. h. auf getaufte ›neue Christen‹, wurde keine Rücksicht genommen, wobei weder moralische Skrupel noch die königlichen Gesetze, die eine Gleichbehandlung garantieren sollten, interessierten.

Als Folge der Vorgänge um Teruel wurde am 16. September 1485 auf den Großinquisitor von Zaragoza ein Mordanschlag verübt, der eine harte Gegenaktion des Tribunals mit Massenhinrichtungen nach sich zog. Hiervon waren vor allem Juden und Mauren betroffen, aber auch viele Christen entgingen der anschließenden Verfolgung nicht, die sich über ganz Aragón ausbreitete.

Im Spanischen Bürgerkrieg trat die Stadt noch einmal in den Mittelpunkt. Im Winter 1937/38 erlebte sie eine der blutigsten Auseinandersetzungen dieses Geschehens, als republikanische und faschistische Truppen die Stadt abwechselnd eroberten und dabei im Zeitraum von knapp 70 Tagen mindestens 30000 Spanier getötet wurden, wobei die zivilen Opfer noch nicht mitgerechnet sind. Mit dem Namen der Stadt verbunden ist auch der Name des republikanischen Brigadekommandeurs Valentín Gonzalez, der in der letzten Phase der

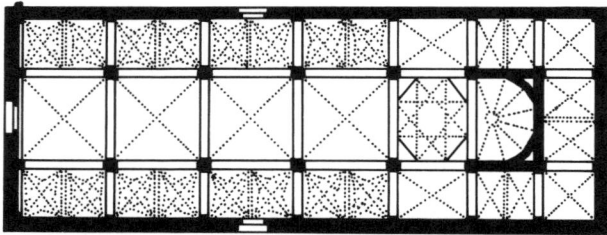

Teruel, Kathedrale

Schlacht die Stadt gegen eine Übermacht verteidigte, bis von seiner Truppe nur noch 80 Mann am Leben waren. In den Wirren der Kämpfe gelang Gonzalez die Flucht durch halb Europa nach Rußland und von dort nach Persien. Nach seiner Verhaftung in Teheran wurde er nach Rußland abgeschoben, landete im Konzentrationslager von Workuta, entkam erneut und kehrte über die Mongolei und China nach Frankreich zurück. In den folgenden Jahren führte er im Gebiet der Pyrenäen einen privaten Kleinkrieg gegen das Francoregime, bis er 1961 von den Franzosen interniert wurde. Sein Spitz- und Kampfname El Campesino war den meisten Spaniern geläufig, besonders aber in Teruel bekannt, um das er so heldenhaft gekämpft hatte.

Wie alle historisch bedeutsamen Städte Spaniens ist auch Teruel reich an Sakralbauten. Die *Kathedrale* wurde im 12. Jh. unter dem Namen Santa María de Mediavilla errichtet, im folgenden Jahrhundert umgebaut und im 16. Jh. zur Kathedrale erhoben. Der gesamte Kirchenbau zeigt deutliche Elemente des Mudéjarstils. Der aus goldfarbenen Ziegelsteinen errichtete Turm trägt keramische Verzierungen. Bedeutend ist auch das mudéjare Deckengewölbe in den Längsschiffen und der Hauptkapelle. Der platereske Aufsatz des Hochaltars stammt aus dem Jahr 1536. Das geschmiedete gotische Chorgitter, ein Meisterwerk seiner Art, wurde im 15. Jh. geschaffen. Einen Besuch lohnt nicht zuletzt die Sakristei, in der sich etliche Exponate des Kirchenschatzes befinden, darunter einige Monstranzen aus dem 15. bis 18. Jh. und ein Prozessionskreuz aus dem 12. Jh.

Die Grabstätte der Liebenden von Teruel befindet sich in *San Pedro*, einem Mudéjar-Gotteshaus des 13. Jh. mit Ziegelturm und zahlreichen Ornamenten. Hervorzuheben sind Apsis und Kreuzgang aus dem 14. Jh. sowie der Renaissancealtar. In der angrenzenden Capilla de los Santos Medicos befindet sich ein geschnitzter und vergoldeter Altar aus der Mitte des 16. Jh., der dem heiligen Petrus geweiht ist. Die Grabstätte der beiden Liebenden ist in einem Anbau untergebracht. Teruel besitzt noch eine Reihe weiterer Kirchen, deren Besuch durchaus entfallen kann. *San Martín* aus dem ausgehenden 12. Jh. wurde Ende des 17. Jh. völlig umgebaut und weist heute als ältesten erhaltenen Teil nur noch den Turm aus dem Jahre 1315 auf, dessen weiß-grüne Keramik hervorzuheben ist.

Im Mudéjarstil gehalten ist auch der Turm von *La Merced* aus dem 16. Jh. Außer einem plateresken Altar bietet diese Kirche keine sehenswerten Details. Lohnender ist ein Besuch im *Diözesanmuseum*, das im Bischofspalast untergebracht ist. Der *Palacio Episcopal* wurde als typisch aragonesisches Bauwerk im 16./17. Jh. errichtet und birgt heute die Gemäldesammlung der Diözese. Das *Archäologische Provinzialmuseum* besitzt eine Sammlung volkstümlicher Keramik der Levante aus dem 13. bis 15. Jh. sowie einige römische Mosaiken.

Zu den Besonderheiten des Stadtbildes von Teruel gehören neben den Mudéjartürmen seiner Kirchen und einer relativ gut erhaltenen historischen Bausubstanz auch die Reste der ehemaligen *Stadtbefestigung*, die Ronda Dámaso Torán und die Ronda de Ambeles mit Mauerresten und dem Castillo de Ambeles aus dem 14. Jh. Von hier hat man eine gute Aussicht auf die erodierten Lehmhügel der Cerros de Santa Bárbara.

Von Teruel gelangt man in westlicher Richtung nach **Albarracín**, ehemals Hauptstadt eines maurischen Königreiches mit heute noch erhaltener mittelalterlicher Bausubstanz

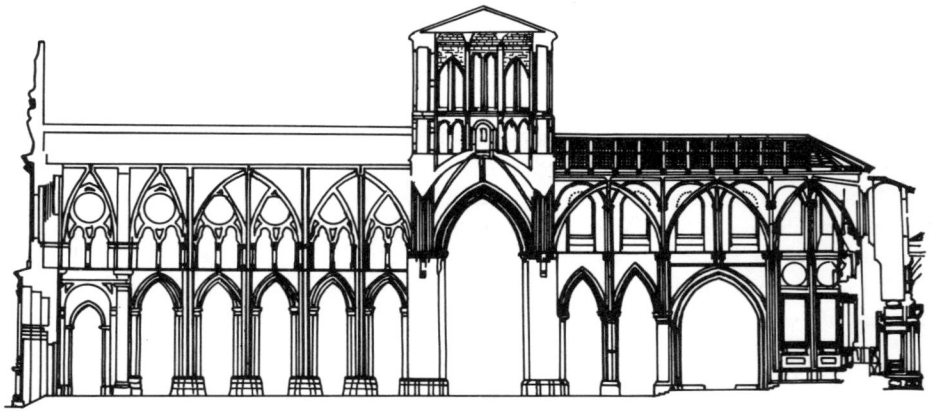

Cuenca, Längsschnitt der Kathedrale

(Farbabb. 16). Charakteristisch sind hier die hohen Mauern mit viereckigen Türmen, enge Gassen, Balkone, Wappenschilder und Eisengitter vor den Fenstern. Der ganze Ort steht heute unter Denkmalschutz. Der Name der Gemeinde leitet sich vermutlich von dem hier vorkommenden sehr seltenen Weihrauch-Wacholder *albarra* ab. Das Bergland der Umgebung, die Sierra de Albarracín, ist reich an Quellen und bietet eine eindrucksvolle Rundfahrtmöglichkeit für den, der Landschaft ›pur‹ erleben möchte. Das kontinentale Klima mit sehr heißen Sommern bestimmt die Vegetation und den Lebensrhythmus der Menschen. Heute bietet die Sierra, wie viele ländliche Randgebiete Spaniens, nicht mehr ausreichend Arbeit und Einkommen für die Bevölkerung, die aus diesem Gebiet abwandert.

Auf der N 420, einer landschaftlich reizvollen Strecke, erreicht man **Cuenca**, eine terrassenförmig angelegte Stadt von etwa 35 000 Einwohnern auf einem Felssporn der Serranía de Cuenca, der von dem Río Júcar und dem Río Huécar umflossen wird.

Cuenca gilt wegen seiner Lage und seiner Baugestalt als eine der schönsten historischen Städte Spaniens und ist vor allem auch für seine Casas Colgadas, die hängenden Häuser, bekannt. Die erste Siedlung an diesem Platz ist für die Zeit der römischen Herrschaft als Conca nachgewiesen. Die *reconquista* kam erst spät 1177 mit Alfons VIII. hierher und gab der maurischen Bevölkerung somit noch eine Atempause.

Sehenswert ist die Altstadt mit ihren engen Gassen, in der alle wichtigen Bauwerke dicht beieinander liegen und in einem Rundgang erreicht werden können. Im Südosten der Plaza Mayor liegt die zum zum nationalen Kunstdenkmal erklärte *Kathedrale*, ein gotischer Bau mit Hauptkapelle und Querschiff, der Anflüge eines anglo-normannischen Stils zeigt. Die 1197 bis 1207 errichtete Kirche erhielt 1902 eine neue Fassade, nachdem die alte Frontseite eingestürzt war.

1 ALCOY Kathedrale ▷

3   Bei JÁTIVA
◁ 2   POLOP   bei Callosa   5   RIO MUNDO   bei Riopar
4   In der SIERRA DE ALCARAZ

7 Die CRESTA DEL GALLO   bei Murcia
◁ 6 GUADALEST   9 CUENCA   Casas Colgadas
8 GUADALEST   Terrassenlandschaft

11 VENTANO DEL DIABLO

14 NOVELDA Kathedrale Sta. Magdalena   15 PEÑÍSCOLA Kapelle der Schutzheiligen

17   CALPE   Peñón de Ifach
◁ 16   ALBARRACÍN
18   DENIA

19 SIERRA DE AITANA

20 BENIDORM

21 LA ALBUFERA

22 Saline

23 Hafen von ALTEA

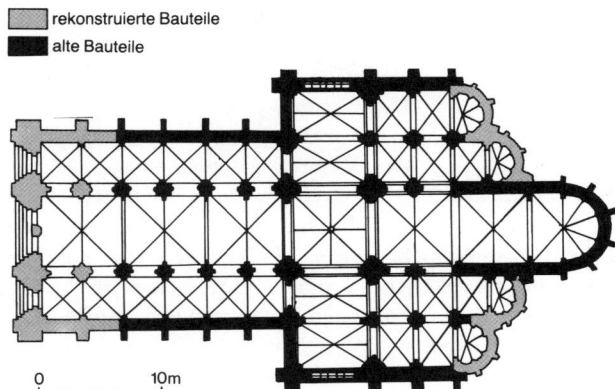

Cuenca, Rekonstruktion der Kathedrale

0   10m

In der dreischiffigen Kirche mit ihrem doppelten Chorumgang aus dem 15. Jh. sind neben dem schmiedeeisernen Gitter (1557) des Hauptaltars die Gobelins sehenswert, zu denen auch einige der damals weithin bekannten flämischen Arbeiten gehören. Der Torbogen, Le Arco de Jamete, im Querschiff ist der Renaissance zuzurechnen. Marmorverkleidungen an den Wänden, Statuen von Francisco (I.) Vergara, kunstvolle Gitter an den Kapellen, ein in Spanien einzigartiges byzantinisches Diptychon aus dem 14. Jh. sowie eine für die Region bedeutende Gemäldesammlung von El Greco, Yañez de la Almedina und Juan de Borgoña vervollständigen ihre sehenswerte Ausstattung. Im nahen *Bischofspalast* befindet sich ein kleines Museum mit alten Schnitzaltären und Grabplatten.

Wenn auch die Kathedrale zu den wichtigsten Sehenswürdigkeiten Cuencas gehört, so bieten auch die anderen Kirchen der Stadt durchaus beachtenswerte Details. *San Miguel* zeichnet sich durch eine hervorragende Mudéjardecke sowie durch seine einmalige Lage über der Júcarschlucht und seine Akustik aus. Hier finden regelmäßig Kirchenmusikwochen mit internationaler Beteiligung statt. *San Andrés* und *San Felipe* sind barock überformt, zeigen aber noch einige schöne Einzelheiten. *San Pablo* aus dem 16. Jh. ist bekannt für seine Gemälde primitiver valencianischer Künstler dieser Zeit sowie ein Gitter von 1657.

Im Bereich von Cuenca bzw. Belmonte berühren wir das Randgebiet einer der bekanntesten spanischen Landschaften, der Mancha. Ihr Name leitet sich ab vom arabischen *ma'anxa* (= Hochebene). Die Mancha ist eine ebene Hochfläche ohne scharf ausgeprägte Grenzen, die von 700 m im Zentrum bis auf etwa 1000–1100 m im Norden und Süden ansteigt. Ihr Gebiet umschließt ganz oder in Teilen die Provinzen Toledo, Ciudad Real, Cuenca und Albacete. Die Mancha ist auch heute noch ein Gebiet des Trockenfeldbaus *(secano)*. Nur etwa 2 % der Fläche ist bewässert. Der Großgrundbesitz ist seit der *reconquista*, als das Land zur Nutzung an die Militärorden der Calatrava- und Santiago-Ritter übergeben wurde, erst in den letzten 100 Jahren deutlich verringert worden. Typisch sind neben den dorfnahen Getreideparzellen die Wein- und Ölbaumkulturen sowie Leguminosen. Die Erträge sind trotz guter Böden relativ gering, da ausreichend Wasser fehlt. Sie reichen aber, um die Mancha zum Zentrum der spanischen Konsumweinproduktion zu machen. Die Weine aus Valdepenas, Manzanares, Membrilla, Tomelloso und Ciudad Real sind nicht nur in Spanien verbreitet, sondern haben ihren Weg auch in das nördliche Europa gefunden. Ein Symbol der Mancha sind die Windmühlen, die schon Cervantes inspirierten, heute aber praktisch keine Bedeutung mehr haben. Ihre Popularität verdankt diese karge, trockene Landschaft indes wohl der spanischen Literatur. Unvergessen ist Miguel de Cervantes Don Quijote, der Ritter von der traurigen Gestalt, mit seinem Pferd Rosinante und seinem treuen aber einfältigen Diener Sancho Panza. Die Mancha ist für jeden eine Reise wert, der eine einsame weite Landschaft erleben möchte, die sich völlig von der Ferienlandschaft der Küste unterscheidet.

Nur wenige Kilometer von Cuenca entfernt liegt die **Ciudad Encantada,** die verzauberte Stadt. Es handelt sich um ein Erosionsgebiet mit teilweise phantastischen Felsformationen, die in ihrer Erscheinung einer Ruinenstadt ähneln. Die ganze Formation ist als Naturpark mit einer Fläche von rund 20 km² ausgewiesen.

Die *Casas Colgadas* (Farbabb. 9), das zweite Wahrzeichen Cuencas, werden heute nicht mehr bewohnt. Die aus dem 14. Jh. stammenden ›hängenden Häuser‹ mit ihren zahlreichen Holzbalkonen sind geschützte nationale Bauwerke und dienen heute als Museum bzw. als Restaurationsbetrieb. Das Museum für abstrakte spanische Kunst besitzt Werke von Chillida, Tapies, Saura, J. de Ribera und anderen Künstlern. Zu den Besonderheiten des Hauses gehört eine besonders hübsche Mudéjartäfelung. Am Fuße der Altstadt liegt das *Archäologische Museum,* das eine Sammlung von Fundstücken aus der Provinz beherbergt, darunter eine Münzsammlung, Statuen, römische Mosaiken und Keramiken.

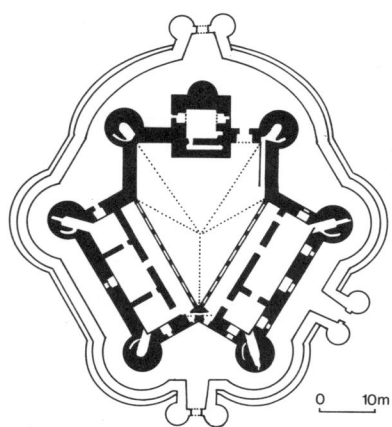

0   10m

Belmonte, Grundriß der Burg

Man verläßt Cuenca nun über die Weiterführung der N 420 und die N 111, um nach Valencia zu gelangen. In Olivares del Júcar, dem nächsten größeren Ort nach Cuenca, bietet sich die Möglichkeit, für einen kleinen Umweg zum Örtchen **Belmonte**. Die ehemals winzige Ortschaft erhielt im 14. Jh. durch Peter I. den Grausamen den Titel einer *villa* verliehen und nahm danach erheblichen Aufschwung, von dem heute noch die architektonischen Relikte zeugen. Der Bau der mächtigen *Burg* (1456) über der Stadt geht auf ihren ersten Lehnsherrn zurück, den Grafen von Villena und Infanten Don Juan Manuel. Die Anlage besteht aus drei rechteckigen Bauten, die im Innenhof ein gleichseitiges Dreieck bilden. Hier befindet sich ein gotischer Brunnenaufsatz mit rechteckigem Grundriß. Die hervorragend erhaltene Burg mit ihren mächtigen Türmen, den zahlreichen Fenstern und Schießscharten wurde zum Nationaldenkmal erklärt.

Die 1459 zur Stiftskirche geweihte *Pfarrkirche* von Belmonte enthält gotische Altaraufsätze und ein Chorgestühl, das ehemals in der Kathedrale von Cuenca stand. Eindrucksvoll, wenngleich in nicht sehr gutem Erhaltungszustand, präsentiert sich das Renaissance-Westportal der Pfarrkirche. – Von Belmonte kehrt man auf der N 420 zurück zur N 111 und erreicht über Motilla del Palancar, Utiel und Requena schließlich Valencia.

Die Metropole Valencia

Mit über 800000 Einwohnern ist Valencia die drittgrößte Stadt Spaniens. Sie ist Hauptstadt der gleichnamigen Provinz und der Levante. Als Gründungsjahr der Stadt wird die Zeit um ca. 140 v. Chr. angenommen; frühere Siedlungen in diesem klimatisch günstigen Gebiet gelten aber als sehr wahrscheinlich. Eine erste große Blüte erlebte die Stadt unter der Römerherrschaft. Im Jahre 304 wurden hier jedoch im Zuge der Christenverfolgung unter Diokletian der Bischof von Zaragoza, Valero, und sein Diakon Vicente aus Huesca als Märtyrer hingerichtet, so daß der Name Roms auch mit negativen Ereignissen verbunden bleibt. Später erwählte die christlich werdende Stadt San Vicente Mártir zu ihrem Schutzpatron. Der heilige Vinzenz gehört mit Stephanus und Laurentius zu den sogenannten Erzmärtyrern und ist Schutzpatron nicht nur der Stadt Valencia, sondern auch von Portugal sowie Patron der Dachdecker, Seeleute, Töpfer, Winzer und Ziegelmacher. Seine Gestalt hat ökumenische Bedeutung, weil er nicht nur in der Allerheiligenlitanei angerufen wird, sondern auch die Ostkirche am 22. Januar sein Fest feiert. Sein nach den Legenden grausamer Tod durch den römischen Statthalter und Prokonsul Dacianus war Anlaß für die nach seinem Tod umfänglich einsetzende Heiligenverehrung, die Ausbreitung über das ganze Abendland fand. Erst mit der Auffindung des Santiago-Grabes um 812 wurde sein Kult in Spanien durch den des heiligen Jacobus Major abgelöst. Das Andenken an Vinzenz wird heute vorwiegend in Valencia sowie in Rom bewahrt, wo ihm allein drei Kirchen geweiht sind. Seine Reliquienspur führt ostwärts sogar bis nach Breslau. In Valencia besitzt fast jede Kirche zumindest eine Kapelle, die Vicente Mártir geweiht ist.

Die Eroberung der Stadt Valencia durch die Araber ging mit relativ geringen Zerstörungen einher; Valencia wurde unter ihrer Herrschaft zur Hauptstadt des Waliats und eines Emirates und damit auch zu einem der wirtschaftlichen und kulturellen Zentren des arabischen Reiches in Spanien. Nur kurz wurde die arabische Herrschaft von der zwischenzeitlichen Eroberung der Stadt durch den Cid unterbrochen. Nach seinem Tode fiel Valencia wieder in arabische Hand und wurde erst 1238 durch Jakob I. von Aragón endgültig erobert. Dieser

Schematischer Plan des islamischen Valencia mit den umgebenden Friedhöfen

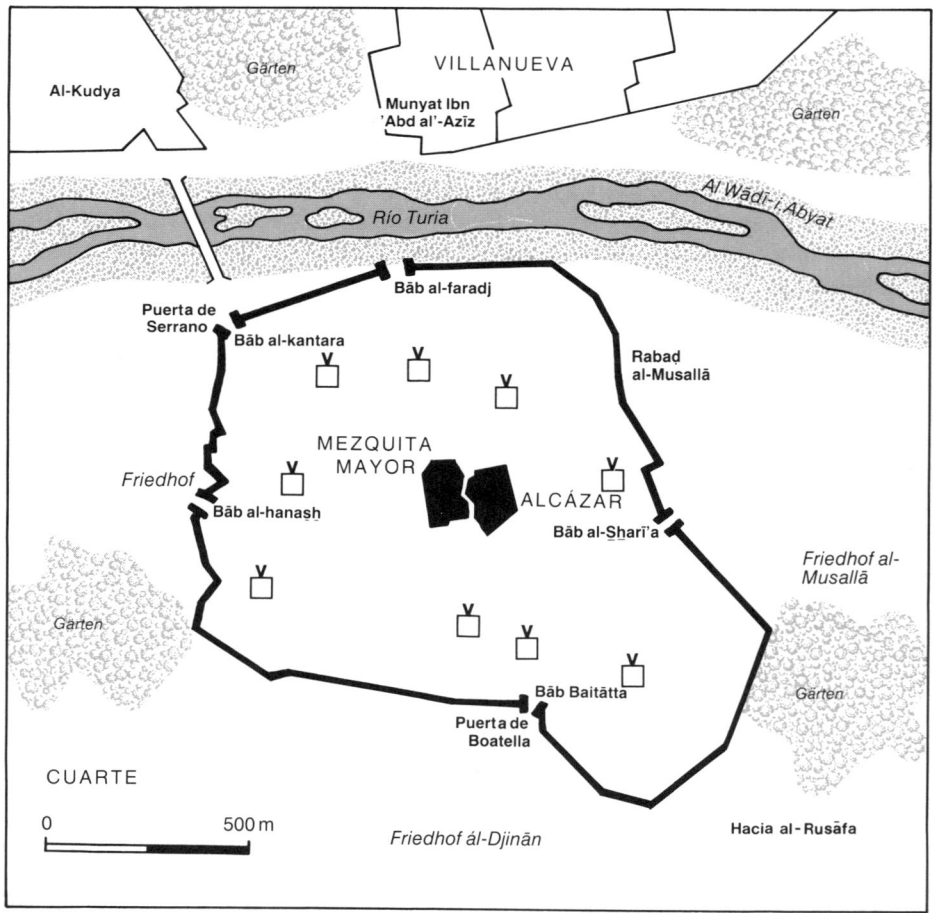

machte es zur Hauptstadt seines neuen Königreiches Valencia, das über viereinhalb Jahrhunderte bestehen sollte.

Im Spanischen Erbfolgekrieg stellten sich Stadt und Königreich Valencia auf die Seite des Erzherzogs Karl von Österreich. Dies brachte der Stadt den Verlust der 1377 durch König Peter IV. von Aragón verliehenen Sonderrechte, nachdem Philipp V. die Macht übernommen hatte. Zeichen der ehemaligen Sonderrechte war für Valencia immer das Stadtwappen, das eine Krone und die beiden Buchstaben ›LL‹ zeigte. Das ›LL‹ stand symbolisch für den Titel der doppelt treuen Stadt (L von *leal* = treu). Dieses historische Wappen wird heute wieder von der Stadt geführt. In den Napoleonischen Kriegen verteidigte sich Valencia lange Zeit erfolgreich gegen die französischen Truppen, mußte 1812 aber schließlich vor diesen kapitulieren. Die Besetzung dauerte indes nur ein Jahr, bis die Franzosen sich schließlich vollständig aus Spanien zurückzogen.

Während des Bürgerkrieges von 1936 bis 1939 war Valencia mehrfach Sitz der republikanischen Regierung, bis die Francisten endgültig die Regierungsgewalt übernahmen und die Republik erlosch. Als Vater Valencias wird in der spanischen Literatur oftmals der Río Turia bezeichnet, an dem die Stadt liegt und von dem die *huerta* ihr Wasser erhält. Der Turia entspringt in der Provinz Teruel, durchfließt eine weitgehend hügelige Landschaft und erreicht dann die Ebene von Valencia, um später in das Mittelmeer zu münden. Das Wasser des Turia ist seit alters die Existenzgrundlage der Ebene von Valencia, dient es doch zur Bewässerung der landwirtschaftlichen Flächen, die seit der Schaffung des aus sieben Kanälen bestehenden Bewässerungssystems durch die Mauren auch unter dem Begriff der *huerta* zusammengefaßt werden. In diesem Jahrhundert hat der Turia noch eine Erweiterung seiner Nutzung erfahren, weil die wachsende Industrie in Valencia ebenfalls einen beträchtlichen Wasserbedarf hat, der aus dem Fluß gestillt wird.

Der Turia durchfließt nicht nur die Stadt Valencia, sondern trennte sie in früheren Zeiten auch von ihren Vorstädten, bis schließlich eine Reihe von Brücken die notwendige Verbindung sicherte. Die wiederholten Überschwemmungen des Stadtgebietes bei den jährlichen Hochwassern führten dazu, daß man ab den 60er Jahren im Rahmen des Südplanes mit der Umleitung des Flusses in ein neues Bett außerhalb der Stadt begann, so daß diese Gefahr gebannt ist. Der alte Lauf durch die Stadt führt heute nur noch sehr wenig Wasser; die Randflächen und die Uferzone werden zur Zeit in eine Parkanlage umgewandelt.

Bei der Annäherung an Valencia kündigt sich die Stadt schon von weitem an. Kilometerlang führt die autobahnähnlich ausgebaute Straße durch Industrieviertel und eintönige Vorstädte, die sich immer weiter in die *huerta*-Landschaft hineinfressen. Valencia ist heute mehr denn je moderne Industriestadt statt landwirtschaftliches Zentrum wie noch zu Beginn des Jahrhunderts. Neben Madrid, Barcelona und dem Industriegebiet an der Nordküste entsteht hier das vierte Industriezentrum Spaniens.

Valencia ist jedoch auch eine Stadt der Geschichte und der Sehenswürdigkeiten. Die historische Entwicklung und die relativ geringen Zerstörungen haben ihr eine Vielzahl sehenswerter Gebäude erhalten. Als größter Feind ihrer Vergangenheit haben sich die Valencianer gar selbst erwiesen, indem sie die Stadtmauern, die erst im 14. Jh. völlig neu

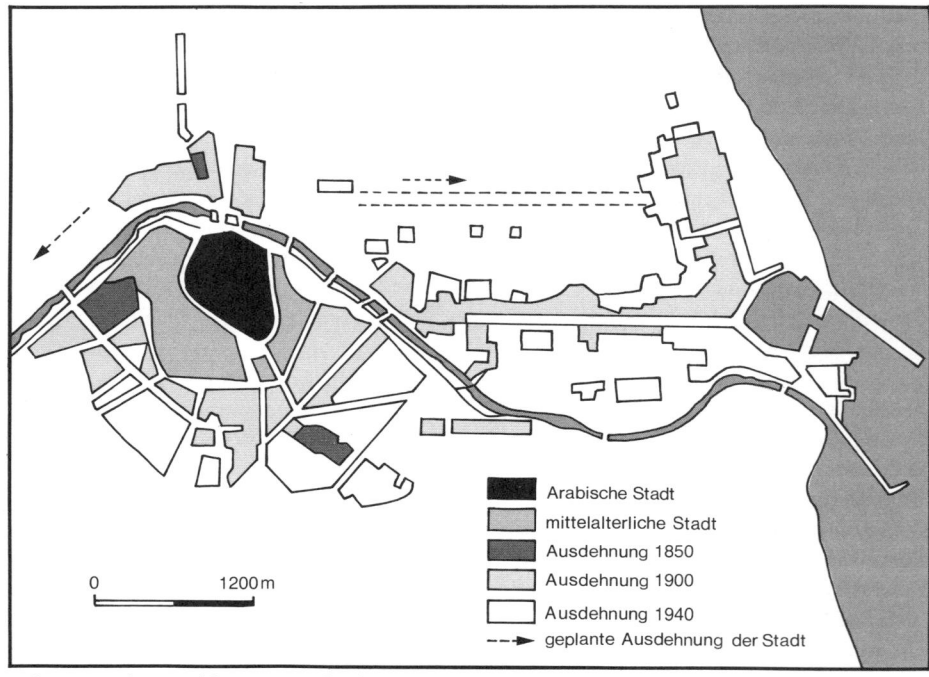

Valencia, Stadtentwicklung von arabischer Zeit bis 1940

Arabische Stadt
mittelalterliche Stadt
Ausdehnung 1850
Ausdehnung 1900
Ausdehnung 1940
- - - ► geplante Ausdehnung der Stadt

0   1200 m

errichtet worden waren, Mitte des 19. Jh. so gründlich und vollständig abtrugen, daß von ihnen kaum etwas erhalten geblieben ist. Mittelpunkt der Stadt und zweckmäßiger Ausgangspunkt unserer Besichtigung ist die großzügig gestaltete Plaza de la Reina, an der auch die ersten Objekte der Tour durch die Stadt liegen. Im Norden dieses Platzes, der zeitweise in Plaza Zaragoza umbenannt war, liegt eines der Wahrzeichen von Valencia, die Kathedrale *La Seo Valentina,* mit ihrem Turm (Abb. 28). Nach der Eroberung Valencias durch Jakob I. von Aragón wurden in der ganzen Levante, d. h. dem alten Königreich Valencia, und natürlich auch in der Kapitale selbst, zahlreiche gotische Kirchen geschaffen, die fast ausnahmslos im Barock umgestaltet wurden. Die Kathedrale von Valencia ist ein Beispiel für die Entwicklung und für das heutige Nebeneinander verschiedener Stilrichtungen. Ihr Grundstein wurde 1262 auf den Mauern anderer Sakralbauten gelegt. Zuvor hatten an dieser Stelle innerhalb des ummauerten Stadtbezirkes schon ein römischer Diana-Tempel, eine westgotische Kirche und eine Moschee gestanden. Die Moschee war nach der Eroberung 1238 auf Anweisung von Jakob I. gereinigt, geweiht und vorübergehend als Hauptkirche Valencias benutzt worden. Der Bau der neuen Kathedrale wurde weitgehend von den Bürgern der Stadt bezahlt und verlief entsprechend schleppend. Vermutlich endeten die Bauarbeiten an der neuen Kirche erst 1356 oder 1376. Stand der Bau anfangs noch deutlich im Zeichen einer zisterziensisch beeinflußten Gotik, so kamen mit dem Beginn des 14. Jh. französische Stilelemente hinzu. In der zweiten Hälfte des 14. Jh. entstanden die Sala Capitular – heute Capilla del Santo Cáliz – und der Glockenturm Miguelete. 1566 erbaute man die Renaissancefassaden nahe der Puerta de los Apóstoles. Die ursprünglich sehr nüchtern und kühl gehaltene Kirche wurde 1744 im Inneren vollständig umgebaut. Dazu gehörten die Ausschmückungen der Wände, die Abrundung der Spitzbogen, Stuckarbeiten und Vergoldungen. Bei den umfangreichen Restaurierungsarbeiten der Gegenwart beseitigte man diese nachträglichen Veränderungen teilweise wieder, um den alten gotischen Charakter des Baues wieder hervorzubringen.

Der Haupteingang der Kirche ist ein reich verziertes Barockportal, das wegen seiner kunstvollen Eisengitter auch Puerta de Hierros genannt wird (Abb. 29). Das Portal liegt geradezu eingezwängt zwischen dem Ende des Kirchenschiffes und dem direkt anschließenden Turm, als sei es ein nachträglich eingefügtes Element. In seiner Form ist es kein eigentliches Tor, sondern vielmehr eine dreigeschossige Barockfassade von konkaver Form, deren Entwurf dem deutschen Architekten Konrad Rudolf (1703), einem Schüler von Bernini, zugeschrieben wird. Rudolf war während des Baues 1707 gezwungen, wegen der Auseinandersetzungen des Erbfolgekrieges in Spanien aus Valencia zu fliehen. Die somit unterbrochenen Arbeiten am Portal der Kathedrale wurden erst 1713 wieder aufgenommen, die Puerta de Hierros von Francisco Vergara el Viejo, einem Mitarbeiter Rudolfs, und Ignacio Vergaras schließlich fertiggestellt. An der reichhaltigen Ausgestaltung des Portals haben verschiedene Künstler mitgewirkt. Vom Konstrukteur Rudolf stammen im unteren Geschoß der Fassade die fünf Säulen mit ihren ausgeprägten Kapitellen und den dekorativen Mustern im unteren Bereich. Von Francisco Vergara wurden die beiden Statuen des Santo

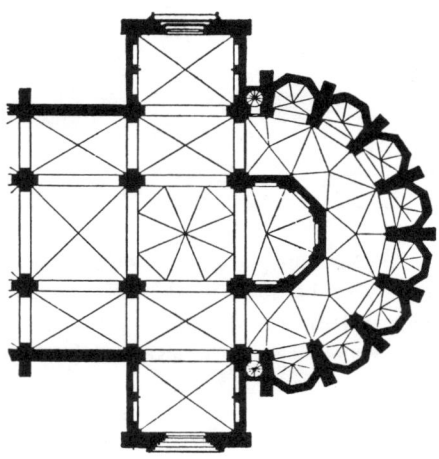

Valencia, Gewölbekonstruktion der Kathedrale

175

Tomás de Villanueva und des San Pedro Pascual sowie die anmutige Engelgruppe geschaffen. Im zweiten Geschoß ist die Statue des San Vicente Mártir, des Schutzpatrones der Stadt, von Rudolf entworfen worden; die Statue des San Lorenzo stammt von Francisco Stolf. Die Medaillons der Borgia-Päpste wurden von Francisco Vergara entworfen, während Ignacio Vergara für die Engelgruppen und die den oberen Abschluß der Fassade bildende Darstellung der Himmelfahrt Mariens verantwortlich zeichnete. Die beiden Statuen von San Vicente Ferrer und San Luis Bertrán sind wiederum eine Arbeit des Deutschen Stolf. Es ist bemerkenswert, mit welch künstlerischem Geschick es gelungen ist, diese Vielzahl unterschiedlicher Statuen und schmückender Ornamente auf dem eng begrenzten Platz dieser Fassade unterzubringen, ohne dabei die ästhetische Wirkung der Fassade zu beeinträchtigen, die in ihrer Gesamtheit ein auch heute noch beeindruckendes Werk ist.

Links neben dem Hauptportal erhebt sich der mächtige Turm der Kathedrale, El Miguelete, mit einer Höhe von rund 70 m. Der Miguelete wurde zwischen 1380 und 1420 erbaut und ist eines der Wahrzeichen Valencias. Als Vorbild für den Bau diente dem Architekten Andreu Juliá der Glockenturm der Seo de Lérida. 1414 wurde das 1380 begonnene Werk von Pedro (Pere) Balaguer fortgesetzt, der auch die gotischen Verzierungen anbrachte. Der oktogonale Turm trägt in 37 m Höhe insgesamt 14 Glocken, deren älteste die Catalina aus dem Jahe 1350 mit einem Gewicht von 512 kg ist. In den folgenden Jahren sind immer wieder neue und größere Glocken hinzugekommen, so daß Valencia heute eines der schönsten Glockenspiele Spaniens hat.

Glocken der Kathedrale von Valencia					
Name	Jahr	Gewicht	Name	Jahr	Gewicht
Catalina	1350	512 kg	Andrés	1605	2047 kg
Jaime	vor 1440	3075 kg	Manuel	1621	2560 kg
Pablo	1489	767 kg	Barbara	1681	767 kg
Narciso	1529	1023 kg	Ursula	?	307 kg
Miguel-Vicente	1532	11000 kg	Violante	1735	409 kg
María	1544	3590 kg	Vicente Ferrer	nach 1736	724 kg
Vicente	1569	1740 kg	Eloy	1816	260 kg

Die Aussichtsplattform, von der man einen ausgezeichneten Rundblick über die Stadt und die *huerta* hat, liegt in 51 m Höhe und wird über eine schmale Treppe erreicht. In dem kleinen Türmchen über der Aussichtsplattform, das nachträglich errichtet wurde, hängt die am Michaelstag (29. 9.) des Jahres 1418 geweihte Wasserglocke, die früher die Bewässerung der *huerta* regelte, wie dies ja z. B. auch in Granada der Fall war. Der aus Backsteinen errichtete Turm ist recht schmucklos. Das vierte Stockwerk trägt als einziges acht Fenster mit gotischen Verzierungen.

El Miguelete. Stahlstich des 19. Jh.

Zur Plaza de la Virgen hinaus führt die Puerta de los Apóstoles (Abb. 31). Das am westlichen Querschiff gelegene gotische Tor trägt reiche Verzierungen und zahlreiche Statuen. Dazu gehören unter anderem sechs Apostelfiguren unter Baldachinen sowie im Tympanon die Muttergottes mit Engeln und Musikanten. Über dem durch Witterungseinflüsse schwer beschädigten und 1432 aufwendig restaurierten Tor sitzt als Abschluß eine Fensterrose mit einem hervorragend gestalteten Maßwerk. Diese Rose wird auch mit dem Eigennamen Salomó bedacht, da sie das Zeichen Salomons trägt, zwei gleichseitige Dreiecke, die je einen Stern mit sechs Punkten bilden.

Vor dem Aposteltor tagt jeden Donnerstag um 12 Uhr das sogenannte Wassergericht *(tribunal de las aguas)*, das früher die bei der Wasserverteilung in der *huerta* entstandenen Streitigkeiten regelte. Das Gericht bestand aus den Bauern der sieben *huerta*-Bezirke, gegen deren Entscheidung es keine Berufungsmöglichkeit gab. Dem verurteilten Kontrahenten wurde solange das Wasser verweigert, bis er den Auflagen des Gerichts nachgekommen war. Im Zeitalter der modernen Bewässerung mit Stauseen, Grundwasserbrunnen und Motorpumpen hat dieses Gremium praktisch keine Bedeutung mehr und ist vorwiegend eine Touristenattraktion (s. a. S. 81).

Die Puerta de Palau (de Palacio) ist das dritte Tor zur Kathedrale und gibt zusammen mit den beiden anderen Toren einen Eindruck von der stilistischen und künstlerischen Vielfalt der Seo. Das aus dem 13. Jh. stammende, schlichte spätromanische Portal am östlichen Querschiff gehört mit seinen Bogenrundungen und den feinen Ornamenten zur ersten Bauperiode der Kirche. Geschmückt ist das Tor mit prächtigen Szenen aus dem alten Testament. Das Obersims wird von vierzehn Häuptern getragen, welche die sieben Ehepaare aus Lérida darstellen sollen, die nach einer Überlieferung 700 Jungfrauen nach Valencia brachten, um sie dort mit den christlichen Neusiedlern zu verheiraten.

Kathedrale von
Valencia
 1 *Haupteingang*
 2 *Glockenturm*
   Miguelete
 3 *Puerta de los*
   Apóstoles (Apostel-
   tor)
 4 *Puerta de Palau*
 5 *Darstellung der*
   Taufe Christi
 6 *Seitenkapelle*
 7 *Eingang zum*
   Turm
 8 *Kapelle San*
   Vicente Mártir
 9 *Kapelle San Luis*
   d'Anjou
10 *Kapelle San*
   Vicente Ferrer

11 *Kapelle der unbefleckten Mutter Gottes   12 u. 13 Seitenaltäre; linker Kreuzarm   14 Neue Sakri-*
stei   15 Kapelle San Antón   16 Kapelle   17 Kapelle Santa Catalina   18 Kapelle San Jaime (heiliger
Jakob)   19 Kapelle   20 Kapelle   21 Kapelle (Ribalta: Nuestra Señora del Puig)   22 Kapelle   23 Ein-
gang zur Sakristei   24 u. 25 Seitenaltäre: rechter Kreuzarm   26 Kapelle San Tomás de Villanueva
27 Kapelle San Miguel   28 Kapelle San Francisco de Borja   29 ehemaliges Ankleidezimmer der Dom-
herren; heute Ausgang des Museums   30 Kapelle San Pedro   31 Durchgang   32 Vorraum   33 Kapelle
Santo Cáliz   34 Museum   35 Kapelle San Sebastían   36 Bildsäule   37 gotische Kanzel   38 Kuppelge-
wölbe   39 Presbyterium   40 Trophäe von König Jakob   41 Altar   42 Sakramentshäuschen   43 große
Sakristei   44 Nebenraum der Sakristei   45 Kapitelsaal   46 Nebenraum   47 Archiv/Bibliothek

Die Kathedrale von Valencia ist nicht nur äußerlich, sondern auch in ihrem Inneren ein
Gemisch verschiedener Stilformen von der Gotik über die Renaissance bis hin zum Barock.
Mit einer Länge von 96 m und einer Breite von 60 m erreicht der Innenraum des Gotteshauses beträchtliche Ausmaße. Gleich neben dem Hauptportal befindet sich links an einer Säule
ein Bild der Taufe Christi von Juan de Juanes, nach einer anderen Zuschreibung ist es von
seinem Vater Vicente Macip. Daneben liegt eine kleine Kapelle mit Bildern aus einem
Dreifaltigkeitsaltar sowie ein Stück weiter der Eingang zum Kirchturm Miguelete. Hier
kann man auch eine Eintrittskarte für den Turm lösen.

Wenn man den Weg durch die Kathedrale im Uhrzeigersinn fortsetzt, gelangt man
zunächst links an die 1792 erbaute Kapelle des Schutzheiligen San Vicente Mártir. Die
Gemälde dieser Kapelle stammen von Vicente López. Daneben liegen die Kapellen von San
Luis d'Anjou und San Vicente Ferrer, einem der wortgewaltigsten Prediger des alten König-
reiches Valencia. Die folgende und letzte Kapelle dieser Seite ist der Unbefleckten (Mutter
Gottes) geweiht. Das Besondere dieser Kapelle sind vier Tafeln eines Altarbildes des heiligen
Narciso von 1497, die dem Künstler Rodrigo de Osona el Viejo zugeschrieben werden.

Die Puerta de los Apóstoles wird von mehreren Nebenaltären flankiert. Auf der linken Seite stehen zwei Altäre, die dem heiligen Antonius von Padua und Franz von Assisi geweiht sind. Neben dem Eingang liegt der Zugang zur neuen Sakristei, gefolgt von der Kapelle von Antonius (San Antón). Diese und die folgenden Kapellen des Rundgang enthalten eine Reihe wertvoller Arbeiten, unter anderem von Ribalta und Espinosa, und dienen auch der Aufbewahrung verschiedener Reliquien.

Die Puerta de Palau wird ebenfalls von Altären flankiert, die hier San Agustín und Santo Domingo de Guzmán geweiht sind. Die große Kapelle des hl. Tomás de Villanueva enthält neben Werken verschiedener Künstler auch Arbeiten von José Vergara und Ribera sowie aus der Schule von Jacomart die vier Bilder der Heiligen Michael, Barnabeo, Benito und Francisco (ca. 1450). Die zweite große Kapelle auf dieser Seite besitzt ein schönes kleines Kruzifix, das vermutlich erst im 18. Jh. entstanden ist, sowie einen Altar, der möglicherweise eine Kopie aus dem 14. Jh. ist.

Die folgende Kapelle ist dem heiligen Francisco de Borja (Borgia) geweiht. Hier befindet sich ein Gemälde von Goya, auf dem der Heilige von seinen Angehörigen Abschied nimmt, um in den Jesuitenorden einzutreten (1788). In die Kapelle mündet auf der linken Seite (Gittertor) der Ausgang des Kirchenmuseums, in dem fast alle wertvollen Stücke der verschiedenen Kapellen aufbewahrt werden. Die Familie der Borgias stellte der valencianischen Kirche mehrere bedeutende Männer, darunter zwei Bischöfe. Alonso und Rodrigo de Borgia (Borja) wurden später als die Päpste Calixtus III. und Alexander VI. bekannt. Ein anderer Borgia, der Herzog von Gandía, wurde sogar heiliggesprochen. Ihm ist diese Kapelle gewidmet.

Die Capilla de San Pedro enthält Teile des 1469 durch Feuer zerstörten Hochaltars der Kathedrale, außerdem eine Wiederholung der Darstellung des Erlösers von Juanes.

Durch einen schmalen Durchgang und einen Vorraum, in dem einige Sarkophage bzw. Grabsteine ausgestellt sind, erreicht man die Capilla de Santo Cáliz, die Kapelle des Heiligen Kelches (Abb. 35–37). Ehemals war der Raum die alte Aula Capitular, die zwischen 1356 und 1369 erbaut wurde. An der Kopfseite des gotischen Saales wurde 1777 ein prachtvolles Frontispiz aus dem 15. Jh. angebracht. Der von dem florentinischen Meister Guiliano (ca. Anfang 15. Jh.) entworfene Steinaltar besteht aus zwölf Alabasterreliefs mit Szenen aus dem Alten und Neuen Testament und ist sicherlich eines der schönsten Stücke der Kathedrale. In einer Nische im Mittelteil des Altars ist der Heilige Kelch ausgestellt, der nach der Legende beim letzten Abendmahl Christi benutzt wurde und mit dem sagenumwobenen Heiligen Gral identisch sein soll. Der eigentliche Kelch ist ein Halbedelsteingefäß aus römischer Zeit, das auf eine umgedrehte, kunstvoll gearbeitete arabische Schale montiert wurde. Nach der Überlieferung wurde der Kelch von Petrus nach Rom gebracht und gelangte zweieinhalb Jahrhunderte später während der Christenverfolgung unter Kaiser Valerius nach Huesca in Spanien (um 260). Während der arabischen Herrschaft in Spanien befand sich der Kelch im Kloster San Juan de la Peña und kam nach weiteren Umwegen schließlich nach Valencia. Die grüne, mit Edelsteinen und Perlen besetzte Schale wird am Gründonnerstag in einer feierlichen Prozession durch die Straßen der Stadt geführt.

Calixtus III., Holzschnitt vom Anfang des 16. Jh.

Rechts neben der Altarwand befindet sich eine Kanzel, die ebenso wie diejenige an der Frontwand von San Vicente Ferrer, der hier als Kirchenlehrer wirkte, als Katheder benutzt wurde. – Die Capilla de Santo Cáliz zeichnet sich neben dem Steinalter auch durch ihr Sterngewölbe aus, dessen Kreuzungspunkte mit kleinen Bildnissen besetzt sind. Die Decke des Raumes hat bei einer Wandlänge von 13 m, eine Höhe von 16 m, wodurch die Gewölbeformen gut zur Geltung kommen. Von der Kapelle des Heiligen Kelches gelangt man durch eine seitliche Tür in das *Museum der Kathedrale* (Eintrittskarte lösen). Das Museum enthält zahlreiche sehenswerte Exponate aus der Geschichte der valencianischen Kirche, unter anderem Malereien der Romanik, Gotik, Renaissance und des Barock. Skulpturen, Bücher und Schriftstücke sowie kultische Gegenstände vervollständigen die reiche Sammlung. Besonders hervorgehoben sind die Werke der Schulen von Valencia und Kastilien, aber auch italienische Arbeiten aus den wichtigsten Epochen. Zu den interessantesten Stücken des Museums gehören

– Teile von zwei Altarbildern von Bernabé von Modena aus dem 14. Jh.
– Ein Kruzifix der Kathedrale von Murcia, das von F. Salzillo im 18. Jh. gearbeitet wurde
– Zwei Bilder von Vergara (18. Jh.)
– Ein Medaillon der Jungfrau von Salzillo (18. Jh.)
– Zwei *retablos* von Lucas Jordán aus dem ausgehenden 17. Jh. mit einer Hl. Familie und der Anbetung der Könige
– Eine Sammlung sakraler Gegenstände aus dem 16.–18. Jh.
– Valencianische Altarbilder aus dem 15. Jh. von Jacomart und Rodrigo de Osona.

Wenn auch die Führungen durch das Museum nur in Englisch, Französisch und Spanisch erfolgen, so lohnt sich doch für den deutschen Besucher unbedingt ein Besuch der Sammlung. Die Mitnahme eines Blitzlichtgerätes ist wegen der Beleuchtungsverhältnisse in der Kathedrale und ihrem Museum unbedingt zu raten. Man verläßt das Museum durch den Ausgang in die Kapelle des hl. Francisco.

Die Vierungskuppel der Kathedrale erscheint als ein achteckiger Turm im Flamboyantstil mit acht Maßwerkfenstern von besonderer Schönheit. Im Randbereich unterhalb der Kuppel, links vor der Apsis mit dem Hochaltar, befindet sich eine gotische Kanzel aus dem 14. Jh., von der San Vicente Ferrer die Osterpredigt des Jahres 1413 gehalten haben soll.

Zu den beeindruckendsten Teilen der Kirche zählt vor allem der Hochaltar mit seinen Bildern (Abb. 32, 33). Die aus den Jahren 1507 bis 1509 stammenden zwölf Tafelbilder zeigen Szenen aus dem Marienleben und wurden von zwei durch Leonardo da Vinci beeinflußte Maler geschaffen, Ferrando Yañez de la Almedina (tätig um 1500–40) und Fernando de Llanos (in Valencia tätig 1504–13). Eindrucksvoll ist das Bild, welches Maria bei der Rast während der Flucht nach Ägypten zeigt. Auffällig sind die kräftigen Rottöne, die das Bild beherrschen. Maria wird mit sanften Gesichtszügen dargestellt, eingehüllt in ein rotes Gewand, das Kind mit ausgestreckten Armen auf dem Schoß. Im Hintergrund taucht die Heilige Familie noch einmal auf, auf einem Esel sitzend während der Flucht. Aus Farbgebung und Bildaufbau mit der angedeuteten Fluchtszene im Hintergrund ergibt sich die unbarmherzige Not, die der Maler mit dieser Szene der Verlassenen darzustellen versuchte.

Die Auferstehungsszene ist dagegen in dunklen Farbtönen gehalten. Ein römischer Soldat, den Spieß in der Hand, in blassen Farben gemalt, begleitet den auf einem Sarkophag stehenden hell leuchtenden Christus. Der helle Christus beherrscht nicht nur durch die Farbgebung, sondern auch von seiner Position im Mittelpunkt die gesamte Szene. Neben ihm verblaßt die weltliche Macht in der Gestalt des römischen Soldaten ebenso wie die Macht des Todes, symbolisiert durch den Sarg.

Hinter der Kathedrale und mit dieser durch einen Bogen verbunden liegt die Kirche *Nuestra Señora de los Desamparados* (Abb. 39). Unsere Liebe Frau der Verlassenen war früher die Kirche einer Laienbruderschaft, die sich der Betreuung von Geisteskranken und Findelkindern widmete. Die ehemalige Kapelle – später Basilika – wurde zwischen 1652 und 1667 erbaut. Der Grundriß des Gotteshauses ist oval, mit einer großen Kuppel darüber, die ab 1701 von Antonio Palomino bemalt wurde. Zur Darstellung gelangten Heilige und Kirchenlehrer aus Valencia. Ein großes Fresko stellt die Muttergottes dar. Die heutige Innenausstattung geht zurück auf das 18. Jh. und wurde durch den Architekten Vicente Cascó entworfen. Nach dem Ende des Bürgerkrieges mußte die Kirche in den 40er Jahren einer gründlichen Restaurierung unterzogen werden. Wichtigstes und wertvollstes Stück des Gotteshauses ist eine Statue der Virgen de los Desamparados mit reichlichem Schmuck in Form von Gewändern und Juwelen. Die ursprünglich (1410) von Benedikt XIII. für ein Irrenhaus bestimmte Statue der Schutzheiligen von Valencia ist stark restauriert worden und hat ihren Platz im Mittelpunkt des Hochaltars. Als Schutzpatronin der Laienbruderschaft begleitete sie jedes Begräbnis eines in der Verlassenheit Verstorbenen oder Hingerichteten. Sie lag während der Beisetzung auf dem Sarg, mit dem Kopf auf einem Kissen, woraus sich auch die eigentümliche Neigung ihres Hauptes ergibt.

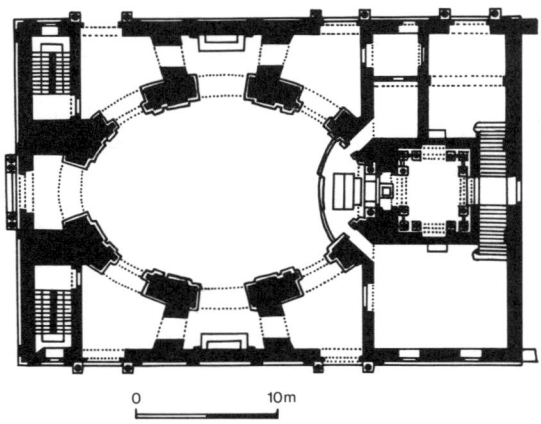

0   10m

Nuestra Señora de los Desamparados

Aufgrund der zunehmenden Verehrung der Heiligen im 17. Jh. wurde sie in der damals gerade erbauten Königskapelle untergebracht, die in den 50er Jahren durch Papst Pius XII. zur Basilika erhoben wurde. Man betritt sie durch das Hauptportal und gelangt sofort in den ovalen Hauptraum. Links und rechts liegen je drei Seitenkapellen, die verschiedene Gemälde enthalten. Bedeutend ist hiervon allenfalls die Heilige Familie von Espinosa in der mittleren Seitenkapelle auf der rechten Seite. Der Hauptaltar mit der Statue der Patronin wurde erst 1818 errichtet. Er wird flankiert von zwei Statuen des hl. Vicente Mártir und des hl. Vicente Ferrer, die von J. Esteve Bonet geschaffen wurden. Hinter dem Hauptaltar liegt eine Altarkapelle, die in übertragener Weise die Funktion eines Heiligenschreines übernimmt. Sie ist durch die seitlichen Kapellen und über eine folgende Treppe zu erreichen. Die Altarkapelle, die innerhalb der Bauaufteilung eine Sonderstellung einnimmt, wurde 1823 gründlich renoviert und birgt Gemälde von F. Llácer, einem wenig bekannten Künstler. Die Kapelle diente vorwiegend als feierlicher Rahmen für die Eheschließungen vornehmer Valencianer und wird auch heute noch gelegentlich für diesen Zweck benutzt.

Von der Basilika wendet man sich nunmehr dem neben der Kathedrale errichteten *Bischofspalast* zu (Abb. 38). Dieser ist ein Neubau, der an der Stelle des 1936 zerstörten alten Palastes errichtet wurde. An diesem Platz befand sich früher auch ein Alkazar.

Vom Palacio Arzobispal geht man ein Stück zurück durch die Calle Harina und El Salvador und erreicht im alten *Almudín* das *Paläontologische Museum*. Das ursprüngliche arabische Getreide- und Mehllager wurde 1517 wieder aufgebaut und wird seit einigen Jahren als Museum genutzt. Die hier untergebrachte umfangreiche Sammlung vor allem an quartärem Material aus Amerika geht zurück auf den Valencianer Don José Rodrigo y Botet (1849–1915), der nach seiner Auswanderung nach Argentinien Teile der Sammlung dort erwarb und sie später seiner Heimatstadt schenkte.

Dicht hinter dem paläontologischen Museum liegt die Kirche *San Salvador*, die früher dem Montesa-Orden gehörte. Die wegen ihrer mittelalterlichen Kreuzigungsszene bekannte Kirche stammt zum Teil aus dem 13. Jh und fällt auch durch den mit *azulejos*, farbigen Kacheln, geschmückten Hauptaltar von 1781 auf. Der Innenraum wurde 1825 bis 1829 einheitlich im neoklassizistischen Stil renoviert.

In der Verlängerung der Calle Almudín erreicht man die Pfarrkirche *San Estebán* (Abb. 40). Die im 15. Jh. erbaute Kirche weist im Inneren einige Malereien und Fresken auf, so etwa von Pedro Orrente (um 1570–1645) das Martyrium des heiligen Lorenzo und eine Darstellung der heiligen Teresa. Von Jacomart (um 1410–14619) befinden sich hier vier Tafeln mit Darstellungen aus dem Leben des heiligen Estebán; eine ehemals vorhandene fünfte Tafel ist verlorengegangen. Ein *retablo* von Juan de Juanes (1523–79) mit Bildern aus dem Leben San Estebáns wurde im 19. Jh. verkauft, um Renovierungsarbeiten an der Kirche finanzieren zu können; es befindet sich heute im Prado in Madrid. Zum Teil stammt die Innendekoration aus dem Jahr 1681/82, im Presbyterium auch aus der Zeit ab 1801. Die Kommunionskapelle kann ungefähr auf das Jahr 1696 datiert werden. In San Estebán sollen der Überlieferung nach die beiden Töchter des Cid geheiratet haben. Das altspanische Heldenlied »El Cantare de Mio Cid« berichtet dazu, daß die beiden Mädchen unter reichen Geschenken den Infanten von Carrión vermählt, von diesen später verstoßen und vom Cid gerächt wurden. San Estebán ist außerdem Taufkirche des heiligen Vicente Ferrer, dessen Taufstein noch heute dort verehrt wird. Viele Valencianer lassen ihre Kinder über diesem Stein taufen.

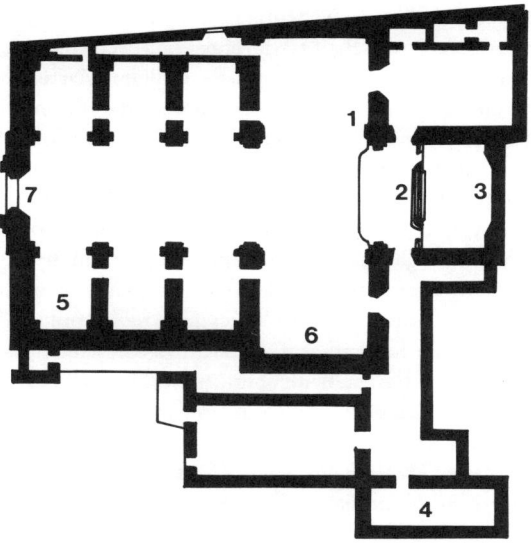

Pfarrkirche Santo Tomás
1 *linker Kreuzarm; Espinosa:*
   San Lorenzo
2 *Presbyterium*
3 *Hauptaltar*
4 *Versammlungsraum*
5 *Seitenkapelle: San Antonio*
   de Padua
6 *rechter Kreuzarm*
7 *Hauptportal*

Nur ein Stück weiter liegt der *Palast der Admiräle von Aragón* an der Calle del Palau. Das prachtvolle Gebäude mit einem nicht überdachten *patio* und einem Brunnen sowie einer eleganten Freitreppe ist ein schönes Beispiel für den herrschaftlichen Baustil unter der Krone Aragóns.

Wir folgen nun der Straße Trinquete de Caballeros und erreichen die Pfarrkirche *Santo Tomás*. Diese hat in der Vergangenheit mehrfach den Namen gewechselt. Ursprünglich Iglesia de Oratorianos getauft, änderte sie ihren Namen zunächst in Iglesia de la Congregación und später dann in Santo Tomás. Der Bau wurde in den Jahren 1725 bis 1736 nach Plänen des valencianischen Mathematikers und Architekten Tomás Tosca errichtet. Die klassizistische Kirche besitzt an sehenswerten und wertvollen Stücken nur eine Statue des heiligen Franz von Sales aus der Werkstatt Juan B. Borjas. Die seitlichen Kapellen sind zum Teil mit *azulejos* ausgekleidet und enthalten Bilder unter anderem von J. Vergara und J. J. Espinosa. Im Presbyterium befindet sich links und rechts je eine Bildtafel.

Von Santo Tomás geht man nun über die große Straße Calle de la Paz, eine der Hauptstraßen Valencias, bis zur Plaza de la Reina und erreicht dort die Kirche *Santa Catalina*. Der nach der *reconquista* zur Pfarrkirche geweihte gotische Bau aus dem 14./15. Jh. ist dreischiffig mit einem Chorumgang. Von der ursprünglichen Ausstattung der Kirche blieben nach einem Brand nur die Mauern und der Turm stehen, so daß der Bau 1666 praktisch neu errichtet wurde. Eine erste Renovierung im neoklassizistischen Stil erfolgte 1783. Von 1785 stammt ein mit *azulejos* verkleideter Altar am Haupteingang. Der Kirchturm wurde 1688 durch Juan Bautista Vines, einem valencianischen Baumeister, in einer für die Zeit bemerkenswerten posthumen Gotik errichtet. Er gilt wegen seiner ausgewogenen Proportionen als der schönste gotische Turm der Levante.

Nur ein Stück Wegs quer über die Straße liegt *San Martín,* eine von Jakob I. 1372 gegründete gotische Pfarrkirche. Die Kirche hat eine einfache und schmucklose Fassade. In einer Nische steht eine Statue des heiligen Martin zu Pferde, wie er seinen Mantel teilt. Die Bronzestatue von 1494 ist die Arbeit eines unbekannten flämischen Meisters. Das Hauptportal, 1740 bis 1750 durch Francisco I. Vergara geschaffen, wurde 1899 gründlich erneuert. Die Tür der Kommunionskapelle trägt Kinderskulpturen eines unbekannten Künstlers von 1674, die zu den schönsten Arbeiten ihrer Zeit in der Levante gehören. Das Kircheninnere wurde wie in fast allen Kirchen der Region im Barock umgestaltet. Wertvollstes Stück der Ausstattung ist das Goya-Porträt eines Erzbischofs.

Neben der Kirche, an der Abadia San Martín, liegt der *Palast des Marqués de Dos Aguas,* in dem sich seit 1954 das *Nationale Keramikmuseum* befindet, das nach seinem Stifter, einem berühmten Keramiker, González Martí, benannt wurde (Abb. 41, 43). Der 1740 bis 1744 errichtete Palast stellt den Höhepunkt der barocken Baukunst in Valencia dar. In seiner reich verzierten Fassade fällt vor allem das Portal mit seinem Schmuck ins Auge, das von Ignacio Vergara nach Vorlagen des Malers Hipólito Rovira Brocandel (1693–1765) in Alabaster ausgeführt wurde. Der Titel der Markgrafen wird durch zwei kauernde Gestalten im unteren Bereich des Portals symbolisiert, die die beiden großen Flüsse Valencias, den Turia und den südlich mündenden Júcar, darstellen, deren Wasser aus zwei umgestürzten Krügen fließt

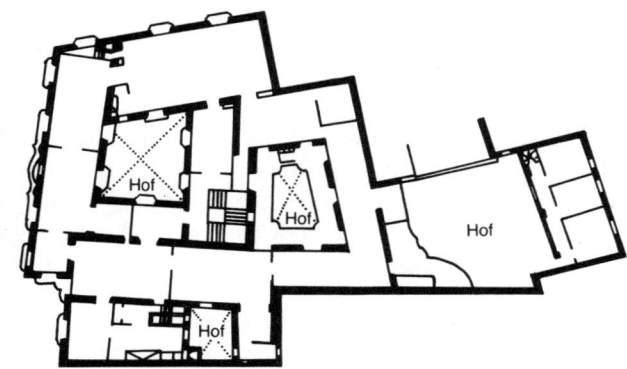

Palast des Marqués de Dos Aguas

(*dos aguas* = zwei Wasser). Über dem Portal befindet sich eine Statue Mariens mit dem Kinde, umgeben von Engeln und Strahlen. Dekorativ verziert ist das Ensemble durch rankende Blüten, Schlingpflanzen und Palmen.

Die Verzierungen des Portals setzen sich an den anderen Teilen der Fassade fort, greifen vor allem über die Umkleidung der Fenster und Balkonbrüstungen und den Dachabschluß. Mitte des 18. Jh. erbaut, wurde das Gebäude 1875 umgebaut und leicht verändert, um den Fortbestand der angegriffenen Bausubstanz zu sichern. Die ursprünglichen Malereien Roviras, der auch die Verzierungen des Hauptportals entworfen hatte, wurden bei diesem Umbau entfernt. Der Ursprung des Palastes geht zurück bis auf ein Gebäude des 15. Jh, das für die damals sehr vermögende valencianische Familie Rabasa de Perellós errichtet und Mitte des 18. Jh. zum herrschaftlichen Wohnsitz umgebaut und erweitert worden war.

Das Keramikmuseum besitzt eine ungeheure Vielfalt von Keramikarbeiten unterschiedlichster Art von der iberischen Epoche bis zur Gegenwart. Zu der Sammlung zählen beispielsweise Stücke des 13. und 15. Jh. aus Paterna und Manises, Erzeugnisse der Fabrik des Grafen von Aranda in Alcora (1727), katalanische und aragonesische Arbeiten des 16. bis 18. Jh., Meißner Porzellan und auch eine komplette valencianische Küche. Daneben bestehen Extrasammlungen mit Gegenständen wie Möbeln, Trachten, Skulpturen, Bildern und Zeichnungen sowie eine Sammlung mit Gegenständen aus dem Haushalt des Marqueses de Dos Aguas einschließlich einer Kutsche (Öffnungszeiten s. Gelber Teil).

Hinter dem Palast liegt die Kirche *San Juan de la Cruz*, ehemals San Andrés. Die Moschee aus der Zeit vor der *reconquista* wurde im 17. Jh. wegen statischer Probleme umgebaut und barock gestaltet, das Hauptportal schließlich 1684 bis 1686 vollendet. Die große Kapelle der Fischer auf der rechten Seite des Kirchenschiffes hat man 1741 fertiggestellt. Die Kirche ist einschiffig mit einem Kreuzgewölbe und Seitenkapellen. Die Vorderfront enthält das barocke Hauptportal. Das Innere ist im Stil eines valencianischen Rokoko mit reichen Dekorationen gehalten. In den seitlichen Kapellen befinden sich verschiedene Gemälde und Statuen, darunter in der dritten Kapelle links die Heilige Familie von Juan de Juanes. Auch andere valencianer Künstler wie etwa Orrente sind hier mit ihren Arbeiten vertreten. Heute ist San Juan mit Rücksicht auf die angegriffene Bausubstanz nur noch zeitweilig geöffnet. Als Pfarrkirche des Bezirks wird sie nicht mehr benutzt.

Wenn man von der Kirche kommend die Calle Poeta Querol überquert, kommt man direkt zum *Colegio del Patriarca* am gleichnamigen Platz und zur alten Universität von Valencia. Das Kollegium des Patriarchen ist ein altes Priesterseminar und eine Stiftung des Erzbischofs und späteren Vizekönigs von Neapel, Juan de Ribera (1533–1611). Der Name Patriarca wurde im Volksmund davon abgeleitet, daß der Erzbischof auch den Titel eines Patriarchen von Antiochia führte. Ursprünglich trug das Seminar den Namen Colegio del Corpus Christi.

Mit den Bauarbeiten für den palastartigen Bau wurde unter der Leitung des aragonesischen Architekten Guillem del Rey 1586 begonnen. Die angeschlossene Kirche wurde 1604 fertiggestellt, die Bauarbeiten insgesamt 1610 beendet. Wegen seiner in der Levante ungewöhnlich reinen Renaissance-Architektur zählt es zu den bemerkenswertesten Gebäuden der Stadt.

Der Innenhof wird von einer als Kreuzgang benutzten zweigeschossigen Arkadenreihe mit 56 Marmorsäulen umgeben und ist einer der schönsten Renaissance-Höfe Spaniens. In seiner Mitte ist dem Gründer des Colegio 1896 ein Denkmal errichtet worden. Die umlaufenden Außenwände und die Treppen hat man 1605/06 mit farbigen Kacheln dekoriert, etwa 150 000 Stück! Das Hauptportal von 1603 wurde ebenso wie der Gesamtbau von Guillem del Rey entworfen. Die zugehörige kleine Kirche ist reich mit Fresken des Kirchenmalers Bartolomé Matarana und anderer Künstler geschmückt und besitzt ein aus dem Jahre 1606 stammendes Gemälde von Francisco Ribalta: Das letzte Abendmahl. Rechts neben der Vorhalle liegt die Capilla de la Inmaculada mit einer Statue des Bildhauers Gregorio Hernández sowie prächtigen Brüsseler Wandteppichen aus dem 16. Jh.

Der für den Besucher sicherlich wichtigste Teil der Patriarca ist das in einigen Sälen eingerichtete Museum mit einer Vielzahl sakraler Bilder des 16. und 17. Jh. Unter den dort ausgestellten Werken befinden sich auch die Darstellungen des heiligen Francisco und des heiligen Leo von El Greco (1541–1614) sowie von Michelangelo da Caravaggio (1573–1610) die Kreuzigung Sankt Peters. Daneben wird hier eine umfangreiche Sammlung von Altarbildern aufbewahrt. Bibliothek und Archiv des Colegio beherbergen mehr als 11 000 Handschriften, Manuskripte und Inkunabeln, darunter Orginalmanuskripte von Lope de Vega (1562–1635), einem bekannten spanischen Dichter. Hinzu kommen mehr als 30 000 Dokumente zur Geschichte der Stadt.

Gegenüber dem Colegio del Patriarca befindet sich die *alte Universität von Valencia.* Heute sind in diesem Gebäude nur noch Bibliothek, Rektorat und Verwaltung untergebracht, während die einzelnen Fakultäten in moderne Gebäude umgezogen sind. Die Universität von Valencia wurde von der Stadtgemeinde gegründet und 1500 durch Papst Alexander VI. sowie 1502 von König Ferdinand dem Katholischen bestätigt. Das erste Universitätsgebäude, gegen Ende des 16. Jh. im gotischen Stil errichtet, wurde gegen 1830 durch den derzeitigen neoklassizistischen Bau mit seinem kreuzgangähnlichen *patio* ersetzt.

In der Mitte des Hofes erhebt sich die Statue des an der Universität ausgebildeten valenciani-schen Humanisten Juan Luis Vives (1492–1540). Von dem ursprünglichen ersten Bau sind nur noch einige Gebäudeteile erhalten. Dazu gehören die von Tosca 1733 geschaffene Aula mit ihrer Gemäldegalerie und die 1737 erbaute Kapelle. Der Hochaltar der Kapelle enthält ein Werk von Nicolás Falcó aus dem Jahr 1516: Die heilige Jungfrau der Weisheiten.

Die Bibliothek der Universität besitzt eine Vielzahl wertvoller Bücher, darunter das vermutlich erste in Spanien gedruckte (»Les trobes en llahors de la Verge Maria«; gedruckt 1474), eine Sammlung von Erstausgaben, von denen die älteste (»Tirant lo Blanch«) von 1490 stammt, sowie eine Bibel, die Benedikt XIII. San Vicente Ferrer schenkte.

An der Außenmauer des Gebäudes wurde 1966 ein Gedenkbrunnen angebracht, dessen Statuen an die Gründer der Universität erinnern sollen.

Von der Universität führt der Weg über die Calle de la Paz und die Calle del Mar zur Iglesia *Santo Domingo* an der Plaza Tetuán (Abb. 44, 45). Unterwegs kommt man in der Calle del Mar am Geburtshaus des heiligen Vinzenz vorbei. Die heutige Kirche Santo Domingo und die umgebenden Gebäude sind die Reste eines ehemaligen gleichnamigen Klosters. Santo Domingo wurde nach der Rückeroberung Valencias im Zuge der *reconquista* 1239 gegründet und war als Sitz San Vicente Ferrers zeitweilig das bedeutendste Kloster der Stadt. Nach der Aufhebung des Klosters gegen Ende des 18. Jh. ist als sakrales Gebäude nur die Kirche mit einigen Nebengebäuden erhalten geblieben. Im größten Bau der Anlage residiert jetzt der Generalkapitän von Valencia, dessen Amtssitz unter den notwendig gewordenen Sicherungsmaßnahmen der letzten Jahre nicht eben schöner geworden ist (Abb. 46). Die unübersehbare Präsenz schwerbewaffneter Militärpolizei sollte den Besucher aber nicht vom Betreten der daneben liegenden Kirche Santo Domingo abhalten.

Von der ehemals gotischen Kirche des Klosters ist nur noch das Chorhaupt erhalten, während der übrige Innenraum wie in allen Kirchen Valencias barock umgestaltet wurde. Auch hier finden sich die schon fast obligatorischen Werke valencianischer Maler, darunter Bilder von José Vergara und Gómez. Der Hochaltar ist im platteresken Stil gestaltet.

Santo Domingo besitzt einen sehenswerten gotischen Kreuzgang aus dem 14. Jh., der 1956 auf Kosten der Militärbehörden restauriert wurde, und einen gotischen Kapitelsaal, der zu den schönsten gotischen Räumen Spaniens gezählt wird. Hervorzuheben sind die vier hohen schlanken Säulen, die wie versteinerte Palmen wirken und als Vorbild für die *lonjas*

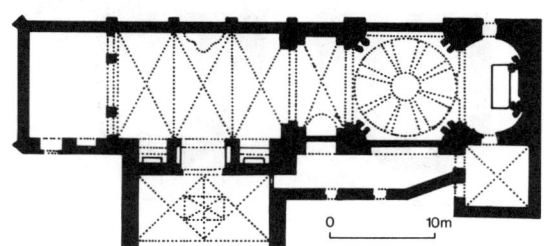

Santo Domingo

0   10m

(Börsen; eigentlich Hallen) von Palma und Valencia dienten. Der Raum wird deshalb auch Sala de las Palmeras genannt. Die Kapelle de los Reyes mit ihrem Spitzengewölbe stammt aus dem zweiten Drittel des 15. Jh. und enthält das Renaissance-Mausoleum der Markgrafen von Zenete (Provinz Murcia). Im gleichen kastilisch geprägten Stil ist auch die mit mehreren Statuen geschmückte Fassade des ehemaligen Klosters gehalten.

Von Santo Domingo erreicht man durch die Calle Pintor López die *Iglesia del Temple*. Die Templerkirche und ihr Anbau waren einst ein Kloster des Montesa-Ordens. Heute ist dort das Amt des Zivilgouverneurs, der *diputación provincial* und eine Redemptoristen-Kirche. Das Kloster wurde 1761 bis 1780 als geschlossener Baublock durch Karl III. errichtet als Ersatz für die zerstörte Pfarrkirche des Ordens in Montesa. Im Stil ist es noch klassizistisch unter Einschluß einiger regionaler architektonischer Entwicklungen (Turm und Kuppel). Im Säulengang der Kirche stehen auf der linken Seite zwei Statuen, die ehemalige Großmeister des Montesa-Ordens darstellen. Die eine zeigt den 12. Ordensmeister Bernardo Despuig (1536), die andere seinen Nachfolger und 13. Ordensmeister Don Francisco Llaneol de Romaní († 1544). Beide Statuen konnten aus der durch ein Erdbeben zerstörten Ordensburg gerettet und in die neue Ordenskirche überführt werden. Die Freskomalerei im Kirchenschiff wurde auch hier von José Vergara geschaffen.

Vom El Temple geht man am alten Flußbett des Turia entlang und folgt der Uferstraße Calle Pintor López. Schon von weitem sieht man die mächtigen Türme des nächsten Zieles, des alten Stadttores *Torres de los Serranos,* in denen auch ein Marine-Museum untergebracht ist (Abb. 47, 48).

Valencia war bis 1865 eine Festung mit Stadtmauern aus dem Jahr 1356. Mitte des 19. Jh. entschloß man sich, dem raschen Wachstum Rechnung zu tragen und die einengenden alten Mauern zu beseitigen. Bei den Abbrucharbeiten ging man so konsequent vor, daß heute außer zwei Stadttoren nichts mehr von der Festung Valencia erhalten ist. Auch diese beiden Stadttore wären ebenso wie alle anderen Befestigungen niedergerissen worden, hätten ihre Türme nicht zu dieser Zeit als Gefängnisse gedient, für die man keinen Ersatz hatte. So blieben zumindest die Torres de los Serranos und das Stadttor de Quart erhalten.

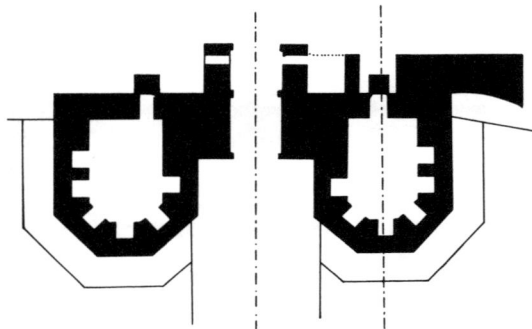

Stadttor Torres de los Serranos

Die Torres de los Serranos. Stahlstich des 19. Jh.

Die beiden steinernen Türme, die Torres de los Serranos, wurden in den Jahren 1393 bis 1398 durch Pedro Balaguer erbaut, der zu seinem Lohn von der Stadt Valencia auch eine Wohnung gestellt bekam, damit er möglichst in direkter Nähe seiner Baustelle blieb. Als Vorlage diente die Porta Real des Klosters von Poblet. Heute ist dieses Tor, dessen Wehrhaftigkeit sich durchaus mit baulicher Eleganz verbindet, eines der schönsten Beispiele gotischer Militärarchitektur in Europa. Das Tor war von Beginn an nicht nur als befestigter Eingang zur Stadt konzipiert, sondern sollte auch Sinnbild der Macht und des Reichtums der Stadt sein. Die Zweckmäßigkeit der Konstruktion wurde deshalb durch Ornamente und Verzierungen so aufgelockert, daß das Tor mehr einem Triumphbogen denn einer Wehranlage gleicht.

Die *Puerta de Quart* war der westliche Zugang zur Stadt und wurde nach den Torres de los Serranos zwischen 1441 und 1460 erbaut (Abb. 49). Vorbild für dieses Stadttor war das Castell Nuovo in Neapel, von dem sich der Erbauer der Torres de Quart, Pedro Bonfill, bei seinem Entwurf inspirieren ließ. Dieses Stadttor ist wesentlich schlichter als die Torres de los Serranos. Die Verzierungen beschränken sich auf die Abstützung der äußeren Wehrgänge, während die großflächigen Dekorationen völlig fehlen.

Von den Torres de Serranos oder dem Torre de Quart erreicht man über die jeweils gleichnamige Straße die Plaza Manises mit dem nächsten Ziel des Rundganges durch das alte

Valencia. Zunächst sucht man das *Prähistorische Museum* auf. Dieses ist im ehemaligen Palast *Bailía* auf der Plaza de Manises eingerichtet worden. Gegründet wurde das Museum 1927 auf einen Beschluß des Provinziallandtages. 1955 zog es dann an seinen jetzigen Standort um. In ihm sind vorwiegend Fundstücke aus dem Raum Valencia ausgestellt. Dazu gehört eine Sammlung von Kalksteinplaketten mit Tiergravuren aus dem Paläolithikum, die in einer Höhle bei Gandía gefunden wurden, ferner ein Schädelteil eines Neandertal-Menschen aus dem Raum Játiva und Überreste aus Gräbern des Neolithikums und der Bronzezeit sowie Reste iberischer Siedlungen des 4. bis 1. Jh. v. Chr.

Gegenüber dem Museum liegt der *Palast der Generalidad* von Valencia mit seinen zwei hohen Türmen (Abb. 50). Hier befindet sich heute das Provinzialparlament. *Generalidad* war früher eine Verwaltungsabteilung der Kammern des Königreichs. Für sie wurde dieser Palast 1482 von Pedro Compte begonnen und 1510 durch Juan Carbrera und Juan Montano fertiggestellt. Von der Calle de Caballeros gelangt man zunächst in den gotischen *patio*. Rechts im Zwischengeschoß des Turmes liegt die Sala Dorada, der goldene Saal, mit seinem prachtvoll ausgeführten Schnitzwerk, das 1534 bis 1575 von Ginés Linares geschaffen wurde (Abb. 52). Die luxuriöse Vergoldung der aufwendig gestalteten Decke, die wohl zu den schönsten ihrer Art in Valencia zählt, wurde von Juan Cardona besorgt. Daneben gibt es einen weiteren kleinen Saal mit vergoldeter Decke und reichem Tafelwerk, der zwischen 1535 und 1583 gebaut wurde und eine kleinere Ausgabe der Sala Dorada ist. Über eine gotische Treppe gelangt man in das Obergeschoß, das heute wegen der dortigen Porträtsammlung valencianischer Könige Salón de Reyes genannt wird. Früher war hier das *oratorio*, die Hauskapelle, von der ein Altar (1606/7) mit Gemälden von Juan Sariñena (ca. 1567–1619) erhalten ist. Dahinter liegt der Salón de Cortes, der seinen Namen nach den dort hängenden Bildern der vier Kammern des Ständeparlamentes trägt. Die Ständeversammlung ist allerdings niemals hier zusammengetreten. Auch hier beherrschen Täfelung und vergoldetes Holz den Raum, der zwischen 1563 und 1566 ausgekleidet wurde. Heute versammeln sich im Salón de Cortes die Mitglieder des Provinzialrates, weshalb das Gebäude jetzt auch Palacio de la Diputación genannt wird.

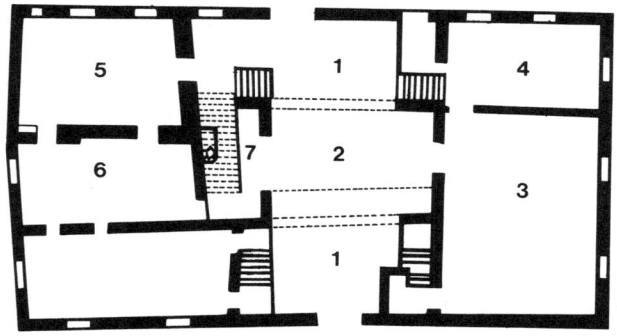

Palast der Generalidad (diputación)
1 Vorhalle, Foyer
2 Innenhof (patio)
3 Goldener Saal
4 kleiner (goldener) Saal
5 alter Saal
6 Archiv
7 Aufgang

Vom Palacio de la Generalidad geht es ein Stück die Calle de Caballeros hinunter zu *San Nicolás*. Die Pfarrkirche San Nicolás, über eine Moschee erbaut, wurde im 14. Jh. gotisch erneuert und später im Churriguera-Barock überformt. Das im 13. Jh. begonnene Bauwerk wurde nach seiner Neukonstruktion im 14. Jh. später noch einmal verlängert (1455), um mehr Platz im Innenraum zu schaffen. Das Hauptportal wurde ebenfalls großzügig erweitert, die Seitenportale 1861 durch Timoteo Culvo mit neogotischen Elementen ausgestattet. Die Kirche erfreute sich lange der besonderen Gunst der Päpste aus der Familie Borgia, da Calixtus III. hier als Pfarrer gewirkt hatte. Aus dieser Freundschaft erwuchsen zahlreiche wertvolle Schenkungen von Bildern und Kultgegenständen, so daß sie heute über einen umfangreichen Besitz verfügt. An der Ausgestaltung des Gebäudes waren die bekannten valencianischen Künstler maßgeblich beteiligt. Die Kuppel wurde von Juan Vicente Macip, seinem Sohn Juan de Juanes und anderen Kirchenmalern ausgemalt.

Zu den Bildern von San Nicolás gehört eine Kalvarienbergszene von Rodrigo de Osona (1476), die durch ihre detaillierte Darstellung auffällt. San Nicolás besitzt außerdem einen mit Emaillearbeiten verzierten Altar aus Limoges, der auf das 16. Jh. datiert wird. Hervorzuheben ist ferner die Abendmahlsdarstellung von Juanes, die sich durch ihre klaren Formen und die eindringliche Darstellung auszeichnet.

Von San Nicolás geht man nun in südöstlicher Richtung durch die Calle Las Danzas und die Plaza Compañía, vorbei an der gleichnamigen Jesuitenkirche, und erreicht an der Plaza del Mercado die alte Handelsbörse, die *La Lonja*. Früher führte das Gebäude der Börse den Namen Lonja de la Seda (= Seidenbörse), womit der Zweck des Hauses bereits umschrieben ist. Mit dem Niedergang der Seidenerzeugung veränderte sich ihre Bestimmung hin zu einer allgemeinen Warenbörse (Abb. 51).

Auf dem heutigen Platz der Lonja stand früher eine maurische Burg. 1483 begann man mit dem Bau des Börsengebäudes, das 1498 von Pedro Compte fertiggestellt wurde und zu den bekanntesten gotischen Profanbauten Spaniens gehört. Außer der Börse mit ihrem beeindruckenden großen Vertragssaal befand sich hier auch das *consulado del mar*, eine Behörde, die für die Überwachung und Regulierung des Seeverkehrs zuständig war.

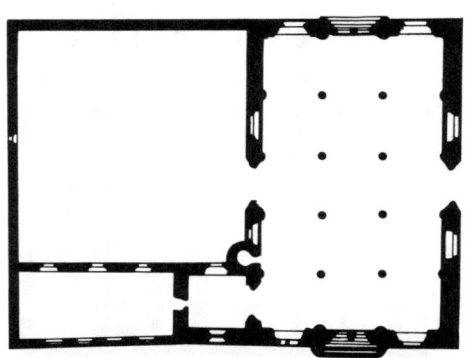

Die Börse (La Lonja)

Das Bauwerk wird durch einen zentralen viereckigen Turm mit verschieden geformten Fenstern in zwei Hauptteile gegliedert. Der rechte Teil trägt große gotische Maßwerkfenster. Die linke Seite ist erst im 16. Jh. angefügt worden. Zu ihr gehört ein Fries mit Medaillons, die Bilder der aragonesischen Könige zeigen. Das Portal trägt in seinen Spitzbögen eine Vielzahl kleiner grotesker Figuren, Tiere und Menschen. Links und rechts werden die Wappen Aragóns von Engeln gehalten.

Die Sala de la Contratacíon, der große Börsensaal, gilt mit seinem Gewölbe und den gewaltigen gedrehten Säulen als ein Wunderwerk der profanen Gotik. Die 20 feingliedrigen schlanken Säulen von immerhin 11 m Höhe teilen den Saal in drei Schiffe (Abb. 53). Die Grate der Säulen teilen sich an ihrem oberen Ende und formen die Rippen des Deckengewölbes, deren Schlußsteine sich in 17 m Höhe befinden. Zusammen mit der Länge von 36 m und seiner Breite von 21 m entsteht dadurch ein Saal von beträchtlichen Ausmaßen. Die *lonja* von Palma de Mallorca inspirierte den Architekten Pedro Compte bei seinem Entwurf, der das Modell weit übertraf. Dies zeigt sich auch an den einzigartigen Verzierungen der Fenster und Türen sowie den Skulpturen.

Das *Consulado del Mar* wurde 1506 bis 1548 nachträglich an die Lonja angebaut. Vor allem die obere Galerie zeigt Stilmerkmale der Renaissance. Die Decke des oberen Salons dieses Gebäudeteils trägt ein geschnitztes und vergoldetes Tafelwerk aus der früheren Casa de la Ciudad (Stadthaus), die durch einen Brand vernichtet wurde.

Gegenüber der Lonja liegt die Kirche *Santos Juanes* auf der anderen Seite der Plaza del Mercado. Santos Juanes wurde 1368 als Pfarrkirche unter dem Namen Sant Joan del Mercat (San Juan del Mercado) erbaut, das Presbyterium 1603 bis 1628 vollständig erneuert. Die zum Zentralmarkt gelegene Fassade mit ihren zwei Portalen, der Altar und die schöne Grabkapelle entstanden bis 1700. Zu Beginn des 18. Jh. wurde San Juan dann im Stil des italienischen Barock umgestaltet. Dies zeigt sich besonders deutlich an der Rückfront der

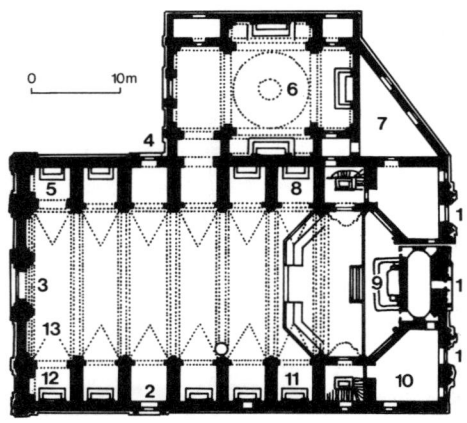

Santos Juanes
1 Fassade
2 Seiteneingang
3 Eingang
4 Seiteneingang
5 Seitenkapelle
6 Kommunionskapelle
7 Nebenraum
8 Seitenkapelle San Antón
9 Hauptaltar
10 Sakristei
11 Seitenkapelle San José
12 Seitenkapelle San Vicente Mártir
13 Nebenaltar San Vicente Ferrer

Kirche, die zur Lonja hin liegt. Die wertvollen Kunstschätze gingen im Bürgerkrieg fast vollständig verloren, so daß San Juan in dieser Hinsicht heute nur wenig zu bieten hat.

Die teilweise stark churriguereske Innenausstattung der Kirche blieb weitgehend erhalten bzw. wurde entsprechend restauriert. Von besonderem Reiz sind beispielsweise die Statuen an der Kopfseite der Säulen, ebenso die Deckenmalereien. Die von Antonio Palomino gemalten außergewöhnlichen Fresken vor allem in der Kuppel wurden 1936 zerstört und sind heute teilweise durch eine wenig gelungene Rekonstruktion ersetzt worden. Die Seitenkapellen enthalten einige Bilder bekannter valencianischer Maler wie José Vergara und Juanes. Wenn San Juan auch in seiner Ausstattung keine besonderen Attraktionen zu bieten hat, so lohnt doch ein Besuch, denn sie zählt zu den schönsten Barockkirchen Valencias.

Von San Juan geht es über die Avenida del Barón de Carcer zur Pfarrkirche *San Agustín* (Abb. 42). Sie wurde 1307 gegründet und ist wohl die stilreinste gotische Kirche der Stadt. Das Innere des einschiffigen Gotteshauses wurde mehrfach modernisiert. Zwischen den Strebepfeilern liegen die Seitenkapellen. In der zweiten Kapelle auf der linken Seite befindet sich ein gotischer Christus. Im Presbyterium ist eine Kopie von Gentileschi untergebracht: Die Eheschließung. Außerdem befindet sich dort eine Darstellung der gnadenreichen Jungfrau aus dem 14. Jh., die Jacobo Bertessi zugeschrieben wird.

Von San Agustín geht man entlang der Calle San Vicente Mártir und der Padilla del Periodista Azzati und gelang zum *Rathaus* von Valencia. Das Gebäude des *ayuntamiento* ist relativ neu und stellt eigentlich eine Kombination eines alten, historischen Bauwerks mit einer neuen Fassade dar. Ursprünglich befand sich das Rathaus in der Casa de la Ciudad, die ab 1311 errichtet und mehrmals renoviert wurde. Das Gebäude zeigte im 19. Jh. als Folge eines Brandes aber derartige Verfallserscheinungen, daß man auf weitere Ausbesserungen verzichtete und den Abbruch anordnete, der in den Jahren 1854 bis 1860 erfolgte. Die Stadtverwaltung zog zu dieser Zeit in die Casa Enseñanza um, eine ehemalige Lehranstalt des 18. Jh. für Mädchen. Anfang des 18. Jh. war aber durch den Abriß eines ehemaligen Kloster- und Kasernengebäudes ein Grundstück freigeworden, auf dem die spätere Plaza del Caudillo entstand (heute Plaza del País Valenciano). Auf dieser Seite konnte man daher mit der Konstruktion einer neuen Fassade für das Rathaus beginnen, mit deren Bau 1906 die Architekten Carlos Carbonell und Francisco Mora beauftragt wurden. Die Arbeiten daran dauerten fast 15 Jahre, so daß Valencia erst wieder zu Beginn der 20er Jahre ein repräsentatives Rathaus besaß.

Seine Fassade gliedert sich in zwei seitliche Türme mit Kuppeln und einen mittleren Teil, der von einem Turm mit einer Uhr abgeschlossen wird. Sie ist dekoriert mit den Statuen der vier Haupttugenden, die von Carmelo Vincent (seitliche Statuen) und Vicente Beltrán stammen, sowie zwei Hochreliefs mit weiblichen Figuren und einem Wappen der Stadt, das von zwei weiteren weiblichen Statuen getragen wird. Das Stadthaus besitzt im Inneren einen sehenswerten Sitzungssaal mit Gemälden und Skulpturen moderner valencianischer Künstler. Außerdem ist hier das historische Museum untergebracht, das Unterlagen und Dokumente zur Stadtgeschichte ab 1301 besitzt. Ferner wird hier auch die alte Flagge von Valencia, die Senyera, aufbewahrt, ein Schwert Jakobs I. sowie ein Stadtplan von 1703. Auf der

Stierkampf in Valencia: Eintritt der Picadores in die Arena. Holzstich

anderen Seite des Turia liegt in der Calle San Pío V das *Provinzmuseum der Schönen Künste*. Mit seinen rund 2000 Gemälden gehört es zu den bedeutendsten Museen Spaniens. Es ist in den Räumen eines ehemaligen Klosters, des Colegio San Pío, untergebracht. Den Grundstock seiner Sammlung bildeten die Bestände der königlichen Akademie von San Carlos, die um weitere Sammlungen aus dem Kirchenbesitz und spätere Schenkungen ergänzt wurden.

Zu den wichtigsten Besitztümern des Museums gehört eine Sammlung von primitiven valencianischen Altarbildern aus dem 14. bis 16. Jh. Daneben befinden sich dort auch Bilder bekannter Maler, wie etwa ein Selbstbildnis von Velázquez oder von Goya das Porträt seiner Haushälterin Joaquina Candido. Joaquina Candido hatte den Maler begleitet, als dieser nach Valencia ging. 1795 porträtierte er sie und gab dem Bild als Hintergrund die Landschaft der Albufera von Valencia, einer ausgedehnten Lagunenlandschaft südlich der Stadt.

Außerdem besitzt das Museum Werke von Ribera, ein Bild von El Greco (Johannes der Täufer), von Van Dyck das Porträt des Marqués de Aytona sowie eine hervorragende Gemäldeserie von Goya. Die Sammlung von Skulpturen und archäologischen Fundstücken ist weniger umfangreich, enthält aber eine Reihe interessanter Stücke aus Gotik, Renaissance und Barock. Auch sind einige Fundstücke aus iberischer Zeit vorhanden, vorwiegend Grabplatten mit iberischen und lateinischen Inschriften. Aus der Zeit des römischen Imperiums sind schließlich einige schöne Skulpturen, Mosaiken und Keramiken erhalten.

Ausflüge von Valencia

In der nahen Umgebung Valencias gibt es neben dem geradezu obligatorischen Besuch der *huerta* noch einige lohnende Ausflugsziele. Die hier vorgestellten Objekte sind allesamt nicht weit von der Stadt entfernt, sollten nach Möglichkeit aber mit dem Pkw angefahren werden, da die öffentlichen Verkehrsmittel keine ausreichenden Verbindungen anbieten.

Ein erster Ausflug führt zunächst nach **Burjassot** im Nordwesten Valencias. Die knapp 12000 Einwohner zählende Stadt besitzt in dem aus dem 15. Jh. stammenden *Castillo del Patriarca* einige schöne Mudéjar-Arbeiten. Wichtig sind die aus arabischer Zeit erhaltenen und 1573 erneuerten unterirdischen Speicher, die möglicherweise als Getreidesilo oder Wasserreservoir gedient haben.

Von Burjassot fährt man weiter nach **Porta Coeli**. Die im frühen Mittelalter gegründete Kartause liegt in einem Tal der Sierra de Náquera inmitten von Pinienwäldern. Der große Gebäudekomplex wurde aber erst im 18. Jh. errichtet und ist nicht besonders reizvoll. Interessanter ist dagegen die aus dem 14. Jh. stammende einschiffige gotische Kirche, die im 18. Jh. umgebaut und vergrößert wurde. Das Marmorportal der Kirche wird von dorischen Säulen flankiert. Auch im Innenraum der Kirche wurde reichlich Marmor verwendet. Das Altarbild aus dem 14. Jh. das früher den Hochaltar schmückte und von Bonifacio Ferrer gemalt wurde, befindet sich heute in Valencia im Museum der Schönen Künste. Der Kreuzgang des 14. Jh. ist im 18. Jh. mit farbigen Kacheln geschmückt worden; auch Innenhof im Renaissancestil, Kapitelsaal und Kreuzgang des Friedhofs sind während der Renaissance verändert worden.

Von Porta Coeli geht es nun zunächst zurück nach Burjassot und dann weiter nach **Liria**. Die Kleinstadt liegt in 170 m Höhe und ist iberischen Ursprungs. Der von den Iberern Edeta genannte Ort wurde von den Römern in Lauro umgetauft. Ein größeres Ausgrabungsfeld liegt auf dem Berg San Miguel; seine Fundstücke befinden sich heute im Prähistorischen

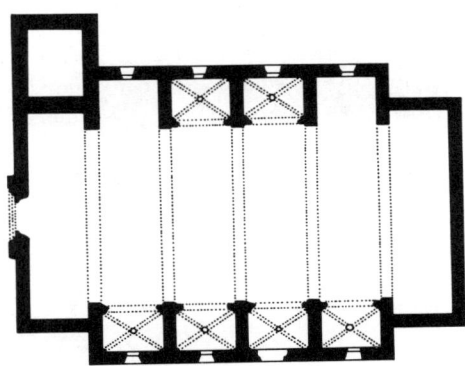

Liria, La Sangre

Museum in Valencia. Die Kirche *La Sangre* von 1273 im Übergang von der Romanik zur Gotik besitzt noch bemalte Deckenbalken aus dieser Zeit. In der ersten Kapelle auf der rechten Seite sind einige Bilder und Skulpturen zusammengetragen worden. Das Portal wurde im 14. Jh. in romanischer Tradition geschaffen, mit herrlichen Ornamenten, Archivolten im Mittelteil und zwei Säulen an jeder Seite. Die Apsis ist entgegen üblichem Brauch rechteckig gehalten. Die Pfarrkirche *La Asunción* (1627–72), hat eine bemerkenswerte Säulenfassade und eine Ausstattung im Stil des valencianischen Barock. Im Presbyterium befindet sich die Grabstätte einer Herzogin von Alba.

Das *Rathaus* von Liria war früher einer der Paläste der Herzöge von Alba. Ursprünglich gehörte er dem von Philipp V. ernannten Herzog von Berwick und Liria und war später dem Herzog von Alba übertragen worden. Der Madrider Palast der Albas trägt noch heute den Namen Palacio de Liria und weist so auf ihre Beziehungen zu Liria hin.

Nahe bei Liria liegt **Benisanó**. Hier finden wir ein noch gut erhaltenes Schloß aus dem 15. Jh. das 1525 kurzzeitig als Gefängnis für König Franz I. von Frankreich diente. In der Pfarrkirche des Ortes befindet sich ein Bild von Juan de Juanes: Christus trägt das Kreuz. Die gotische Kirche ist eine der wenigen, die mit mudéjaren Elementen geschmückt sind.

Von Benisanó kann man nach Valencia zurückkehren oder aber noch einen kleinen Abstecher in Richtung Utiel machen. Auf dem Weg liegt **Chiva**, ein kleines Städtchen mit den

Das Schloß von Benisanó. Zeichnung des 19. Jh.

Die Burg von Requena. Kupferstich des 18. Jh.

Ruinen einer *maurischen Burg* aus dem 11. Jh. und einer klassizistischen *Pfarrkirche* (1773–81). Sie besitzt Malereien von José Vergara (1769) im Deckengewölbe der Apsis und in der Kuppel. Das Innere wurde 1867 erneuert. Beachtenswert ist hier auch der noch erhaltene *Palast* der Familie Medinacelis.

Von Chiva geht es weiter nach **Buñol,** einem kleinen Kurort mit Thermalbädern, der schon den Mauren bekannt war, wie die Überreste eines maurischen *castillos* beweisen. Die landschaftlich sehr reizvolle Umgebung des 347 m hoch liegenden Ortes wird gern als ›valencianische Schweiz‹ bezeichnet.

Etwa 40 km von Buñol entfernt liegt **Requena,** eine Stadt von knapp 20 000 Einwohnern. Auch hier können die Reste einer mittelalterlichen *Burg* aus dem 15. Jh. besichtigt werden. Die Pfarrkiche *Santa María* hat eine gotische Fassade, deren Portal reich mit Skulpturen verziert ist. Die einschiffige Kirche wurde teilweise bereits 1470 errichtet und 1730 barock ausgestattet. *El Salvador*, die zweite bedeutende, dreischiffige Kirche des Ortes, hat ein ähnlich verziertes Portal wie Santa María. Sie wurde bereits Ende des 14. Jh. begonnen, aber erst 1533 fertiggestellt. Von 1710 bis 1712 ist sie vollständig barock umgestaltet worden.

Von Requena ist es nicht weit bis nach **Utiel.** Die im 16. Jh. fertiggestellte Kirche des Ortes weist eine barocke Altarwand aus dem 18. Jh. auf und ist künstlerisch ebenso bedeutungslos wie die meisten der umgestalteten Kirchen der Levante. *Nuestra Señora de la Asunción,* im isabellinischen Stil errichtet, zeichnet sich vor allem durch die bis in das Dachgewölbe reichenden gedrehten Säulen ihres einzigen Schiffes aus.

Nach Alicante durch das Hinterland

Auf dem Weg von Valencia nach Alicante stehen zwei Routen offen, die sich gut zu einer Rundreise verbinden lassen. Neben der meistbenutzten Strecke entlang der Küste, zu der parallel die Autobahn verläuft, bietet sich auch der Weg durch das Hinterland an.

Erste Station auf dem Weg durch das Hinterland nach Alicante ist **Alcira**, eine Stadt mit etwa 30 000 Einwohnern und recht verwirrenden Verkehrsverhältnissen. In der Umgebung werden vorwiegend Orangen angebaut, außerdem existieren einige Palmenhaine sowie Reisfelder. Die Pfarrkirche *Santa Catalina* hat eine hübsche Barockfassade und birgt einige Gemälde von Ribalta, ist ansonsten aber uninteressant.

Nächste Station der Fahrt ist **Játiva**. Die Kleinstadt liegt am Nordhang des Monte Bernisa in einem ausgedehnten Weinanbaugebiet. Játiva ist eine alte iberische Siedlung, die erst in karthagischen Besitz gelangte, später als Saetabis von den Römern vereinnahmt wurde und schließlich von den Arabern in Xateba umbenannt wurde. In römischer Zeit war sie für ihr Textilgewerbe bekannt, unter den Arabern erreichte dann die Papierherstellung eine Blütezeit. Jakob I. von Aragón eroberte die Stadt 1245. Im Spanischen Erbfolgekrieg wurde ihr der Name San Felipe verliehen, der sich aber nicht durchsetzen konnte (Farbabb. 3, 13).

Játiva ist Geburtsort der bekannten Päpste aus der Borgia-Familie, Calixtus III. (Alonso de Borgia) und Alexander VI. (Rodrigo de Borgia), sowie des Malers José Ribera

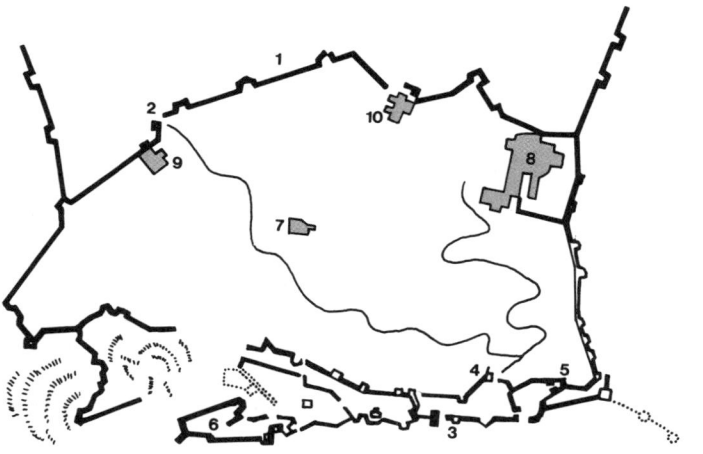

Játiva, Plan des Castillo
1 *Antike Mauer*
2 *Tor*
3 *Puerta de Socorro (Tor der Hilfe)*
4 *Haupttor*
5 *Altes Schloß*
6 *Neues Schloß*
7 *San Feliú*
8 *Sto. Bernardos*
9 *Ermita des las Santas*
10 *Ermita San José*

Játiva. Das Stadtwappen mit einer Ansicht der Burg. Zeichnung des 17. Jh.

(1590–1652), dessen Werke in der ganzen Levante verbreitet sind (s. S. 76 f.). Ihm, der auch den Beinamen El Españoleto, trug, ist auf der Plaza Españoleto ein Denkmal gesetzt worden. Die Denkmäler der beiden Päpste stehen auf der Plaza San Felipe.

Das Kastell baut auf alten römischen Befestigungen auf; es lassen sich aber auch noch arabische Mauerteile nachweisen. Es liegt auf einer Anhöhe, die einen weiten Rundblick ermöglicht.

Beeindruckendstes sakrales Bauwerk ist die Kirche *La Colegiata*, früher auch als San Felipe oder La Seo bezeichnet (Abb. 56, 59). La Colegiata wurde 1414 begonnen und 1596 erneuert. Die Anlage der gotischen Kirche, ehemals Kathedrale (*seo*), weist drei Schiffe, ein Querschiff und einen Chorumgang auf. Der vergoldete Hochaltar mit seinen Marmorsäulen trägt eine Statue der Jungfrau mit dem Jesuskind (14. Jh.). Im Querschiff befindet sich ein weiterer Frührenaissance-Altar, ein Geschenk Alexander VI. aus dem 15. Jh. Aus der Mitte des 15. Jh. stammen zwei wertvolle Stücke in der Kapelle Santa Ana: ein Altarbild mit zwei Flügeln von Jacomart sowie eine Monstranz aus vergoldetem Silber.

Die Kapelle San Feliú oder *San Félix* in der früher Messen nach mozarabischem Ritus gelesen wurden errichtete man im 13. Jh. (Abb. 54). Sie steht an der Stelle einer ehemaligen westgotischen Basilika. Die Seitentür ist romanisch. An der Nordseite befindet sich ein

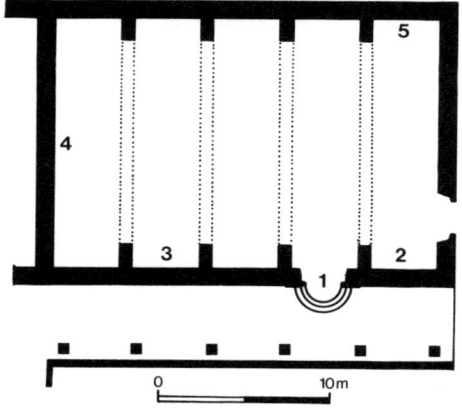

Játiva, San Félix
1 *Eingang*
2 *Kapelle der heiligen Ursula*
3 *Kapelle der Apostel Santiago und San Tadeo*
4 *Hauptaltar*
5 *Bildnis der Magdalena*

Vordach mit sieben imponierenden Säulen, die ganz sicher früheren Zeiten entstammen, vielleicht waren sie bereits Bestandteil des westgotischen Vorgängerbaus. Im Innern hat die Kirche vier offene Bogen. Am Eingang befindet sich ein gotisches Figurenkapitell aus Marmor (Christi Geburt), das als Weihwasserbehälter dient. Die erste Kapelle links ist der heiligen Ursula geweiht. Die dritte Kapelle auf der linken Seite enthält ein großes *retablo* mit den Aposteln Santiago und San Tadeo auf zwei Tafeln aus dem 16. Jh. Der Hauptaltar ist ein großes Werk von 27 Bildern des Meisters der Retabeln Perea aus dem 15. Jh. (Abb. 55). Für die intensive Betrachtung der einzelnen Bilder sollte man ausreichend Zeit mitbringen. Ein kleines Fernglas kann dabei in der verhältnismäßig dunklen Kirche gute Dienste leisten. Bemerkenswert ist auch das romanische Taufbecken (Abb. 57, 58). Am Ende des Kirchenschiffes befindet sich der Hauptaltar von Montsant sowie ein Kruzifix, das auf die Zeit um 1500 datiert wird.

Von Játiva fährt man weiter nach **Montesa** über die N 430 und verläßt damit vorübergehend den Weg nach Alicante. Hier findet man die aus dem 14. Jh. stammende Ruine eines Schlosses des Montesa-Ordens, dem der Ort auch seinen Namen gegeben hat. Der Montesa-Orden wurde 1318 von Jakob II. von Aragón gegründet und war ein aus dem Templerorden hervorgegangener militärischer Ritterorden, der auch mit dem ehemaligen Besitz der Templer belehnt wurde. Um 1400 wurde der Montesa-Orden mit dem Orden des heiligen Georg von Alfama vereinigt. 1587 wurde er durch Sixtus V. der Krone von Spanien inkorporiert und damit säkularisiert. Die Hauptaufgabe der Montesaritter war der Schutz der Küste von Valencia gegen die zu dieser Zeit häufigen Überfälle maurischer Piraten.

Die *Ordensburg* von Montesa beruht auf einer alten maurischen Festungsanlage, die im 13. Jh. von den Aragonesen erobert wurde. Die Festung gelangte zunächst in den Besitz des

54 JÁTIVA   Kloster San Feliú ▷

55 JÁTIVA Kloster von San Feliú, gotischer Hauptaltar

56 JÁTIVA   La Colegiata von Süden

57, 58 JÁTIVA   San Feliú, romanisches Taufbecken

59   JÁTIVA   La Colegiata, Nordfassade ▷

60 GANDÍA Stiftskirche und Denkmal für Francisco de Borgia

61 GANDÍA Stiftskirche

62 GANDÍA Herzöglicher Palast, Innenhof

63 GANDÍA Herzöglicher Palast, gotische Kapelle

64 GANDÍA Rathaus des 18. Jh.

65 JÁVEA
Pfarr-
kirche,
West-
portal
66 JÁVEA
Pfarr-
kirche

68 ALICANTE   Rathaus
◁ 67 ALICANTE
69 ALICANTE   Explanada de España

70 ALICANTE Festung Santa Barbara

71 ALICANTE Rathaus, Nordportal

72 ALICANTE Rathaus, Kapelle

73 ALICANTE Kathedrale San Nicolás de Bari

74 ALICANTE Rathaus, Kapelle am Großen Sitzungssaal

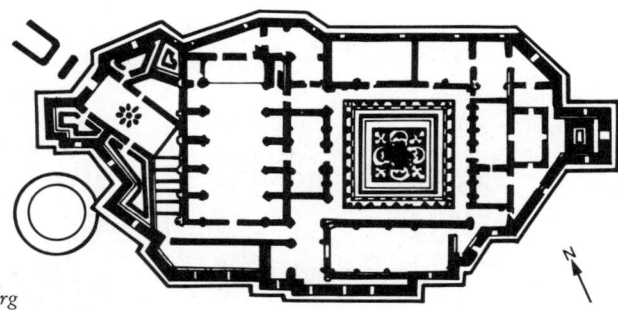

Montesa, Lageplan der Ordensburg

Templerordens, der hier für die Kämpfe gegen die Mauren mit der Miliz von Santa María de Montesa eine Schutztruppe für das Gebiet aufstellte. Später wurde die erweiterte Anlage den Rittern des neugegründeten Montesa-Ordens übergeben. Ein schweres Erdbeben zerstörte am 2. April 1748 die Festungsanlage.

Statt auf direktem Weg nach Játiva zurückzufahren, besteht die Möglichkeit in Alcudia auf eine sehr kurvenreiche Paßstraße einzubiegen. Auf ihr erreicht man Albaida, das eine sehenswerte alte Burg besitzt. Die Burg mit ihren drei Türmen geht zurück auf ein einfaches Kastell aus dem Jahr 1279, das später erweitert wurde.

Die nächste Station der Reise ist **Cocentaina**, eine Kleinstadt am Fuß eines Schloßberges, die heute überwiegend von Landwirtschaft und in geringerem Maße auch von Industrie (Lederverarbeitung) lebt. Angebaut werden auf ausgedehnten Terrassenanlagen überwiegend Oliven, Getreide und Mandeln. Auf dem Schloßberg oberhalb der Stadt liegen die Ruinen eines arabischen *Alkazars* mit drei Türmen. Sehenswert sind die Reste des *Stadtpalastes* der Familie Medinaceli aus dem 15. Jh. Die Grafschaft von Cocentaina war zuerst mit den Llúria, dann mit der Familie Rois und schließlich mit den Medinaceli verbunden. Der rechteckige Palast hat zahlreiche Umbauten erfahren. Das gotische Gebäude mit seinen massiven Türmen birgt heute eine guterhaltene Kapelle, reichverzierte Säle sowie die Reste eines Renaissance-Innenhofes.

Die im 17. Jh. an Stelle einer Moschee errichtete Pfarrkirche *Santa María* birgt neben anderen Gemälden auch einige Werke von Jerónimo Jacinto Espinosa (1600–80). Der auf das späte 14. Jh. bzw. frühe 15. Jh. datierte Altar wird einem unbekannten Künstler der sogenannten Schule von Mallorca zugeschrieben, die unter dem Einfluß der italienischen Malerei stand.

Nächste Station ist **Alcoy**, eine Industriestadt inmitten der Berge der Sierra de Montcabrer (1385 m). Die Stadt liegt in einem engen Tal mit steilen Felswänden. Die Steilschluchten und die umgebenden Gebirgsketten machen eine landwirtschaftliche Nutzung praktisch unmöglich, kalte Winter und heiße Sommer lassen ebenfalls keine ertragreiche Bewirtschaftung des

Die Burg von Montesa. Lithographie von J. D. Harding, 1824

raren und zudem wenig fruchtbaren Bodens zu. Die Stadt hat sich deshalb schon früh auf industrielle Erwerbsquellen gestützt. Aus den mittelalterlichen handwerklichen Betrieben der früheren Färbereien, Papiermühlen, Werkstätten und Webereien sind heute große Industrieunternehmen geworden. Die Textilverarbeitung ist ebenso wie die Papierherstellung, die beide die reichlich vorhandenen Wasservorkommen benötigen, von großer Bedeutung, dicht gefolgt von der Metallverarbeitung. Viele der alten Gebäude sind heute den wirtschaftlichen Notwendigkeiten zum Opfer gefallen. Sehenswert ist nur das *Archäologische Museum* in der aus dem 16. Jh. stammenden Casa de Consejo mit seinen Beispielen iberischer Keramik sowie hier gefundenen Bleitafeln, auf denen in ionischer Schrift über den Bergbau der griechischen Siedler in diesem Gebiet berichtet wird. Die meisten der ausgestellten Fundstücke stammen aus einer fast unzugänglichen iberischen Stadt, die auf dem Berg La Serreta ausgegraben wurden. Die Pfarrkirche *Santa María* mit ihrer klassizistischen Fassade wurde 1725 bis 1767 erbaut und besitzt einige Gebäude unbekannter Künstler (Farbabb. 1).

Von Alcoy geht es weiter über die Puerta de la Carrasqueta, einem Paß in 1024 m Höhe, nach **Jijona**. Von der kurvigen Bergstraße hat man eine hervorragende Aussicht über die Täler der Sierra de Aitana (Farbabb. 19). Jijona liegt in 450 m Höhe am Fuße einer steilen Felswand, auf deren oberer Klippe die Ruinen eines *castillo* liegen. Die Stadt ist wegen der

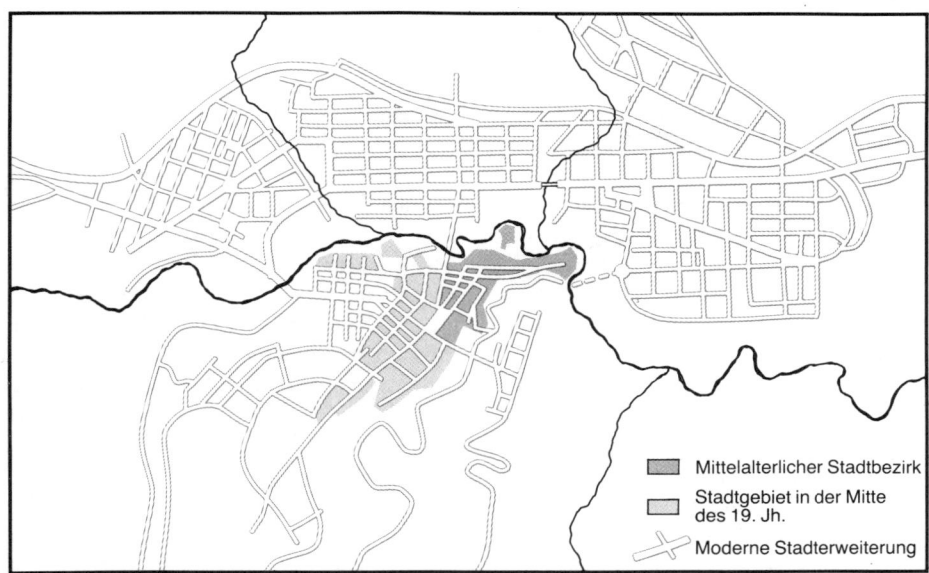

Alcoy, Historische Stadtentwicklung

Mittelalterlicher Stadtbezirk

Stadtgebiet in der Mitte des 19. Jh.

Moderne Stadterweiterung

dort hergestellten *turrones*, einer Spezialität aus Mandeln und Honig, weithin bekannt. Mehr als 30 Fabriken verarbeiten die Mandelernte des Gebiets sowie zusätzliche Quantitäten aus anderen Regionen zu den berühmten ›Turrones de Jijona‹, in einer Menge von mehreren tausend Tonnen pro Jahr. Der Hauptabsatz dieser Produkte erfolgt zum Weihnachtsfest, wenn ein großer Teil der Produktion nach Europa und Amerika exportiert wird. Da die Herstellung der Mandelbrote nur wenige Monate im Jahr dauert, arbeitet ein Großteil der Bevölkerung von Jijona während der übrigen Zeit in anderen Berufen, vor allem im Touristikgewerbe der nahen Küste. Die *turrones*-Fabriken unterhalten ständige Ausstellungen ihrer Erzeugnisse, oftmals gekoppelt mit der Darstellung folkloristischer Elemente; die Fabrikanlagen können besichtigt werden.

Von Jijona geht es auf einer wenig befahrenen Straße nach Alicante. Wer Zeit hat sollte gleich hinter Jijona zur **Cueva de Canalobre** abbiegen. Eine zum Teil sehr schmale Straße führt durch eine einsame Landschaft bis zum Berg Canalobre (1045 m) und der dortigen Tropfsteinhöhle. Die Höhle bietet eine geradezu verschwenderische Zahl von Stalagmiten und Stalaktiten wie keine andere Tropfsteinhöhle der Levante. Sie ist mit farbigen Lichtern ausgeleuchtet und besitzt wegen ihrer guten Akustik eine Konzertbühne, auf der regelmäßig Aufführungen stattfinden. Vom Parkplatz am Höhleneingang hat man eine hervorragende Aussicht bis nach Alicante und auf das Mittelmeer; allein sie lohnt schon den Besuch.

Entlang der Küste nach Alicante

Die zweite Möglichkeit, um nach Alicante zu gelangen, bietet die Küstenstraße, die alle bekannten Badeorte dieser Küste berührt. Die parallel zu ihr verlaufende Autobahn ist als Verbindung für Eilige geeignet, zumal hier nur relativ wenig Verkehr herrscht.

Das erste Ziel an der Küste ist die südlich von Valencia liegende Lagune **La Albufera**, ein ca. 5 km langer und etwa 4 km breiter See (Farbabb. 21). Die Albufera (von arabisch *albuareg* = kleines Meer) war früher eine kleine Meeresbucht, die erst in geschichtlicher Zeit durch Verlandung vom freien Wasser abgeschnitten wurde. Seit der römischen Besetzung Spaniens ist ihre Fläche von 30 000 ha auf derzeit 3000 ha zurückgegangen. Maßgeblichen Anteil an dieser Entwicklung hatten die Aufschüttungsarbeiten durch die ansässigen Bauern, die dadurch neues Land für den Reisanbau gewannen. Der fisch- und vogelreiche See ist heute durch eine Reihe von Ausflüssen mit dem Meer verbunden. Auf dem Damm, der jetzt den See vom Meer trennt, verläuft die Küstenstraße in den Süden. Hier liegen auch zahlreiche Campingplätze und Hotels sowie auch ein moderner *parador nacional*.

Die Albufera und ihre Umgebung werden sehr intensiv genutzt. Am südlichen Ende des Sees liegt das Fischerdorf El Palmar, dessen Einwohner vor allem die geschätzten Aale des Sees fischen. Um den See herum liegen Gemüsegärten und große Reisfelder, in denen sich auch noch einige der typischen saisonalen *barracas* finden. Bei El Saler ist einer der bekanntesten Golfplätze Spaniens mit 18 Löchern angelegt worden.

Endpunkt des ersten Abschnitts der Fahrt an der Küste ist **Cullera**, am gleichnamigen Kap (120 m) gelegen, auf ihm liegen die Ruinen einer mittelalterlichen Burg und die Wallfahrtskapelle Virgen de Castillo. Cullera liegt an der sogenannten Bahia de los Naranjos, der Apfelsi-

Landnutzung im Gebiet der Albufera von Valencia

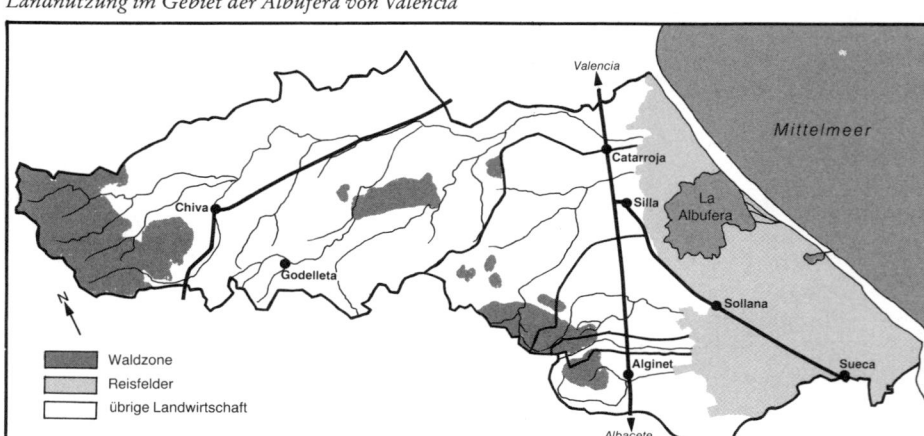

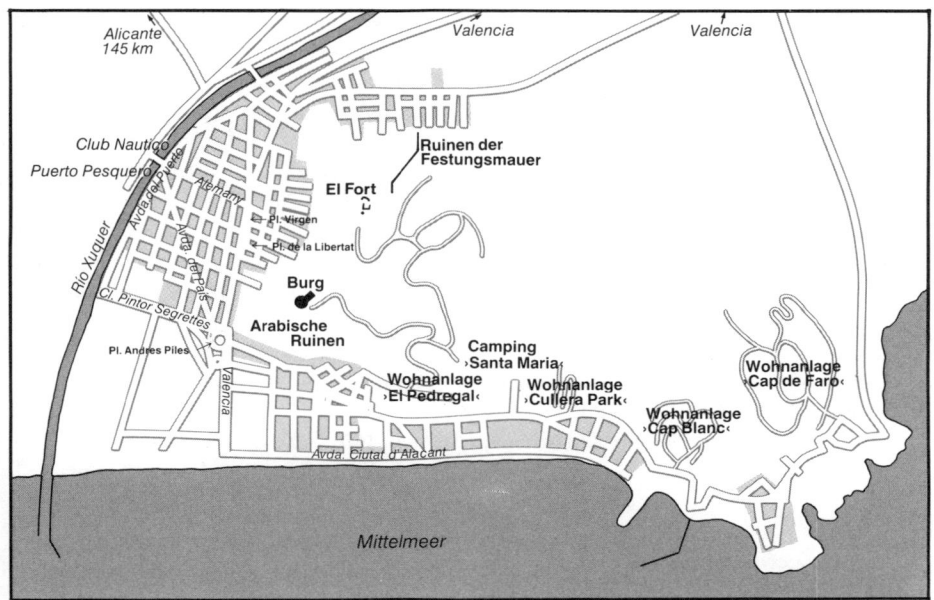

Cullera

nenbucht, so genannt, weil im gesamten Hinterland der Bucht Südfrüchte angebaut werden. Die Gemeinde Cullera ist vom Tourismus völlig überrollt worden, wobei sich die Entwicklung des Straßenverkehrs im Ort als größtes Problem erwiesen hat, das immer noch einer Lösung harrt. Inzwischen ist praktisch jede größere Freifläche an der mit steilen Felsabschnitten durchsetzten Küste mit Hochhäusern bebaut worden, die eine Übernachtungskapazität von mehr als 100000 Personen aufbieten. Damit ist der Ort neben Benidorm zu einem der größten Feriengebiete der Küste geworden.

Cullera war früher ein Dörfchen mit mittelalterlicher Bausubstanz, das aber schon auf frühe Ansiedlungen der Iberer, Griechen, Römer und später der Araber zurückgeht. Das *castillo*, auf dem höchsten Punkt über der Stadt gelegen, wurde 1231 durch Jakob I. gegründet, beruht aber ebenfalls schon auf einer kleineren maurischen Befestigung. In den historischen Auseinandersetzungen war der Ort aufgrund seiner Lage immer einer der Brennpunkte. Sowohl der Cid als auch die bekanntesten spanischen Könige wie Jakob I., Peter III. und Philipp II. hielten sich während ihrer Feldzüge hier auf. Die häufigen Übergriffe arabischer Piraten, die über Jahrzehnte die spanische Mittelmeerküste tyrannisierten, führten dazu, daß im 16. Jh. in der Nähe der Siedlung ein Wachturm von etwa 20 m Höhe errichtet wurde. Der *Torre del Marenyet* liegt etwa 2 km vom Ort entfernt. Im selben Jahrhundert wurde auch die *Pfarrkirche* errichtet, die wie alle Kirchen der Region später barock umgestaltet wurde und wenig Sehenswertes bietet.

221

Von Cullera geht es weiter nach Gandía. **Gandía** ist heute eine Stadt von rund 50 000 Einwohnern und Kreisstadt des Landkreises La Safor. Reste vorzeitlicher Besiedlungen finden sich zwar in den Bergen der Umgebung, nicht aber für Gandía. Auch aus der römischen Epoche in Spanien sind erstaunlicherweise keine Siedlungsspuren an diesem an sich günstigen Platz erhalten. Die Gründung der Stadt wird daher erst für die Zeit der arabischen Herrschaft angesetzt, als hier vermutlich eines der 20 Viehgehöfte lag, die in Abhängigkeit zum maurischen Statthalter auf der Burg von Bayren standen. 1240 wurde das Gebiet durch Jakob I. erobert. Sein Sohn Jakob II. begann mit dem Bau einer befestigten Stadt, aus der sich das heutige Gandía entwickelt hat. Das Herzogtum von Gandía wurde unter Alfons dem Alten 1239 gebildet und erreichte seine Glanzzeiten unter diesem sowie später um 1485 zur Zeit der Familie Borgia. Höhepunkt in der Geschichte des Herzogtums war die Herrschaft Francisco de Borgias (1510–72), der auch der Entwicklung seiner Hauptstadt entscheidende Impulse gab. Der Name Francisco de Borgia ist eng verbunden mit dem Orden der Jesuiten, dessen dritter General er war.

Die endgültige Vertreibung der Mauren aus Spanien 1609 bedeutete den wirtschaftlichen und kulturellen Niedergang für das Herzogtum Gandía, verlor es doch den größten Teil seiner Bevölkerung. Die freigewordenen Ländereien wurden in den folgenden Jahrzehnten in mühsamen Anwerbungsaktionen mit Neusiedlern aus allen Teilen Spaniens besetzt.

Im 18. Jh. wurde der Zuckerrohranbau, der zwischen dem 14./15. Jh. aufgrund der klimatischen Bedingungen dieses Gebietes einen großen Umfang erlangt hatte, durch die Seidenraupenzucht abgelöst, die beträchtliche Gewinne erbrachte. In großem Maße wurden jetzt in Gandía und der Umgebung die für die Zucht notwendigen Maulbeerbäume angepflanzt. Das Ende der spanischen Seidenraupenzucht im 19. Jh. bedeutete abermals eine völlige Strukturänderung für die Landwirtschaft im Herzogtum. Die ausgedehnten Maulbeerbaumpflanzungen wurden nach und nach abgeholzt und zunächst durch Weinreben, später durch Orangen ersetzt, die bis heute die wichtigste Frucht geblieben sind. Die Ausweitung des Orangenanbaus wirkte sich auch positiv auf die Entwicklung der Bevölkerung aus mit hohen Zuwachsraten in den 60er Jahren des 20. Jh. Die hier mittlerweile vorhandene Kleinindustrie konzentriert sich weitgehend auf die Landmaschinenerzeugung und ist eng mit der Region als Absatzgebiet verbunden. Neue Arbeitsplätze wurden in den letzten Jahren vorwiegend durch das explosionsartige Anwachsen des Fremdenverkehrs geschaffen, der im Bereich der Dienstleistungen ständig neue Möglichkeiten bietet. Die alte Herzogsstadt weist einige sehenswerte Baudenkmäler auf. Man beginnt den Rundgang durch Gandía auf dem großen städtischen Parkplatz (nicht bewacht) am Río Serpis, wo man möglichst sein Auto stehen läßt, da die Innenstadt mit ihren engen Straßen dem Besucher praktisch keine Parkmöglichkeiten bietet.

Das erste Ziel ist der *Palast der Herzöge* an der Calle Sant Duc (San Duque). Er besteht eigentlich aus mehreren Gebäuden, die sich um zwei Innenhöfe gruppieren. Unmittelbar neben dem Haupteingang liegt der Waffenhof; der zweite Innenhof wird auch als Schilfrohrhof bezeichnet, vormals auch Zisternenhof genannt. Die Prunktreppe des Waffenhofes weist drei von Strebepfeilern getragene Bogen auf (Abb. 62). Über dem Eingangstor des

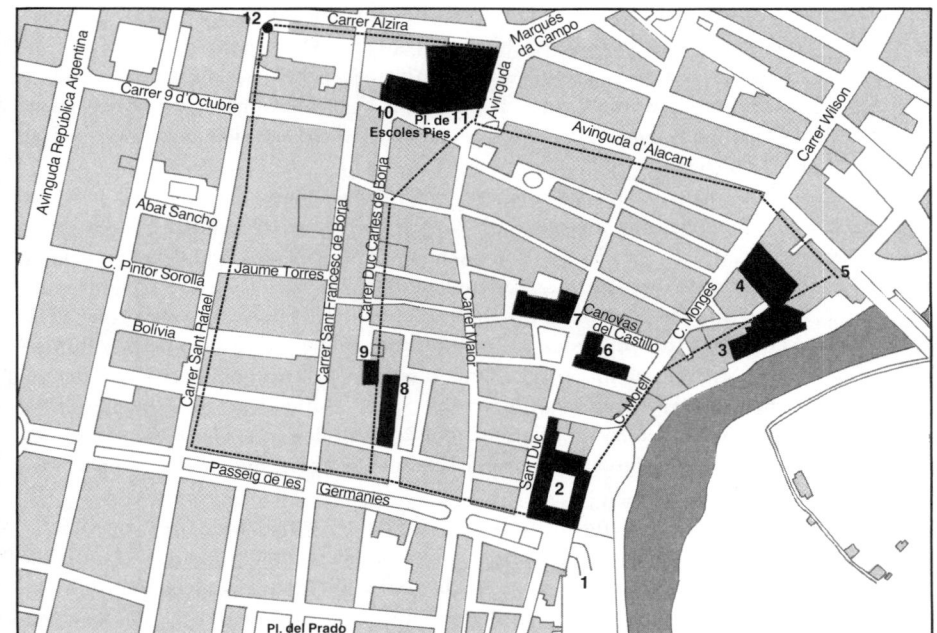

Gandía 1 Städtischer Parkplatz 2 Herzogspalast 3 Hospiz St. Marc 4 Kloster Santa Clara 5 Festungsturm, Stadtwall und Gesims 6 Rathaus und Touristeninformation 7 Stiftskirche 8 Archäologisches Museum, Konvent St. Roc, Post und Telefon 9 Kirche St. Roc (San Roque) 10 Kirche E. Pias 11 Alte Universität 12 Festungsturm Pino

Palastes ist das Wappen der Herzöge von Gandía angebracht. Der aus dem 16./17. Jh. stammende Palast der Borgias, in einem Gemisch aus Gotik und Renaissance erbaut, besitzt zahlreiche prachtvolle ausgestattete Räume, darunter den Kronensaal, die Säle von Cerdeña, De los Carroz und von Centelles sowie den grünen Saal. Daneben gibt es noch die recht beachtliche Privatkapelle der Herzöge (Abb. 63). Heute gehört der Palast dem Jesuitenorden, der ihn von den letzten adeligen Eigentümern, der Familie Osuna kaufte. Innerhalb des Gebäudes ist ein kleines Museum eingerichtet worden, das einige Gegenstände, Bilder, Plastiken und Reliquien aus der Geschichte des Herzogtums und vor allem des Herzogs Francisco de Borgia enthält.

Das *Hospiz von St. Marc* (San Marcos) wurde im 14. Jh. errichtet. Hervorzuheben ist seine aus dem 15./16. Jh. erhaltene Haupthalle. Ein Stück weiter liegt auch das Kloster *Santa Clara* mit einer Kirche gleichen Namens. Reste des ehemaligen Stadtwalles und ein Festungsturm aus dem 16. Jh., der großen Zeit der Militärbauten in Spanien, liegen ebenfalls in der Nähe.

223

Das *Rathaus* von Gandía ist an der Plaza Constitución errichtet worden. Hier sind auch die örtliche Polizei und das städtische Archiv untergebracht. Die klassizistische Fassade des villenartigen Gebäudes wurde im 18. Jh. gestaltet (Abb. 64). Schräg gegenüber dem Rathaus liegt die *Stiftskirche* der hl. Mutter Gottes. Das gotische Gebäude wurde in drei Abschnitten errichtet, deren Übergänge heute zum Teil fließend erscheinen, nachdem der Bau mehrfach renoviert wurde (Abb. 60, 61).

Die ursprüngliche Moschee wurde in einem ersten Bauabschnitt 1250 bis 1350 errichtet. Eine vollständige Renovierung, die praktisch wohl mit einer weitgehenden Umgestaltung gleichzusetzen ist, erfolgte im zweiten Bauabschnitt 1350 bis 1420. Schließlich wurde im dritten Bauabschnitt 1499 bis 1520 der vorhandene Bau durch vier weitere Gewölbezüge erweitert und außerdem das Aposteltor durch den Baumeister Damían Forment geschaffen. Ein von dem Maler Pablo de San Leocadio gemaltes Altarbild wurde im spanischen Bürgerkrieg zerstört. Die Stiftskirche im Stil der katalonischen Gotik ist von ihrer Form her ein Langhaus, errichtet als Felssteinkonstruktion mit Seitenschiffen und Strebepfeilern. Die Grate des Kreuzgewölbes setzen sich als Säulen bis zum Boden fort. Der Gesamteindruck der Kirche ist eher unharmonisch, was vermutlich auf die unterschiedlichen Bauperioden zurückzuführen ist.

An der Plaza Escuelas Pías befindet sich das Gebäude der *alten Universität* von Gandía, die von Francisco Borgia als Schulungsstätte zur Glaubenserziehung bekehrter Konvertiten gegründet wurde. Bei ihrer Errichtung im 16. Jh. griff man auf vorhandene Gebäude der Einsiedelei San Sebastián zurück, die dem Bedarf entsprechend erweitert wurden und sich um einen Innenhof gruppieren. Die Fassade mit ihrer klassizistischen Struktur stammt von 1785. Nach der Vertreibung der Jesuiten, die diese Schule ursprünglich betrieben hatten, wurde die Universität in ein Haus der barmherzigen Brüder und Schwestern umgewandelt, aber niemals in dieser Funktion genutzt. Die ehemalige Einsiedelei blieb bis 1605 erhalten und wurde dann zu einer Kreuzgratkapelle mit je drei Seitenkapellen und einer Kuppel erweitert. 1883 wurde der Gesamtbau renoviert und umgestaltet. An der Stirnseite entstand eine neue Abendmahlskapelle.

Gandía gehört, zumal am Abend und am Wochenende, wenn der innerstädtische Verkehr nachgelassen hat, zu den schönsten Städten dieser Küste. Dann sollte man unbedingt einen Spaziergang durch die Straßen der Altstadt machen.

Nächster Haltepunkt der Reise ist **Oliva** inmitten von Oliven- und Maulbeerbäumen am Fuß eines Hügels, Collina de Santa Ana. Auch hier werden die Maulbeerbäume immer mehr durch den Orangenbau verdrängt, so daß es sicher nur eine Frage der Zeit ist, bis sie völlig verschwunden sind. Mit seinem gepflegten Sandstrand ist Oliva ein begehrter Badeort. Hier befand sich der aus dem 16. Jh. stammende Palacio de los Centellas, eine der ehemals bedeutenderen adeligen Residenzen, deren Bau bereits Ende des 15. Jh. begonnen wurde; der Palast hatte ein gut gestaltetes Portal und eine kleine Galerie mit einigen Kunstwerken vornehmlich der Gotik und der Renaissance. Er ist heute leider abgerissen. Die Kirche *Santa María* besitzt ein reich geschmücktes Außenportal. In ihr finden wir einige Statuen von Juan Esteve Bonet (1741–1802).

Von Oliva geht es weiter nach **Denia** und damit in das Gebiet der Costa Blanca. Die Landschaft, vorher noch grün durch die zahlreichen Orangenplantagen, wird jetzt deutlich trockener und karger, ja geradezu lebensfeindlich. Denia geht vermutlich zurück auf eine ehemalige phönizische Kolonie (Farbabb. 18). Der Name der Stadt leitet sich wahrscheinlich von einem Diana-Tempel ab, der hier einmal gestanden haben soll. Von den Römern wurde die Stadt denn auch Dianium genannt. Unter den Westgoten war Denia Bischofssitz, später wurde es eine regionale Hauptstadt der Araber. Die Geschichte Denias ist geprägt durch seine Stellung als Kapitale des ehemaligen Herzogtums. Erster Herzog von Denia war der Marqués von Lerma, Premierminister unter Philipp III. und damit eine der wichtigsten Persönlichkeiten Spaniens. Er war zugleich auch der ›bedeutendste Sohn der Stadt‹. Aus dieser Vergangenheit ist indes wenig geblieben. Auf dem Denia-Hügel über der Stadt liegen die Reste eines *Kastells*, die seit Jahren restauriert werden. Die Ruinen sind vornehmlich der römischen und arabischen Epoche zuzuordnen. Während der Napoleonischen Kriege diente die Burg als Stützpunkt für die französischen Besatzungstruppen, die sich 1813 erst nach fünfmonatiger Belagerung ergaben. Die Anlage bietet heute einen phantastischen Ausblick über die Stadt und den vorgelagerten Hafen. Innerhalb der Festung wurde ein Museum eingerichtet, das Exponate zur Stadtgeschichte zeigt. Sehens- und erlebenswert ist die Altstadt von Denia mit ihren malerischen Vierteln Les Roques in der Nähe der Burg und Baix de la Mar am Hafen. An der Plaza de los Caidos (Platz der Gefallenen) liegen die Kirche *Santa María* und das *Rathaus*, zwei Bauwerke aus dem 18. Jh. Santa María wurde 1734 erbaut und besitzt als einziges wichtiges Stück einen Hauptaltar von Esteve Bonet aus dem Jahre 1770.

Nur einige Kilometer von Denia entfernt liegt **Jávea** (Xabia), eine iberische Gründung, zwischen dem Kap San Antonio und dem Kap San Martín an einer der schönsten Buchten dieser Küste. Aus früherer Zeit sind zahlreiche Befestigungen, Mauern und Türme erhalten, die dem Schutz vor Seeräubern dienten.

Besonders beeindruckend sind die noch gut erhaltenen Stadtmauern von Jávea mit zum Teil maurischen Toren. Das mittelalterliche Stadtbild des Ortes wird geprägt durch die malerischen engen Gassen in seinen älteren Teilen und durch die Burg, das *Castillo de San Juan*. Der wehrhafte Charakter des Städtchens ist unverkennbar geblieben.

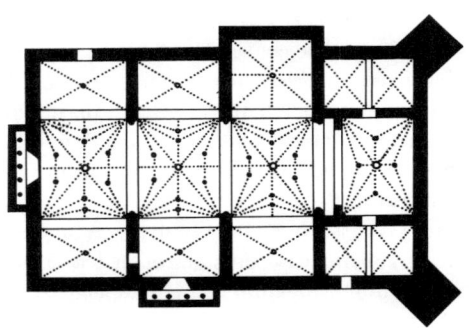

Jávea, Pfarrkirche

Bemerkenswert ist die *Pfarrkirche* mit ihrem gotischen Turm aus dem 16. Jh., die vor einiger Zeit zum nationalen Kunstdenkmal erklärt wurde (Abb. 65, 66). Das Kirchenschiff wurde schon im 14. Jh. begonnen, der Bau aber erst im 16. Jh., im isabellinischen Stil fertiggestellt. Mit ihren Zinnen und Schießscharten gehört die Kirche zum Typ der levantinischen Wehrkirche, die der Bevölkerung Schutz vor den häufigen Piratenüberfällen bot. Heute befinden sich nur noch wenige dieser Kirchen in einem so guten und originalen Erhaltungszustand wie der Bau in Jávea.

Das Gotteshaus ist einschiffig ausgeführt, mit seitlichen Kapellen und asymmetrischer Kreuzform. Hervorzuheben sind die beiden aufwendig gestalteten Portale des um 1920 restaurierten Gebäudes, von denen das Südportal am besten erhalten ist. Beide sind in typischer Form als Bogenportale mit Archivolten und Ziergiebeln ausgeführt, während die Gewände die sonst so typischen Gewändefiguren jedoch nicht tragen und somit sehr schlicht wirken.

Das Städtchen **Benissa** besitzt eine im 19. Jh. erneuerte Pfarrkirche aus dem 15./16. Jh. sowie ein 1611 gegründetes Franziskanerkloster. Die Pfarrkirche ist befestigt und diente ebenso wie auch die Kirchen der benachbarten Gemeinden als Schutzraum. Die Kirchhofmauer trägt auf steinernen Sockeln die in farbiger Keramik ausgeführten Darstellungen der Kreuzwegstationen Christi. Wenngleich es sich hierbei um weitgehend naive Bilder handelt, sind sie doch durchaus beachtenswert, da die notwendigen Kacheln als Einzelstücke in Handarbeit hergestellt wurden und diese Art der Darstellung in den letzten Jahren seltener geworden ist. Sie findet sich vorwiegend im Landesinneren, weniger aber an der Küste. Im Volksmund trägt die Kirche von Benissa auch den Namen Catedral de la Marina, der sich weniger von ihrer Größe als vielmehr von der engen Beziehung des Ortes zum Meer ableitet.

Kurz hinter Benissa sieht man in der Ferne bereits den Peñón de Ifach liegen, ein gewaltiger Vulkanfelsen, der sich 332 m hoch aus dem Meer erhebt (Farbabb. 17). Der Ifach, wie er in der Kurzform allgemein genannt wird, gilt als das Wahrzeichen der Costa Blanca. Er wird oft mit dem gleichermaßen als gewaltiges Massiv aus dem Meer ragenden Felsen von Gibraltar verglichen.

Bevor man sich aber dem Ifach und seiner Stadt Calpe nähert, kann man noch einen kleinen Abstecher nach **Moraira** machen. Das ehemalige Fischerdörfchen ist heute völlig vom Tourismus erobert, hat sich aber einige liebenswerte Details bewahren können. Neben den noch erhaltenen Fischerhäusern in den engen Gassen findet sich auch hier einer der an dieser Küste zahlreichen Wachtürme. Der Turm, von der Werbung etwas irreführend als *castillo* bezeichnet, befindet sich wie die meisten historischen Wehranlagen der Levanteküste in einem Zustand dauernder Restauration und kann daher nicht besichtigt werden. Er ist aber ein schönes Beispiel einer vor allem von Zweckmäßigkeit gekennzeichneten Militärarchitektur.

Im Gebiet von Moraira finden sich bis heute einige der bekannten *riu-raus*, in denen die Weintrauben zu Rosinen getrocknet wurden. Die Frontseite dieser Häuser ist immer zur Sonne ausgerichtet und hat eine Säulengalerie. Hier hängen die Gestelle mit den Trauben zur Trocknung. Die Weintraube, vornehmlich die hier beheimatete Muskateller-Traube, wird als Anbaufrucht in den letzten Jahren zunehmend von der Apfelsine verdrängt, die außer einem geringeren Pflegeaufwand auch höhere Erträge bringt.

Calpe ist eine der ältesten Siedlungen der Küste. Schon in frühester Zeit befanden sich hier menschliche Siedlungen. Nachgewiesen sind Siedlungsspuren sowohl der Bronzezeit als auch von Iberern, Römern und Arabern. Heute gehört der Ort zu den bedeutenderen Fischereihäfen der Levante. Hervorzuheben sind die *Bäder der Königin* (römisch), ein *Kirchturm* aus dem 16. Jh. die *Casa Nova* aus dem 14. bis 16. Jh. und die *Pfarrkirche* aus dem 16. bis 18. Jh.

Reizvoll ist schließlich der Besuch des Fischereihafens von Calpe, wenn die Boote vom Fang zurückkehren und der Fisch versteigert wird. Zuvor erhalten die Familien der Fischer das ihnen zustehende Kontingent aus dem Fang zur Eigenversorgung. Teilweise ist es möglich, schon vor der Versteigerung direkt am Kutter Fisch zu kaufen und dabei besonders gute Stücke herauszusuchen. Calpe ist einer der wenigen Häfen, in denen man an diesem Ereignis noch teilnehmen kann.

Von Calpe kommend setzt man die Fahrt fort in Richtung Süden und erreicht als nächstes die Kleinstadt **Altea** (Farbabb. 23), einer der ruhigeren Ferienorte im Küstenabschnitt zwischen Valencia und Alicante, da die Beherbergungsmöglichkeiten des Ortes begrenzt sind und kaum Möglichkeiten zu einer weiteren Ausbreitung existieren. Natürlich steht auch hier der Fremdenverkehr in voller Blüte, was sich neben wahren Touristenströmen in den abendlichen Flanierstraßen des Ortes vor allem in endlosen Staus auf der Durchgangsstraße äußert. Der Ort hat neben einem Fischerhafen einen bedeutenden Jachthafen, in dem auch größere Boote anlegen können und der entsprechend frequentiert wird. Die Altstadt ist fast unbeeinträchtigt erhalten. Ihr Mittelpunkt auf der höchsten Erhebung ist die mit *azulejos* eingedeckte *Pfarrkirche*. Altea hat eine gewisse Bekanntheit als Künstlerzentrum erlangt und bietet in einigen Galerien Ausstellungen mit Werken der dort lebenden Maler und Bildhauer. Noch bekannter ist Altea allerdings wegen der Langusten, die frisch gefangen und in den Gaststätten der Altstadt und des Hafenbereiches zubereitet werden.

Von Altea macht man nun einen kleinen Abstecher ins Inland (Farbabb. 2). Auf dem Weg nach Guadalest ist **Callosa de Ensarriá** an den Hängen des Almedia die erste Station. Der Ort wurde unter maurischer Herrschaft Caluja de Almedia genannt. Nach der Eroberung durch die Christen ging die Gemeinde 1248 durch königliche Schenkung an Arnau de Sarriá über, der dem Dorf auch seinen neuen Namen Callosa d'En Sarriá gab und somit auch seine Herrschaft kennzeichnete. Ab dem 15. Jh. änderte sich der Name nach der Weitergabe an einen neuen Besitzer in Callosa d'En Bou. Im 18. Jh. hieß das Dorf Moncada nach Gastón de Moncada, Graf von Aitona und Herr von Micleta, Algar und Valle de Tarbena, der ebenso wie seine Vorgänger seinen Besitz mit seinem Namen kennzeichnete. Erst mit der Mitte des 18. Jh. begann eine wirtschaftliche Renaissance des bis dahin unscheinbaren Örtchens, das in der Folge wieder seinen alten Namen annahm und sich nun Callosa de Ensarriá nennt.

Die Pfarrkirche San Juan Bautista stammt aus dem 18. Jh. In dem ehemaligen Kapuzinerkloster des Ortes wird ein gotisches Bildnis aufbewahrt, das der Gemeinde von Jakob I. geschenkt wurde. Da dieses Bild nach der Legende einmal von ehemals dort lebenden

Mohammedanern entweiht wurde, trägt es auch den Namen Jungfrau der Beleidigungen (*virgen de las injurias*). Im Gebiet von Callosa wird in größerem Umfang der Anbau hochwertiger Obstsorten betrieben. Grundlage dafür ist die Bewässerung der Obst- und Gemüseflächen mit dem Wasser des Algar und den Zuflüssen zahlreicher Quellen.

Von Callosa geht es durch das Gebirge über eine kurvenreiche Strecke weiter nach **Guadalest**. Die gut ausgebaute Straße ist ohne Schwierigkeiten zu befahren. Aufgrund seiner Lage auf einem Berggipfel in 775 m Höhe nimmt Guadalest in der Levante eine besondere Stellung ein. 1609 flüchteten die letzten aus der Levante vertriebenen Morisken hierher, wo sie sich noch kurze Zeit halten konnten. Der Ort kann nur durch einen in den Fels gehauenen Tunnel betreten werden und bietet somit ideale Verteidigungsmöglichkeiten, zumal der Berg allseitig steil abfällt. Das Dorf selbst besteht praktisch nur aus einem großen Platz, dem Rathaus, der Kirche, einem Adelssitz sowie wenigen Häusern. Darüber liegt noch der Friedhof auf der Kuppe des Berges. Außerhalb des Dorfes, d. h. außerhalb des Zugangstunnels sind inzwischen weitere Häuser entstanden, in denen im Zuge des zunehmenden Fremdenverkehrs kleine Geschäfte und Lokale eingerichtet wurden (Farbabb. 6).

Das *Kastell* Guadalest fiel bereits Mitte des 13. Jh. in die Hände Jakobs I., der es an Vidal de Sarriá verschenkte. Später ging die Festung an Peter von Aragón über, der sie seinem Königreich eingliederte. 1644 wurde sie durch ein schweres Erdbeben weitgehend zerstört. Eine Pulverexplosion während des Erbfolgekrieges fügte ihr 1708 irreparable Schäden zu und 1748 erfolgte eine praktisch endgültige Zerstörung durch ein weiteres Erdbeben. Bis dahin hatte Guadalest mehrfach auch als besonders sicheres Gefängnis für wichtige Staatsgefangene gedient.

Zu den interessanten Details von Guadalest gehört sicherlich der oberhalb des Ortes liegende *Friedhof*, der gleichzeitig der höchstgelegene Friedhof Spaniens ist. Auf dem Weg zum Friedhof über steile Treppen passiert man die Kreuzwegstationen in Form steinerner Pfeiler mit tief eingelassenen farbigen Kacheln, die die einzelnen Stationen zeigen. Diese ähneln den Pfeilern, wie sie schon in Benissa zu sehen waren.

Unterhalb des Dorfes Guadalest liegt ein nach diesem benannter großer Stausee, der zur Wasserversorgung vor allem des Küstengebietes dient. Die gesamte Landschaft um Guadalest ist stark terrassiert und wird heute entweder landwirtschaftlich genutzt oder aber im Rahmen der laufenden Aufforstungsprogramme bepflanzt (Farbabb. 8).

Von Guadalest kehrt man zurück auf die Küstenstraße und setzt die Fahrt fort nach **Benidorm**, dem nicht zu Unrecht der Beiname ›Manhattan der Costa Blanca‹ anhaftet. Von dem ehemals malerischen Fischerdörfchen sind heute nurmehr einige wenige Gassen geblieben. Der Ort hat sich über zwei Buchten ausgebreitet und besteht bei etwa 15 000 ständigen Einwohnern aus einer ungeheuren Zahl von Hochhäusern, zwischen denen vierspurige Straßen verlaufen. In der Hochsaison zählt Benidorm weit über 200 000 Bewohner. Allein die Kapazität der Hotels beträgt etwa 35 000 Betten. Hinzu kommen rund 210 000 Plätze in Ferienwohnungen und etwa 5000 Unterkünfte auf Camping-Plätzen (Farbabb. 20).

Die Geschichte Benidorms ist weitgehend unbekannt. Als sicher gilt, daß der Platz aufgrund seiner hervorragenden Lage schon in frühester Zeit durch die Griechen und Phönizier

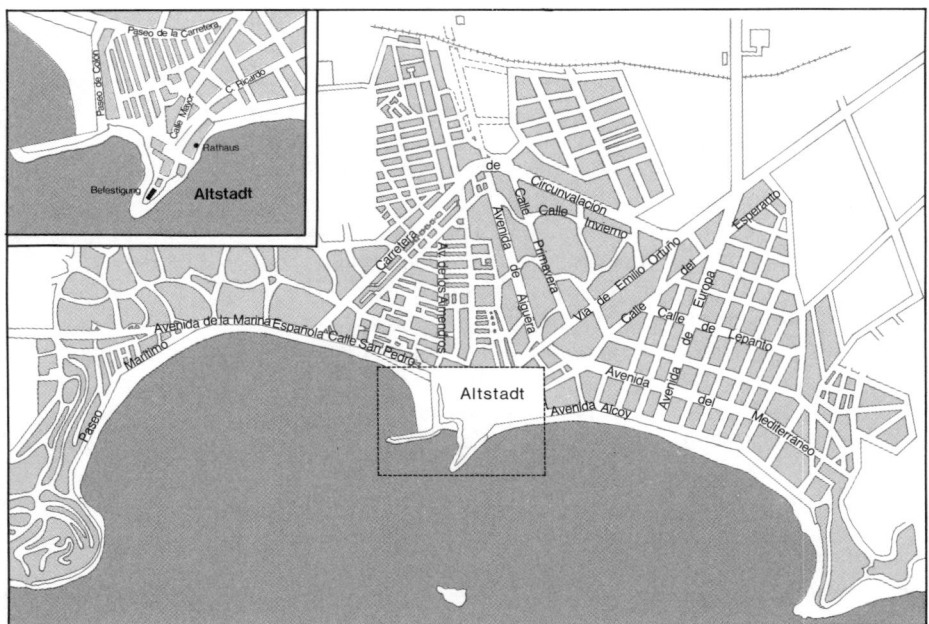

Benidorm

besiedelt wurde. Später errichteten auch die Karthager hier eine Kolonie, von der einige Ausgrabungsfunde Zeugnis ablegen. Bis zur arabischen Herrschaft in Spanien verliert sich die Besiedlung der Bucht dann im dunkeln der Geschichte. Die Araber gaben dem Ort auf der Klippe schließlich auch seinen Namen, der sich in leicht veränderter Form bis heute erhalten hat: Beniderhim. Mit dem Ende des arabischen Reiches gelangte Benidorm zur neugeschaffenen Baronie von Polop und La Nucia. Philipp V. verlieh dem Ort das Stadtrecht. Im 16. Jh. überfielen nordafrikanische Piraten mehrfach die Stadt – daher errichteten ihre Einwohner mehrere Wachtürme, die später aber wegen mangelnder Nutzung und Pflege verfielen. 1812 wurde Benidorm kurzfristig von französischen Truppen besetzt, aber schon bald wieder geräumt.

Benidorm bezieht heute seine Anziehungskraft weit über die Landesgrenzen hinaus aus dem feinen weißen Sandstrand seiner beiden Buchten und den hervorragenden klimatischen Bedingungen, die den Ort auch im Winter als Urlaubsziel attraktiv machen. Die Bergkette des Hinterlandes schützt die Stadt vor schweren Stürmen, die im Herbst und Frühjahr gelegentlich auftreten. Die durchschnittliche Temperatur beträgt hier 23 °C, die durchschnittliche Wassertemperatur 20,4° C. Selbst im Winter fallen die Werte nicht unter 18,7 °C bzw. 15,8 °C. Ein weiterer Anziehungspunkt ist sicherlich die ungewöhnlich vielfältige

Gastronomie des Ortes einschließlich einer Unzahl von Discotheken, Nachtlokalen etc. sowie das große Angebot an Sportmöglichkeiten aller Art.

In künstlerischer wie kunsthistorischer Sicht hat die Stadt keine Sehenswürdigkeiten zu bieten, wenn man einmal von der kleinen *Pfarrkirche* im alten Dorf absieht, die mittlerweile durch ein Betongotteshaus im modernen Stadtteil ergänzt wird. Reizvoll ist der Ort vorwiegend wegen seines alten Dorfes und der Aussicht, die man von der ehemaligen Befestigung über das Meer und die beiden Buchten hat.

In der Bucht von Benidorm liegt in der Form eines schrägliegenden Klotzes *L'Illa*, die Insel von Benidorm, die oftmals mit einem schrägliegenden Koffer verglichen wird. Die früher nur von Ziegen und Kaninchen bewohnte Insel kann heute mit Besucherbooten erreicht werden und hat eine bescheidene Gastronomie.

Nächstes Ziel der Fahrt ist die wenige Kilometer weiter liegende Stadt **Villajoyosa** an der Mündung des Sella. Die Gründung von Villajoyosa geht bereits auf die iberische Zeit zurück. Die Fundstücke dieser Epoche befinden sich heute im Archäologischen Museum von Alicante. Die heutige Altstadt des Ortes wurde erst im 14. Jh. erbaut mit einer Wehrkirche als Kern. Aus römischer Zeit sind einige Funde erhalten. Schutzheilige des Ortes ist die heilige Martha, die die Stadt am 29. 7. 1538 durch ein Wunder vor der Plünderung und Zerstörung durch sechs Piratenschiffe gerettet haben soll. An ihrem Namenstag, der jedes Jahr gefeiert wird, werden in Villajoyosa die Spiele der *moros y christianos* aufgeführt, um an dieses wundersame Ereignis zu erinnern. Die Feste sind so attraktiv gestaltet, daß sie als wichtiges touristisches Ereignis gefördert werden. Der Name der Stadt ist eng verbunden nicht nur mit der Fischerei und Seilerei, sondern auch mit der Herstellung von Schokolade, die ihr den Beinamen La Ciudad del Chocolate gegeben hat.

La millor terra del món – Das beste Land der Welt: Alicante

Alicante, Hauptstadt der gleichnamigen Provinz, liegt ungefährt in der Mitte der Costa Blanca und gilt als eine der schönsten und klimatisch angenehmsten Städte Spaniens. Nicht ohne Grund wird sie in einem Volkslied, das dem Marquis von Molin zugeschrieben wird, als »la millor terra del món« bezeichnet: Das beste Land der Welt.

Mit über 250000 Einwohnern ist Alicante eine der Großstädte Spaniens. Ihr Hafen ist neben Barcelona und Valencia einer der bedeutendsten Mittelmeerhäfen des Landes, wenngleich sich seine Funktion heute überwiegend auf Fischerei und Fährverkehr beschränkt. Daneben ist Alicante aber auch Ausfuhrhafen für die landwirtschaftlichen Erzeugnisse der Region wie Wein, Südfrüchte, Olivenöl und Gemüse (Abb. 67). Mit einer Fläche von fast 6000 km^2 einschließlich einiger kleiner Inseln vor der Küste gehört die Provinz Alicante zu den kleineren Verwaltungseinheiten Spaniens. Wie auch in den benachbarten Provinzen ist das gebirgige Hinterland relativ dünn besiedelt und weist hohe Abwanderungstendenzen seiner Bevölkerung auf; die Küstenzone mit ihren rund 140 Gemeinden ist dagegen dicht

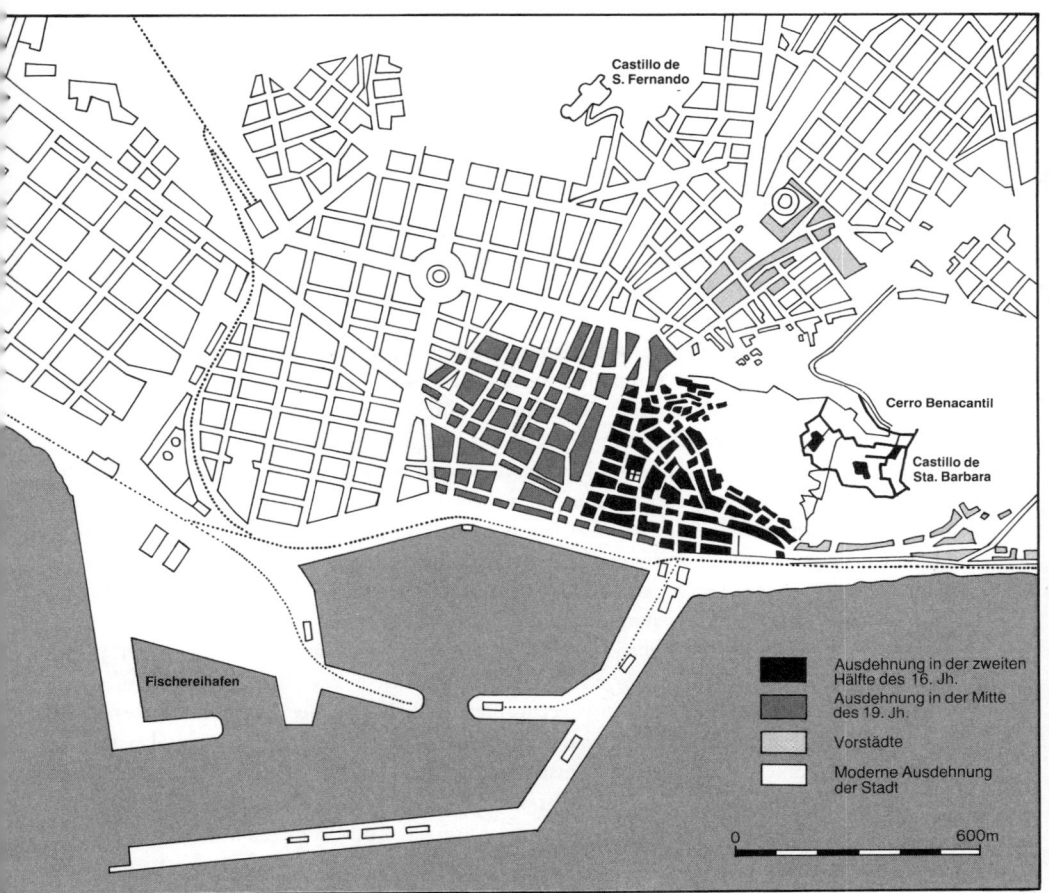

Alicante, Historische Stadtentwicklung

Im Bild enthaltene Beschriftungen:

Castillo de S. Fernando

Cerro Benacantil

Castillo de Sta. Barbara

Fischereihafen

Ausdehnung in der zweiten Hälfte des 16. Jh.

Ausdehnung in der Mitte des 19. Jh.

Vorstädte

Moderne Ausdehnung der Stadt

0   600m

bevölkert und gilt aufgrund ihrer intensiven Nutzung durch den Fremdenverkehr als das wirtschaftlich bedeutendste Gebiet der Provinz.

Neben dem Fremdenverkehr spielt die Landwirtschaft als Erwerbszweig in der Provinz noch immer eine bedeutende Rolle. Dies gilt vorwiegend für die Gartenbaulandschaften um Orihuela und Denia sowie für die Vega del Segura. Der Río Segura ist die wichtigste Wasserquelle der Landwirtschaft und erreicht infolge der intensiven Entnahme nur noch als kleines Flüßchen das Meer. Wie schon in der *huerta* von Valencia zeichnet sich auch in der Provinz Alicante die Landwirtschaft durch spezielle Bauformen ihrer Häuser aus. Typische Bauten sind die *barracas* der *huerta* von Orihuela, der Vega del Segura, die unterirdischen Häuser von Crevillente und die *riu-raus* von Denia, die alle auf den jeweiligen Verwendungszweck zugeschnitten sind. In Zweck und Form der *barraca* von Valencia durchaus verwandt, unterscheiden sie sich doch von dieser z. B. in der Raumaufteilung und finden eine Fortset-

231

zung auch in der benachbarten Provinz Murcia. Als temporär genutzte Bauten sind sie einfach konstruiert, ohne Verwendung von Mauerwerk und mit nur den notwendigsten Zimmermannsarbeiten für Türen und Fenster. In einer Beschreibung aus dem ausgehenden 18. Jh. wird die *barraca* als Konstruktion aus den Stämmen von Sonnenblumen beschrieben, gedeckt mit Schilf und Pfriemgras, die Seitenwände aus getrockneten Lehmziegeln aufgeschichtet und der Boden einfach gestampft. Auch das *riu-rau* von Denia bestand ursprünglich nur aus einem an die Hauswand gelehnten Dach, um die Trauben bzw. Rosinen vor dem Wetter zu schützen (s. S. 18 ff.).

Die Bucht von Alicante zählt zu den ältesten Siedlungsplätzen an der spanischen Mittelmeerküste, wie eine Vielzahl prähistorischer Funde beweist. Die Gründung einer ständigen Siedlung wird heute den Griechen zugeschrieben, die hier an einem Berghang ihre Stadt Leukon Teijos gründeten, die Stadt des Lichtes. Der Name leitete sich mit großer Wahrscheinlichkeit von den besonderen klimatischen und atmosphärischen Bedingungen des Gebietes ab. Noch heute wird Alicante in der Literatur wegen seiner klaren Luft und seines hellen Lichtes gerühmt.

Die nahegelegene Bucht bot einen günstigen Liegeplatz für die Schiffe der griechischen Seefahrer, die Leukon Teijos vermutlich mehr als Stützpunkt für ihren küstennahen Seehandel denn als feste Landsiedlung nutzten. Die griechische Siedlung wurde später von den Karthagern als Akra Leuke übernommen und zu einem wirklichen Gemeinwesen ausgebaut.

Bedeutung als wirtschaftliches und vermutlich auch politisches Zentrum an der Küste erlangte Alicante erst mit der Eroberung durch die Römer. Nachgewiesen sind heute die Werkstätten römischer Steinmetze ebenso wie die Fabriken, in denen Fische eingepökelt und für den Versand nach Italien vorbereitet wurden. Die Villen, die Landhäuser der römischen Herren, wurden auf freiem Felde vor der nunmehr Lucentum genannten Stadt errichtet und brachten etwas römische Kultur und Lebensweise hierhin. Das Stadtgebiet weitete sich in dieser Zeit bis an den Nordhang des Santa Barbara-Berges aus und erstreckte sich auch auf das Gebiet des heutigen Stadtviertels Benalúa, das schon zu maurischer Zeit zu den am dichtesten bevölkerten Teilen der Stadt gehörte.

Nach den Invasionen germanischer Völker wurde Lucentum 711 von den Mauren erobert und in Al Lucant umbenannt. Die Rückeroberung durch die christlichen Heere verlief dagegen nicht ohne Rückschläge. 1244 wurde Alicante durch Alfons X. befreit, fiel aber später wieder an die Araber. Erst 1296 gelang es Jakob II., die Stadt dem Königreich Aragón anzuschließen. 1490 erhielt Alicante die Stadtrechte verliehen. Die aufblühende Gemeinde erlitt aber 1648 ganz beträchtliche Verluste, als eine Pest den Großteil der Bevölkerung dahinraffte.

Die in Alicante ansässigen Mauren wurden nach der Rückeroberung zunächst noch eine Zeitlang in der Stadt geduldet, wie dies in den meisten Gebieten Spaniens praktiziert wurde. Diese Haltung war weniger auf eine weitreichende religiöse Toleranz als vielmehr auf die wirtschaftlichen Notwendigkeiten zurückzuführen, da Araber und Juden gemeinsam das Wirtschaftsleben des Landes bestimmten. Die endgültige Vertreibung der Morisken im

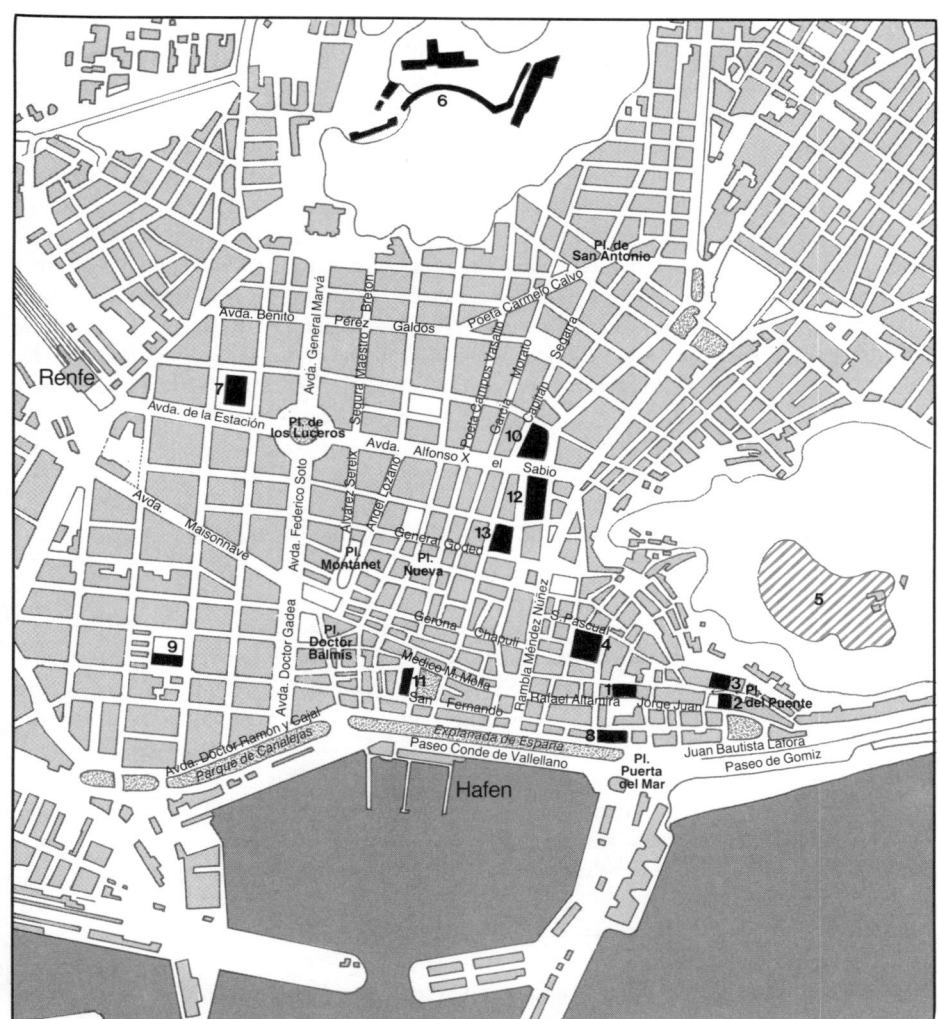

Alicante   1 Rathaus/Städtisches Verkehrsbüro   2 Kirche Santa María   3 Kunstmuseum La Asegu-
rada   4 Kathedrale San Nicolás de Bari   5 Festung Santa Barbara   6 Festung San Fernando   7 Depu-
tationspalast (Archäologisches Museum)   8 Touristenbüro der Provinz   9 C.I.T. (Staatliches Touri-
stenbüro)   10 Zentralmarkt   11 Post   12 Telefonamt   13 Theater

17. Jh., die in der Levante mit besonderer Vehemenz durchgeführt wurde, bescherte Alicante tiefgreifende wirtschaftliche Probleme vor allem im Bereich der von den Morisken dominierten Landwirtschaft, die praktisch vom völligen Zusammenbruch bedroht war. Die Folgen dieser Entwicklung konnten nur begrenzt durch die Ansiedlung von Bauern aufgefangen werden, die von den Balearen nach Alicante einwanderten und die aufgelassenen Betriebe übernahmen.

In den Auseinandersetzungen der folgenden Jahrhunderte spielte Alicante seiner Bedeutung als Wirtschaftszentrum gemäß zwar eine durchaus wichtige Rolle, entging aber durch eine glückliche Fügung den tiefgreifenden Zerstörungen, denen andere Städte der Levante ausgesetzt waren. Im Erbfolgekrieg wurde die Stadt zeitweilig von österreichischen Truppen besetzt, die aber alsbald wieder abzogen. Die Napoleonischen Kriege verschonten die Stadt, da die französischen Truppen ihren Vormarsch nicht bis hierher ausdehnten. Erst der Bürgerkrieg des 20. Jh. wirkte sich wieder nachteilig auf die Stadt aus. Kirchen und Klöster litten unter den Kämpfen, wobei große Teile ihres wertvollen Kunstbesitzes zerstört oder gestohlen wurden.

1936 wurde im Provinzgefängnis der Gründer der Falange, José Antonio Primo de Rivera, Sohn des früheren Militärdiktators, von Anhängern der Volksfront erschossen. Diese Tat hatte eine weitere Eskalation der ohnehin mit äußerster Grausamkeit geführten Kämpfe zur Folge, die die Levante als eines der wichtigsten republikanischen Gebiete besonders betrafen.

Alicante ist heute eine der modernsten und schönsten Städte der spanischen Mittelmeerküste. In den letzten Jahrzehnten sind die großen Einkaufsstraßen der Stadt teilweise noch vergrößert und zusätzliche Parkanlagen geschaffen worden, die der Stadt heute ein ruhiges und friedliches, beinahe gemütliches Gepräge geben. Die Verkehrsführung durch die Außenbezirke und den Hafen macht es möglich, die Innenstadt weitgehend ruhig zu halten. Dennoch stehen im Bereich der *Explanada de España* als ›der‹ Flanierstraße der Stadt, von der aus man auch seine Besorgungen erledigen kann, in ausreichendem Maße Parkplätze zur Verfügung (Abb. 69). Das Pflaster der palmengesäumten Straße besteht aus 6,6 Millionen Stück Marmorsteinen in den Farben Crème, Rot und Schwarz mit einer Fläche von rund 10000 m², die ausschließlich den Spaziergängern zur Verfügung stehen. Der Spaziergang und das Verweilen auf der Explanada de España ist auch für den touristischen Besucher der Stadt ein unumgängliches Muß.

Dem Kunstinteressierten bietet Alicante nur wenig, was allerdings dem Reiz dieser nach Meinung des Verfassers schönsten Stadt der Küste keinen Abbruch tut.

Man beginnt den Rundgang durch Alicante auf der Plaza de Ayuntamiento. Das *Rathaus* wurde in den Jahren 1696 bis 1760 errichtet (Abb. 68, 71). Die fast 50 m lange Fassade, die durch seitliche Türme begrenzt wird, weist mehrere barocke Portale aus dem 18. Jh. auf und wurde durch den aus Alicante stammenden Architekten Lorenzo Chápuli entworfen. Über den Portalen, von denen das mittlere im Gegensatz zu den Halbmondbogen der Seitenportale als rechteckiger Eingang ausgeführt ist, verläuft eine große Balkonreihe mit 52 aus Eisen geschmiedeten Stützbalken und Voluten. Über dem von salomonischen Säulen flankierten

Mittelportal befindet sich zwischen den Fensterreihen das von zwei aufgerichteten Löwen gehaltene Stadtwappen aus weißem Marmor.

Die jeweils etwa 35 m hohen Türme wurden früher von hölzernen Zinnen gekrönt, die einem Orkan zum Opfer fielen und nicht mehr erneuert wurden, so daß sie heute glatt abschließen. Während der rechte Turm eine Uhr trägt, ist der linke mit einem Kreisrelief in gleicher Größe verziert. Ebenso wie die meisten Sakralbauten der Levante ist auch die große Kuppel zwischen den Rathaustürmen mit blauen Kacheln gedeckt. Eine mit neun spitzen Säulen und Traufröhren geschmückte Balustrade bildet den oberen Abschluß des Gebäudes.

Im Inneren des Rathauses befindet sich auf Höhe der ersten Treppenstufe eine Metallplatte des Nationalen Geographischen Instituts von Spanien, die die Höhe über Normal Null in Meter über dem Meeresspiegel angibt und Grundlage aller Höhenangaben und -berechnungen in ganz Spanien ist. Die Verleihung der Stadtrechte an Alicante durch Ferdinand V. wird einige Stufen weiter auf einer weißen Marmorplatte dokumentiert.

Im oberen Bereich der Treppen befindet sich ein korinthisches Kapitell, das aus dem ehemaligen Kloster Nuestra Señora de Gracia hierher gebracht wurde. Kurz vor der Vorhalle stoßen wir schließlich auf zwei Gemälde von Gastón Castelló, die die Erbauung des Rathauses sowie Motive der Umgebung, die Küste und das Hinterland zeigen. Im oberen Geschoß befindet sich der große Sitzungssaal, dessen Vorraum von einer Gemäldesammlung mit Bildern einheimischer Maler wie Agrasot, Menchu Cal, Cabrera, Bronchú, Pérez Gil und Varela Xavier Soler geschmückt wird. Hier befindet sich auch eine Galerie mit Bildern der Bürgermeister von Alicante sowie einige Gedenktafeln aus Marmor. Zum Rathaus gehört eine kleine Kapelle mit hübschen Porzellanfliesen aus Manises, einem Ort, der für seine Keramikerzeugnisse weithin bekannt ist (Abb. 74). Der Barockaltar hat ein Ölgemälde der Jungfrau Maria von Lucas Espinosa sowie die Abbildungen des Antlitz' Christi auf einem der Schweißtücher der Veronika, von denen weitere noch an anderen Stellen der Küste aufbewahrt und verehrt werden. Hier befindet sich schließlich auch ein Bild des Schutzheiligen der Stadt, San Nicolás de Bari. Der Salón Azul, der blaue Salon, ist mit seiner Spiegelgalerie und den Gemälden der königlichen Familie aus dem 18. Jh. einer der prächtigsten Räume des Rathauses. Die Vorhalle zum Bürgermeisteramt weist eine Sammlung von Aquarellen von Bernardo Catarralá auf, die Genreszenen aus dem Alicante des 19. Jh. darstellen. Im Rathaus ist auch das städtische Verkehrsbüro untergebracht, wo man Informationsmaterial über die Stadt und vor allem einen sehr guten Stadtplan erhalten kann.

Vom Rathausplatz geht man über die Calle Jorge Juan zur Kirche *Santa María* (Abb. 75). Auf dem Weg zur Kirche überquert man die alte, heute natürlich nicht mehr vorhandene Grenze, die früher das muslimische von den christlichen Stadtvierteln trennte. Hier stand im Verlauf der heutigen Calle Mayor, einer parallel verlaufenden Straße, früher auch das Stadttor Puerta Ferisa, das die Verbindung zwischen den Wohnbezirken beider Volksgruppen herstellte.

Santa María wurde im Auftrag König Jakobs II. im 14. Jh. auf den Resten der Hauptmoschee Alicantes errichtet. Mit dem Bau wurde ein Mitglied der Architekturschule von Morella beauftragt, deren Gründung durch Jakob nur mit dem Ziel erfolgt war, die erober-

*Alicante. Brunnen
bei Santa María.
Stahlstich*

ten Gebiete mit neugebauten Gotteshäusern zu versehen. Damit sollte nicht nur die religiöse
Eingliederung der neuen Gebiete ermöglicht, sondern auch die königliche Herrschaft gesichert werden. 1484 wurden bei einem Brand das Presbyterium und der Chor zerstört. Der
Wiederaufbau der vernichteten Teile erfolgte während der Renaissance natürlich mit erheblichen stilistischen Änderungen, die sich deutlich auch in den unterschiedlichen Dachteilen
des Gotteshauses dokumentieren.

Im 16. Jh. wurde das Gebäude erheblich erweitert, um im Kreuzgang Prozessionen abhalten zu können. Zu dieser Zeit bewarb sich die Kirchengemeinde um die Anerkennung als Stiftskirche, was entsprechende bauliche Vorgaben erforderte. Das von Manuel Violat entworfene Portal von Santa María (1721–24) ist in einem reichen, oft überladen wirkenden Barock mit unterschiedlichen Säulen, Pilastern und Putten gestaltet und steht im krassen Gegensatz zu der Schlichtheit des übrigen Baukörpers mit seinem ursprünglich gotischen Skelett. Es trägt die Statue des heiligen Andreas und des heiligen Jakobus sowie eine Madonnenstatue. Eine früher im oberen Teil befindliche Statue des Erzengels Michael fiel einem Sturm zum Opfer und ist nicht mehr erneuert worden. Das Innere von Santa María ist weitgehend barock umgestaltet worden. Auf der linken Seite befindet sich eine Christusstatue von Juan Bautista Vera aus dem Jahre 1735. Das aus weißem Carrara-Marmor im Stil der Renaissance modellierte Taufbecken soll nach der Legende urspünglich für eine Kirche in Kastilien bestimmt gewesen sein. Aufgrund seines Gewichtes konnte das massive Stück aber nicht dorthin transportiert werden und verblieb deshalb in Alicante, wo es in der Pfarrkirche seinen Platz fand. Das Taufbecken trägt szenische Darstellungen der Taufe Jesu und wird im Fußbereich von Putten gestützt. Die reichen Verzierungen des Beckenrandes heben sich deutlich ab von der schlichten Ausführung des Medaillons. Über dem recht gewaltig wirkenden Hauptaltar thront eine Statue der Jungfrau Maria mit dem Jesuskinde. Sie wird eingerahmt durch je zwei große Rokoko-Rahmen mit Bildern unbekannter Meister und reichem Zierat. Der hinter dem Altar stehende rote Marmortisch aus dem 18. Jh. von Pascual Valentí hat vor allem die Aufgabe, die bogenförmige Nische mit der Madonnenstatue zu stützen. Die Nische selbst ist geschmückt mit Engeln die Agustín Espinosa, Vater des Hofmalers Carlos Espinosa, zugeschrieben werden. Der große Tabernakel des Hochaltars, eine reizvolle Arbeit, wurde ebenfalls von Valentí entworfen.

Das Presbyterium und das Seitenschiff mit Kapelle und Orgel werden durch verzierte Eisengitter aus dem 18. Jh. von José Malhol (auch Mallol) abgeriegelt und geschützt. In der Kapelle befindet sich eine große barocke Statue von José Esteve y Bonet (1741–1802), einem valencianischen Bildhauer, dessen Werke sich vorwiegend in der Levante finden. Der platereske Altar hat ein Gemälde auf Holz aus der Mitte des 16. Jh., das Johannes den Täufer zeigt und Rodrigo de Osona dem Jüngeren (el Joven) zugeschrieben wird, einem weitgehend unbekannten Künstler, der niemals den Bekanntheitsgrad seines gleichnamigen Vaters (um 1450–90) erreichte. Auch dessen Werk ist allerdings auf die Städte der Levante beschränkt und hat auch hier keine weite Verbreitung gefunden.

Von Santa María geht es nun weiter zum *Kunstmuseum La Asegurada*, das gleich hinter der Kirche liegt. Das Museum ist in einem aufwendig restaurierten Gebäude aus dem Jahre 1685 untergebracht und stellt moderne spanische Kunst des 20. Jh. aus. Die Sammlung, ein Vermächtnis des Alicantiners Eusebio Sempere, umfaßt zahlreiche Skulpturen, Gemälde und graphische Werke, die in einem sehr gut gestalteten Katalog mit ergänzenden Angaben dokumentiert sind.

Vom Kunstmuseum wendet man sich nun wieder dem Stadtinnern zu und geht zur Kathedrale von Alicante, *San Nicolás de Bari* (Abb. 73). Auch diese Kirche wurde nach der

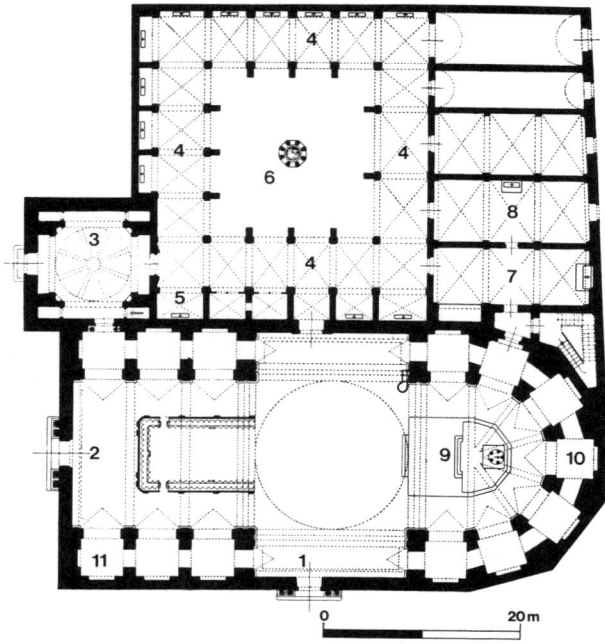

Alicante, San Nicolás de Bari
1 südlicher Seiteneingang
2 Hauptportal
3 Kommunionskapelle
4 Kreuzgang
5 Nebenaltar der Jungfrau
6 Garten
7 Kapelle
8 Sakristei
9 Hauptaltar
10 Rundgang
11 rechtes Seitenschiff;
Auferstehungsaltar

reconquista auf einer arabischen Moschee, der kleinsten von Alicante, errichtet. Anfang des 15. Jh. wurde das Gebäude im Mudéjarstil umgebaut, mußte aber später wegen baulicher Mängel abgerissen werden. Um 1600 begann man mit den Entwürfen für ein neues Gotteshaus, dessen Grundstein schließlich 1616 gelegt wurde. Am Bau dieser neuen gotischen Kirche mit den Abmessungen von 50 m Länge, 25 m Breite und einer Höhe von rund 45 m waren verschiedene Architekten beteiligt, die den Bau schließlich 1662 fertigstellten.

Zur Zeit des Gegenpapstes Benedikt XIII. war San Nicolás in den Rang einer Stiftskirche erhoben worden, wurde aber vom späteren römischen Papst nicht in dieser Rechtsstellung anerkannt. Die Folge war ein längerer Streit auch mit der Kirche Santa María, die sich ebenfalls um diese Ehre bewarb. San Nicolás gewann die Auseinandersetzung schließlich 1596. Im März 1959 wurde die Kirche durch Johannes XXIII. zur Kathedrale erhoben und die Diözese, die bis dahin ihren Sitz in Orihuela hatte, in die Diözese Orihuela-Alicante erweitert.

Kennzeichnend für die Kirche ist der streng wirkende Herrera-Stil. Das Portal weist ionische Strukturen aus schwarzem Marmor auf und trägt eine große Statue des heiligen Nikolaus, dem Schutzpatron der Stadt. Wegen seines Baumaterials wird es auch Puerta Negra genannt. Das Nebenportal an der Südseite wurde 1627 durch den Architekten Martín de Uceta entworfen, der führend am Gesamtbauwerk beteiligt war. Über dem schlichten

Portal mit je zwei seitlichen Säulen befindet sich eine Statue der Jungfrau von Juan Bautista Borja (Borgia), dem von einigen Quellen auch die Urheberschaft an der Statue des heiligen Nikolaus zugesprochen wird.

Das Innere der Kirche wurde zu Beginn des Spanischen Bürgerkrieges 1936 durch einen schweren Brand vollständig zerstört, aber schon ab Mitte der 40er Jahre mit großem Aufwand und sehr viel Sinn für Details stilgerecht restauriert. Es ist dies eine der besseren Restaurationen, bei der bewußt auf zu viele Änderungen gegenüber der vorherigen Ausstattung verzichtet wurde.

Links vom Hauptportal befindet sich die (1738 fertiggestellte) Kommunionskapelle mit baulichen Änderungen aus dem Jahre 1908. Den Mittelpunkt der Capilla de la Comunión bildet ein Altar mit der Verkündigung Mariä. Darüber ist die Dreieinigkeit symbolisiert, während das Stylobat ein Relief eucharistischer Wunder aus der Provinz zeigt. Die Türen zur Kapelle und zum anschließenden Kreuzgang sind aus Nußbaum gefertigt und mit Reliefszenen aus dem Alten und Neuen Testament geschmückt.

Alicante, San Nicolás de Bari (Schnitt)

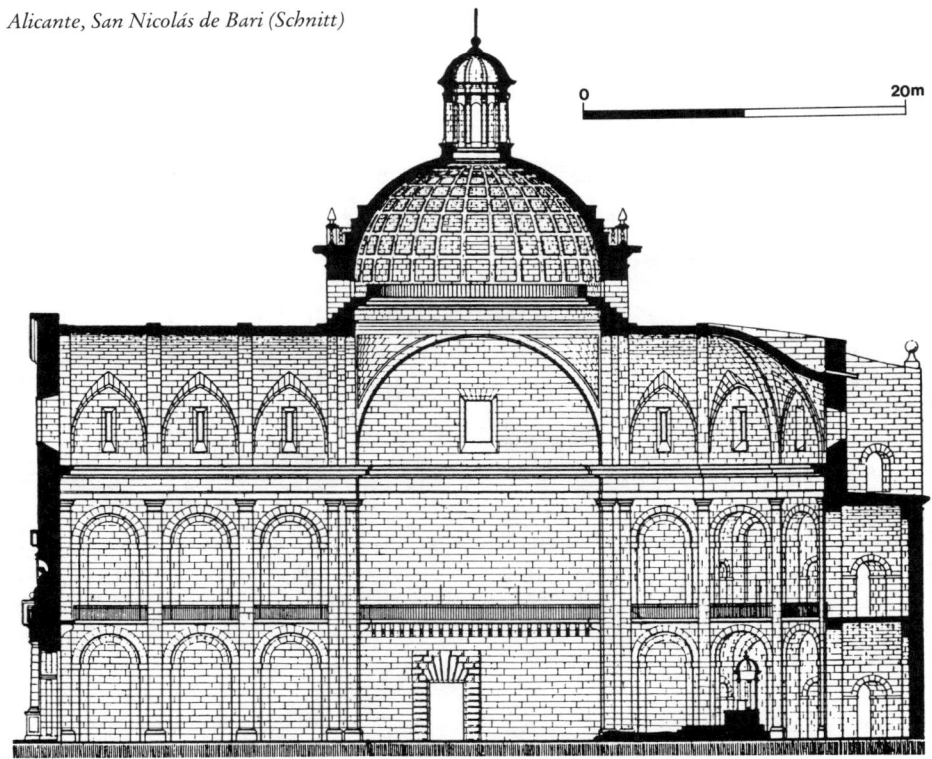

0   20m

Der barocke Hauptaltar aus dem 17. Jh. mit einer Statue des Schutzheiligen im Bischofs-
gewand zeichnet sich durch die zahlreichen figürlichen Darstellungen sowohl am Altarauf-
bau als auch seines Umfeldes aus, etwa an den seitlichen Mauersäulen. Bemerkenswert ist
auch das kunstvoll gestaltete Sakramentshäuschen.

Der Kreuzgang ist um den Garten herum angelegt. Hier findet man Gitterwerke des
Rokoko ebenso wie barocke Türen, die zur Sakristei und zum Kapitelsaal führen. In beiden
Räumen befinden sich Gemälde aus dem 18. Jh. sowie kleine vergoldete Silberstatuen, die
den heiligen Nikolaus von Bari und den heiligen Rochus darstellen. Beide Heilige werden als
Schutzpatrone der Stadt verehrt; die Urheber der Statuen indes sind unbekannt.

Nächstes Ziel des Rundgangs durch Alicante ist die *Festung Santa Barbara* auf dem fast
200 m hohen Benacantil (Abb. 70). Die Festung kann sowohl über eine befestigte Fahrstraße
als auch mit einem Aufzug erreicht werden. Der bequemere Weg ist sicherlich der Aufzug,
dessen Eingang etwas versteckt im Berghang gegenüber dem Strand von Postiguet liegt. Die
Aufzüge werden durch einen Tunnel von rund 200 m Länge erreicht. Sie enden in der
Festung an zwei Stellen auf verschiedenen Ebenen der Anlage. Vorzuziehen ist die Fahrt bis
zur Endstation an der höchsten Stelle des Berges, von wo aus die gesamte Festungsanlage
übersehen und erkundet werden kann.

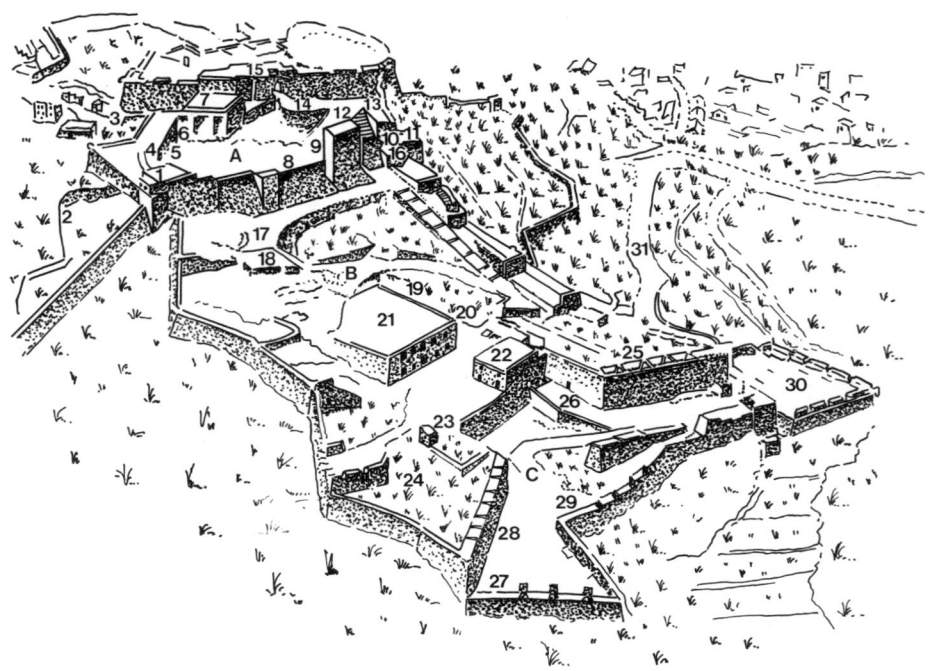

Der Gipfel des Benacantil diente schon seit der ersten festen Siedlung an einem seiner Hänge als Standort einer befestigten Anlage, deren Aufgabe zunächst der Schutz der Bevölkerung war und die jeweils als Fluchtpunkt und Schutz für die Bewohner der Siedlung diente. Diesem Zweck entsprechend ist sie vermutlich relativ klein gewesen und kann kaum aus mehr als ein paar Erdwällen und Gräben bestanden haben. Eine erste größerer Anlage mit festem Mauerwerk wird von den Historikern den Karthagern zugeschrieben, die ein weithin sichtbares Bauwerk geschaffen haben müssen. Die Römer erweiterten die Anlage und nannten sie Castrum Album. Die folgende Periode des Friedens unter der Herrschaft des Imperium Romanum führte bald dazu, daß die ständige Besatzung der Anlage zurückgezogen wurde. Die Befestigungen wurden schließlich ganz aufgegeben und verfielen. Etwa ab der Mitte des 2. Jh. mußten die Ruinen wieder ihre Aufgabe als Wehranlage übernehmen, nachdem der römische Schutz der Küste entfallen war. Häufige Angriffe vor allem nordafrikanischer Seeräuber führten sogar dazu, daß ein Teil der Bevölkerung ständig auf dem Festungshügel lebte und seine römische Kultur dort zu bewahren versuchte.

Im 7. Jh. wurde Alicante von den Westgoten erobert. Wenngleich aus jener Zeit keine Daten überliefert sind, wird heute vermutet, daß die letzten intakten Teile der Befestigung 701 bis 709 von ihnen zerstört wurden, um einem möglichen Aufstand der Bevölkerung

◁ *Alicante, Festung Santa Barbara   A Ältester Bereich der Festung, La Torreta (Geschützturm) genannt; ca. 200 m hoch   B Erweiterung der Anlage im 16. Jh.; Höhe zwischen 128 und 192 m   C Erweiterung der Anlage aus dem 18. Jh.; Höhe zwischen 100 und 128 m   1 La Mina (16. Jh.), ehemals Gefängnis der Festung, heute Endstation der beiden Aufzüge   2 Überdachter Verbindungsgang zur Stadt, im 16./17. Jh. verstärkt   3 Lücke in der Befestigung als Folge einer Minenexplosion von 1708   4 Zugang zum Verbindungsgang   5 vermutete karthagische Gräber, von den Arabern geplündert und als Lager benutzt   6 Abwehrstollen, von englischen Truppen angelegt   7 Parque de los Ingenieros (Pionierpark); 16. Jh. Die Vorderfront wurde später mit zwei Pfeilern verstärkt, um den Schwingungen der Geschütze standzuhalten.   8 Begrenzungsmauer des oberen Festungsbereiches; im 14./15. Jh. auf arabischen Grundmauern erneuert.   9 Geschützturm La Torreta; im 14. Jh. auf alten Grundmauern errichtet. 10 Zugangstreppe zum unterirdischen ›Englischen Lager‹, Namensbildung im 18. Jh. durch englische Besatzungstruppen.   11 Bollwerk der Engländer   12 Vermuteter Standort des Turmes Torre de la Matanza (Turm des Blutbades)   13 Ehemaliges Krankenhaus und Verwaltung, heute als Hauptsaal bezeichnet, auf Befehl Philipp II. errichtet.   14 Unterkünfte   15 Hauptturm mit vermutlich arabischem Unterbau (11.–13. Jh.), mehrfach umgestaltet   16 Bollwerk und ehemalige Zugbrücke 17 Schutzgraben und äußere Grenze der Festung bis zum 15./16. Jh.   18 Vermutlich ehemaliges Pulvermagazin, heute Sitz der Vereinigung der Burgfreunde   19 Ehemaliger Standort des Kommandantenhauses, 1812 durch Sprengung zerstört   20 Ehemaliger Standort der Kapelle Sta. Barbara, 1812 durch Sprengung zerstört   21 Truppenunterkünfte und Haltepunkte der Aufzüge   22 Neues Wachhaus, vermutlich Standort des historischen Torre de las Batallas (Turm der Schlachten).   23 Niedergang zu einer Gefängniszelle und Ruinen der Wachstube   24 Batería de la Reina (Batterie der Königin), 18. Jh. 25 Bollwerk mit unterirdischen Unterkünften (18. Jh.), nach der Sprengung im Jahr 1812 wurde hier eine Kapelle eingerichtet   26 Überdachter Eingang   27 Hauptplatz mit Zisterne   28 Denkmal des Alicantiners Félix Berenguer de Marquina, ehemaliger Vizekönig von Mexiko   29 Grenzmauer La falsa Braga   30 Bollwerk Bon Repós   31 Zufahrtstraße*

vorzubeugen. Die spätere Eroberung Alicantes durch die vordringenden Araber verlief schon deshalb kampflos, weil es längst seines Schutzes beraubt war und nur so der Plünderung und Zerstörung entgehen konnte. Dies gab der Bevölkerung auch die Möglichkeit, ihre bisherigen Sitten und Gebräuche unter den toleranten neuen Herren zu bewahren. Der Name des Festungshügels Benacantil stammt vermutlich ebenfalls aus dieser Zeit. Er leitet sich ab aus den Worten *bena,* der arabischen Umschreibung des lateinischen *pinna* (= Fels, Mauerzinnen, Festung) und dem arabischen *lakanti* (aus Lakanton stammend), dem damaligen Namen der Stadt. Benalakantí wurde im Volk bald zu Benacantil verballhornt. Die maurischen Herrscher erneuerten die Befestigungen auf dem Berg, um ihr neues Reich zu sichern. Trotz der günstigen Lage und des neuen Schutzes blieb Alicante unter den Mauren ein bedeutungsloses Örtchen, das in arabischen Chroniken sogar den Namen ›Alicante die Kleine‹ führte.

Mit dem Niedergang des Araberreiches und dem Vordringen der *reconquista* geriet die Stadt 1122 bis 1126 vorübergehend unter die Herrschaft Aragóns. Ein 1171 unternommener Versuch des kastilischen Rivalen, das Gebiet in seinen Besitz zu bringen, wurde vereitelt. 1245 wurden Stadt und Festung endgültig von den aragonesischen Truppen in Besitz genommen. Ein Aufstand der mohammedanischen Bevölkerung 1248 endete nach der Überlieferung am 4. Dezember, dem Barbara-Tag, der auch der später neu errichteten Festung ihren Namen gab.

Alicante blieb lange ein Streitobjekt zwischen Aragón und Kastilien. Die Festungsanlagen wurden mehrfach zerstört und ab dem 15. Jh. neu aufgebaut, so daß sie heute ein Konglomerat der verschiedensten Teile darstellen. Unter Philipp II. wurde Alicante zum bedeutendsten Nachschubhafen für die afrikanischen Besitzungen, aber auch wegen seines neuen Reichtumes begehrtes Ziel der arabischen Seeräuber. Um dieser Gefahr zu begegnen, beschloß der König den weiteren Ausbau der militärischen Anlagen und beauftragte damit 1562 die Festungsbaumeister Juan Bautista Antonelli und Vespasiano Gonzaga sowie 1571–74 Enrique Palafox und den Italiener Fratin, die auch an vielen anderen Wehrbauten Spaniens beteiligt waren. Die um 1580 begonnenen Arbeiten führten zu der heute bestehenden Anlage.

Stadt und Burg blieben weiterhin Zentrum zahlreicher Auseinandersetzungen. Im Erbfolgekrieg wurde die Festung von den Armeen beider Seiten erobert und dabei schwer beschädigt. Beim Wiederaufbau wurde eine Kapelle errichtet und der heiligen Barbara geweiht (1713). Schon 1812 wurde diese aber durch eine Pulverexplosion zerstört und nicht wieder aufgebaut. Die verbesserte Militärtechnik führte schließlich dazu, daß die Anlage den Ansprüchen nicht mehr genügte und 1893 abgerüstet wurde. Eine militärische Besatzung verblieb hier noch für einige Jahre, bis die Festung 1929 in den Besitz der Stadt überging.

Die Festungsanlagen bestehen aus drei Teilen. Der obere Teil ist der älteste und stammt aus der Zeit bis zum 16. Jh. Dieser Bereich wird auch der Geschützturm oder La Torreta genannt und liegt in fast 200 m Höhe. Hier endet der Aufzug von der Stadt im Gebäude des ehemaligen Gefängnisses. Die Abgrenzungsmauer gegenüber dem tieferliegenden Bereich der Anlage war vermutlich auch eine frühere äußere Grenze der Festung.

Der Hafen von Alicante. Holzstich um 1840

Der mittlere Teil Santa Barbaras wird dem 16. Jh. zugerechnet. In diesem Bereich befinden sich die Pulvermagazine, Wachhaus, Wohnhaus des Kommandanten und Unterkünfte der Truppen sowie die Ruine der Barbara-Kapelle. Die Höhenlage dieses Bereiches schwankt zwischen 192 und 128 m. Der untere Bereich der Festung wurde komplett im 18. Jh. erbaut und liegt in einer Höhe zwischen 100 bis 128 m. Hier befinden sich die Zisterne sowie die Zufahrt zur Festung einschließlich eines neu geschaffenen Parkplatzes.

Zu den besonderen Festen Alicantes gehören die ›Hogueras de San Juan‹, die in der Zeit vom 21. bis 24. Juni stattfinden. Es sind die wohl populärsten Feste der Stadt, die wie eine einzige durchgehende Feier wirken. Ihr besonderes Kennzeichen sind zahlreiche äußerst phantasievoll gestaltete Pappfiguren, die im Laufe der Feiern durch die Straßen geführt werden und am letzten Tag in Flammen aufgehen. Die Figuren charakterisieren Personen und Ereignisse aus der Stadt und haben eine gewisse Ähnlichkeit mit unseren Karnevalsumzügen. Die Tradition der Figuren ist noch recht jung, wurden sie doch erstmals 1928 gezeigt.

Die Feiern dienen der Verehrung der Mutter der Immerwährenden Hilfe, der in diesen Tagen Opfergaben gebracht werden. Die Festung Santa Barbara ist in die Feierlichkeit in zweifacher Hinsicht eingebunden. Einmal wird das Zeichen zum Verbrennen der Figuren und dem Abschluß des Festes durch ein Feuerwerk vom Benacantil gegeben und zum anderen befindet sich in der Festung das *Museo de las Hogueras,* in dem einige der schönsten und wichtigsten Figuren aufbewahrt werden. Die schönste Puppe der jeweiligen Feier, der *ninot* (Puppenjunge), wird durch Vergebung vom Schicksal des Verbrennens bewahrt und in dieses Museum überführt.

Die gegenüberliegende Festung San Fernando auf dem nordwestlich gelegenen niedrigen Stadthügel, während der Napoleonischen Kriege um 1810 errichtet, zeichnet sich durch ihre Umgestaltung zu einer Parkanlage aus; die Befestigung ist wenig interessant.

Sehenswert ist dagegen das Kloster *Santa Faz*. Das Gebäude wurde 1766 fertiggestellt und hat ein barockes Portal. Das Altargemälde wird der Renaissance zugerechnet. Im Reliquienschrein seiner Altarkapelle aus dem 18. Jh. befindet sich ein Teil des berühmten Schweißtuches, mit dem die Veronika das Gesicht Christi auf dem Weg nach Golgatha abwischte. Diese Reliquie gelangte im 15.. Jh. vom Vatikan nach Spanien und ist eine der bedeutendsten des Landes. An das Kloster der Klarissinnen lehnt sich auch ein Festungsturm aus dem 16. Jh. an. Santa Faz ist alljährlich am Donnerstag nach der Osterwoche Ziel eines Pilgerzuges von mehreren 10000 Menschen. Die Wallfahrt zur Reliquie der heiligen Veronika nimmt oftmals fast volksfestartigen Charakter an.

Ausflüge von Alicante

Auch Alicante bietet sich mit den umliegenden Seebädern als Standort für Ausflüge in die Umgebung an. Einige kleine Fahrten werden hier zu einer längeren Reise kombiniert.

Man verläßt Alicante in westlicher Richtung und fährt die N 330 nach Elda. Der Weg führt zum Teil entlang des Vinalopó und seiner Höhen. Das Gebiet wird allmählich immer heißer und leitet über in die kastilische Mancha. Hier, im historischen Grenzgebiet zwischen Kastilien und Valencia, stehen viele alte Befestigungen, von denen aus sowohl die umstrittene Grenze überwacht als auch die Dörfer vor Angriffen geschützt werden sollten. Auch sprachlich verläuft hier eine Trennlinie zwischen dem Kastilischen und Katalanischen. Nachdem die Paßhöhe Puerta Porticholl (300 m) überwunden ist, liegt rechts der Straße in der Sierra de las Aguilas das Dörfchen **Caserio de Orito** mit dem Convento de Orito. Nur wenige Kilometer weiter und kurz bevor man Novelda erreicht, zweigt eine Nebenstraße nach **Monforte del Cid** ab. Hier befinden sich die Ruinen eines keltiberischen Dorfes aus dem 10. bis 7. Jh. v. Chr.

Novelda ist ein kleines Örtchen inmitten von Weinbergen und Wiesen, die zum Teil künstlich bewässert werden, wie ja die Bewässerung in diesem ganzen Landstrich eine entscheidende Rolle in der Landwirtschaft spielt. Die Ernten sind teilweise bis in den Dezember möglich, so daß das winterliche Weihnachtsgeschäft einen guten Absatz ermöglicht. Die Gegend ist bekannt für die umfassende Vermarktung der Safranernten aus der Mancha und aus Aragón sowie für die damit verbundenen Industrieunternehmen. Einen Besuch wert ist das auf dem nahegelegenen Hügel (ca. 3,2 km von der Stadt) befindliche Schloß, *Castillo de la Mola,* das vor allem durch seinen dreieckigen Turm aus dem 14. Jh. auffällt. Die Bastionen des Schlosses sollen sogar einer noch früheren Bauperiode entstammen. Das Schloß diente zur Zeit Johanns II. von Kastilien als Gefängnis für die besonders wichtigen Gefangenen des Königs, wie etwa den in Ungnade gefallenen Günstling Alvaro de Luna, der 1453 in Valladolid enthauptet wurde. Nach diesem wird das *castillo* gelegentlich auch als Castillo de Luna bezeichnet. Ganz in der Nähe der Burg entstand vor einigen Jahren

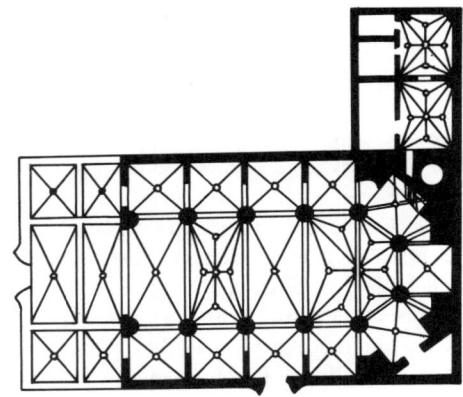

Villena, Santiago

die *Wallfahrtskirche der heiligen Magdalena,* deren Fassade sich deutlich an der Sagrada Familia von Gaudí in Barcelona orientiert (Farbabb. 14, Abb. 89).

Villena, das Ziel dieses Ausfluges, liegt in 500 m Höhe in einer ausgedehnten und wasserreichen *huerta,* die eine ertragreiche Landwirtschaft ermöglicht. Im 13. Jh. wurde die Stadt von Jakob I. aus den Händen der Mauren befreit, später dann an Kastilien abgetreten. 1836 wurde der Ort schließlich der Provinz Alicante angegliedert. Auf einem Hügel in der Stadt erhebt sich das *Castillo La Atalaya,* ein maurischer Alkazar, der im 15. Jh. in seinen heutigen Zustand umgebaut wurde. Die Festung besteht aus einem äußeren und einem inneren Mauerring, die mit Türmen und Bastionen bewehrt sind (Abb. 90). Im inneren Hof erhebt sich ein mächtiger Bergfried mit acht kleinen Türmen und einem Gewölbe im Inneren. Die schlichte, rein zweckmäßig gegliederte Anlage hat die Jahrhunderte gut überstanden und ist fast unversehrt.

Die Stadt hat zwei gotische Kirchen, Santiago und Santa María, *Santiago,* die bedeutendere der beiden, wurde 1492 begonnen und erst mehr als 100 Jahre später vollendet (Abb. 88). Die Kirche ist im Grundriß rechteckig gebaut mit drei Schiffen und einer runden Apsis. Der viereckige Turm endet in einer achteckigen Pyramidenform.

Santiago wurde im Bürgerkrieg durch Brand und Plünderung schwer beschädigt und besitzt heute praktisch keine Kunstwerke; das weitgehend originalgetreu restaurierte Innere des Kirchenschiffes lohnt eine Besichtigung. Eines ihrer besonderen Merkmale sind die gedrehten Säulen im Inneren, die im Vergleich mit anderen, ähnlich gestalteten Gotteshäusern durch ihre ungewöhnliche Stärke auffallen. Mit Blättern, Fischen und Engeln reich geschmückte Kapitelle runden das Bild ab. Der Hochaltar mit seinen Bildern ist eine Arbeit des murcianischen Malers und Bildhauers Jerónimo Quijano (1540), dessen Werke in der Levante weite Verbreitung erfahren haben.

Santa María datiert zwar aus dem 16. Jh., weist jedoch im Inneren gotisches Rippenwerk auf. Das Portal ist barock, der Turm ähnelt der Iglesia Santiago.

Im *Rathaus* befindet sich das *archäologische Museum* der Stadt mit reizvollen Funden aus prähistorischer, iberischer und römischer Zeit sowie aus dem Mittelalter. Die Sammlungen sind regional von einiger Bedeutung. Dazu gehört auch der erst 1963 vom Begründer und jetzigen Direktor des Museums entdeckte ›Schatz von Villena‹, eine aus Gold bestehende Sammlung von Geschirr und Schmuck der Bronzezeit um 1000 v. Ch. Das Rathaus stammt von 1707, während seine Fassade sogar auf das Jahr 1627 datiert wird, vermutlich also auf einen früheren Bau zurückgeht.

Bei Villena verläßt man nun die N 330 und fährt auf einer gut ausgebauten Nebenstraße nach **Biar**. Die Straße führt in ihrem weiteren Verlauf zurück nach Alicante. In Biar, einem stillen Landstädtchen, besichtigt man die auf einem Hügel über der Stadt liegende *Burg,* die über eine Reihe von Treppen vom Marktplatz aus gut zu erreichen ist. Erst der letzte Teil des Weges auf der geschotterten Fahrstraße (für Autos gesperrt) wird steil und beschwerlich.

Das *castillo* von Biar, eine mächtige Anlage in recht gutem Erhaltungszustand, geht wie viele andere Befestigungen der Gegend auf eine maurische Anlage zurück (Farbabb. 12). Die Burg wurde 1245 durch Jakob I. erobert, der ab 1253 alle maurischen Befestigungen der Region in seiner Hand hatte. Ähnlich wie in Villena besteht die Festung aus zwei Mauerringen, die hier aber nicht vollständig ausgebildet sind. Starke Bastionen sorgten für zusätzlichen Schutz. Überragt wird die Anlage von einem großen Turm mit quadratischem Grundriß, während die Wehrtürme in den Mauern rund bzw. halbrund sind.

Von Alicante nach Cartagena

Für die Reise nach Cartagena bietet sich neben der Verbindung durch das Inland über Murcia (s. S. 274 ff., 288 ff.) mit relativ starkem Verkehr auch die Küstenstraße entlang der südlichen Urlaubszentren an, die nur wenig belastet ist. Man verläßt Alicante in südlicher Richtung und erreicht nach etwa 20 km **Santa Pola.** Das Küstenland ist hier weit und flach, mit feinen Sandstränden, aber auch salzigen Strandseen. Das Gebiet ist nur im Bereich der Ferienorte besiedelt, da es für eine rentable landwirtschaftliche Nutzung kaum geeignet ist. Santa Pola ist heute einer der aufstrebenden Ferienorte in diesem Raum. Bis 1877 gehörte es zur Stadt Elche und sein an der Bucht von Santa Pola gelegener Hafen trägt denn auch den Namen Puerto de Elche (= Hafen von Elche). Die Stadt verfügt über eine *Burganlage* aus dem 14. Jh. die sehr stark umgebaut wurde. In der Nähe von Santa Pola befinden sich einige Salinen.

Der nächste Ort an diesem Küstenstreifen ist **Guardamar de Segura,** ein Fischerdorf und Seebad, dessen wichtigstes Kennzeichen die dortige intensive Garnelenzucht ist, deren Erzeugnisse weit in das Land geliefert werden. Letzter größerer Ort der Provinz Alicante ist **Torrevieja,** Kleinstadt und bekanntes Ferienzentrum. Die Salinen von Torrevieja produzieren etwa 600 000 t Salz, die in die ganze Welt verschifft werden.

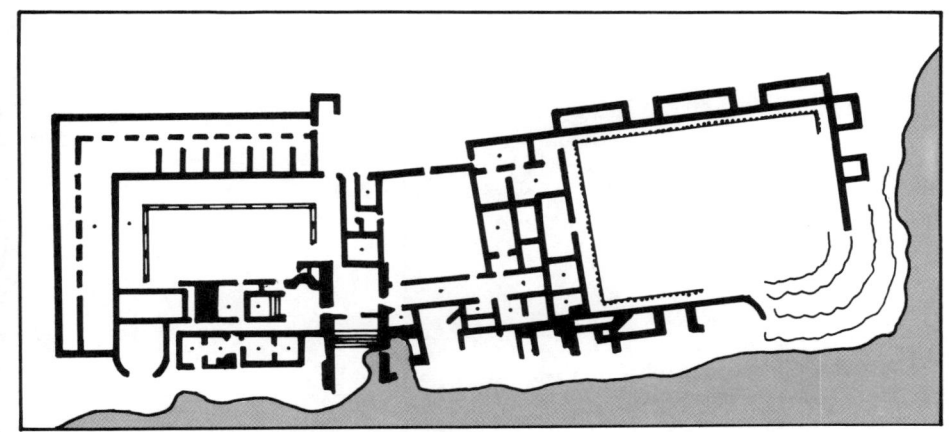

San Javier, Rekonstruktion der Festung

Man kommt nun in die Provinz Murcia. Bei **San Javier** sind am Ufer des Mar Menor, einem großen Strandsee, die Ruinen einer alten *Befestigungsanlage* ausgegraben worden. Die Festung bestand aus mehreren Gebäuden, in denen römische Bäder aus der Epoche des Niedergangs des Imperiums nachgewiesen wurden. Dazu gehörten sowohl Warm- als auch Kaltwasserbecken sowie die entsprechenden Umkleideräume etc. Die gefundenen Grundmauern ließen eine Rekonstruktion der Anlage zu. Heute befinden sich die dort sichergestellten Fundstücke in verschiedenen Museen der Provinz.

Die Küstenstraße führt in ihrem weiteren Verlauf direkt am **Mar Menor** entlang. Dieses, das ›kleine Meer‹, ist ein mit Salzwasser gefüllter Strandsee, der durch die 25 km lange, aber nur etwa 500 bis 1000 m breite Landzunge La Manga vom Mittelmeer getrennt wird. Das Mar Menor hat bei einer Länge von etwa 9 km eine Fläche von rund 180 km^2 mit einer durchschnittlichen Tiefe von 7 m.

Die Badeorte des Mar Menor sind in ständigem Wachstum begriffen, seitdem dieses Gebiet auch von spanischen Wochenendurlaubern entdeckt wurde. Dies äußert sich deutlich in einer wachsenden Zahl von Hochhäusern. Hinzu kommen zahlreiche Campingplätze und Freizeitanlagen, die ebenfalls nicht unbedingt zur Verschönerung der weiten Landschaft und ihrer immer noch relativ einsamen Strände beitragen. Sogar die schmale Landzunge, die das Mar Menor vom Mittelmeer trennt, ist inzwischen bebaut worden und wird in der Hochsaison entsprechend stark frequentiert. Die seitliche Begrenzung des Mar Menor bildet das Cabo de Palos. Die vorspringende Landzunge, die in diesem Kap endet, ist inzwischen voll erschlossen und bebaut worden. Das Gebiet des Mar Menor erregte zur Zeit Philipp II. dessen Aufmerksamkeit. Er erkannte den Wert der Küste als Ankergrund für seine Flotte und ließ dort entsprechende Anlagen und Befestigungen errichten. Außerdem wurde in diesem zu jener Zeit menschenleeren Gebiet ein riesiges königliches Jagdrevier geschaffen.

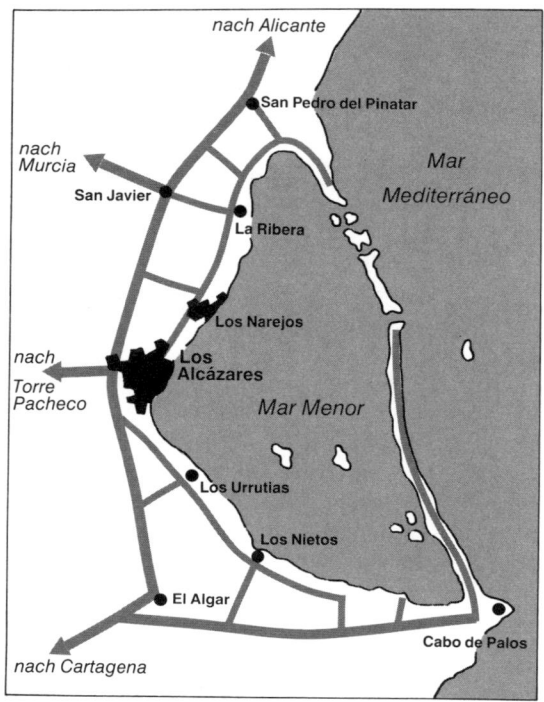

nach Alicante

San Pedro del Pinatar

nach
Murcia

San Javier

Mar
Mediterráneo

La Ribera

Los Narejos

nach
Torre
Pacheco

Los
Alcázares

Mar Menor

Los Urrutias

Los Nietos

El Algar

Cabo de Palos

nach Cartagena

Die Umgebung des Mar Menor

Der Weg führt weiter in die Sierra de Cartagena, einem seit der Römerzeit bekannten Bergbaugebiet, in dem vermutlich auch schon vorher in geringem Umfang Bergbau betrieben wurde. Die Erzvorkommen des Gebietes sind Begleiterscheinungen vulkanischer Aktivitäten des ausgehenden Tertiär, die zwei verschiedene Arten von Lagerstätten erzeugten. Zum einen finden sich Erzgänge, zum anderen aber auch Erzschichten mit relativ geringen Metallanreicherungen von nur 1–3 % Gehalt. Die Römer betrieben – mangels anderer technischer Möglichkeiten – den Bergbau nur in den Erzgängen. Dieser kam mit der Eroberung Cartagenas durch die Vandalen 425 n. Chr. vermutlich völlig zum Erliegen, wird jedenfalls in den historischen Quellen nicht mehr belegt. Erst Mitte des 19. Jh. wurde der Bergbau als Folge der wirtschaftlichen Autarkiebestrebungen Spaniens wieder aufgenommen. Zunächst arbeitete man die von den Römern zurückgelassenen Schlackehalden sowie das Schwemmaterial der *ramblas* mit neuen Verfahren auf, und gewann so an Restmaterialien in den Jahren 1846/47 neben rund 1900 t Blei auch noch etwa 1,9 t Silber.

Erst ein Jahr später begann mit der Erschließung der silberreichen Bleiglanzmine Galena ein wirklicher Bergbau im Untertageverfahren. Die geringen Silbervorkommen lösten ähnlich wie in anderen Gebieten eine starke Bevölkerungszuwanderung aus, die durch die

77 CARTAGENA Rathaus
◁ 76 Landschaft bei Alicante
78 CARTAGENA Sta. María la Vieja

79 ELCHE Huerta del Cura, Palmera Imperia

80 ELCHE Stadttor Calahorra

81 ELCHE Kopie der ›Dame von Elche‹

83 CALLOSA DE SEGURA San Martín, Westportal

84 ORIHUELA Santas Justa y Rufina

85 ORIHUELA Universität und Konvent Sto. Domingo

86 ORIHUELA Sto. Domingo Mayor

87 ORIHUELA Sto. Domingo, Refektorium

89 NOVELDA Castillo de la Mola und Sta. Magdalena
88 VILLENA Iglesia de Santiago
90 VILLENA Burg von Südosten

91 MURCIA Kathedrale, Hauptfront

92 MURCIA Kathedrale, Detail

93 MURCIA Kathedrale, Cho〔

94 MURCIA San Estebán, Kreuzgang

95 MURCIA Kathedrale, Chorumgang

Vergabe von kleinen und kleinsten Landkonzessionen noch begünstigt wurde. Der von vielen erhoffte große Fund blieb indes aus. Die Bergbausiedlung La Unión wuchs durch diese Entwicklung innerhalb von knapp 30 Jahren von 1563 auf 22 122 Einwohner.

Weltwirtschaftliche Veränderungen führten zu einer Abschwächung der Nachfrage und damit zum Rückgang des Bleibergbaus, der nunmehr vorübergehend durch die Produktion von Zinkblende ersetzt wurde, die aber den allmählichen Untergang des Bergbaus in der Sierra de Cartagena nicht aufhalten konnte. Als seine Zeugen blieben schließlich eine zerstörte Landschaft mit immensen Schlackebergen und den Ruinen der aufgelassenen Luft- und Förderschächte zurück.

Die Isolierung Spaniens nach dem Bürgerkrieg und die daraus resultierenden Versuche zur wirtschaftlichen Autonomie führten 1939 zur Neubelebung des Bergbaus, weil nun auch die wegen ihres geringen Gehaltes bislang nicht lohnenden Erzvorkommen ausgebeutet wurden. Die Vergrößerung der Konzessionsgebiete und ihre Vergabe an nur wenige Unternehmen sowie die Einführung neuer technischer Aufarbeitungsverfahren ließen mit der Zeit auch eine wirtschaftliche Ausbeutung der Vorkommen zu, die keine staatlichen Hilfen mehr brauchte. Die Folgen dieses Bergbaus im großen Maßstab sind heute nicht mehr zu übersehen. Das gesamte Gebiet sieht aus wie eine Mondlandschaft und muß als völlig zerstört betrachtet werden. Die Luftverschmutzung tut ein übriges dazu. Maßnahmen zur Rekultivierung der Landschaft oder wenigstens zur Reduzierung der Schadstoffemissionen sind gesetzlich nicht vorgeschrieben und werden daher auch nicht durchgeführt, zumal sie ohnehin als äußerst überflüssige Ausgabe angesehen werden. Eine Fahrt nach La Unión und Portman sollte trotzdem zum Programm gehören, weil sie unvergleichliche Einblicke in die Bergbaulandschaft bietet und die Folgen ungehemmter Landschaftszerstörung zeigt.

Nach der Durchquerung der Sierra erreicht man nunmehr das Ziel dieser Fahrt, die Hafenstadt **Cartagena.** Mit über 160 000 Einwohnern ist Cartagena eine der Großstädte der Levante und ein wirtschaftliches Zentrum der Provinz Murcia. Die Stadt liegt an einer tiefen Bucht, einer der besten Naturhäfen der Küste. Hier befindet sich der größte Flottenstützpunkt der spanischen Marine im Mittelmeer mit den notwendigen Werft- und Arsenalbetrieben, großen Kasernenanlagen und militärischen Verwaltungen. In einer kleinen Seitenbucht südöstlich von Cartagena besteht in Escombreras eine der größten Raffinerien Europas. Trotz der Industriebetriebe und Kasernen macht Cartagena eher einen ruhigen und beschaulichen Eindruck und ist kaum zu vergleichen mit anderen Industriestädten gleicher Größe. Zur Zeit der *siesta* von etwa 12 oder 13 Uhr bis gegen 16 Uhr wirkt die Stadt wie ausgestorben und auch im Hafen erlischt jeder Betrieb. Erst am späten Nachmittag und gegen Abend kommt das Leben in der Stadt wieder in Gang, füllt sich die Fußgängerzone wieder mit Menschen.

Die erste Siedlung am Platz des heutigen Cartagena war das Mastia der Iberer. Später schufen die Karthager hier einen Stützpunkt, dem sie den Namen ihrer Heimat gaben und

◁ MURCIA   Kathedrale, Capilla de los Velez

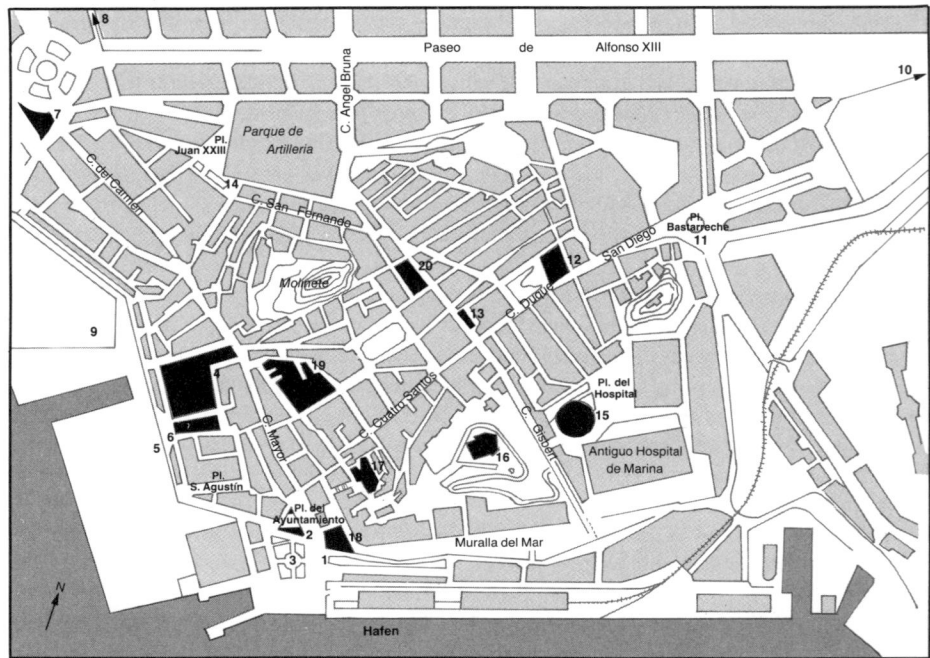

*Cartagena 1 U-Boot Denkmal Peral 2 Rathaus 3 Denkmal Helden von Cavite 4 Sitz des Gene-
ralkapitäns an der Plaza del Rey 5 Marinearsenal 6 Denkmal Maestro Alvárez 7 Denkmal der
Verfolgten 8 Archäologisches Museum 9 Nationales Museum für Meeresarchäologie 10 Torre
Ciega 11 Denkmal 12 Palast Aguirre 13 Purísima 14 San Francisco 15 Arena 16 Parkanlage
Torres (Castillo de la Concepción) 17 Santa María la Vieja 18 Militärgouverneur 19 Santa María de
Gracia 20 La Caridad*

der auch ihre spanische Hauptstadt wurde: Carthago Nova, das neue Karthago. Während
des 2. Punischen Krieges wurde die Stadt durch Scipio erobert und in Urbs Julia Nova
Carthago umbenannt. Später erhielt sie den Namen d'Espartaria. 439 eroberten die Sueben
die Reste der zwischenzeitlich (s. S. 248) von den Vandalen zerstörten Stadt. Die Byzantiner
konnten Cartagena gut 100 Jahre später in Besitz nehmen und rund 60 Jahre halten. Von den
Arabern wurde der Ort Cartadjanah genannt und zum Zentrum eines später unabhängigen
Teilkönigreiches gemacht, bis er schließlich 1242 durch Ferdinand III. erobert wurde. Unter
der christlichen Herrschaft erlebte die Stadt einen kleinen Aufschwung als Handels- und
Kriegshafen, bis sie 1588 während des englisch-spanischen Krieges durch Sir Francis Drake
geplündert wurde und danach zur Bedeutungslosigkeit verkam.

Der besondere Wert Cartagenas lag immer in seiner wirtschaftlichen und strategischen
Bedeutung als Hafenstadt und Zugang zum erzreichen Hinterland der Sierra. Beide Fakto-

ren waren Anreiz für alle Eroberer und blieben es bis zum Spanischen Bürgerkrieg, in dem schwere Zerstörungen die Stadt heimsuchten. Als Folge dieses ständigen Auf und Ab ist die Zahl der kunsthistorisch wertvollen Arbeiten äußerst gering, da die meisten bedeutenden Bauwerke und Bilder während der verschiedenen Auseinandersetzungen zerstört wurden. Dem Touristen bietet Cartagena in dieser Hinsicht daher kaum etwas. Auch als Badeort ist die Stadt weitgehend ungeeignet, da die Küste überwiegend steil abfällt und die wenigen Strandstücke unter militärische Kontrolle fallen und nicht betreten werden können.

Die Hafeneinfahrt von Cartagena wird zu beiden Seiten von Befestigungen geschützt, dem Castillo de Galeras und dem Castillo San Julián. Zum Land hin bestehen weitere Befestigungen, darunter auf einem 70 m hohen Hügel das *Castillo de la Concepción*. Es kann über eine Treppe von der alten Kathedrale aus erreicht werden und bietet eine gute Aussicht über die Stadt. Den Rundgang durch Cartagena beginnt man sinnvollerweise am *Hafen*. Dieser ist heute nicht mehr so stark frequentiert wie früher, die Präsenz des Militärs ist aber unübersehbar. Auch die Werft von Cartagena arbeitet vorwiegend für die Marine.

Am Paseo Alfonso XII. steht das Denkmal eines Klein-U-Bootes zur Erinnerung an seinen Konstrukteur, den Ingenieur Isaak Peral, links daneben ein Denkmal für die Helden von Cavite, einem Gefecht im kubanischen Krieg, für den es an der Levanteküste zahlreiche Denkmäler gibt. Schräg gegenüber dem Monument liegt das *Rathaus,* ein wuchtiger Bau mit drei Kuppeln und einem reichgeschmückten Portal (Abb. 77). Im Rathaus befindet sich im rechten Seitenflügel das Fremdenverkehrsbüro, in dem man neben allgemeinen Informationen auch einen recht brauchbaren Stadtplan erhalten kann. Leider steht hier kaum Informationsmaterial in deutscher Sprache zur Verfügung.

Wenn man nun der Calle Real folgt, gelangt man zur *Capitania general* und zum *Arsenal*. Die Capitania ist der Sitz des Generalkapitäns von Cartagena, vergleichbar dem militärischen Befehlshaber einer Region und Chef einer Flotte. Das Marinearsenal wurde durch

Blick auf Cartagena mit der Burg und den Befestigungen. Zeichnung von Manuel de la Cruz

Karl III. in den Jahren 1874 bis 1876 angelegt. Das Bassin des Arsenals entspricht in seiner Lage dem alten Hafenbecken der Karthager und Römer. Im Arsenalbereich befindet sich auch das *Museum für Meeresarchäologie,* dessen Besuch durchaus lohnend ist, zumal es das einzige Museum dieser Art in der Provinz ist.

Vom Arsenal geht oder fährt man (besser!) zum städtischen *archäologischen Museum,* das etwas unscheinbar und verborgen in einem Gebäude auf der linken Seite des Paseo de Alfonso XIII. untergebracht ist. Das Museum enthält eine umfangreiche Sammlung von Objekten aus der Geschichte der Stadt, dazu wird eine Vielzahl zusätzlicher Informationen mit Karten und Schaubildern geboten. Größere Fundstücke wie z.B. die Teile römischer Säulen etc. sind im Vorhof untergebracht. Leider ist das Fotografieren innerhalb des Gebäudes verboten.

Wenn man nun der Straße folgt, gelangt man zum *Torre Ciega,* dem ›blinden Turm‹, der aus den Resten einer römischen Grabstätte von viereckigem Grundriß und mit einem pyramidenförmigen Dach besteht. Unter den Kirchen Cartagenas ist heute nur noch die *Santa María de Gracia* erwähnenswert (Abb. 78). Alle anderen haben auch durch die kriegerischen Auseinandersetzungen so sehr gelitten, daß ihr Besuch für den Kunstinteressierten kaum lohnt (Santa María la Vieja wurde abgerissen; Abb. 78). Das dreischiffige Gotteshaus mit seiner Kuppelkapelle trug früher auch den Namen Santa María de Abajo und war zeitweilig die einzige benutzbare Kirche der Stadt. Sie wurde im 17. Jh. begonnen, aber erst in der zweiten Hälfte des 18. Jh. vollendet. Das ehemals gotische Presbyterium wurde dem Architekten Guardiola zugeschrieben, fiel aber 1872 der Zerstörung zum Opfer. Von den Kapel-

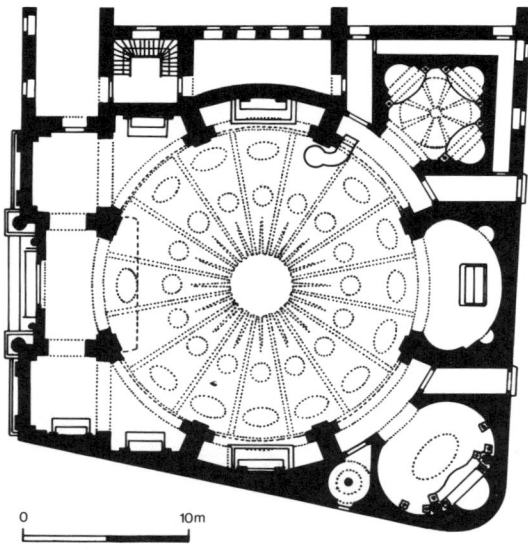

0   10m

Cartagena, La Caridad

268

len sind acht mit Kuppeln gedeckt und nachträglich barock umgestaltet worden. Trotz aller äußeren Einflüsse hat die Kirche eine Vielzahl bedeutender Werke von Künstlern der Levante bewahren können. Dazu gehört der Hauptaltar mit bemerkenswerten Skulpturen von Salzillo und López, außerdem auch Gemälde von Cardona, Cruz und Miguel Muñoz. Weitere Arbeiten von Salzillo finden sich in der Kirche *San Diego*. Die heutige Pfarrkirche der Jesuiten gehörte ehemals zu einem Konvent der Franziskaner. Auch *La Caridad* ist vorwiegend wegen der Arbeiten von Salzillo interessant. Das heutige Gotteshaus wurde um 1893 durch den Marineingenieur Tomás E. Talleriu (auch Tallerie) konstruiert und fertiggestellt und ersetzte ein durch den cartaginensischen Architekten Marcos Evangelio geschaffenes früheres (um 1744) Gebäude. Ihre hervorstechenden architektonischen Merkmale sind eine große Kuppel und ein großzügiger Chorumgang. *Santo Domingo,* ein weiteres Gotteshaus der Stadt, verfügt ebenfalls über Skulpturen von Salzillo, ist aber ansonsten nicht interessant.

Bis zur Regierungszeit Philipps II. bestand im Küstenbereich von Cartagena kaum eine Befestigung. Erst die zunehmenden Übergriffe berberischer Piraten gegen die Dörfer und Städte der spanischen Mittelmeerküste machten Schutzmaßnahmen notwendig. Trotz umfangreicher Befestigungsarbeiten erfolgten noch bis zum Ende des 18. Jh. Piratenüberfälle, bis schließlich der Schutz der Städte durch Festungen und durch die Flotte so groß war, daß sich die berberischen Korsaren von den Landüberfällen abwandten und ihre Angriffe auf Seeschiffe konzentrierten. Mit dem Bau der Befestigungen im Gebiet des ehemaligen Königreiches Murcia beauftragte Philipp II. seine bekannten Militärarchitekten Vespasiano de Gonzaga und Juan Bautista Antonelli, die im ganzen Land die königlichen Burgen bauten. Die zahlreichen steinernen Wachtürme, die entlang der Küste errichtet wurden, säumten auch die Bucht von Cartagena, wo sie später teilweise als Leuchtfeuer dienten. Sie fanden hier ihre Fortsetzung in einem Befestigungssystem von Mauern und Gräben, die die alte Stadt schützten, und gipfelten in dem *castillo* gegenüber dem Hafen, das heute den Namen de la Concepción trägt. Der Schutz dieses Verbundsystems erwies sich in der folgenden Zeit angesichts der komplizierten geographischen Verhältnisse immer wieder als nicht ausreichend und machte Verstärkungen nötig.

1728 wurde Cartagena neben El Ferrol und Cádiz zu einem der Hauptstützpunkte der spanischen Kriegsmarine. Militärarchitekten und Baufachleuten begannen mit den Planungen für den Ausbau der Stadt und des Hafens sowie für die Errichtung eines Arsenalbetriebes und diverser Verteidigungseinrichtungen. 1765 begann man nach einer Bestandsaufnahme der vorhandenen Befestigungen mit der Entwicklung eines neuen Planes zur Verteidigung der Hafenstadt, der auf den vorhandenen Anlagen basierte, aber auch Neuerrichtungen mit einschloß. Die wichtigsten Teile Cartagenas sollten durch ein System von Mauern geschützt und diese wiederum durch Festungen auf den Stadthügeln ergänzt werden.

Das Ergebnis dieser Planung war der weitere Ausbau der Anlagen und ein umfangreiches Neubauprogramm, das später weitere Ergänzungen erfahren sollte. Vorgesehen waren das Castillo de Galeras am Hafen, das Castillo Atalaya im Westen zur Unterstützung der Festung de Galeras, das Castillo de los Moros im Osten des alten Castillo de la Concepción,

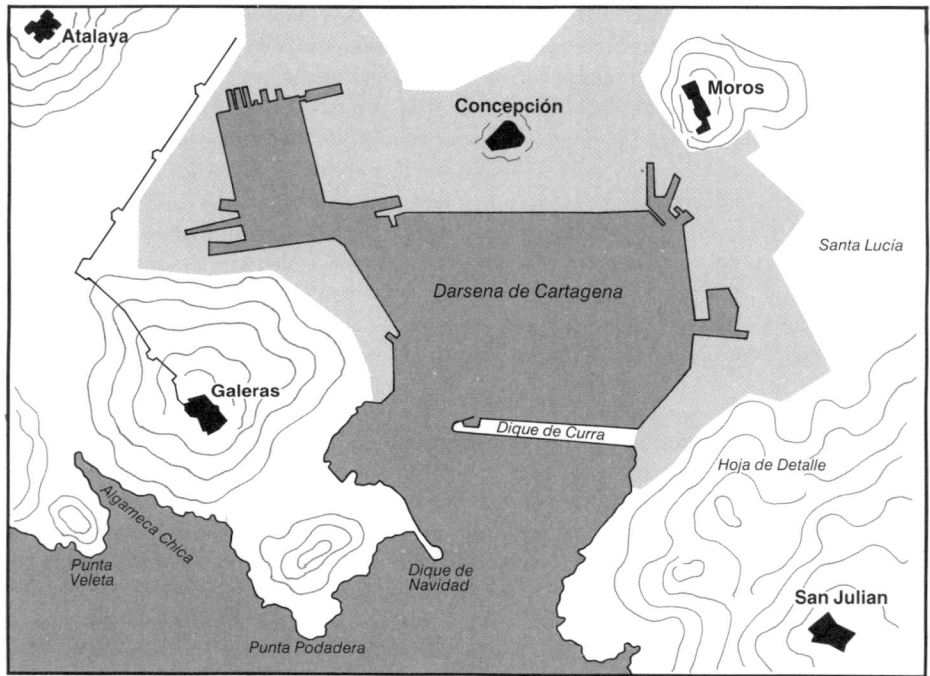

Übersichtsplan von Cartagena mit seinen ›castillos‹

das Castillo de San Julián auf der östlichen Seite des Hafens, das als letztes Werk in der Zeit von 1861 bis 1883 gebaut wurde. Der Bau der neuen Anlagen wurde unter Karl III. am 3.6.1770 beschlossen, aber erst 1796 unter Karl IV. vollendet. Ergänzt wurden die neuen Festungen durch eine Reihe externer Geschützbatterien an strategisch günstigen Stellen der Hafeneinfahrt.

Cartagena wird heute von den fünf Festungen beschützt, von denen zwei die Hafeneinfahrt und drei das Hinterland und die Stadt kontrollieren. Man beginnt die Burgenrunde am *Castillo de la Concepción,* das in 69 m Höhe über der Stadt liegt. Der Name der Burg leitet sich ab von einer ehemaligen Einsiedelei, die früher in diesem Bereich bestand. Der Festungshügel war von jeher der neuralgische Punkt in der Verteidigung der aufstrebenden Stadt, lag er doch in ihrem Mittelpunkt und teilte das Gemeinwesen in zwei Hälften. Die Errichtung einer Festung an dieser Stelle war daher nur die logische Folge. Heute ist die Anlage in den Park Torres eingebettet und ein beliebtes Ausflugsziel, da man von hier eine hervorragende Aussicht hat. In den letzten Jahren ist das Castillo de la Concepción zudem nach und nach restauriert worden und konnte weitgehend in seinen Urzustand versetzt werden.

Das *Castillo de Galeras* liegt auf der südwestlichen Seite der Hafeneinfahrt auf einer Höhe von 219 m und beherrscht mit seinen Batterien das ganze Fahrwasser. Die Festung ist von rechteckiger Form mit vier Bastionen an ihren Eckpunkten. Die Einfahrt wird von einer

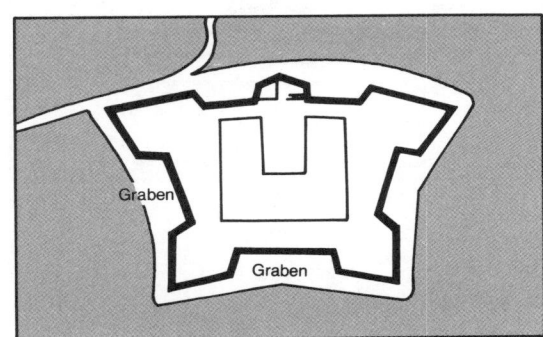

Castillo de la Atalaya

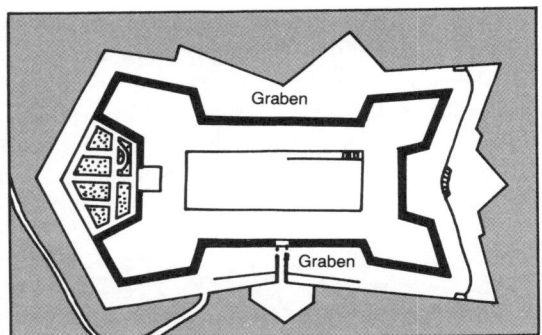

Castillo de Galeras

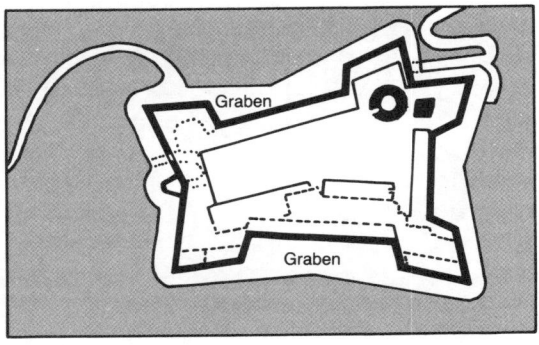

Castillo de San Julián

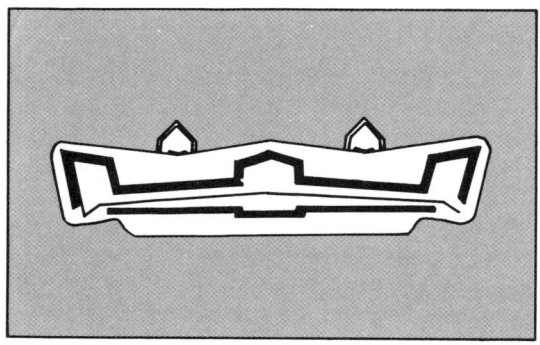

Castillo de los Moros

schweren Batterie mit einer zusätzlichen Barbette gedeckt. Die Festung ist auch heute noch im Besitz des Militärs und wird zeitweilig als Gefängnis benutzt. Sie kann daher nicht besichtigt werden.

Das *Castillo de Atalaya* auf 242 m Höhe liegt im Westen und ist zur Unterstützung der Festung von Galeras gedacht. Seine Batterien schützen einerseits die Uferfestung und konnten andererseits das Hafenbecken der Marine und das Gebiet des Arsenals bestreichen. Die Festung hat einen trapezförmigen Umriß mit vier Batterien an ihren Ecken und ist auf den Uferbereich ausgerichtet. Die Mauern sind mit einem trockenen Graben umgeben, der zusätzlich mit Palisaden befestigt ist; der zum Hafen weisende Teil ist offen. Im Zentrum der Festung bilden einige flache Gebäude ein zum Meer offenes Viereck, das die Unterkünfte der Truppen und ihrer Offiziere sowie in den Seitenflügeln die Pulvermagazine und Vorratslager enthielt. Zu den Gebäuden im Waffenhof gehört auch eine Wachstube.

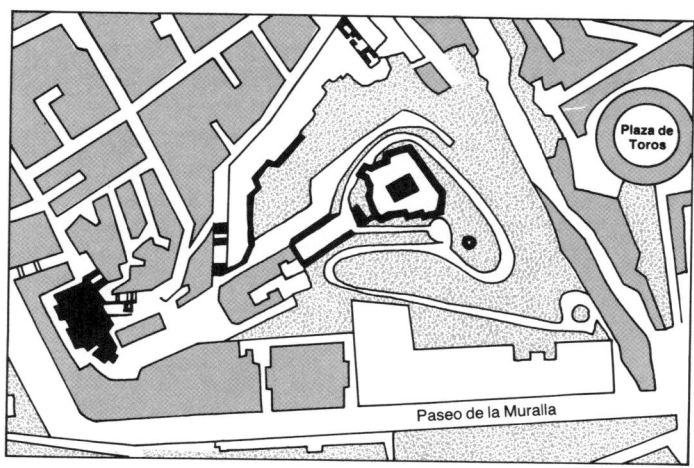

Castillo de la Concepción

Ansicht von Cartagena. Holzstich nach einer Zeichnung von Andros um 1855

Das *Castillo de los Moros* liegt im Osten auf einem 56 m hohen Hügel. Es war das dritte der neu projektierten *castillos* und ist eine langgezogene, sehr schmale Konstruktion, die sich dem Gelände anpassen mußte. Die Festung ist zum Teil ebenfalls von trockenen Gräben und Palisaden umgeben; in ihrem Zentrum erhebt sich ein einfaches flaches Gebäude, das der Besatzung als Wachquartier diente.

Die ersten bekannten Informationen über eine Befestigung auf diesem Hügel stammen aus der Zeit des Erbfolgekriegs um 1706, als Cartagena von den bourbonischen Truppen unter dem Kommando des Herzogs von Berwick zurückerobert wurde. Offensichtlich wurde während der Gefechte auf dem Hügel de los Moros eine Geschützbatterie in Stellung gebracht, die von dort aus die Stadt beschoß. Bei dieser Gelegenheit erwies es sich, daß Cartagena zwar von See her nicht zu erobern war, daß aber der Schutz zur Landseite hin bei allen Verteidigungsplanungen vernachlässigt worden war. Es lag daher auf der Hand, auch den Cerro de los Moros zu befestigen. Die Bewaffnung sollte aus 18 Kanonen bestehen, die Besatzung 200 Mann stark sein. Mit den Bauarbeiten wurde erst 1773 begonnen, nachdem die Planungen schon 1766 abgeschlossen waren. Zunächst begann man unter der Leitung des Baumeisters Mateo Vodopick mit den Grabungen für die Geschützbettungen, denen die Arbeiten an Grundmauern und Graben folgten. Mitte 1778 war der Bau abgeschlossen.

Das *Castillo San Julián* liegt auf fast 300 m Höhe über der Bucht von Cartagena und schützte ehemals den Hafen und seine Zufahrt. Es wurde als eine der letzten Befestigungen Ende des 18. Jh. errichtet und ersetzte eine Reihe von einfachen Geschützbatterien, die bis dahin die Einfahrt in den Hafen abgedeckt hatten. Die finanziellen Probleme des spanischen Staates und die schwindende Notwendigkeit zur Verteidigung des Hafens durch Festungswerke verzögerten die Fertigstellung ganz erheblich. Erst 1861 wurden die Arbeiten an dem in Teilen fertiggestellten Werk so forciert, daß der Bau 1893 abgeschlossen werden konnte. Die Mauern von San Julián sind ebenso wie bei den anderen Befestigungen mit trockenen Gräben umgeben, deren Wände teilweise mit Sandsteinmauern befestigt sind, um ein Herunterbrechen der steilen Gräben zu verhindern. Zwei Eingänge führten in die Anlage; von Osten das Haupttor mit einer heute festgelegten Zugbrücke und von Westen das zweite Tor mit einem Hebesystem auf der Basis von Gegengewichten, Ausdruck der hohen Ingenieurkunst der Zeit. Die Burg kann zur Zeit nicht besucht werden, da sie sich noch im Besitz der Streitkräfte befindet, die hier früher auch ein Gefängnis unterhielten. Es gibt seit einigen Jahren Pläne, die Anlage an die Stadt Cartagena zu übereignen oder hier – auch wegen der sehr guten Aussicht – einen *parador nacional* zu errichten.

Von Alicante nach Murcia

Statt entlang der Küste nach Cartagena zu fahren, bietet sich auch die Möglichkeit in südlicher Richtung nach Murcia zu reisen. Erstes Ziel auf dieser Strecke ist Elche. **Elche** ist heute eine große Industriestadt (Lederverarbeitung) von über 160 000 Einwohnern, die sich in ihren alten Stadtvierteln dennoch etwas von ihrem ursprünglichen afrikanischen Charakter bewahrt hat (Abb. 80). Die Stadt liegt an den Ufern des Vinalopó innerhalb einer fruchtbaren und weitläufigen Ebene etwa 14 km vom Meer entfernt. Die Landwirtschaft spielt wie in allen Bewässerungsgebieten des Küstenraumes eine wichtige Rolle. Produziert werden hauptsächlich Mandeln, Granatäpfel und Johannisbrot, aber es werden zunehmend auch Gemüse und Getreide angebaut.

Die Gründung der Stadt geht auf das Ilici der Iberer zurück. Die Griechen nannten den Ort Hellice und die Römer tauften ihn Colonia Julia Ilici Augusta. Die Karthager hinterließen aus ihrer Zeit durch die Anpflanzung von Palmen diejenigen Spuren, die bis heute überdauert haben. Die später von den Arabern gepflegten und kultivierten Palmenhaine machen Elche heute zu der einzigen Stadt Europas, in der dieser Baum in großen Beständen überlebt hat (Farbabb. 24). Kleinere Palmenkulturen bestehen an anderen Orten der näheren Umgebung, während die großen Bestände Andalusiens und auch der Levanteküste mit den Jahrhunderten mangels ausreichender Pflege völlig verschwunden sind. Nur vereinzelt wachsen in den Städten noch Palmen an den Straßen, wie etwa in Alicante und Benidorm. Der ursprüngliche Stadtkern von Elche lag im Gebiet des heutigen *Alcudia de Elche,* einem

Elche, historische Entwicklung der Stadt 1 Santa María (ehem. Moschee) 2 Festung La Calaforra ▷ *neben dem gleichnamigen Stadttor 3 Sitz der Stadtherren 4 Einsiedelei San Sebastián 5 Neuer Fischmarkt (1849) 6 Konvent La Merced und arabische Bäder 7 Rathaus 8 Konvent de la Encarnación 9 El Salvador 10 San Juan Bautista 11 Altes Rathaus von Rabal de Sant Joan 12 Franziskanerkonvent 13 Kavalleriekaserne*

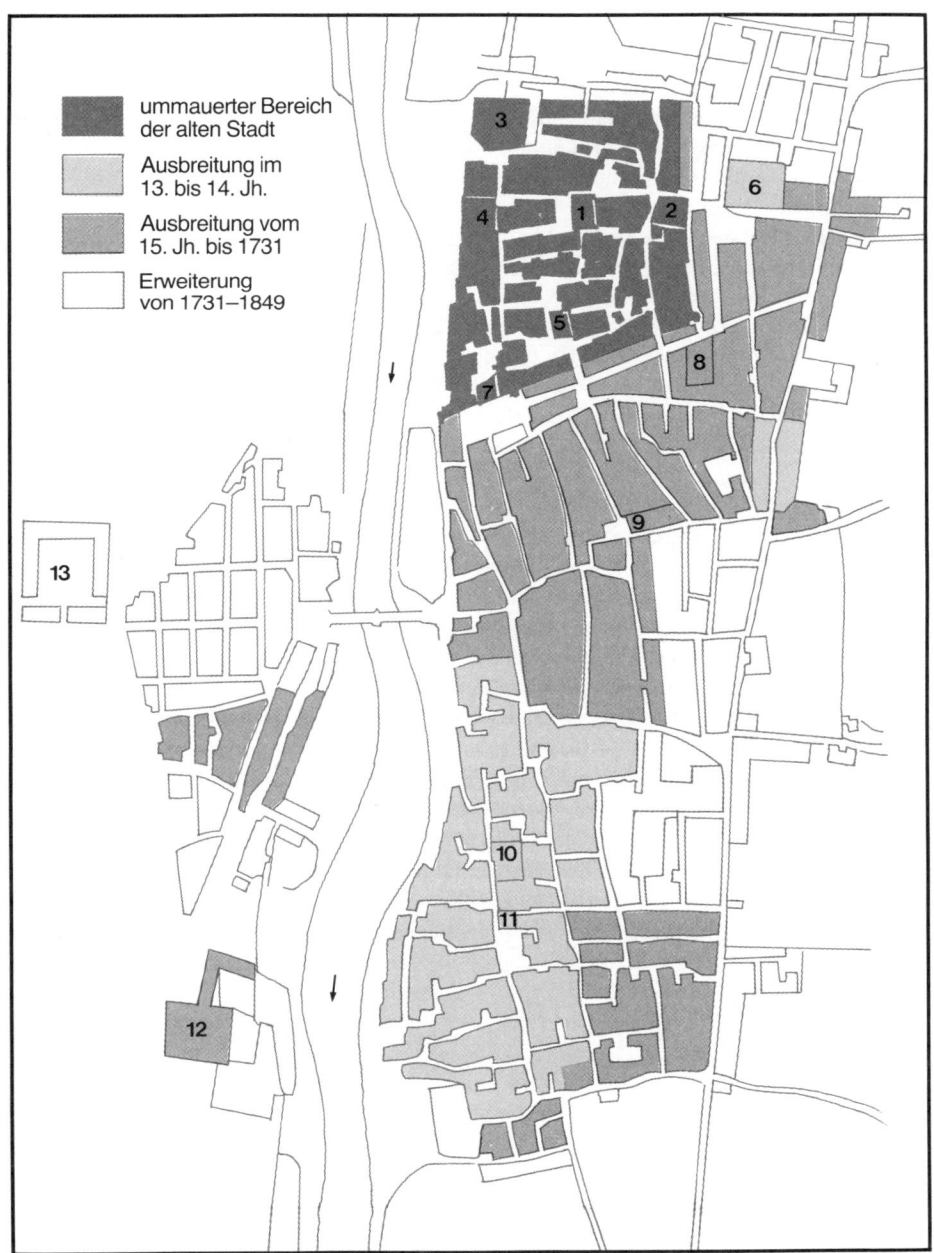

ummauerter Bereich
der alten Stadt

Ausbreitung im
13. bis 14. Jh.

Ausbreitung vom
15. Jh. bis 1731

Erweiterung
von 1731–1849

Vorort in wenigen Kilometern Entfernung. Hier wurde 1897 die berühmte Kalksteinbüste der ›Dame von Elche‹ gefunden, die iberischen Ursprungs mit vermutlich griechischem Einfluß ist und eine Dame aus vornehmem Geschlecht darstellt (Abb. 81). An der Büste sind noch Spuren von Farbe festgestellt worden. Die ›Dame‹ trägt reichen Schmuck, der ebenfalls auf ihre Abstammung hinweisen könnte. Neuere Forschungen gehen davon aus, daß die ›Dama de Elche‹ ähnlich wie auch die beiden anderen iberischen Großplastiken, die ›Dama de Baza‹ und die ›Dama del Cerro de los Santos‹ die Büste einer Göttin ist, verwandt etwa der griechischen Demeter, der phönizischen Astarte, der punischen Tanit oder einer Todesgöttin. So befindet sich auf der Rückseite der ›Dame von Elche‹ ein Hohlraum, der wohl einst der Aufnahme von Totenasche diente. Auch der schwergliedrige Schmuck und die ungegliederte, blockhafte Form der Großplastik stehen in auffallendem Gegensatz zur sonst so feingliedrigen Körperdarstellung der Griechen. Heute befindet sich die Büste von Elche ebenso wie die beiden anderen ›Damen‹ im archäologischen Museum von Madrid. Kopien sind in Alcudia sowie im Palmengarten Huerto del Cura aufgestellt worden. In La Alcudia, wo die Ausgrabungen bis in dieses Jahrhundert fortgesetzt wurden, ist außerdem ein kleines Museum mit iberischen und römischen Fundstücken eingerichtet worden.

Die Stadt Elche, in einem der heißesten Gebiete Spaniens gelegen, hat sich über die Jahrhunderte vorzugsweise entlang des Wasser spendenden Flusses entwickelt. Erst im 20. Jh. erfolgte eine Neuorientierung auf uferferne Gebiete und damit eine Ausbreitung nicht mehr nur in der Länge, sondern auch in der Breite des Stadtkörpers. Das Bild der Altstadt ist geprägt von afrikanisch anmutenden Häusern. Flache Dächer, kleine Fenster, weißes Mauerwerk und enge Gassen verhindern eine zu starke Sonneneinstrahlung in die Wohnungen und sind Erinnerung an die früheren arabischen Herren.

Bedeutendste Kirche des Ortes ist die Basilika *Santa María de la Asunción* (Abb. 82). Sie wurde in den Jahren 1673–84 erbaut und 1936 durch einen Brand zerstört. Später wurde sie wieder aufgebaut und soweit wie möglich original hergerichtet. Die Kirche hat drei Portale, von denen das reich verzierte Hauptportal zweifellos das schönste ist. Der deutsche Bildhauer Nikolaus de Busi schuf es im Jahre 1682. Die zweigeschossige barocke Anlage mit ihren reichen Ornamenten und den abwechselnd glatten, kannelierten und gewundenen Säulen überstand das Feuer erstaunlicherweise unversehrt und blieb erhalten. Von der Innenausstattung ist besonders der große Hauptaltar zu erwähnen, der ebenfalls über rei-

Elche   1 Konsistorialhäuser von 1441   2 Stadttor Guarda al Mar   3 Gotische Börse ›Lonja‹   4 Rat- ▷
haus mit Uhr aus dem 16. Jh.   5 Einsiedelei San Sebastián   6 Basilika Santa María   7 Palast von
Altamira   8 Arabische Festung la Calahorra   9 Kloster der Klarissinnen, ehem. La Merced; Fassade aus
dem 16. Jh.   10 Touristeninformation   11 Museum Palma Blanca   12 Stadtpark   13 Wachturm Vaíl-
los de Llanos; mittelalterliches Gebäude, im 17. Jh. erneuert   14 Gotisches Wegekreuz aus dem
15. Jh.   15 Huerto del Gat (auch Hort del Gat); kommunales Gartengelände   16 Huerto del Cura
17 La Alcudia; archäologische Fundstätte und Museum; Fundort der ›Dama de Elche‹   18 Turm von
Ressemblanc; Wachturm des 15. Jh.   19 Museum für zeitgenössische Kunst im Rathaus von Arrabal;
ehem. arabisches Gebäude   20 Gemeindearchiv und Bibliothek; Franziskanerkirche   21 Glorieta;
Stadtmitte

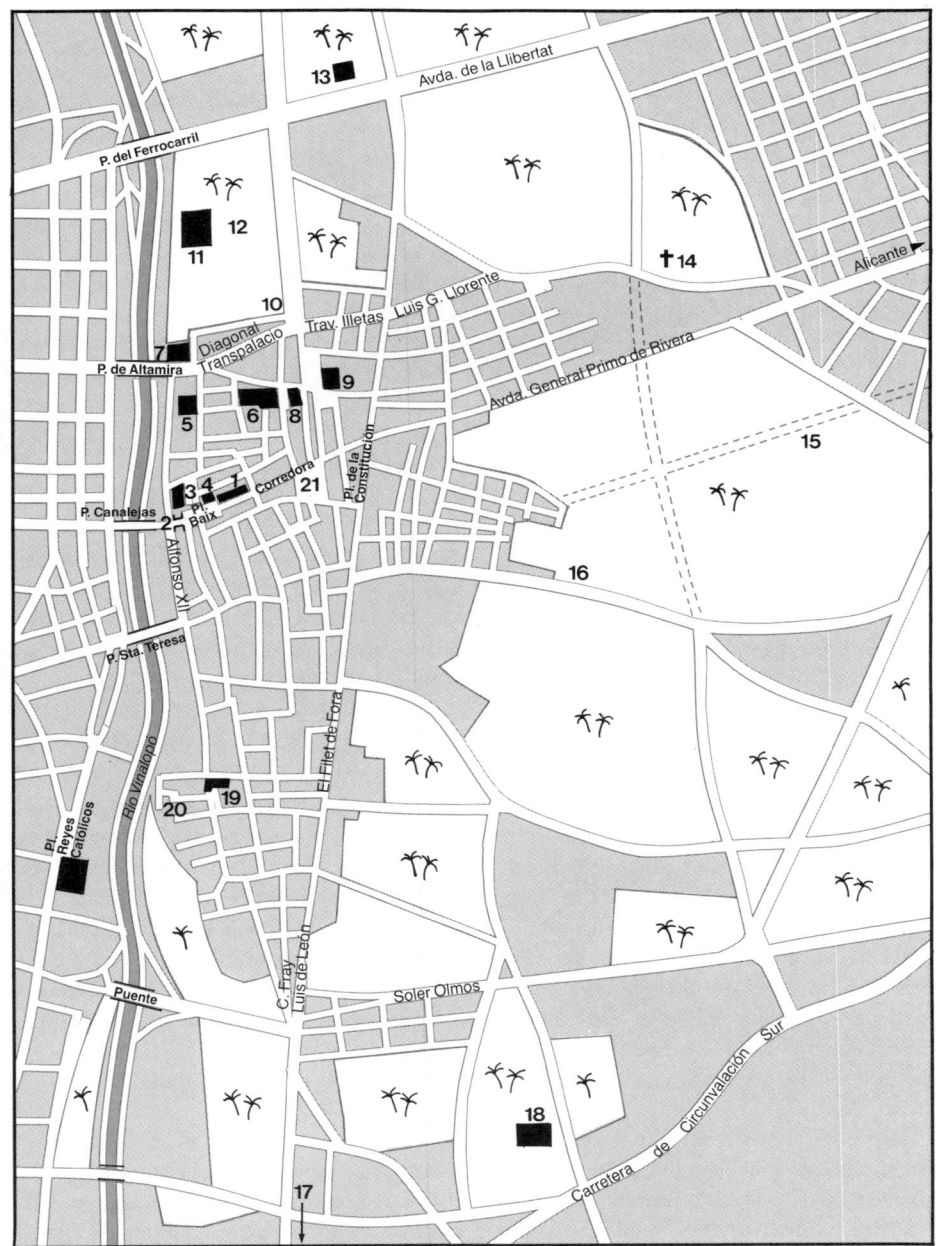

*Ansicht von Elche mit
Santa María de la
Asunción, Stahlstich*

chen Schmuck verfügt. Der Glockenturm schließlich, wenngleich ohne architektonische Bedeutung, ermöglicht einen guten Ausblick über die Stadt und die umgebenden Palmenhaine.

Santa María ist Aufführungsort der berühmten Mysterienspiele von Elche, der ›Festa‹, ein Überbleibsel der im Mittelalter weit verbreiteten Mysterienspiele. Als im 17. Jh. diese Spiele verboten wurden, wollte man das Verbot auch auf die Spiele von Elche ausdehnen, die zu dieser Zeit schon weithin berühmt waren. Erst eine Eingabe der Bewohner der Stadt an Papst Urban III. führte dazu, daß dieser am 3. Februar 1632 die Fortführung der Spiele und Aufführungen genehmigte. Immerhin gehören sie mit zu den ältesten Aufführungen dieser Art und sind unter Umständen sogar die ältesten Spiele überhaupt, wurden sie doch schon im 13. Jh. begründet. Die alljährlichen Aufführungen am 14. und 15. August gehören zu den großen Ereignissen der Stadt und der Umgebung, zu denen viele Besucher anreisen.

Die ›Festa d'Elig‹ oder das ›Misterio de Elche‹, wie es auch genannt wird, ist ein liturgisches Musikdrama, das zu Ehren der Himmelfahrt der Jungfrau Maria geschaffen wurde. Der Ursprung des Werkes geht zurück auf die Evangelisten. Schwerpunkte seiner Darstellung sind die *mangrana* oder das Herabsteigen des Engels, der Maria in jenem Moment beizustehen versucht, wo sie den Tod nahen fühlt. Ein weiterer Schwerpunkt ist der *ternari*, der Tod der Jungfrau Maria, an den sich die Abschnitte Judiada, Araceli und die Krönung anschließen.

Das Singspiel wird ausschließlich von Männern aufgeführt, bei denen es sich grundsätzlich um Laiendarsteller handelt. Nur die Figuren des Araceli und Petrus werden von Geistlichen dargestellt. Das Mysterium des Todes wird zunächst von Solisten vorgetragen, die die Apostel symbolisieren. Ihr Gesang erinnert mit seinen hohen klagenden Tönen an die

Gesänge der orientalischen Musik und ist sicherlich aus diesem Kulturkreis beeinflußt. Die heute verwendeten Texte stammen aus der Zeit des 15. Jh., während die zugrundeliegende Melodie unter Umständen sogar noch älter ist. Vorgetragen werden die Lieder in altkastilischer Sprache. Als Begleitinstrumente werden nur Harfe und Gitarre verwendet, so daß die Singstimmen letztlich die Darstellung tragen müssen. Erst in der Schlußszene setzt dann die Orgel ein und werden die Glocken geläutet. Den Abschluß der Aufführungen bildet jeweils ein Feuerwerk, das in das Fest der ›Nit de l'alba‹ überleitet und die Verehrung der Schutzheiligen symbolisiert.

Neben der Basilika und von dieser durch die Plaza de Santa Isabel getrennt steht das alte *Stadttor Calahorra,* das ehemals zum maurischen Stadtviertel von Elche gehörte (Abb. 80). Das Tor wurde von den Arabern über der alten Vía Hercúlea errichtet und im 14. Jh. umgebaut. Sein endgültiges Aussehen erhielt es ein Jahrhundert später.

Das alte *Rathaus* an der Plaza Mayor wurde im 15. Jh. begonnen und im 18. Jh. fertiggestellt. Seine Fassade ist mit Balkonen geschmückt. Der Turm, Torre del Consejo, wurde 1441 errichtet, andere Teile des Hauses schon in den Jahren 1433 bis 1442. Die Rathausuhr aus dem Jahr 1573 wird durch zwei Puppen mit den Namen Calendura und Calendureta betrieben, die die Stunden und Viertelstunden anschlagen.

Ebenfalls beachtenswert ist der *Palast von Altamira,* auch unter dem Namen Fortaleza de la Señoria oder einfach als Castillo bekannt. Die befestigte Anlage wurde im 15. Jh. gegründet und war Sitz der Grafen von Altamira, als deren Palast sie bezeichnet wird. Sie gründete auf einem ehemaligen maurischen Schlößchen, daß nach der *reconquista* auch den Königen von Aragón und den Katholischen Königen als Residenz diente. Nach der um 1985 erfolgten Restaurierung des Gebäudes wurde hier ein bedeutendes *archäologisches Museum* eingerichtet, dessen Besuch empfohlen werden kann.

Elche besitzt neben den hier erwähnten noch eine Reihe sehenswerter historischer Gebäude. Dazu gehören die alten Wachtürme *Los Vaíllos* und *Resemblanc,* die Brücke *Santa Teresa,* die Kirche *La Merced* mit einem Renaissance-Portal und einigen hübschen Gemälden sowie die erst 1705 errichtete Kirche *del Salvador* mit ihrem Barockaltar. Außerdem sind in verschiedenen Straßen noch alte Herrschaftshäuser erhalten.

Zu den bleibenden Eindrücken eines Aufenthaltes in Elche gehört der Besuch der *Palmengärten,* von denen der Huerto del Cura (Garten des Pfarrers) wohl der bekannteste ist. Der eigentliche Palmenhain von Elche, oftmals zu Recht auch als Wald bezeichnet, soll nach heutigen Schätzungen schon im 13. Jh. annähernd eine Million Palmen umfaßt haben (vgl. S. 87 ff., Farbabb. 24). Im 18. Jh. waren es noch ungefähr 500 000, während Schätzungen für den heutigen Bestand zwischen 100 000 und 600 000 schwanken. Die hier gehegten Dattelpalmen sind teilweise bis zu 200 Jahre alt und erreichen Höhen zwischen 30 und 40 m. Sie erbringen immer noch eine Ernte von etwa 2000 t Datteln.

Der Palmenhain wurde früher durch Lehmmauern in einzelne Gärten *(horts)* eingeteilt, die ihrerseits wieder in quadratische Parzellen von 10 bis 30 m Seitenlänge untergliedert waren. Heute ist diese Aufteilung durch das Vordringen der Stadt zerrissen worden, obgleich es immer noch große zusammenhängende Palmenhaine gibt. Lehmmauern sind teilweise durch moderneres Ziegelmauerwerk ersetzt worden, wobei die alten Abgrenzungen beachtet wurden. Der Huerto del Cura hat einen annähernd herzförmigen Grundriß und umfaßt etwa 700 Bäume. Außerdem enthält er eine bedeutende botanische Sammlung, zu der unter anderem eine umfangreiche Kakteenzucht gehört. Im Garten befindet sich ein Denkmal für Jakob I., den Befreier Elches von der maurischen Herrschaft.

Die bedeutendste Pflanze im Huerto del Cura ist die Palmera Imperial, eine besonders große Palme mit sieben Abzweigungen, die im Volksmund auch als Vater der Palmen bezeichnet wird und einem achtarmigen Leuchter ähnelt; sie gehört zu den ältesten Bäumen der Stadt (Abb. 79).

Im Nordwesten der Stadt liegt der *Parque Municipal,* der seit 1621 der Kirchengemeinde der Virgen de la Asunción gehört. Dieser Park mit ebenfalls bedeutenden Palmenbeständen fällt mit dem angeschlossenen Hort de Baix terrassenförmig zum Flußbett des Vinalopó ab und besteht aus einem Gemisch von Palmen, Rosenstöcken, Gräben, Blumenbeeten und anderen Baumarten. Während der Festzeit dient er als Kulisse für die Feiern. In der übrigen Zeit des Jahres ist er ein empfehlenswertes Ausflugsziel.

Nächste Station auf dem Weg nach Murcia ist **Crevillente.** Die Kleinstadt entwickelte sich aus einer römischen Siedlung. Weißgestrichene Häuser, Kuppelkirche und eine Vielzahl von Palmen verleihen dem Ort ebenso eine orientalische Note wie Elche und anderen Dörfern dieses Gebietes. Im Bereich von Crevillente finden sich neben modernen Bewässerungspumpen noch vereinzelt Anlagen, die auf maurischen Vorbildern beruhen. Dies sind insbesondere die berühmten Schöpfräder oder *norias,* die ehedem weit verbreitet waren. Der Ort ist fernerhin bekannt für seine Höhlenwohnungen, die früher einem Großteil der Bevölke-

Elche. Puente de Santa Teresa. Holzstich von 1852

rung Unterkunft boten und als typische Wohnform der Gegend galten. Heute sind nur noch vereinzelte Höhlen bewohnt und mit dem nötigen und üblichen Komfort ausgestattet. *Nuestra Señora de Belén*, die Pfarrkirche des Ortes mit ihrer unübersehbaren Kuppel, hat einen vom Kirchenschiff getrennten Glockenturm. Zum Kirchenbesitz gehören einige Figuren von Mariano Benlliure (1862–1947), einem aus Valencia gebürtigen Maler und Bildhauer.

Callosa de Segura, eine Kleinstadt am Südhang der Sierra de Callosa, besitzt auf dem Berg über der Stadt noch die Ruinen eines mittelalterlichen *Schlosses*. Die 1563 fertiggestellte Kirche *San Martín* wird als eines der Hauptwerke der spanischen Renaissance angesehen (Abb. 83). Offensichtlich wurde ihr Bau in der Gotik begonnen und dann erst während der Renaissance fertiggestellt, wie das Gegeneinander der gotischen Fassade und der Renaissance-Gestaltung des Innenraums zeigen. Das nächste Ziel der Reise ist **Orihuela.** Die Stadt liegt eingeklemmt zwischen einem Berg und dem Río Segura, über den die zwei Brücken Del Poniente und Del Levante führen, die der Stadt regelmäßig ein kleineres Verkehrschaos bescheren. Orihuela geht auf eine römische Gründung zurück und wurde damals Aurariola genannt. Die Araber tauften den Ort Origuela, ein Name, der sich geringfügig verändert bis heute erhalten hat. Unter der arabischen Herrschaft in Spanien war es die Hauptstadt des einzigen christlichen Reiches innerhalb des maurischen Machtgebietes. Abd ar-Rahman

Die städtebauliche Entwicklung Orihuelas

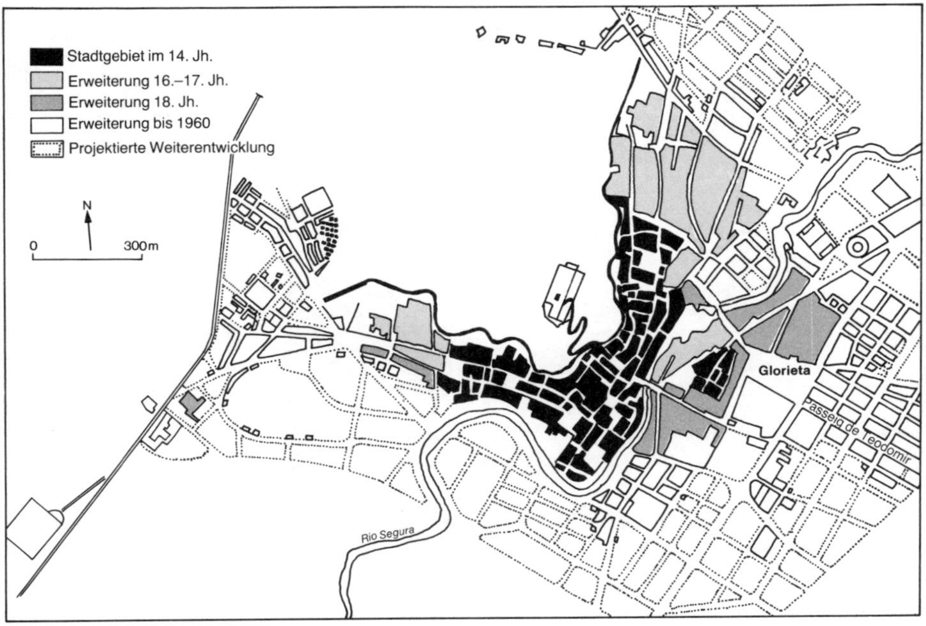

Stadtgebiet im 14. Jh.
Erweiterung 16.–17. Jh.
Erweiterung 18. Jh.
Erweiterung bis 1960
Projektierte Weiterentwicklung

N

0   300m

Glorieta

Río Segura

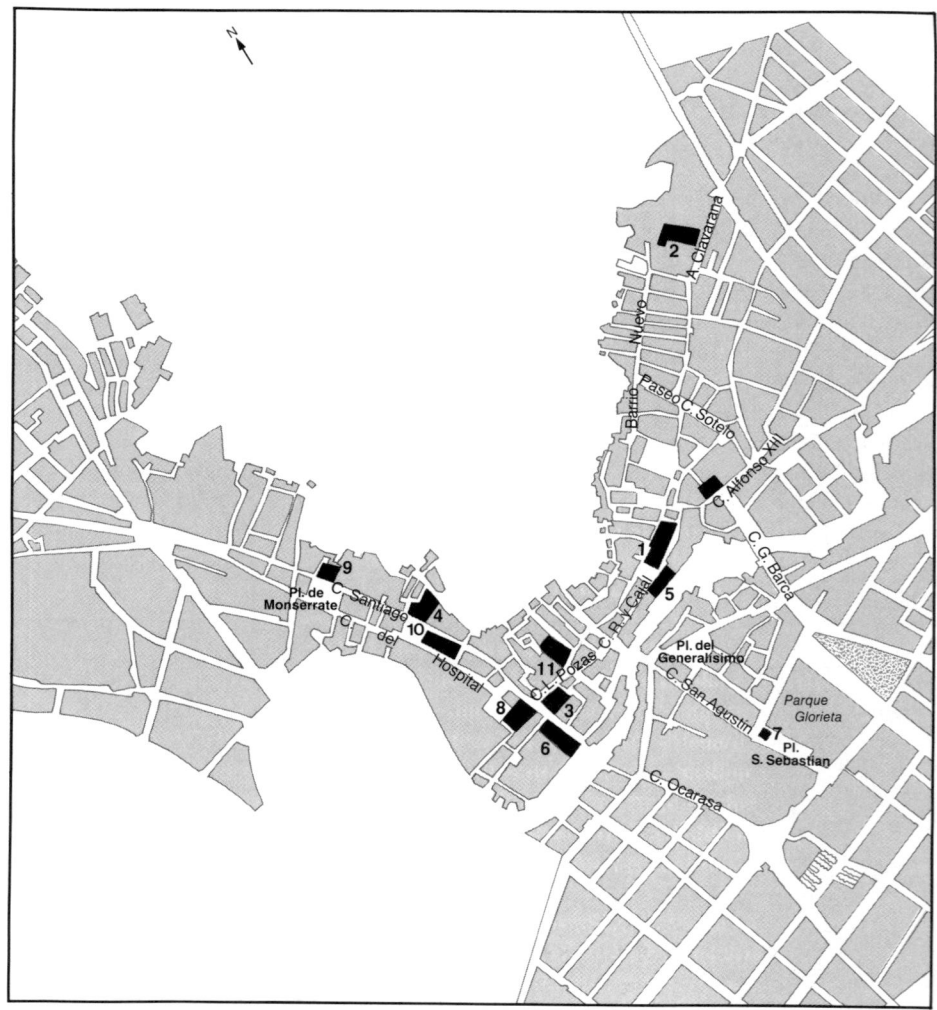

Orihuela   1 *Kathedrale*   2 *Santo Domingo*   3 *Santas Justa y Rufina*   4 *Santiago*   5 *Palast des Bischofs*   6 *Kirche de las Salesas*   7 *Post- und Fernmeldeamt*   8 *Rathaus*   9 *Santuario de Monserrate*   10 *Archäologisches Museum und Museum der Reconquista*   11 *Verkehrsamt*

nannte es Orcelis und Armengola, ein Held der *reconquista*, taufte den Ort Herguela. Der Infant Don Fernando nannte ihn schließlich Oriola. Im Mittelalter war die Stadt Bezirkshauptstadt und seit 1564 Bischofssitz. Seit 1959 teilt sie sich die religiösen Aufgaben mit Alicante in der gemeinsamen Diözese Orihuela-Alicante (s. S. 238).

Orihuela liegt inmitten einer fruchtbaren *vega,* der es auch seinen Namen gegeben hat. Der von dort gebürtige Dichter Miguel Hernández (1910–42) besingt dies in seinem Gedicht »El Alma de la Huerta« (»Die Seele der Huerta«):

>»Barraca oriolana
>modesta y galana,
>que en medio de flores, palmeras y pomas
>de intenso aroma
>ufuna te alzaste, lo mismo que un nido de blancas palomas...«

>»Oriolanische Barraca
>bescheiden und gefällig
>inmitten von Blumen, Palmen und Äpfeln,
>von starkem Duft
>erhebst Du Dich stolz wie ein Nest weißer Tauben...«

Orihuela besitzt so viele nationale Kunstdenkmäler, die in erster Linie sakraler Art sind, daß die Stadt oftmals in ihrer Gesamtheit als Kunstdenkmal bezeichnet wird; hier soll nur auf die wichtigsten Bauwerke hingewiesen werden, daneben gibt es aber noch viele andere historische Gebäude zu entdecken. Die *Kathedrale* des Ortes wurde im 14. Jh. über den Resten einer Moschee errichtet, jedoch erst im 16. Jh. fertiggestellt. Neben einem romanischen Turm besitzt sie drei auffallende Portale. Das Renaissancetor, Puerta de la Anunciación, an der Nordseite wird dem Erbauer der Kathedrale von Murcia, Jerónimo Quijano, zugeschrieben. Aus der gleichen Epoche stammt das spitzbogige Portal Loreto, während das Hauptportal, die Puerta de las Cadenas, gotisch ist. Die Decke der dreischiffigen Kathedrale zeichnet sich durch ihre zierlichen Gewölberippen sowie in einer Seitenkapelle durch einen Flügelaltar (16. Jh.) aus. Der marmorne Altar hat einen Aufsatz aus getriebenem Silber mit einer Kuppel darüber. Besonders hinzuweisen ist neben dem aus Mahagoni gefertigten Chorgestühl auf die erhöhte Kanzel mit ihrem sorgfältig gearbeiteten Relief sowie auf die verzierten Absperrgitter vor den Kapellen.

Schräg gegenüber der Kathedrale liegt der *Bischofspalast* von Orihuela (18. Jh.), der durch seine beiden Marmortreppen und das geschnitzte Holz auffällt. An das Palais angeschlossen ist ein Kreuzgang aus dem 13. Jh. in gotisch-romanischem Stil, in dem das *Diözesanmuseum* untergebracht ist. Dieses Museum besitzt auch heute noch zahlreiche wertvolle Gemälde, darunter einen Velázquez, Die Tröstung des heiligen Thomas von Aquin, sowie von Ribera die Darstellung der Maria Magdalena und von Rodrigo de Osona das Bild des heiligen Michael. Hinzu kommen zahlreiche Gemälde mehr oder weniger unbekannter Maler des 16. und 17. Jh., Teile eines Kirchenschatzes sowie ein Meßbuch von Papst Calixtus III. aus dem 15. Jh.

Die *Iglesia de Santiago* wurde im 15. Jh. errichtet. Erste Arbeiten zu diesem Gotteshaus wurden bereits zwischen 1402 und 1417 geleistet, doch zogen sich die Bauarbeiten mit

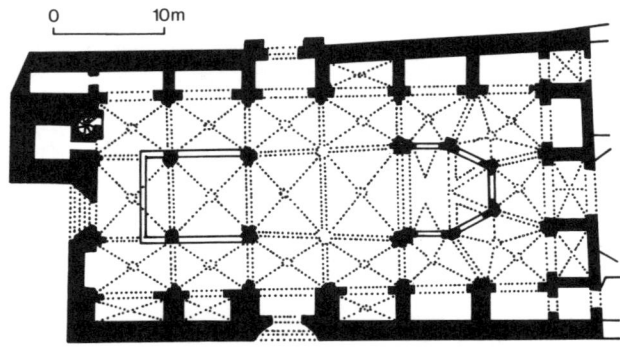

Orihuela, Kathedrale

Unterbrechungen noch über einige Zeit hin. Die Kirche ist deshalb bekannt, weil hier 1488 von den Katholischen Königen eine Versammlung der Stände von Valencia einberufen wurde. Sie liegt inmitten des ältesten, ehemals ummauerten Bezirks der Stadt. An dieser Stelle sollen vorher schon andere Gotteshäuser, darunter eine Moschee und eine christliche Kirche gestanden haben, die bislang aber nicht archäologisch belegt sind, ebenso wie auch die Baudaten der heutigen Kirche nicht exakt bekannt sind. Gut dokumentiert sind dagegen die Arbeiten zur Erweiterung der Kirche, die 1546 begonnen wurden und die einen geschlossenen Verbund zwischen dem Kirchenschiff und der Sakristei herstellten. Im 18. Jh. wurden die Arbeiten im Stil der Gotik bzw. der Renaissance vollendet und zusätzlich die Kommunionskapelle angefügt. Von den Auswirkungen des Bürgerkrieges, in dessen Verlauf viele Gemeinden der Levante ihre sakralen Kunstschätze verloren, blieb Orihuela verschont, so daß die Stadt heute über einen weitgehend unveränderten Bestand alter Gebäude und Kunstschätze verfügt.

Die zur Plaza de Santiago gerichtete Fassade ist einzig die der Kirche, wenngleich sie dem Betrachter wie die Fassade zweier Gebäude erscheinen mag. Neben dem Hauptportal, dessen Lage mit dem Verlauf des Kirchenschiffes, des Turmes und der Kapelle korrespondiert, liegt der barock gestaltete Eingang zur Kommunionskapelle.

Die Puerta de Santiago ist der älteste Teil der Kirche, erbaut im 15. Jh. und schon ab 1488 umgebaut. Das große Bogentor mit seinen Archivolten und Dekorationen trägt im Scheitelpunkt eine Statue des heiligen Santiago (= Jakobus d. Ä.), die eine Kopie einer älteren Arbeit ist. Das von zwei geraden Säulen gestützte Tympanon ist mit den Wappen der Katholischen Könige geschmückt.

Der Nebeneingang zur Kommunionskapelle ist im typischen Stil barocker Altäre gestaltet und wurde zwischen 1726 und 1736 durch Alfonso Ortiz errichtet. Zwei gedrehte Säulen umrahmen den unteren Teil des zweigeschossigen Portales. Über der Tür befindet sich ein Relief, das die Verehrung der Eucharistie zeigt. Der obere Teil wiederholt den Aufbau des unteren Tores. Eingerahmt von Säulen steht hier die Allegorie des Glaubens.

Das Innere des Gotteshauses gliedert sich, der Form des Schiffes gemäß, in drei große Einheiten, den Hauptaltar, die Sakristei und die Kommunionskapelle. Mit dem Bau des Kirchenschiffes wurde am Ende des 15. Jh. begonnen. Das tiefgezogene Rippenwerk des Hauptkörpers teilt das Schiff in drei Flügel, mit einer dreigeteilten Gewölbedecke, die sich auf eine Reihe von Halbsäulen abstützt. Der vieleckige dunkle Raum des einzigen Schiffes mit den Kapellen zwischen den Strebebogen repräsentiert den südlichsten Ausläufer der sogenannten katalanischen Gotik, während Chor und Querschiff in der Renaissance (1554–1609) umgebaut wurden. 1556 wurden einige gotische Kapellen durch Julián de Alomiquez erneuert, die aber später wieder barock umgestaltet wurden. Erst in unserer Zeit werden die noch erhaltenen Bilder restauriert.

Die Kapelle des heiligen Josef an der rechten Seite besitzt ein Altarbild aus vergoldetem Holz, das 1765 von Ignacio Castell geschaffen wurde. In einer bogenförmigen Nische befindet sich die Heilige Familie von Nazareth, ein Werk des genialen Francisco Salzillo (1707–83) aus Murcia, dessen Werke in vielen Kirchen der Levante bewahrt werden. Die Arbeit stammt aus seiner produktivsten Schaffensperiode in den Jahren 1765/66. Ebenfalls aus der Werkstatt Salzillos kommen die beiden um 1775 gefertigten Statuen des heiligen Luis Beltrán und des heiligen Vicente Ferrer. Die erste Kapelle auf der rechten Seite enthält die Gruppe des heiligen Joachim und der heiligen Anna, die ebenfalls der Werkstatt Salzillos zugerechnet werden. In der zweiten Kapelle befindet sich die von Esteve geschaffene Unbefleckte Empfängnis. Sehenswert ist schließlich auch die Orgel, die 1744 von José Rocamora und Ignacio Castell gebaut wurde und Ende des 18. Jh. an ihren jetzigen Platz kam.

Die umfangreichen Arbeiten am Hauptschiff der Kirche wurden 1549 begonnen und ab 1570 mit der Unterstützung des Baumeisters Jerónimo Quijano, Erbauer der Kathedrale von Murcia, fortgeführt. Sie dauerten bis 1609. Die Kirche wurde als einheitlicher geschlossener Baukörper entworfen, der Kreuzform, Presbyterium und Sakristei vereint. In der Apsis ist der marmorne Tabernakel untergebracht, nach einem valencianischen Vorbild in den Jahren 1792 bis 1795 von Bernardino Rippa gebaut. Der Schmuck des Tabernakels und der Hauptkapelle ist ein Werk von José Puchol aus dem ausgehenden 18. Jh. und wirkt teilweise überladen. Die Sakristei wurde 1546 gebaut, mit oktagonalem Grundriß und mit einer Kuppel gedeckt. Die Mauern mit ihren seitlichen Bogen und den Stützpfeilern zwischen den Strebebogen finden ihr Gegenstück in der Kapelle de los Junterónes der Kathedrale von Murcia, deren Verwandtschaft in vielen Teilen unverkennbar ist.

Die Kommunionskapelle ist ein barockes Bauwerk aus dem 18. Jh. das an den ersten vorderen Teil des gotischen Schiffes angesetzt ist und durch dieses betreten wird. Die Arbeiten an dieser nachträglichen Erweiterung wurden von Alfonso Ortiz und Felipe Sanchez in den Jahren 1726 bis 1735 geleitet. Das Ergebnis ist eine eigentümliche Doppelfassade, wie man sie sonst kaum antrifft. Eine andere Lösung war vermutlich schon aus Platzgründen nicht möglich und hätte die Kapelle auch den Blicken entzogen. Erhalten und sehenswert ist in dieser Kapelle ein großer Altar aus vergoldetem Holz, eine in diesem Gebiet häufig vorkommende Form, der 1733 noch während des Baues der Kapelle in Auftrag gegeben und von Antonio Perales gebaut wurde.

Das nächste Ziel ist die ehemalige *Universität Santo Domingo,* mit noch heute bestehendem Kloster und Kolleg (Abb. 85). Die Geschichte des Bauwerkes geht zurück auf den aus Orihuela stammenden Erzbischof von Valencia, Fernando de Loaces. 1546, nachdem er Bischof von Lérida geworden war, entschloß sich Loaces dazu, seiner Heimatstadt eine Schule zu stiften, die mit Unterstützung der Dominikaner geführt werden sollte. Studium, wissenschaftliche Arbeit und die Belebung des geistlich-religiösen Lebens standen in diesem Orden, der an zahlreichen Universitäten große Teile des Lehrkörpers stellte, an erster Stelle.

Eine päpstliche Bulle erhob die Schule schon sechs Jahre nach ihrer Gründung zum Kolleg für die Ausbildung des Priesternachwuchses. 1569 verlieh ihm Papst Pius V. den Rang einer Universität; es sollte aber noch bis 1610 dauern, bis die ersten Kurse abgehalten werden konnten. Der Bau des Gebäudes verschlang derart viel Geld, daß die Gehälter für die Professoren nicht bezahlt werden konnten und der Lehrbetrieb daher nicht aufgenommen wurde. Die 1646 aus einem königlichen Privileg fließenden Zuwendungen gaben der Universität neues Leben, erfolgten aber fatalerweise zu einem Zeitpunkt, zu dem die zwischen 1648 und 1676 wütende Pest einen Lehrbetrieb unmöglich machte. Erst das 18. Jh. brachte der Universität von Orihuela als Folge der demographischen Entwicklung und der Belebung von Landwirtschaft und Handel ein ›Goldenes Zeitalter‹, zeigte aber auch ihre Schwächen auf, an denen sie scheitern sollte. Die Unfähigkeit der barocken Hochschule, sich mit den neuen Wissenschaften vertraut zu machen und die starre, ans Unbewegliche grenzende Geisteshaltung ihres Lehrkörpers führten zu ihrem Niedergang und, nach einer Reform durch die bourbonische Regierung, 1824 zu ihrer Schließung. Das Gebäude fiel an das Bistum von Orihuela zurück und wurde von den Jesuiten bis zum Umzug dieses Ordens nach Alicante als Kolleg weiterbenutzt. Heute ist hier eine Grund- und Mittelschule untergebracht.

Das in der Art der Renaissancepaläste mit zwei Innenhöfen (Abb. 86) ausgestattete Gebäude verbindet eine Kirche und ein Konventsgebäude. Die Bauarbeiten hierzu wurden 1553 unter Juan Anglés begonnen, aber mit vielen Schwierigkeiten erst im 18. Jh. vollendet. Die südliche Fassade, zugleich auch die Hauptfront, vereinigt auf ihren 110 m Länge die Schmalseite der Kirche, den Konvent und die Universität. Die waagerechte Trennung der drei Stockwerke erfolgt äußerlich durch die Gesimse sowie durch die Fenster und die drei Zugangstüren von unterschiedlicher Gestalt. Das auf der linken Seite liegende zweigeschossige Kirchenportal wurde 1561 von Juan Anglés gebaut und wird von korinthischen Säulen flankiert. Im unteren Teil ist es mit grotesken Figuren dekoriert und trägt die Wappen von Don Fernando de Loaces und des Dominikanerordens. Die Bogen des oberen Teils enthalten Arbeiten von Juan de Lugeno aus den Jahren 1563 bis 1570. Der im 19. Jh. im Stil des Barock errichtete Turm ersetzte einen Glockenturm der Renaissance und hebt sich in Form und Material deutlich vom übrigen älteren Baukörper ab.

Durch die Puerta del Convento betritt man die Räume des *colegio.* Das Tor besteht aus drei abgeflachten Teilen, die die drei klassischen Orden der Dominikaner, Benediktiner und Jesuiten symbolisieren. Darüber stützen zwei kannelierte Säulen aus Holz das dorische Tafelwerk. Die Puerta de la Universidad, das Tor zur Universität, auf der rechten Seite der

Front, besteht aus einem großen barocken Portal, das 1723, also lange nach der eigentlichen Gründung, durch Pedro Juan Codoñer entworfen wurde. Das zweigeschossige Tor wird von geschmückten hölzernen Kapitelsäulen flankiert. Im Tympanon befinden sich die Wappen von Fernando de Loaces, eines Papstes und des königlichen Hauses. Der obere Teil wiederholt den schematischen Aufbau des ersten Geschosses. Die allegorische Figur der Weisheit vervollständigt die Fassade, ergänzt durch die Taube, die den Heiligen Geist symbolisiert, und die Darstellung des heiligen Thomas. An der Südseite des Gebäudes findet man die Puerta de Crevillente, ein Stadttor des ehemaligen ummauerten Bezirks, das 1548 errichtet wurde. Über dem Torbogen, flankiert von zwei dorischen Halbsäulen, befindet sich die Figur des Erzengels Michael, darunter das Wappen von Aragón, flankiert vom Vogelsymbol Orihuelas.

Betritt man das Gebäude durch die Puerta del Convento, so gelangt man zunächst in das Claustro Mayor, eine rechteckige Anlage von 40 m Seitenlänge, die um 1609 im Herrera-Stil gebaut wurde. Die Säulengänge werden von sieben großen Bogen geformt mit dorischen Säulen und Täfelwerk, die von weiteren Bogen und Säulen gestützt werden. Hier war früher die Bibliothek der Universität untergebracht, die sich heute im Palacio Teodomiro befindet. Das Tor zur Sakristei befindet sich am Ende des Kreuzganges. Es wurde 1570 von Juan Anglés im Stil der von Jerónimo Quijano geschaffenen Sakristei der Kathedrale von Murcia entworfen.

Von der Sakristei aus erreicht man die Kirche des Konventsgebäudes über den rechten Seitenarm. Die Kapellen der einschiffigen Kirche liegen zwischen den Stützsäulen; das Presbyterium hat eine halbrunde Form. Die Pendentifkuppel gibt der Kirche einen besonderen Akzent. Der Entwurf dazu stammte von Pedro Quintana, der 1662 mit den Arbeiten für einen Ersatz der zwischen 1654 und 1659 zerstörten alten Kirche beauftragt wurde. Die Fresken im Kirchenschiff stammen von Bartolomé Albert und entstanden zwischen 1692 und 1700, der Schmuck der Kuppel und der Apsis von verschiedenen anderen Künstlern. Der Hauptaltar enthält ein Bild des 16. Jh., das Mysterium des Rosenkranzes, das einem Schüler von Juanes, Nicolás Borrás (1530–1610) zugeschrieben wird. Seit etwa 1700 vervollständigen zwei Arbeiten von Pedro Camacho das Ensemble; das Bild des heiligen Dominikus und der Jungfrau bzw. die Darstellung der Gründung des Dominikaner-Ordens.

Das Refektorium des Konvents ist ein großer Saal mit spätgotischem Rippenwerk vom Ende des 16. Jh. Der Raum ist wegen seiner umfangreichen Dekoration mit *azulejos* aus dem 18. Jh. sehenswert und wird auch heute noch als Speisesaal für Schüler genutzt (Abb. 87). Der Kreuzgang der Universität im *patio* wurde 1727 bis 1737 erbaut und barock gestaltet; er ist mit verschiedenen Wappen und heraldischen Symbolen geschmückt. Darunter sind die Zeichen von Fernando de Loaces, Papst Clemens XII., der Krone, der Stadt, des heiligen Dominikus, des heiligen Thomas und des Ordens der Dominikaner, die alle mit der Gründung der Universität verbunden waren.

Die *Iglesia de las Santas Justa y Rufina* ist das nächste Ziel (Abb. 84). Die Geschichte Orihuelas und der *reconquista* nennen übereinstimmend den 17. Juli 1243 als den Tag, der aus Sevilla stammenden Märtyrer Justa und Rufina. Die nach den beiden Schutzpatronen der

Stadt benannte Kirche wurde zwischen 1319 und 1349 errichtet. Mit dem 17. Juli 1400 wurde die Erinnerung an die beiden Heiligen mit der Institutionalisierung eines nach ihnen benannten Festes im Rahmen der *reconquista*-Feiern gefestigt. Seitdem wird an diesem Jahrestag auch eine heilige Messe in ›ihrer‹ Kirche gelesen.

Santa Justa y Rufina ist heute die wichtigste Pfarrkirche von Orihuela. Die ursprünglich im Stil der katalanischen Gotik erbaute Kirche wurde in der Renaissance bzw. im Barock umgestaltet, hat aber einige wenige gotische Elemente bewahren können, die sich in ihrer Schlichtheit wohltuend von den sonst üblichen barocken Formen unterscheiden. Der quadratische Kirchturm ist der älteste erhaltene Bauteil.

Rechts vom Turm zur Calle de Santa Justa liegt die Puerta Norte, 1569 als Werk von Juan Anglés fertiggestellt. Das zweigeschossige Portal zeigt die Statuen der beiden Heiligen sowie die Wappen der Stadt und des Königreiches Aragón. Links vom Turm liegt die Puerta de las Gradas. Das Tor wurde 1753 von Antonio de Villanueva gebaut und weist Bezüge zur Kathedrale von Murcia auf.

Im einschiffigen Inneren von Santas Justa y Rufina liegen die Kapellen seitlich zwischen den Stützpfeilern. Das Schiff ist in sechs Joche und das vieleckige Presbyterium gegliedert. Im 18. Jh. wurde es umgestaltet, indem je zwei Flügel dekorativ zu einem vereinigt wurden. Die barock ausgestaltete Kommunionskapelle mit einem elliptischen Grundriß und einer gleichgeformten Kuppel liegt parallel zum Kirchenschiff. Von Jaime Bort konzipiert, wurden die Arbeiten 1745 begonnen und 1747 unter der Leitung von Tomás Guilabert beendet. Am Kopfende befindet sich ein Altar aus vergoldetem Holz von Francisco Torres aus dem Jahre 1776. Sehenswert ist auch eine Skulptur von Juan Bautista Borja, die hier aufbewahrt wird.

In der ehemaligen Kirche La Merced ist das *Museum der Semana Santa,* der Karwoche, untergebracht, das erst seit 1985 besteht. Hier werden die Figuren und andere Exponate aufbewahrt, die bei den Umzügen durch die Straßen getragen werden. Nuestra Señora de la Merced enthält unter anderem als eines der wertvollsten Stücke eine Figur von Salzillo: El Lavatorio (1758). Sehenswert sind auch die vielen anderen Figuren, die größtenteils aus diesem Jahrhundert stammen.

Das *städtische Museum* von Orihuela besitzt eine Reihe von Funden aus der älteren und jüngeren Steinzeit. Aufbewahrt werden hier auch Stücke aus der Renaissance, vor allem Grabbeigaben, sowie Kunstgegenstände aus der Epoche der maurischen Besetzung.

Murcia

Auf dem Weg nach Murcia stößt man wenige Kilometer vor der Stadt auf das Dorf **Monteagudo,** das heute nur noch ein paar hundert Einwohner zählt. Der Ort ist wegen seiner Grabungsfunde aus der Römerzeit, darunter Statuen, Münzen und Keramik, weithin

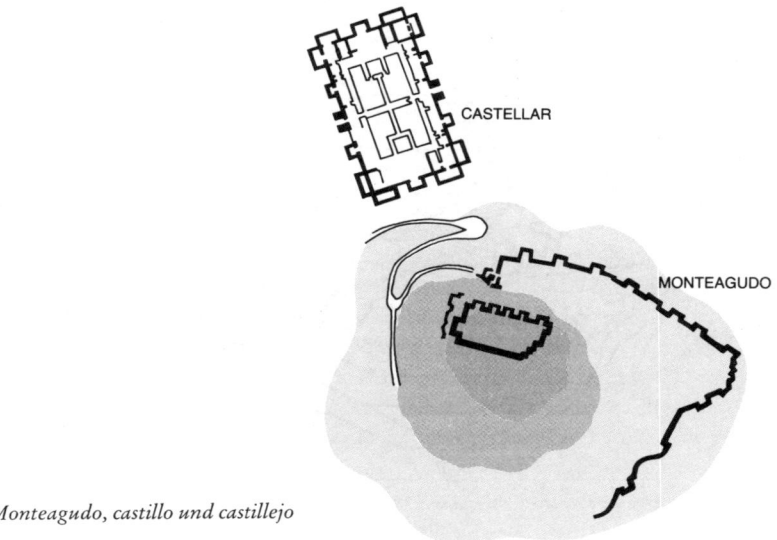

Monteagudo, castillo und castillejo

bekannt sowie wegen der Statue des segnenden Christus auf der Bergspitze. Die Ausgrabungsfunde werden heute im archäologischen Museum von Murcia gezeigt. Auf dem Gipfel des kahlen Berges, an dessen Fuß das Dorf liegt, befinden sich die Reste einer alten römischen Festung, die von den Arabern wiederaufgebaut und deutlich vergrößert wurde. Das im 11. Jh. erweiterte *Kastell* mit den Abmessungen 45 × 25 m war Teil eines aus drei Festungen bestehenden Sperrgürtels mit Nordost-Verlauf, die Stadt und Königreich Murcia schützten. Auf dem *castillo* aufgestellt ist die 14 m hohe Statue eines segnenden Christus, dessen Gesicht der Stadt Murcia zugewandt ist. Von hier aus hat man übrigens eine sehr gute Aussicht. In der *vega* lag das *castillejo*, eine *Almoravidenfestung* aus dem ersten Drittel des 12. Jh., die El Castellar oder Las Caballerias genannt wurde. Das *castillejo*, das nur noch in Ruinen erhalten ist, hatte vieleckige Türme und Eckbastionen bei einer Ausdehnung von 61 × 38 m Seitenlänge. Vom ehemaligen Palast (erbaut 1147–71) wurden während der Ausgrabungen ab 1925 noch bemalte Mauerreste gefunden, ebenso wie auch die Lage des inneren Gartens bestimmt werden konnte. Das Mauerwerk besteht aus unregelmäßigen Steinklötzen, die mit Mörtel verbunden sind. Die Stärke der Mauern verringert sich von fast 2 m am Fuß auf 75 cm an der Krone. Der Eingang befindet sich an der langen nordöstlichen Fassade und wird durch zwei kleine Wachtürme geschützt.

Murcia ist die Hauptstadt der gleichnamigen Provinz und zählt mit über 300 000 Einwohnern zu den Großstädten der Mittelmeerküste. Die Stadt liegt am Río Segura inmitten ihrer fruchtbaren *huerta* und ist damit Zentrum eines großen landwirtschaftlichen Gebietes als auch eines kleinen Industriegebietes. Von den Einwohnern Murcias wohnt der überwie-

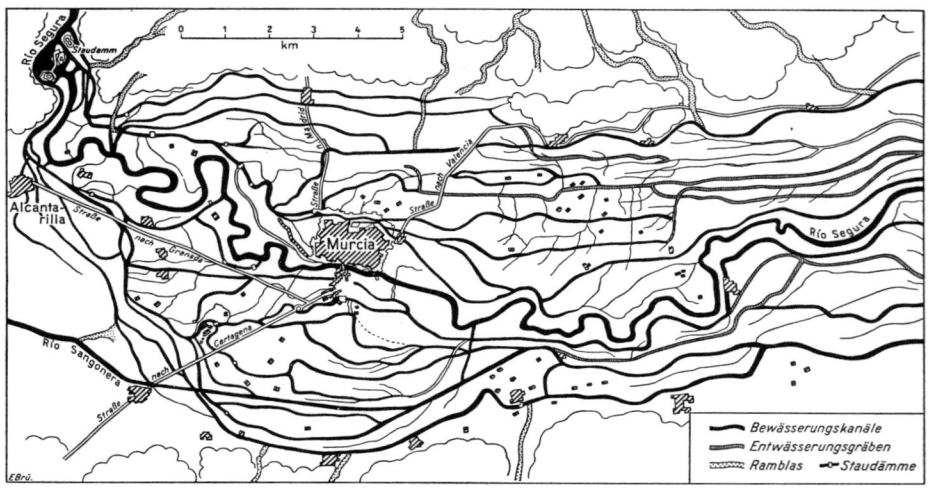

Die ›huerta‹ bzw. ›vega‹ von Murcia um 1880

gende Teil in eingemeindeten Dörfern und Einzelhöfen des Nahbereichs, nicht aber in der Kernstadt. Murcia ist Sitz eines Bischofs und besitzt eine eigene Universität.

Der Name der Stadt leitet sich vom arabischen Medina Mursija ab; einem Ort, der im frühen 8. Jh. von Abd ar-Rahman II. auf den Ruinen einer römischen Siedlung erbaut wurde. Die neue arabische Siedlung gehörte zunächst zum Reich von Córdoba, bis sie 1224 Hauptstadt eines eigenen Königreiches wurde. Zu dieser Zeit war Medina Mursija bereits eine große befestigte Stadt und politisches, wirtschaftliches und kulturelles Zentrum dieses Raumes. Die Seidenraupenzucht spielte zu dieser Zeit im Raum Murcia eine besonders wichtige Rolle, da die dafür notwendigen Maulbeerbäume nur hier in ausreichendem Maße vorhanden waren. Erst die Ausbreitung des Baumes über die Levante und die daraus folgende Verbreitung der Seidenraupenzucht in anderen Gebieten, brach später diese Vormachtstellung Murcias in Spanien.

Die Herrlichkeit des Königreiches Murcia endete 1243 nach nur 19 Jahren mit der Eroberung durch Ferdinand III. den Heiligen, der die nunmehr gewaltsam christlich gewordene Stadt seinem Sohn Alfons unterstellte, der später den Beinamen der Weise führen sollte. Zu dieser Zeit besaß Murcia eine mächtige Stadtmauer mit 98 Türmen von je 14,50 m Höhe und 6,25 m Durchmesser sowie acht großen Stadttoren, von denen heute allerdings kaum etwas vorhanden ist. In den ersten Jahren ihrer neuen Zugehörigkeit zum Königreich Kastilien kam es in Murcia mehrfach zu Aufständen, die eine permanente Besetzung der Stadt durch königliche Truppen und schließlich die Ansetzung katalonischer Siedler nach sich zogen. Erst in späteren Jahren konnte sich die Stadt nach tiefgreifenden Veränderungen so auszeichnen, daß sie wegen ihrer Treue zum Reich ein Wappen mit sieben Kronen verliehen bekam.

Im Spanischen Erbfolgekrieg stand Murcia gegen die Österreicher unter Erzherzog Karl. Um eine österreichische Besetzung der Stadt zu verhindern, ließ der zu dieser Zeit amtierende Bischof Luis de Belluga die Deiche öffnen, wodurch große Teile der *huerta* überschwemmt und schließlich die Stadt gerettet wurde. Die Besetzung durch französische Truppen verlief 1810 noch ohne großen Widerstand, zumal diese bald wieder abzogen. Erst der Bürgerkrieg 1936 wirkte sich vernichtend aus. Zahlreiche Bauwerke und Kunstdenkmäler wurden durch Brandstiftung und Plünderung zerstört, wovon vorwiegend die Kirchen betroffen waren.

Trotz der Einwirkungen des Bürgerkrieges ist Murcia noch immer relativ reich an historisch wie kunsthistorisch wertvollen Hinterlassenschaften aller Epochen, die man in mehreren Rundgängen durch die Stadt besichtigen kann. Zu dem historischen Erbe, dem man bei der Annäherung an die Stadt hier unbewußt begegnet, gehört das ausgedehnte Bewässerungssystem, das schon zur Zeit der maurischen Herrschaft in Europa Aufmerksamkeit erregte. Es besteht aus einem komplizierten Verbund von Be- und Entwässerungsgräben,

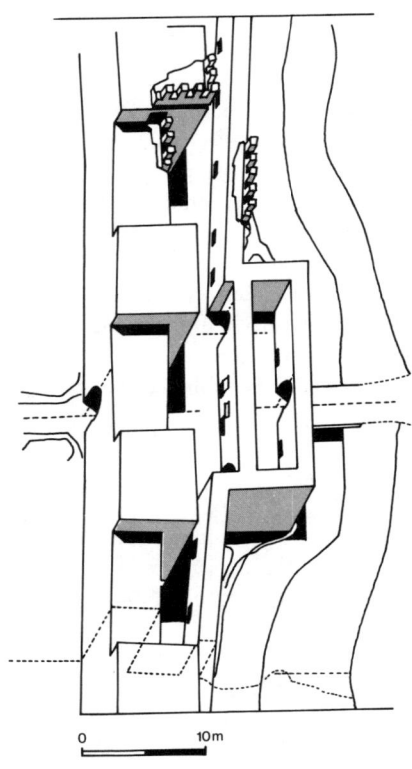

Murcia, Rekonstruktion der Puerta de Santa Olalla im 12. Jh.

0   10m

291

die durch eine Vielzahl von Wasserrädern, den berühmten *norias*, sowie durch Staudämme, Becken und Kanäle ergänzt werden. Im Gegensatz etwa zu den *huerta*-Gebieten von Valencia und Gandía bestand hier immer ein gewisser Wasserüberschuß, d. h., daß nicht alles Wasser an den vorhandenen Boden gebunden war und den Eigentümern flächenmäßig zugewiesen wurde. Die freien Wassermengen wurden deshalb regelmäßig verkauft, so daß sich eine Kombination aus bodengebundenem Wasser und freiem Wasser ergab. Dieses System wird oftmals auch als Wasserverteilungstyp von Elche bezeichnet, wo gleiche Verhältnisse bestanden. Auch aus dem Gebiet von Lorca ist die wöchentliche Versteigerung von Wasser bekannt.

Die Hinterlassenschaften der maurischen Epoche der Stadt stehen in keinem Verhältnis mehr zu der Bedeutung, die Murcia früher als wirtschaftliches und politisches Zentrum eines maurischen Reiches hatte. Dennoch ist die Stadt heute das archäologische Zentrum der Provinz, in dem bei Ausgrabungen immer neue Funde gemacht werden. Die ehemalige *Stadtmauer* (s. S. 290) ist nur noch in kleinen Bruchstücken und Fundamentteilen vorhanden, weil sie der Ausdehnung des modernen Murcia weichen mußte. Die exakte Ausdehnung sowohl der arabischen als auch der mittelalterlichen Stadt läßt sich heute nur mühsam rekonstruieren. Die beste Anschauung geben die Exponate im *Museo de Santa Eulalia* am gleichnamigen Platz, das als Ergebnis der 1963 begonnenen Ausgrabungen eingerichtet wurde. Das *Museo de la Muralla Arabe,* also das Museum der arabischen Mauer, ist heute für den Besucher nicht mehr zugänglich, da man einerseits um den Fortbestand der Fundstücke fürchtet und andererseits die Arbeiten noch nicht abgeschlossen sind.

Im Zuge der Ausgrabungen wurden die Reste von Befestigungen des 12. Jh. freigelegt und ihre Entwicklung von der arabischen Epoche bis ins 15. Jh. erforscht. Entdeckt wurde bei diesen Arbeiten auch ein maurischer Friedhof, auf dem zahlreiche Einzelteile geborgen werden konnten. Teile der alten Stadtmauer finden sich heute beim Palacio Regional der Stadt, beim Colegio de Arquitectos, dem *almudín,* der Capilla del Pilar und in der Calle Aliaga. Eine größere Sammlung befindet sich im archäologischen Museum, das auch weitere Funde aus anderen Teilen der Provinz Murcia, etwa aus Monteagudo, enthält. Besonders wertvoll sind die zahlreichen Keramikarbeiten, die hier aufbewahrt werden.

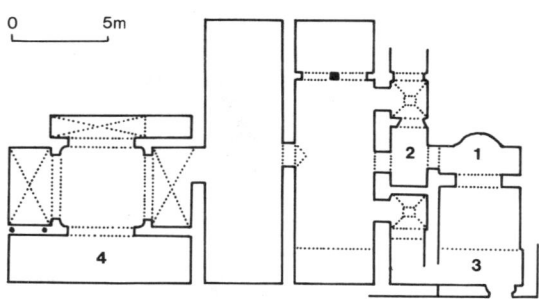

Murcia, Die arabischen Bäder 1 moderner Ofen 2 Brunnen 3 heutiger Eingang 4 Ausgang

Ausgegraben und rekonstruiert wurden auch die *arabischen Bäder* von Murcia in der Calle de Madre de Dios, die nicht mehr besichtigt werden können. Die Bäder bestanden aus einer quadratischen Kuppelhalle mit umlaufenden Galerien mit Rundbogen. An diesen Raum schlossen sich zwei weitere Säle sowie mehrere kleinere Räume an, die als Umkleide- und Ruheräume dienten. Die Ausgrabungen wurden im Bürgerkrieg fast völlig zerstört.

1243 kapitulierte das maurische Murcia vor den christlichen Heeren. Auch die zwei Jahrzehnte später folgenden Rebellionen änderten nichts mehr an den neuen Machtverhältnissen. Die Bevölkerung der Stadt, obwohl zahlenmäßig zu diesem Zeitpunkt ohnehin sehr gering, lebte zu dieser Zeit wie in den meisten anderen spanischen Städten in streng voneinander getrennten Vierteln. Die häufig räumlich zusammengefaßten Berufsgruppen führten dazu, daß noch heute viele Straßen die Bezeichnungen der dort ehemals tätigen Handwerker tragen. Die Reorganisation der Stadt ging nur langsam vonstatten und orientierte sich zunächst an den Namen der verschiedenen Kirchspiele, die den großen Plätzen ihre neuen Bezeichnungen gaben. Die Plaza del Mercado wurde auf diese Weise zur Plaza Santo Domingo, die Plaza Mayor zur Plaza Santa Catalina. Auch in architektonischer Hinsicht erlebte die Stadt einen zwar umfassenden, nicht aber schnellen Wechsel der Formen, dessen Geschwindigkeit von der Bevölkerungsentwicklung diktiert wurde, die nach der Vertreibung der letzten Morisken zunächst sogar einen negativen Verlauf nahm.

Die *Kirche Pasos de Santiago* wurde zu Beginn im Mudéjarstil errichtet, im Barock aber ebenso gründlich umgebaut wie die meisten Kirchen der Levante. Die einschiffige Kirche mit ihren Gurtbögen hat eine geschmückte hölzerne Decke. Sie ist im Inneren sehr schlicht gehalten und kunsthistorisch wenig bedeutend. Ebenfalls einschiffig aber jünger ist das aus der zweiten Hälfte des 15. Jh. stammende *Monasterio de Santa Clara*. Das Kloster, das teilweise im 17./18. Jh. erweitert wurde, hat einen sehr schönen Kreuzgang. Da die dortigen Klarissinnen in strenger Klausur leben, ist ein Besuch in der Regel nicht möglich.

Das bedeutendste Bauwerk des mittelalterlichen Murcia ist die Kathedrale *Santa María,* die während des Pontifikats von Bischof Fernando Pedrosa (1384–1402) in den Jahren 1353 bis 1462 auf den Resten einer Moschee gebaut wurde (Abb. 91–93). Nach anderen Quellen soll der Baubeginn in den Jahren 1368 bis 1384 und die Fertigstellung um 1465 gelegen haben. Von einer endgültigen Fertigstellung konnte zu diesem Zeitpunkt aber wohl kaum die Rede sein, sind doch weitere Bauarbeiten bis ins 16. Jh. bekannt. So ist eher anzunehmen, daß der große gotische Bau um 1465 in unfertigem Zustand geweiht wurde. Schwere Zerstörungen durch mehrfache Hochwasser des Segura machten 1737 bis 1790 eine umfangreiche Renovierung notwendig, die in ihrem Ausmaß praktisch einem Neubau gleichkam und mit einer Umgestaltung im Barockstil einherging.

Jaime Bort y Melia, ein aus Valencia stammender Bildhauer und Architekt, der wohl nur in der Levante arbeitete, schuf 1737 bis 1754 die sehr lebendig gestaltete neue Fassade der Kirche. Grundlage der Arbeit war ein alter Entwurf für die Kirche Saint-Sulpice in Paris, der sich durch die in Spanien übliche Überfülle dekorativer Elemente auszeichnete und vermutlich deshalb nicht angenommen wurde. Die Übertragung dieses Entwurfs auf Santa María unterscheidet sich von der ursprünglichen Fassung durch den Wegfall vieler Dekorationen.

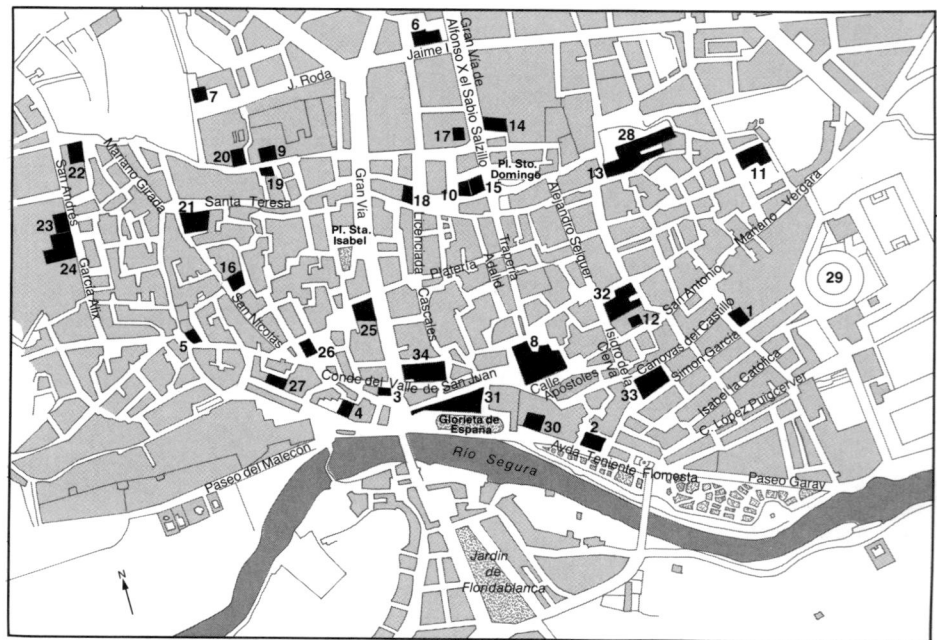

Murcia   A Arabisches Murcia   1 Museum Santa Eulalia   2 Palacio Regional   3 Colegio de Arquitectos   4 Colegio del Almudi   5 Kapelle del Pilar   6 Archäologisches Museum   B Das christliche Murcia des Mittelalters   7 Kirche Pasos de Santiago   8 Kathedrale   C Das Murcia der Renaissance   9 Kirche und Colegio San Esteban   10 Capilla del Rosario   11 Museum der Schönen Künste   D Das Murcia des 17. Jh.   12 Konvent San Antonio   13 La Merced   14 Santa Ana   15 Santo Domingo   16 San Nicolás   E Murcia im Barock   17 Santa Clara   18 Palacio Vinaderes   19 San Miguel   20 Colegio de la Anunciación   21 La Misericordia   22 Augustinerkirche   23 Salzillo-Museum   24 San Andrés   25 Santa Catalina   26 San Pedro   27 Iglesia de Veronicas   28 Universität   29 Plaza de Toros   30 Touristenbüro   31 Rathaus, erzbischöflicher Palast   32 Delegación Provincial M. I. T.   33 Post   34 Fernmeldeamt

Die starken Licht- und Schatten-Effekte der Fassade sind gewollte Elemente ihres Aufbaus, der anstelle des sonst üblichen Schlußgebälks in einer großen muschelförmigen Nische endet, deren Schmuck ein Stück Paradies darstellen soll (Abb. 92). Nischen und Säulenädikulä sind Standorte mehrerer Skulpturen von Salzillo (1707–1783) und anderen lokalen Künstlern.

Der 92 m hohe Turm der Kathedrale ist das Wahrzeichen Murcias und der ganzen *huerta*. Über 18 Treppen mit je 44 Stufen erreicht man die Plattform mit ihren 20 Glocken, die auch eine gute Aussicht über die Stadt und ihre Umgebung bietet. Seit 1519, nach anderen Quellen erst seit 1521, wurde fast zweieinhalb Jahrhunderte an ihm gebaut, bis er schließlich in einer Mischung aus Renaissance, Herrera-Stil und Barock, die sich an den einzelnen Stockwerken ablesen lassen, fertiggestellt wurde. Die untere Etage mit einer Höhe von 19 m wurde vermutlich um 1519 unter der Leitung des italienischen Dombaumeisters Francisco Florentín begonnen, wobei man vermutlich kaum über die Fertigstellung der Fundamente hinauskam. Nach dessen Tod übernahm 1521 Jacobo Florentino gemeinsam mit seinem Kollegen und Freund Miguel Angel die Bauleitung, bis auch er 1526 starb. Die zweite Etage des Turmes wurde dann durch den aus Santander gebürtigen Architekten Jerónimo Quijano erbaut.

Die Arbeiten wurden mit der Fertigstellung dieses Abschnitts 1555 unterbrochen und erst im 18. Jh. mit einem dritten Bauabschnitt fortgesetzt. Der untere Teil des Turmes gliedert sich in drei vertikale Zonen, deren mittlere ein großes Fenster mit reichen florentinischen Dekorationen aufweist. Im zweiten Abschnitt wird die Gliederung des unteren Teiles mit den gleichen dekorativen Elementen wiederholt. Die dritte Etage, in der das Geläut untergebracht ist, wird von einer 1782 durch Ventura Rodríguez (1717–85) erbauten klassizistischen Turmspitze gekrönt.

Kathedrale von Murcia   1 Hauptportal und Lettner   2 Capilla de la Transfiguración   3 Capilla del Cristo del Milagro   4 Capilla de la Catedral   5 Capilla de los Junterónes   6 Capilla de San José   7 Portada de los Apóstoles   8 Capilla de San Juan Nepomuceno   9 Capilla de los Racioneros   10 Capilla del Cristo de la Misericordia   11 Capilla de los Vélez   12 Capilla de San Antonio y de la Encarnación   13 Capilla del (Socorro) Bautismal   14 Capilla de los Comontes   15 Puerta del Pozo   16 Capilla de Sta. Magdalena de Pacis   17 Eingang zur Sakristei   18 Capilla de San Andrés   19 Portada de las Cadenas   20 Capilla de la Soledad   21 Capilla del Nazareno   22 Capilla del Beato Imbernón   23 Capilla de San Fernando   24 Capilla Bautismal   25 Turm und Sakristei   26 Kreuzgang   27 Girola   28 Hauptaltar   29 Chor und Orgel   30 Kapitelsaal und Museum

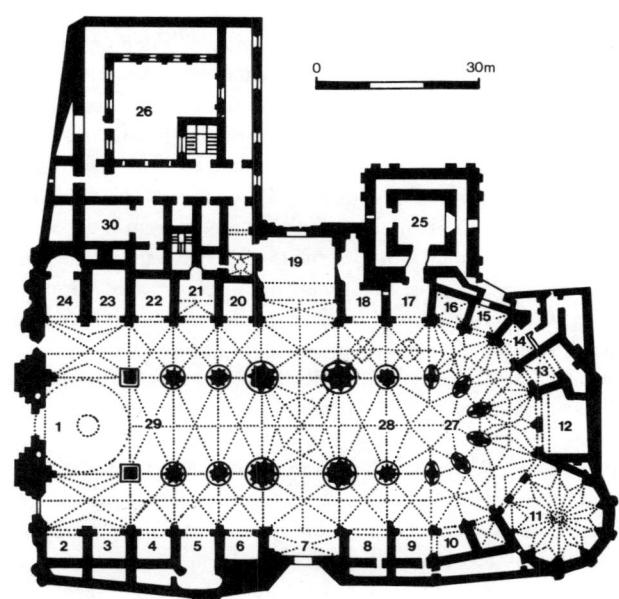

Kathedrale von Murcia. Stahlstich

Neben dem Hauptportal an der Westfassade besitzt die Kathedrale noch zwei Seitenportale. Die gotische Portada de los Apóstoles auf der Südseite ist dem gleichnamigen Tor der Kathedrale von Valencia nachempfunden worden und wurde 1463 durch Diego Sanchez de Almazán errichtet. Von anderen Seiten wird diese Arbeit mit den im Gewände stehenden Figuren der Apostel Petrus, Paulus, Andreas und Jakobus auch dem Architekten Antonio Gil zugeschrieben. An der Außenwand der Kirche links neben der Puerta de los Apóstoles befindet sich eine Skulptur von Jerónimo Quijano mit Dekorationen im plateresken Stil.

Die auf der Nordseite liegende Portada de las Cadenas (= Tor der Ketten) wurde 1512 bis 1515 vermutlich ebenfalls von Francisco Florentín gebaut. Ältere Untersuchungen weisen sie allerdings einem von 1501 bis 1516 an der Kathedrale tätigen Baumeister Juan de León zu.

Direkt rechts vom Haupteingang liegt vor dem Chor die frühere Capilla del Trascoro, heute Capilla de la Inmaculada, die von einer durch Jaime Bort geschaffenen Kuppel gekrönt wird. Die Kapelle ist wie ein einziger großer Altar aufgebaut. Ihr Bau wurde durch Bischof Antonio de Frejo nach seiner Rückkehr von einer Romreise angeregt und 1626 begonnen.

Der spätgotische Chor (Abb. 93) mit seinem plateresken Gitterwerk und dem Chorgestühl von Rafael de León (1567) trägt an den Seiten sechs verschiedene Retabeln, die vermutlich aus der Werkstatt Riberas stammen. Eine ähnliche Gestaltung ist auch aus der Kathedrale von Valencia bekannt. Das Gitterwerk entspricht der Capilla Mayor aus dem 15. Jh. Mit seiner reichen Dekoration gehört das Chorgestühl zu den bedeutendsten Spaniens, obwohl es 1854 durch einen Brand schwer beschädigt worden war und in großem Umfang erneuert wurde. Damals konnte auch durch die Vermittlung des Bischofs Don Mariano

Barrio bei dem Brüsseler Orgelbauer Joseph Mehlin eine neue Orgel bestellt und 1855/56 eingebaut werden. Sie orientierte sich in Konstruktion und Erscheinungsbild am vorherigen Modell, so daß auch eine äußere Kontinuität gewahrt blieb.

Der neue Hauptaltar wurde 1865 unter der Leitung des aus Zaragoza stammenden Mariano Pescador begonnen, der reichliche Erfahrung in der Restaurierung aragonesischer und gotischer Altarbilder besaß. Die meisten Teile dieses Altars stammen von Antonio José Pelao y Marco (1824–86) und Leoncido Baglietto (1821–92).

Die auf beiden Seiten der dreischiffigen Kirche mit ihrem kurzen Querschiff liegenden Kapellenreihen sind teilweise sehr reichhaltig ausgestattet und werden durch Gitter vom Kirchenschiff abgetrennt. Die vierte Kapelle auf der rechten Seite ist die Capilla de los Junterónes, die 1515 bis 1529 ausgestattet und nach der Familie ihres Stifters, D. Gil Rodriguez Junterón benannt wurde. Neben plateresken Ornamenten befinden sich hier die Statuen verschiedener Heiliger sowie ein den Brüdern Francisco und Jacopo L'Indaco (16. Jh.) zugeschriebenes Flachrelief, Die Geburt.

Am östlichen Ende der rechten Kapellenreihe liegt die spätgotische Capilla de los Vélez, die heute unter Denkmalschutz steht (Abb. 95, 96). Der Bau der ungewöhnlichen achteckigen Kapelle geht zurück auf den Marqués Juan Chacón o Fajardo, letzter Herr von Cartagena und erster Marqués de los Vélez, dessen Sohn den Bau 1507 vollendete. Im Inneren trägt die von Fenstern durchbrochene Kuppel der Kapelle ein Sterngewölbe sowie ein darunter verlaufendes Schriftband. Für die vom Mudéjarstil beeinflußten Dekorationen wurden vorwiegend pflanzliche Symbole verwendet. Allerdings zog sich die endgültige Ausgestaltung der Kapelle und ihres Altars noch fast 100 Jahre hin. Zum Teil wurde sie durch einen Hofmaler der Vélez, Federico García, durchgeführt, der auch Bilder von Raffael zu kopieren versuchte. Hier befindet sich ein Altar mit der Jungfrau, der Purísima, der von dem murcianischen Künstler Salzillo stammt. Die Außenwand der Kapelle ist mit gewaltigen Wappenschildern geschmückt, die an die Capilla del Constable in Burgos erinnern.

Die Sakristei befindet sich im Erdgeschoß des Kirchturmes und wird vom linken Seitenschiff durch eine platereske Tür erreicht, die von Juan de Juanes (1523–79) stammen soll. Sie wurde im 18. Jh. nachträglich mit barocken Verzierungen versehen. Die Sakristei wird durch ein Gewölbe mit drei Girlanden aus Blättern, Blumen und Früchten gedeckt, von denen zwei im Zentrum und eine außen liegen.

Über eine Seitentür an der Portada de las Cadenas ist der Zugang zum gotischen Kreuzgang möglich. Hier und im Kapitelsaal befindet sich das *Diözesanmuseum*. Zu seinem Besitz gehören zwei verschiedene Darstellungen der Jungfrau mit dem Kinde sowie als Zeugnis der gotischen Malerei in Murcia ein weiteres Bild mit dem gleichen Motiv von Bernabé de Modena. Die Darstellung ist in rötlichen Farben gehalten und von ergreifender Schlichtheit. Der Hintergrund tritt deutlich zurück, ist fast unmerklich: Im Zentrum steht die Darstellung der Personen. Das Bild ist ein Fragment aus dem Altar der Jungfrau in der Kathedrale. Das zweite Zeugnis gotischer Kunst in Murcia sind die Bilder vom Altar des heiligen Michael aus dem ersten Viertel des 15. Jh. Der Altar besteht aus insgesamt zwölf Bildern, die die Legende vom Leben des heiligen Michael in einzelnen Szenen darstellen. Gemalt wurden die

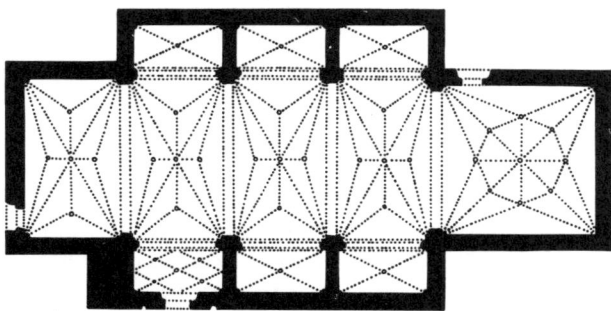

*Murcia, San Estebán
(La Compañia)*

Bilder durch einen unbekannten Künstler, der vermutlich aus Valencia kam. Von einigen Quellen wird in den Bildern auch eine Anlehnung an den Stil einer sogenannten internationalen Gotik erkannt, was auf einen oder mehrere weitere Maler hinweisen könnte.

Das nächste Ziel nach dem Besuch der Kathedrale ist die *Kirche San Estebán* mit dem angeschlossenen *colegio*. Früher trug sie auch die Namen La Compañía und La Misericordia. Als Gründung des portugiesischen Bischofs D. Estebán de Almeida (1561) wurde sie 1557 bis 1569 von M. Bustamente für den Jesuitenorden errichtet und ist wegen ihrer Renaissance-Fassade bekannt. Das Portal wurde zwischen 1557 und 1570 erbaut und erinnert an einen Triumphbogen. Zwischen den Säulen stehen die Statuen des heiligen Lukas und der heiligen Catalina, die Domingo Beltrán zugeordnet werden. Das monumental wirkende Innere der Kirche ist gotisch. Der Kreuzgang weist eine Verwandtschaft mit andalusischen Beispielen auf und besteht aus zwei Säulenreihen (Abb. 94).

Auch das *Museo de Bellas Artes,* das Museum der Schönen Künste, ist Teil des Murcia der Renaissance. Es ist heute in einem 1910 errichteten Gebäude des ehemaligen Klosters der Dreieinigkeit untergebracht. Von diesem sind noch die Fresken von Nicolás Villacis (1616–94) erhalten, einem aus Murcia stammenden ehemaligen Schüler von Velázquez. Im Besitz des Museums befinden sich auch etliche Bilder dieses Künstlers, u. a. das Bild eines Edelmannes, und Jesus im Tempel. Gezeigt werden ferner Werke von Luca Giordano (1634–1705), Federico de Madrazo (1815–94), Bartolomé Carducho u. a. Zu erwähnen ist auch der unvollständige Retablo de Santiago von Juan de Vitoria, der das Leben des Apostels in einzelnen Szenen zeigt.

Im *patio* des Hauses, der zwischen dem Gebäude des Museums und dem Colegio Andrés Baquero liegt, wurden gleich nach dem Abriß 1932 die beiden Fassaden der aus dem 17. Jh. stammenden Gebäude Contraste de la Seda und Sala de Armas (Seidenbörse und Zeughaus) aufgebaut, die früher an der Plaza de Santa Catalina standen.

Von Pedro Orrente (1580-1645), einem in Spanien bekannten murcianischen Maler des 17. Jh., besitzt das Museum zahlreiche Werke: Die Anbetung der Hirten, Jakob und seine Herde, die Reise von Tobias und Sarah und das Primat des heiligen Petrus. In all diesen Bildern zeigt sich vor allem zweierlei: die besondere Hinwendung zur naturalistischen

Darstellung von Details und der im dämmerigen Licht liegende Hintergrund, der Figuren und Landschaft einhüllt. Von dem in Lorca geborenen Künstler Juan de Toledo (1616–65), der sich auf die Darstellung von Schlachten ›spezialisiert‹ hatte, stammt das Bild der Schlacht von Lepanto aus der Capilla del Rosario in Santo Domingo. Senén Vila (1639/40–1707), ein valencianischer Maler, schuf die Ruhepause auf der Flucht und die Verkündigung, die mit anderen Bildern Teil des *retablo* von Santo Domingo waren.

Die Kirche Santo Domingo (1722–45), eine ehemalige Kirche des Dominikanerordens, die heute den Jesuiten gehört, wurde zu Beginn des Bürgerkrieges 1936 durch einen Brand fast völlig zerstört. Später wurde sie wiederhergestellt, wobei die weitgehend unversehrte Hauptfassade im Stil der Renaissance und des Barock (1543–1742) sowie die beiden Türme einbezogen werden konnten. Von der ehedem bedeutenden Ausstattung ist nur wenig gerettet worden, so daß für den Besucher vor allem die Fassade als Originalteil von Interesse ist.

Die Fassade der 1736 errichteten barocken Pfarrkirche *San Nicolás de Bari* ist mit skulptierten Medaillons aus der Werkstatt Salzillos geschmückt. Nach anderen Quellen sollen die Arbeiten auch von Jaime Bort y Melia stammen, dem die verzierten Türen der Kirche zugerechnet werden. Das Gotteshaus ist ein schönes Beispiel für die architektonische Richtung ihrer Zeit, zu einem reineren Stil, in dem sich die geometrischen Effekte mit den plastischen Formen abwechseln und ergänzen, wie sich an den Säulen, in der Kuppel, am Hauptaltar und an den beiden Fassaden zeigt. Der Altar ist vermutlich nach einem Entwurf von Jaime Bort gestaltet worden. Sein Entwurf weist Ähnlichkeit mit dem zentralen Teil der Fassade der Kathedrale auf. 1742 wurde Joseph Perez mit der Fertigstellung des Gebäudes beauftragt. Von ihm stammt auch der Entwurf für die beiden Fassaden.

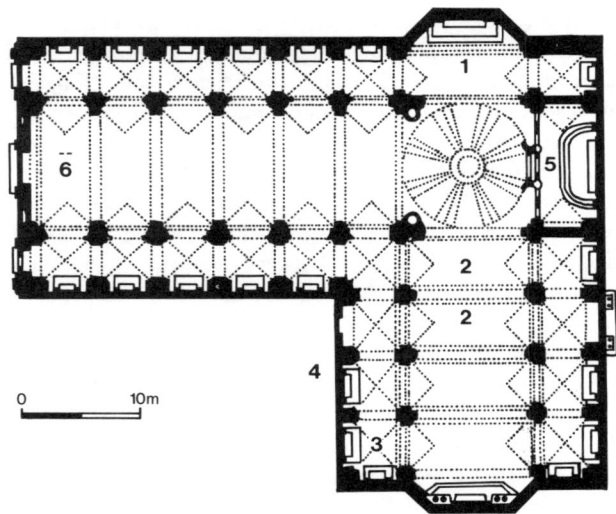

Murcia, Santo Domingo
1 *linker Seitenaltar*
2 *Capilla de Rosario*
3 *Capilla San Lorenzo*
4 *Sakristei*
5 *Altar*
6 *Chor*

0   10m

299

San Nicolás besitzt außerdem drei sehenswerte Skulpturen der Grenadiner Schule. Es sind dies die Figur des heiligen Antonius von Padua von Alonso Cano (1601–67) und aus der Werkstatt Pedro de Menas (1628–88) Der heilige Josef und Die Unbefleckte. Von Salzillo besitzt die Kirche eine seiner ältesten Skulpturen, den Cristo del Amparo.

Im Churriguera-Stil des ausgehenden 17. Jh. ist *La Merced* gestaltet. Das Portal der Kirche trägt die so typischen reichen Verzierungen dieses Stils mit umfangreichem Figurenschmuck. Das barocke Innere mit ebenfalls sehr reichlichen, oft übertrieben wirkenden Dekorationen wird von einer Kuppel gedeckt. Die Kirche besitzt zahlreiche Gemälde vorwiegend einheimischer Maler des 17. und 18. Jh. Hierzu gehören z. B. die Arbeiten von Lorenzo Suárez und Cristobal de Acevedo. Von ersterem Maler stammen die Bilder San Ramón Nonate und Christus erteilt dem heiligen Petrus die Kommunion. Acevedo malte u. a. Die Erlösung der Gefangenen und Die Erscheinung der Jungfrau vor Jakob von Aragón. Mit der Kirche verbunden ist der Kreuzgang des ehemaligen Konvents von La Merced. 1604 unter Pedro Monte begonnen, wurde er 1628 fertiggestellt und ist dem Kreuzgang von La Merced in Sevilla verwandt. Heute ist hier das juristische Seminar der Universität untergebracht.

San Andrés ist eine von 1630 bis 1762 errichtete barocke Augustinerkirche. Die 1762 gestaltete Fassade ist einem Palast nachempfunden; in sie sind zwei römische Säulen aus Monteagudo eingelassen. Eine Kapelle ist der Jungfrau von Arrixaca geweiht, der früheren Schutzpatronin (bis zum 18. Jh.) der Stadt. Die Kapelle wurde 1630 durch den ersten Marqués von Corvera, Don Pedro Molina errichtet und wird von einer reich dekorierten Kuppel gekrönt. Hier befindet sich auch eine Darstellung der Jungfrau als sitzende Madonnenfigur, deren Alter auf wenigstens 600 Jahre geschätzt wird. Nach einer Überlieferung soll selbst unter maurischer Herrschaft die besondere Verehrung dieser Jungfrau gestattet gewesen sein, die auch in zeitgenössischen Dichtungen und Beschreibungen erwähnt wird. Neben der Statue der Jungfrau werden hier auch zahlreiche Bilder aufbewahrt, darunter die Darstellung der Jungfrau Maria von Sénen Vila und Engelsfiguren von Salzillo, aus dessen Werkstatt auch die Santa Monica und die Purísima im rechten Querschiff stammen. Im linken Querschiff befindet sich ein San Agustín, und auch die Skulptur des heiligen Andreas am Hochaltar stammt von diesem Künstler.

In der von 1777 bis 1792 errichteten Kapelle Ermita de Jesús befindet sich heute das weithin bekannte *Salzillo-Museum,* in dem eine große Anzahl von Werken dieses bedeutenden Künstlers (1707–83) der Levante vereint sind. Die elliptisch geformte Kapelle mit ihrer großen Kuppel ist im Inneren mit großen Fresken von Sistori geschmückt, einem nur regional bekannten Künstler.

In den beiden ersten Sälen des Museums, das wohl als eine der größten kunsthistorischen Sehenswürdigkeiten der Stadt bezeichnet werden kann, werden verschiedene Figuren sowie eine Anzahl von Entwürfen und Skizzen des Meisters gezeigt. Daneben ist das Museum auch Aufbewahrungsort der berühmten Passionsfiguren *(pasos)* von Salzillo, die bei den Prozessionen in der Karwoche vorausgetragen werden und durch ihre bemerkenswert naturalistische Darstellung auffallen. Sie sind Ausdruck für die eigenständige Entwicklung der Bild-

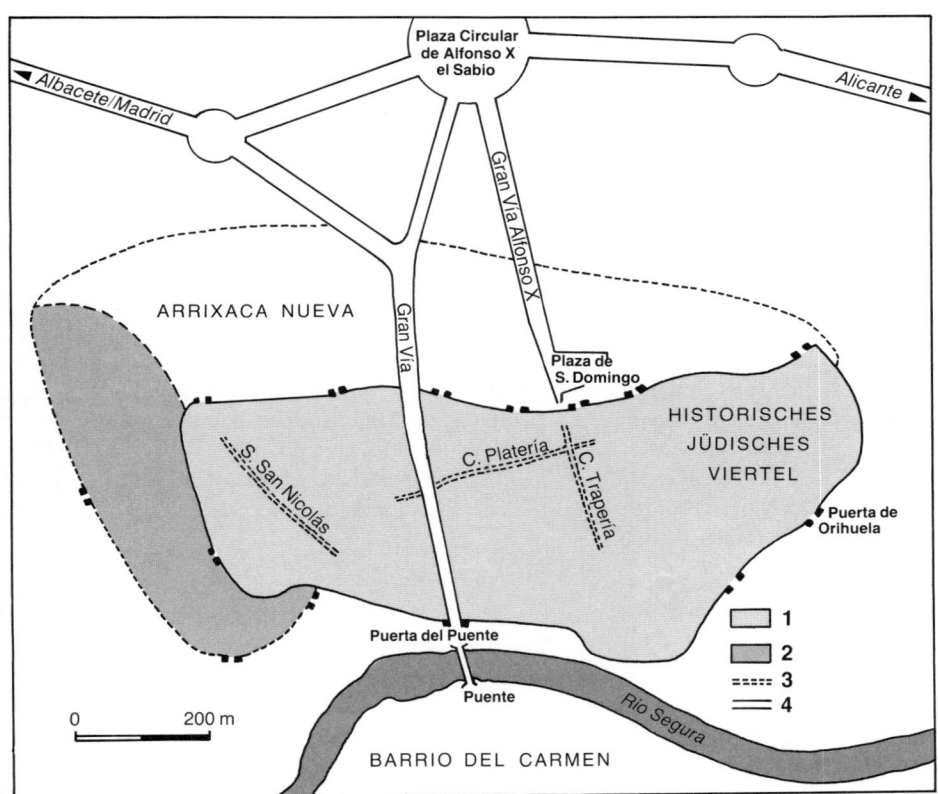

Städtische Entwicklung von Murcia   1 Bereich der maurischen Siedlungen   2 Historisches Stadtviertel La Arrixaca   3 Hauptstraßen der mittelalterlichen Stadt   4 Verkehrsachsen der modernen Stadtentwicklung

hauerei und Holzschnitzerei dieser Zeit und werden im dritten Saal des Hauses, El Belén, gezeigt. Die bekannteste und schönste dieser Statuen ist Oración del Huerto (Gebet des Gartens), die plastisch die göttliche Verehrung mit der Landschaft von Murcia vereint. Mit zu den schönsten Figurensammlungen gehört die Darstellung des Lebens Christi mit den verschiedenen Gruppen: Encarnación (Inkarnation), El Sueño de José (Der Traum des Joseph), La Visitación (Mariä Heimsuchung), La Purificación (Die Läuterung) und Camino del Templo (Auf dem Weg zum Tempel). Bedeutend ist schließlich auch die sehr sorgfältig gearbeitete Krippe (El Belén), die zu den Meisterwerken Salzillos gezählt wird. Insgesamt rund 1500 Figuren schildern in etwa 70 m langen Vitrinen das Leben des Herrn von der Geburt an in einzelnen Episoden.

Das *Museo Arqueológico Provincial* vereinigt eine Vielzahl von Ausgrabungsfunden aus der ganzen Provinz. Dazu gehören Stücke der Vorgeschichte sowie aus punischer, römischer, westgotischer und iberischer Zeit, darunter Mosaiken, Skulpturen bzw. Teile davon, vor allem aus der nahen Basilika von Algezares, sowie auch Funde aus Monteagudo und der Schatz von Finca la Pita mit arabischen und christlichen Münzen. Aus der Frühzeit befinden sich hier die abgenommenen Felsbilder aus den Höhlen von Los Peregrinos (Alguazas), Cueva de los Baños, Cueva de los Alcores (Caravaca) und Cueva de Murviedro (Lorca).

Von Murcia gelangt man nach wenigen Kilometern Fahrt zum *Huerta-Museum* von Alcantarilla. Das Museo de la Huerta, in einem modernen Gebäude mit einem benachbarten Restaurationsbetrieb untergebracht, liegt genau an der Straße und lohnt mit seinen Pflanzungen und Ausstellungen auf jeden Fall einen Besuch. Innerhalb des Museums werden Werkzeuge, Bekleidung und zahlreiche für die *huerta* typische Gerätschaften gezeigt. Dazu gehören in einer Freilichtausstellung auch nachgebaute *barracas* mit ihrer typischen Einrichtung, sowie Backöfen, Wagen und ähnliches Gerät. Demonstrationspflanzungen der wichtigsten Anbaupflanzen der *huerta* und ein Wasserrad nach dem Beispiel der *norias* vervollständigen die Anschauung. Die gezeigten Objekte beziehen sich natürlich weitgehend auf das Gebiet von Murcia, können aber durchaus auch auf die anderen Gartenbaulandschaften der Levante übertragen werden.

Bibliographie

Die über die spanische Levanteküste erhältliche Literatur ist derzeit äußerst dürftig; die meisten Titel sind vergriffen und nur noch in Bibliotheken zugänglich. Allerdings kann man im Lande selbst umfangreiches Informationsmaterial erwerben. Die folgende Bibliographie verzeichnet nur eine Auswahl von Titeln, die dem interessierten Leser den Zugang erleichtern sollen. Die aufgeführten Werke sind alle entweder im Buchhandel erhältlich oder ohne Schwierigkeiten im Leihverkehr zu beschaffen. Weitere Literatur kann aus ihnen erschlossen werden.

Literatur auf den ersten Überblick

Beltran, A.: Felskunst der spanischen Levante. Bergisch Gladbach 1982

Breuer, T.: Spanien. Stuttgart 1982

Fink, H.: Iberische Sonne. Von Katalonien bis Andalusien. München 1982

Madariaga, S. de: Spanien. Land, Volk und Geschichte. München 1983

Teschendorff, W.: Der Küstenhof von Valencia. Regensburg 1978 (Regensburger Geographische Schriften H. 10)

In Spanien erhältliche Literatur

Almela y Vives, F.: Valencia. León [7]1983

Campana, A.: Peñíscola. Barcelona 1980

Catello Villena, M.: Die Festung Santa Barbara von Alicante. Alicante 1963

Consejeria de Industria, Comercio y Turismo; Comunidad Autonoma de Murcia (Hrsg.): Murcia – Guía Artística. Murcia 1985

Martinez Morella, V.: Alicante. León [4]1977

Navarro, S. A.: Castillos de la Región de Murcia. Murcia 1985 (Consejeria de Industria, Comercio y Turismo; Comunidad Autonoma de Murcia)

Ramos, V.: Benidorm und die Marina. Leon [3]1979

Sanchez Adell, J.: Castellón. León [2]1980

Simo Castillo, J. B.: Führer durch Peñíscola. Vinaroz 1980

Weiterführende Literatur

Azcarate, J.: Monumentos Españoles. Madrid 1954 (3 Bde.)

Baumgart, F.: Stilgeschichte der Architektur. Köln 1977

Beltrán, A.: Guía Artística de Valencia. Barcelona 1945

Beut I Belenguer, E.: Geografía Elemental del Regne de Valencia. Valencia 1971

Breuer-Bergmann, H.: Maurisches Spanien. Etappen einer Weltreise. Berlin 1977

Bürger, O.: Spaniens Riviera und die Balearen. Leipzig 1913

Buisman, H.: Spanien. Olten 1972

Camon Aznar, J.: La Arquitectura Plateresca. Madrid 1945

Cirici-Pellicer, A.: Spanien und seine Kunstschätze von Karl V. bis Goya. Genève 1965

Cortina, V. V.: Bibliografia Geografica del Reino de Valencia. Zaragoza 1954

Dafauce, C.: La Albufera de Valencia. Madrid 1975 (Ministerio de Agricultura, I.C.O.N.A.)

Dieterich, A.: Zentral-Spanien. Köln [5]1984

Fontavella Gonzalez, V.: La Huerta de Gandía. Zaragoza 1952

Gonzalvez Perez, V.: La Ciudad de Elche. Valencia 1976 (Departamento de Geografia, Universidad Valencia)

Kress, H.-J.: Die islamische Kulturepoche auf der iberischen Halbinsel. Marburg 1968 (Marburger Geographische Schriften H. 43)

Lautensach, H.: Maurische Züge im geographischen Bild der iberischen Halbinsel. Bonn 1960 (Bonner Geographische Abhandlungen H. 28)

Lopez Gomez, A.: Geografía de les terres valencianes. Valencia 1977

Melida, J. R.: Monumentos Romanos de España. Madrid 1925

Perez Puchal, D.: Geografía de la Població Valenciana. Valencia 1976

Pita Andrade, J. M.: Spanien und seine Kunstschätze. Von Altamira bis zu den Katholischen Königen. Genève 1965

Querol Roso, L.: Geografía Valenciana. Castellón de la Plana 1946

Sarthou Carreres, C.: Geografía General del Reino de Valencia. Barcelona 1926 f. (5 Bde.)

Sarthou Carreres, C.: Castillos de España. Madrid 1963

Schubert, O.: Geschichte des Barock in Spanien. Eßlingen 1908 (Geschichte der Neueren Baukunst Bd. 8)

Seijo Alonso, F. G.: Arquitectura Alicantina. La Vivienda Popular 1 + 2. Alicante 1973 (Ediciones Biblioteca Alicantina)

Teran, M. de / Sole Sabaris, L.: Geografía Regional de España. Barcelona 1968

Terrero, J.: Geografía de España. Barcelona 1978

Tormo, E.: Levante. Madrid 1922 (Guías Regionale Calpe III)

Torres Balbas, L.: Obra Dispersa 1. Al-Andalus. Madrid 1981 (Recopilada por Manuel Casamar; Crónica de la España Musulmana, 6)

Vicens Vives, J.: Atlas de Historia de España. Barcelona 1949

Wahl, F.: Kleine Geschichte Spaniens. Frankfurt 1957

Praktische Reisehinweise

Allgemeine Informationen

Auskünfte und Werbematerial über die Levanteküste erteilen die spanischen Fremdenverkehrsämter:

Graf-Adolf-Str. 81
4000 Düsseldorf
∅02 11 / 37 04 67, 37 04 68

Myliusstr. 14
6000 Frankfurt
∅ 069 / 72 50 33, 72 50 38

Oberanger 6–8
8000 München
∅089 / 26 09 57 0

Rothenturmstr. 27
101 Wien 1
∅ 02 22 / 5 33 14 25, 5 35 31 91

Seefeldstr. 19
8008 Zürich
∅01 / 2 52 79 30, 2 52 79 31

Rue du Rhône
1200 Genf
∅ 022 / 35 95 94

In diesen Büros sind nicht nur die üblichen Broschüren, sondern auch Informationen über die Hotels und ihre Preise zu bekommen.

Darüber hinaus gibt es in fast allen Städten der Levante ein Fremdenverkehrsamt, von denen die meisten auf Anfrage Informationsmaterial übersenden. Dieses ist allerdings häufig in spanischer Sprache, da die Büros weitgehend für die inländische Werbung zuständig sind. Informationsstellen werden von den einzelnen autonomen Gemeinschaften unterhalten.

Oficina de Información Turística
Paz 46, Valencia
Oficina de Información Turística
Explanada de España 2, Alicante
Oficina de Información Turística
Parque Municipal, Elche
Oficina de Información Turística
Alejandro Seiquer 4, Murcia
Oficina de Turismo
Plaza María Agustina 5, Castellón
Oficina Municipal de Turismo
Ayuntamiento, Cartagena
Oficina Municipal de Turismo
Avenida Martínez Alejos 16, Benidorm

Die Informationsstellen für Touristen sind in den meisten Gemeinden im Rathaus oder seiner näheren Umgebung untergebracht und meist recht gut zu finden. Dort kann man weiteres Material erhalten.

Anreise

Die spanische Levanteküste gehört zu den Urlaubszielen im südlichen Europa, die heute schnell und bequem erreicht werden können. Das europäische Autobahnnetz ermöglicht es dem deutschen Autofahrer, ohne Behinderungen zügig bis Alicante durchfahren zu können, ohne die Autobahn verlassen zu müssen. Die Route führt von Deutschland über den Grenzübergang Mühlhausen/Moulhouse nach Lyon, durch das Rhonetal und die in ihrer Kargheit reizvolle Landschaft des Languedoc, in das Roussillon und schließlich zum spanischen Grenzübergang La Junquera, von wo der nahtlose Übergang auf die spanische Küstenautobahn möglich ist. Diese Autobahn, ebenso mautpflichtig wie auch die französischen Strecken, wird nur vor Valencia unterbrochen, wo die Stadt zu durchqueren ist; eine Aufgabe, die aufgrund der relativ einfachen Streckenführung und einer recht guten Beschilderung auch für den ungeübten Autofahrer zu bewältigen ist.

Für Besucher aus Bayern, Österreich und der Schweiz empfiehlt sich ggf. die Anreise über die Autobahnverbindung von Genf über Annecy und Chambéry nach Lyon, wo diese auf die südlich führende Autoroute du Soleil trifft und den Weg nach Spanien eröffnet. Nachdem mittlerweile auch die schweizerischen Autobahnen mautpflichtig geworden sind, bietet diese Route für den deutschen Autofahrer keine finanzielle Ersparnis mehr. Allerdings muß hervorgehoben werden, daß diese Strecke landschaftlich ungemein reizvoller ist als etwa die Autobahn von der deutschen Grenze bis Lyon und zudem auch mit wesentlich weniger Verkehr belastet.

Geschickte Autofahrer verlassen die Autobahn Genf – Lyon kurz vor Lyon, fahren etwa 30 km durch das Land auf einer zwar kurvenreichen, aber verkehrsarmen Strecke und stoßen dann in direkter Richtung auf die Autobahn Lyon – Marseille.

Für manche Reisende zu einem Ärgernis geworden sind vor allem in Valencia die zahlreichen Jugendlichen (und teilweise auch Zigeuner), die bei einem Ampelstopp mit Lappen und einer undefinierbaren Reinigungsflüssigkeit die Frontscheiben der haltenden Fahrzeuge zu putzen versuchen. Für den Ausländer, der das bevorzugte Ziel dieser Fensterputzer ist, gibt es nur die Möglichkeit, diese Aktivität mit einem entschiedenen No! No! zu stoppen – oder aber resignierend seinen Obolus zu entrichten, will er nicht die Unversehrtheit seines Fahrzeuges riskieren.

Die auch in Spanien zunehmende Kriminalität auf der Straße läßt es, nach trüben Erfahrungen, geraten scheinen, die nicht durch Mitfahrer blockierten Türen des Fahrzeuges unbedingt zu verschließen; ein schneller Griff durch das offene Fenster oder eine schnell geöffnete Tür könnten die Fahrt abrupt beenden, wenn plötzlich die Urlaubskasse fehlt. Auch Fotoapparate und ähnliche wertvolle Gegenstände sind in den Großstädten bei einem Halt immer gefährdet. Es muß daher geraten werden, nicht nur den Kofferraum und alle nicht besetzten Türen zu verriegeln, sondern auch die Fenster nur soweit wie nötig zu öffnen bzw. wertvolle Ausrüstung nicht griffbereit hinzulegen. Gefährdet sind in den Großstädten auch Handtaschen und Fotoapparate, die immer an der der Straße abgewandten Seite getragen werden sollten, um dem schnellen Griff vom Motorrad zu entgehen. Dies bedeutet nicht, daß die Gefahr in spanischen Städten generell größer ist als etwa in Deutschland; aber die Touristenzentren an der Urlaubsküste ziehen natürlich auch solche ›Reisenden‹ an…

Für den Autofahrer bietet sich eine Alternative zur eigenen Fahrt im ›Huckepackverkehr‹ mit dem Autoreisezug. Südlichster Endbahnhof dieser Verbindung, bei der Auto und Reisende mit Sonderzügen der Bahn fahren, ist derzeit der Bahnhof von Narbonne/Frankreich. Von dort sind es noch etwa 90 km bis zur spanischen Grenze bei La Junquera. In Spanien stehen bislang noch keine Endbahnhöfe zur Verfügung. Die Entfernung von der Grenze bis zur Levanteküste muß daher auf den eigenen vier Rädern bewältigt werden.

Als Flughäfen stehen an der Levanteküste Valencia und Alicante zur Verfügung, die überwiegend nur im Charterverkehr von Bedeutung sind. Über die innerspanischen Linien sind Verbindungen von den internationalen Flughäfen Barcelona oder Madrid möglich.

Hinweise für das Autofahren in Spanien

Die Einreise nach Spanien ist sowohl mit dem Reisepaß als auch mit dem Personalausweis möglich. Für das Kraftfahrzeug wird zusätzlich die grüne Versicherungskarte benötigt. Ist das Fahrzeug nicht auf den Fahrer zugelassen, benötigt der Fahrer eine schriftliche Erlaubnis des Eigentümers. Die zulässige Höchstgeschwindigkeit beträgt auf den Autobahnen 120 km/h, auf Landstraßen 90 km/h und innerorts 60 km/h.

Ebenso wie in Deutschland besteht auch in Spanien Gurtpflicht. Das Abschleppen durch Privatfahrzeuge ist verboten. Auf gut beleuchteten Straßen soll nur mit Standlicht gefahren werden. Viele Spanier legen diese Vorschrift sehr eigenwillig aus und fahren selbst dann noch unbeleuchtet (und fast unsichtbar), wenn für den Mitteleuropäer schon Nacht herrscht. Allerdings nimmt auch in Spanien die Zahl der Autofahrer zu, die mit voller Fahrzeugbeleuchtung fahren.

Der Wechsel auf eine andere Fahrspur kann, zumal in den großen Städten, durch die aus dem Fenster gehaltene Hand erleichtert werden. Auf dieses Zeichen reagieren fast alle spanischen Autofahrer.

Im Gegensatz zu Deutschland ist Linksabbiegen häufig nur mit einem Umweg möglich, weil das direkte Abzweigen von der Straße oftmals verboten ist (und mit empfindlichen Geldbußen nach Ermessen des Beamten bestraft werden kann). Meist muß man erst nach rechts abbiegen, dann nach einer Linkskurve vor der Fahrbahn stoppen (ggf. auch Ampel) und sie erst dann überqueren, wenn der Verkehr dies zuläßt.

Das Überholen ist 100 m vor und nach Kuppen, Kurven und Kreuzungen verboten. Die Bußgelder sind höher als in Deutschland. Zahlungsunfähigkeit kann zur Beschlagnahme des Fahrzeugs führen.

In den Innenstädten kann die Suche nach einem Parkplatz zu einem unlösbaren Problem werden. Parkraum ist knapp und in den alten Stadtkernen mit ihren engen Gassen besteht oft keinerlei Parkmöglichkeit, sofern diese Straßen überhaupt befahrbar sind. Es ist deshalb ratsam, sein Fahrzeug außerhalb des Stadtkerns abzustellen bzw. in einer der zahlreichen Garagen gebührenpflichtig unterzubringen.

Daß Wertgegenstände nicht im Auto gelassen und alle Fenster und Türen verschlossen werden, sollte selbstverständlich sein.

Zu einem Problem besonderer Art sind die Autonomiebestrebungen der spanischen Regionen mit ihren Regionalsprachen geworden. Ein Großteil der Verkehrsschilder z. B. in Katalonien ist zweisprachig in Kastilisch *(castellano)*, das ›Hoch‹-Spanisch, und Katalanisch *(catalán)* beschriftet; ebensoviele Schilder führen aber auch nur eine Beschriftung in der Regionalsprache. Diese ist meist leicht erkennbar, so daß der Autofahrer keine Schwierigkeiten haben wird, seinen Weg zu finden. Auch in der Levante ist die Tendenz zur Regionalsprache unübersehbar (z. B. Carcagente = Carcarxent); die Benutzung einer guten Straßenkarte ist daher eine Notwendigkeit. Empfehlenswert ist neben den in Deutschland bekannten einschlägigen Straßenatlanten auch die überall in Spanien erhältliche Karte von Firestone Hispania ›Region de Levante‹ (R-3) im Maßstab 1:250000 oder die Michelin-Karte 445 (1:400000).

Die spanische Polizei und die Guardia Civil sind überall präsent und halten den Verkehr unter strenger Kontrolle. Wenngleich es nicht ratsam ist, sich mit diesen Organen anzulegen (die sehr streng und rigoros sein können), muß auch gesagt werden, daß die Beamten allgemein sehr hilfsbereit sind und dem unkundigen Autofahrer immer weiterhelfen.

Auch wenn an der spanischen Mittelmeerküste vielerorts Deutsch gesprochen wird, sollte man immer ein kleines Wörterbuch mitführen, die es in vielen preiswerten Ausgaben gibt. Seinen Zweck erfüllt ein solches Buch spätestens dann, wenn man im Restaurant vor einer Speisekarte sitzt. Bei Unfällen mit größeren Schäden und bei Streitigkeiten ist im Zweifelsfall immer die Heranziehung eines Dolmetschers zu raten.

Zur Hilfeleistung stehen in schwierigen Fällen auch die deutschen Auslandsvertretungen zur Verfügung. Neben der deutschen Botschaft in Madrid sind dies die *Konsulate* in Valencia und Alicante bzw. für Österreicher und Schweizer die entsprechenden Vertretungen ihrer Länder.

Bundesrepublik Deutschland:
San Francisco 67, Alicante
✆ 965/217060

Primado Reig, 70, Valencia
✆ 96/3614354

Österreich:
Francisco Cubells, 43, Valencia
✆ 96/3671658

Schweiz:
Gran Vía de Carlos III, 94, Barcelona
✆ 93/3309211

Puerta del Mar, 8, Málaga
✆ 952/217266

Ergänzend stehen dem Autofahrer auch die zentralen Notrufstationen zur Verfügung, die vom ADAC gemeinsam mit dem ÖAMTC und anderen Schwesternclubs betrieben werden. Diese Stationen sind während der Reisezeit mit deutschsprachigem Personal besetzt.

ADAC Madrid	✆ 91/5930041
ADAC Barcelona	✆ 93/2008800
ADAC Valencia	✆ 96/3600504
ADAC Alicante	✆ 965/5221046

ADAC-Notruf München
(ärztl. Ratschläge) ✆ 04749/89/222222

Die Mitnahme eines Auslandsschutzbriefes ist empfehlenswert.

Unterkunft

Als eines der wichtigsten Touristengebiete bietet die Levanteküste eine Vielzahl von Hotels, Pensionen und Restaurants aller Kategorien und Preisklassen. Mit Ausnahme der europäischen Hauptferienzeiten findet man immer ein Quartier. In den Sommermonaten Juli/August und teilweise auch im September muß aber mit einer regen Nachfrage gerechnet werden; ein Großteil der Hotels ist in dieser Zeit ausgebucht. Die Tagestouren sollten in diesem Zeitraum nicht zu sehr ausgedehnt werden, um noch rechtzeitig ein Hotel finden zu können. Dies gilt besonders auch zum Wochenende, wenn zusätzlich zu den Touristen die spanischen Wochenendurlauber an die Küste strömen.

Für die Levante gibt es neben den einschlägigen Hotelführern (z. B. Michelin) auch Unterkunftsnachweise mit sehr genauen Angaben sogar zu den Preisen über die Fremdenverkehrsämter bzw. von den jeweiligen Informationsbüros der Kommunen.

Immer empfehlenswert ist die Übernachtung in einem der staatlichen Hotels, den *paradores*. Diese sind überwiegend in ehemaligen Burgen, Schlössern und Palästen eingerichtet und entsprechen in der Ausstattung der oberen Hotelklasse, sind aber in der Regel preiswerter als diese, wenngleich auch nicht billig. Die Übernachtung in einem solchen *parador* ist aber in den meisten Fällen ein lohnendes Erlebnis. An der Levanteküste sind die *paradores* überwiegend in modernen Gebäuden untergebracht, wodurch die Übernachtung zwar preiswerter wird, nicht aber den Reiz einer Nacht im Schloß erhält. In unserem Gebiet bestehen die folgenden *paradores:*

Tortosa (Tarragona): *parador nacional* ›Castillo de la Zuda‹
✆ 977/44 44 50

Benicarló (Castellón): *parador nacional* ›Costa del Azahar‹
✆ 964/47 01 00–09–34

El Saler (Valencia): *parador nacional* ›Luis Vives‹
✆ 96/161 11 86

Jávea (Alicante): *parador nacional* ›Costa Blanca‹
✆ 965/79 02 00

Da die *paradores* nicht nur bei den Touristen, sondern auch bei den Spaniern sehr beliebt sind, ist die Reservierung in der Reisesaison immer notwendig. Dies ist nicht nur in Spanien selbst möglich, sondern kann auch von Deutschland aus über ein Verbindungsbüro erfolgen. Die spanischen Vertretungen geben hierüber Auskunft.

Die Zufahrten zu den *paradores* sind zumeist durch besondere Wegweiser gekennzeichnet und leicht zu finden. Dies gilt ebenso für die privat geführten *paradores colaborador*. Ein solcher *parador colaborador* befindet sich in Elche direkt neben dem Huerta del Cura.

Die *fondas* als billigste Übernachtungsmöglichkeit führen ein blaues Schild mit dem weißen Buchstaben F. Es sind einfache Übernachtungsmöglichkeiten, meist im

Obergeschoß einer Bar. Ohne Barbetrieb, aber den *fondas* vergleichbar sind die *casas de huespedes,* die die Buchstaben CH auf dem Schild führen. Ähnlich sind auch die mit einem P gekennzeichneten *pensiones.* Zu einer höheren Klasse von Unterkünften gehören die *hostals,* die mit einem bis drei Sternen klassifiziert werden.

Darüber gibt es als nächsthöhere Abstufung die *hotels,* deren Klassifizierung von einem Stern bis zu fünf Sternen reicht. Diese Kategorien sind jeweils am Schild neben dem Eingang deutlich zu erkennen. Die Unterschiede zu den *hostals* sind fließend, so daß ein gutes *hostal* immer einem einfachen *hotel* entsprechen kann. In der Luxusklasse der *hotels,* die mit fünf Sternen gekennzeichnet ist, liegen die Preise etwa bei 200 DM, in der Klasse der zwei bis drei-Sterne-Hotels zwischen 40 und 80 DM.

Die Preise sind nicht nur abhängig von der Klassifizierung, sondern auch von der Region. So werden in den Touristikgebieten der Küste durchweg höhere Preise verlangt als etwa im Inland. Vorteilhaft ist, daß in allen Zimmern zumeist an der Tür eine Liste hängt, aus der Zimmerpreis und die Preise für zusätzliche Leistungen wie Frühstück etc. hervorgehen. Diese Preise sind verbindlich, die Liste trägt das Siegel der zuständigen Behörde. Dadurch ist man immer über die Kosten der Übernachtung informiert.

Symbol der ›hotels‹

Öffnungszeiten

Die Öffnungszeiten der Museen und öffentlichen Einrichtungen sind teilweise sehr unterschiedlich geregelt. Zumeist sind alle Einrichtungen von etwa 10 Uhr bis gegen 13 Uhr geöffnet und dann erst wieder nach der Mittagspause gegen 16 Uhr. Allerdings gibt es in dieser Regelung überall örtliche Schwankungen. So schließen einige Einrichtungen schon um 12 Uhr, andere erst gegen 14 Uhr. Dagegen sind manche Museen schon ab 9 Uhr, Verwaltungen manchmal schon ab 8 Uhr geöffnet. In einigen Fällen gibt es unterschiedliche Öffnungszeiten für Sommer und Winter. Die Kirchen sind immer während der Messe am frühen Vormittag und dann wieder abends zugänglich. Besichtigungen bieten sich an im Anschluß an die Gottesdienste.

In kleineren Gemeinden trifft man gelegentlich noch Geistliche, die nicht nur eine ausgedehnte Besichtigung ihrer Kirche zulassen, sondern diese häufig auch mit einer kleinen Führung verbinden. Eine Spende ist in diesem Fall eine Selbstverständlichkeit. Nur in den großen Städten wie Valencia, Alicante und Murcia kann man damit rechnen, daß die Kirchen ganztägig geöffnet sind. Allgemein aber gilt: Mittagspause von etwa 12/13 Uhr bis gegen 16 Uhr. Der Montag ist in Spanien allgemeiner Feiertag für alle öffentlichen Einrichtungen, namentlich für Museen und Verwaltungen. Ausnahmen sind selten. Die Eintrittsgelder liegen derzeit zwischen 50 Ptas. und 150 Ptas. in allen Einrichtungen. Nachfolgend werden die Öffnungszeiten einiger wichtiger Einrichtungen genannt. Änderungen sind natürlich jederzeit möglich.

Alicante

San Nicolás de Bari	täglich von 7–13 und 17–21 Uhr
Santa María	täglich von 7.30–13 und 17–20.30 Uhr
Rathaus	täglich von 10–20 Uhr; Meldung beim Pförtner
Archäologisches Museum	täglich von 10–13 Uhr; an Sonn- und Feiertagen von 11 bis 13 Uhr
Castillo Santa Barbara	im Winter täglich von 9–19 Uhr im Sommer täglich von 9–14 und 17–22 Uhr
Castillo San Fernando	Besichtigung kostenlos; der Park ist nur tagsüber geöffnet

Cueva de Canalobre

vom 1. 4. bis 30. 9.	von 10.30 bis 20.30 Uhr
vom 1. 10. bis 31. 3.	von 11 bis 18.30 Uhr

Castellón

Kunstmuseum im Gebäude der Delegación Provincial	wochentags während der Dienststunden, aber nur vormittags

Elche

Museo de la Palma Blanca	Samstag, Sonntag und Feiertage von 11.30 bis 13.30 Uhr
Archäologisches Museum La Alcudia	täglich von 9 bis 19 Uhr geöffnet; montags geschlossen
Museum für zeitgenössische Kunst (im Rathaus von Arrabal)	täglich von 10 bis 13 Uhr und von 17 bis 20 Uhr sowie sonntags morgens; montags geschlossen.

Murcia
Archäologisches Museum

im Winter von 10 bis 14 und 18 bis 20 Uhr Samstag/Sonntag von 11 bis 14 Uhr; montags geschlossen

	im Sommer (Juli/August) von Montag bis Samstag von 9 bis 14 Uhr; sonn- u. feiertags geschlossen
Salzillo-Museum	im Winter von 15 bis 18 Uhr im Sommer werktags von 9.30 bis 13 Uhr und 16 bis 19 Uhr an Feiertagen von 10 bis 13 Uhr
Huerta-Museum Alcantarilla	täglich von 10.30 bis 14 und von 16 bis 21 Uhr im Winter von 16 bis 20 Uhr
Diözesanmuseum	während der Öffnungszeiten der Kathedrale; nicht während des Gottesdienstes

Onda

Naturkundemuseum	täglich außer Montag von 9 bis 18 Uhr

Valencia

Keramikmuseum	im Sommer von 9 bis 14 und von 16 bis 20 Uhr im Winter von 10 bis 14 und 18 bis 20 Uhr; montags geschlossen
Kirche San Juan	aus baulichen Gründen nur sporadisch zugänglich

Wichtige Tips

Geschäftszeiten, Bankverkehr, Telefon

Die Geschäfte in Spanien sind gewöhnlich von etwa 9 Uhr bis gegen 13.30 Uhr sowie von 16/17 Uhr bis etwa 20 Uhr, teils auch bis 21 Uhr geöffnet. Cafés und Cafeterias öffnen morgens bereits gegen 8 Uhr, so daß man dort sein Frühstück einnehmen kann. Discotheken und Nachtlokale, die an der Küste überreich vertreten sind, schließen durchweg um 3 Uhr morgens.

Im Bereich der touristisch extrem erschlossenen Levanteküste sind Ausnahmen von dieser Regel immer möglich und üblich.

Dies gilt auch für die Schlußzeiten an Sonn- und Feiertagen. Notdienstapotheken (*farmacia de guardia*) stehen ebenso wie Notarztdienste überall zur Verfügung.

Die Banken sind in Spanien nur von 8/9 bis 14 Uhr geöffnet, so daß man seine Geldgeschäfte vormittags erledigen sollte. In allen Orten der Levanteküste stehen ganztägig auch Wechselstuben zur Verfügung, in denen Geldgeschäfte zum üblichen Wechselkurs zuzüglich einer Gebühr möglich sind. Die Wechselstuben sind oft auch in den Abendstunden geöffnet.

Eine spanische Besonderheit muß noch angemerkt werden: In den Banken sind die Außentüren inzwischen fast überall auch tagsüber verschlossen und können nur von innen durch das Personal über eine Fernsteuerung geöffnet werden. Falls man nicht gleich bemerkt wird, genügt kurzes Anklopfen an die Glasscheibe.

Reiseschecks erzielen in der Regel günstigere Kurse als Bargeld. Zudem ist die Mitnahme von Euroschecks (getrennte Aufbewahrung von Scheck und Scheckkarte) schon aus Sicherheitsgründen immer ratsam. Auch Traveller-Schecks sind immer noch ein bewährtes Zahlungsmittel.

Ebenso wie in Deutschland zahlen auch die Postämter in Spanien an die Besitzer von Postsparbüchern Geld aus; jedoch nicht mehr als 1000 DM pro Tag und höchstens 2000 DM in 30 Tagen. Für die Auszahlung wird außer dem Buch die Ausweiskarte sowie der Personalausweis/Reisepaß benötigt. Einzahlungen sind nicht möglich.

Ferngespräche sind nicht nur von den Postämtern, sondern auch von den meisten Hotels, allerdings zu höheren Gebühren möglich. Der spanische Telefondienst hat inzwischen in allen Fremdenverkehrsorten der Levanteküste zusätzliche Möglichkeiten in entsprechenden Telefonkabinen (blaue Gebäude aus Fertigelementen) geschaffen, die meist am Strand oder in dessen Nähe aufgestellt sind. Das Telefonieren ist hier sehr einfach und bequem eingerichtet; die Verständigung ist ausgezeichnet. Die Bezahlung erfolgt anschließend beim Postbeamten.

Die Benutzung der Münztelefone für internationale Gespräche ist ebenfalls fast überall möglich; die Telefonzellen sind entsprechend gekennzeichnet. Hierfür wird eine größere Zahl von Münzen der Wertstufen 25, 50 und 100 Ptas. benötigt, die einfach auf der Zahlschiene an der Oberseite des Gerätes aufgebaut werden und dann selbsttätig in den Apparat fallen.

Fotografieren

Obwohl in Spanien Filme und sonstiges Fotomaterial überall erhältlich sind, ist es immer noch ratsam, sich sein vertrautes Material vollständig zu Hause zu besorgen. Dies gilt für die Dia-Filme, aber auch für Zubehör wie Blitzlichtbirnen, Batterien etc.

Fotomaterial erhält man in Spanien in den Souvenir- oder Tabakläden, die häufig eine entsprechende Reklame führen. Das dort eingesetzte Verkaufspersonal hat zumeist nur sehr wenig oder keine Ahnung; deshalb sollte man sehr genau wissen, welches Material man benötigt.

Fotografieren ist grundsätzlich nicht verboten, aber nicht überall erlaubt. Vor allem die Verwendung von Blitzgeräten stößt nicht überall auf Gegenliebe; in vielen Museen und Galerien ist sie ausdrücklich verboten (No Flash!). Während in den Kirchen das Fotografieren zumeist erlaubt, durch die Lichtverhältnisse allerdings problematisch ist, sollte man in den Museen auf jeden Fall auf die entsprechenden Schilder achten, um Ärger zu vermeiden. Nicht immer bedeutet das Fehlen eines Verbotsschildes, daß das Fotografieren erlaubt ist; die mehr oder weniger freundlichen Hinweise des Personals sollten schon im eigenen Interesse beachtet werden.

Für die im allgemeinen sehr dunklen Kirchen sollte man nicht nur ein Blitzgerät, sondern auch eine Taschenlampe mitnehmen, um das Objekt vorher ausleuchten zu können. Gelegentlich stellt man dabei fest, daß eine Aufnahme nicht lohnt. Die Verwendung hochempfindlicher Filme (400 ASA) lohnt meist nicht, da auch ihre Lichtstärke selten ausreichend ist. Für den fortgeschrittenen Fotografen kann dagegen die Mitnahme eines Kunstlichtfilters mitunter wertvoll sein. Dies gilt ebenso bei Außenaufnahmen für die entsprechenden Filtervorsätze.

Die Mitnahme von Taschen, auch Fototaschen, ist in fast allen Museen untersagt. Vereinzelt gibt es Möglichkeiten, das Gepäck einzuschließen. Dies ist jedoch so selten, daß man sich grundsätzlich auf ›leichtes Reisegepäck‹ einstellen sollte. Es ist immer ratsam, Objektive und Filme am Körper zu tragen, statt eine Tasche mitzuführen.

Souvenirs, Souvenirs...

An der touristisch mehr als erschlossenen Levanteküste hat sich in den letzten Jahren eine regelrechte Souvenirindustrie entwickelt. Die angebotenen Waren sind in Qualität und Preis höchst unterschiedlich; eine kritische Prüfung ist deshalb ratsam. Dies

gilt ganz besonders für die überall angebotenen Antiquitäten, die teilweise in verschiedenen Werkstätten nur für diesen Zweck hergestellt werden. Genaue Sachkenntnis ist hier notwendig.

Preisgünstig sind aber noch zahlreiche andere Waren. Dies gilt vor allem für Tabak und Alkohol, in geringem Maße auch für Parfüm. Daneben kann man auch Lederbekleidung, Korbwaren und Textilien durchaus günstig erwerben. Die für bestimmte Städte und Regionen der Küste typischen Artikel kann man heute zwar an der ganzen spanischen Mittelmeerküste kaufen; gelegentlich findet man im Ursprungsgebiet aber doch eine bessere Auswahl. Im Raum Valencia sind dies z.B. Keramikerzeugnisse, die abseits der Küste in den Herstellungsbetrieben z.T. noch günstiger gekauft werden können, sowie Decken, Teppiche und Bekleidung. Die typisch valencianischen Fächer mit ihren geklöppelten Spitzen werden heute natürlich maschinell hergestellt. Eine Handarbeit erkennt man mit Sicherheit am hohen Preis, den sie aber durchaus wert ist. Allerdings werden auch die maschinengewebten Spitzen manchmal sehr teuer angeboten, so daß man sehr genau hinsehen sollte. Außerdem werden überall auch Fabrikate aus Kunststoffen bzw. Kunstfasern angeboten, die oftmals noch das Herstellungszeichen eines asiatischen Landes tragen. Auch hier also Vorsicht.

Küche und Verpflegung

Wie die Küche eines jeden Landes hat auch die spanische ihre Vor- und Nachteile, die oft vom jeweiligen Geschmack abhängig sind, vor allem aber ihre regionalen Spezialitäten. Als ›normaler‹ Tourist wird man die Levante-Küche sicherlich nicht kennenlernen, wenn man seine Nahrungsaufnahme auf das Angebot im Hotel oder den einschlägigen deutschen, österreichischen oder schweizerischen Gaststätten beschränkt. Das spanische Hotelfrühstück ist im allgemeinen mit Kaffee, Brot, Marmelade und Gebäck etc. kein umwerfendes Ereignis. Das in den meisten Touristenhotels der Levanteküste servierte Frühstück wird man nach einigen Tagen ebenso aus dem Gedächtnis streichen wie die bislang immer noch unergiebigen Versuche, einen für Mitteleuropäer bekömmlichen Kaffee zu kochen, weshalb viele Spanienreisende auf Tee und andere Getränke ausweichen. Gleiches gilt auch für die spanische Version eines deutschen Brötchens, die mit diesem allenfalls den Namen gemeinsam hat, sich ansonsten aber fast überall als ein äußerlich unangenehm hartes und innerlich trockenes und fades Etwas erweist. Viele Besucher verzichten deshalb lieber auf das Hotelfrühstück und widmen sich dafür dem Frühstücksangebot in den Gaststätten und Bars.

Die Küche der Levanteküste hat internationale Züge, d. h. man bekommt dort praktisch alles, was aus der Heimat vertraut ist, angefangen vom Wiener Schnitzel in holländischer Butter gebraten (!), bis zur italienischen Pizza. Nicht bekommen kann man in den meisten Fällen die levantinischen Gerichte. Um diese kennenzulernen, muß man den Küstenbereich verlassen und einige Kilometer weiter in spanische Restaurants fahren. Für den mitteleuropäischen Magen nicht immer verträglich ist die reichliche Verwendung von Olivenöl und in einigen Fällen auch von Gewürzen. So werden Würste z. B. nicht geräuchert, sondern

durch kräftiges Würzen und Salzen haltbar gemacht. Das bekannteste Gericht der Levante ist die valencianische *paella*, die im ganzen Land mit unterschiedlichem Erfolg nachgeahmt wird. Grundlage der *paella* ist der bei Valencia angebaute Reis, der mit verschiedenen Fischen, Krabben, Muscheln, Kaninchen, Huhn, Wurst, Tomaten, Zwiebeln, Pfefferschoten und Knoblauch angereichert, mit Safran gelb gefärbt und dann glasiert wird. Die *paella* verdankt ihren Namen der großen flachen Eisenpfanne, in der sie zubereitet wird. Innerhalb der Levante gibt es zahlreiche Variationen der *paella*. Die *paella alicantina* enthält z. B. vorwiegend Meeresfrüchte, während die *paella valenciana* auch mit knusprig gebratenem Schweinefleisch oder Hühnerfleisch variiert werden kann.

Fischgerichte und Meeresfrüchte bilden zwar die bekanntesten Gerichte der Levanteküste, sind inzwischen aber zu einem mitunter recht kostspieligen Vergnügen geworden. Zu diesen Gerichten zählt u. a. an der Costa Blanca die dortige Variation eines ursprünglich katalanischen Gerichtes, die *zarzuela de mariscos*. Dies ist eine Kombination verschiedener Schalentiere, die mit Reis und einer Soße aus Olivenöl, geriebenen Mandeln, Gewürzen und Schokolade serviert werden.

Zu den weiteren Delikatessen der Levanteküste gehören Langusten *(langostas)*, Garnelen *(gambas)* und *langostinos*, die auch unter dem Namen *scampi* bekannt sind. Ein beliebtes und empfehlenswertes Gericht ist auch die Seezunge *(lenguado)*, die in verschiedenen Formen der Zubereitung erhältlich ist und auch preislich noch in einem angemessenen Rahmen liegt. Zu erwähnen sind ferner Tintenfische *(calamares)*, Muscheln *(mejillones)* und Makrele *(caballa).* Unter den Fleischspezialitäten ragt vor allem ein Ragout aus Schweine- und Kaninchenfleisch, Huhn, Schnecken und Rebhuhn oder Taube hervor. Weitere regionale oder auch lokale Spezialitäten finden sich auf mancher Speisekarte. Bewaffnet mit einem vernünftigen Wörterbuch kann man diese schnell übersetzen, und wenn sich keine Übersetzung für die unbekannte Bezeichnung findet, sind die Wirte meist gerne bereit, einen Blick in die Küche zu erlauben.

Autor und Verlag bemühen sich darum, die Praktischen Reiseinformationen auf dem aktuellsten Stand zu halten, können aber keine Gewähr für die Richtigkeit jeder einzelnen Angabe übernehmen – Anschriften wie Telefonnummern, Öffnungszeiten wie Währungskurse etc. ändern sich oft kurzfristig. Wir bitten um Verständnis und werden Korrekturhinweise gerne aufgreifen (DuMont Buchverlag, Postfach 100468, 5000 Köln 1).

Zeittafel

um 20 000 v. Chr.	Höhlenmenschen nachgewiesen in den Cuevas de Altamira (Nordwestspanien) und der Cueva de la Pileta (Südspanien)
4000–3000 v. Chr.	Einwanderung der Iberer aus Nordafrika bis in den Bereich der Levante
11./8. Jh. v. Chr.	Phönizier gründen Gades/Gadir (Cádiz) und Malaca (Málaga)
700/600 v. Chr.	Griechische Kolonien an der Ostküste Spaniens
600/500 v. Chr.	Eindringen keltischer Stämme nach Spanien und Verschmelzung mit den Iberern zu Keltiberern
ca. 530–206 v. Chr.	der Osten der Iberischen Halbinsel unter karthagischer Herrschaft; Eroberung des Erzgebietes der Sierra Morena; aus den Erträgen des Bergbaus Zahlung der Kriegsschuld an Rom
227 v. Chr.	Gründung von Carthago Nova (Cartagena)
226 v. Chr.	Karthago verzichtet im Ebrovertrag auf ein Überschreiten des Flusses; Rom erkennt den karthagischen Anspruch in Spanien an
219 v. Chr.	Eroberung des iberischen Sagunto durch die Karthager; daraufhin Krieg mit Rom
218–201 v. Chr.	2. Punischer Krieg
209 v. Chr.	Rom erobert Cartagena
206 v. Chr.	Sieg der Römer bei Ilipa (Südwestspanien) und Eroberung von Cádiz; damit endgültig Verlust der Iberischen Halbinsel für Karthago und Beginn der römischen Kolonisierung
19 v. Chr.	die Iberische Halbinsel durch Rom vollständig erobert und befriedet; endgültige, auch verwaltungsmäßige Einbindung Spaniens in das Imperium Romanum
ca. 450–711	Westgotisches Reich
711–713	Maurische Heere landen unter ihrem Führer Tariq auf spanischem Boden und dringen rasch in das Land; bis auf wenige Restgebiete vollständige Eroberung Iberiens
ca. 730	erste christliche Schritte zur Rückeroberung Spaniens und 741 Gründung des Reiches Asturien
756–929	Omaijaden-Emirat von Córdoba; Abd ar-Rahman macht sich zum unabhängigen Emir von Andalusien
um 800	christliche Könige treten gegen die arabischen Herrscher an; Eroberung und Besiedlung Kastiliens
910	Entstehung des Königreiches León
929–1031	Kalifat Córdoba

981–1002	Almansûr führt als Großwesir erfolgreiche Kämpfe gegen die Christen und zerstört Santiago de Compostela
ab 1009	das Kalifat zerfällt in Teilreiche *(taifas)*
1035	Königreich Kastilien begründet
1094	El Cid erobert Valencia und hält es fünf Jahre gegen die Mauren
1099	Tod des Cid; seine Nachfolger müssen Valencia an die Angreifer übergeben
1145	das Reich der Almoraviden in Spanien zerfällt
1230	Vereinigung der Königreiche von Kastilien und León
1213–1276	Jakob I. von Aragón erobert die Levante; 1238 fällt Valencia, 1245 Játiva, Alcira und andere Städte; Gründung des Königreiches Valencia
1236	Eroberung von Córdoba
1479	Vereinigung von Kastilien und Aragón aufgrund der Heirat (1469) zwischen Isabella von Kastilien und Ferdinand von Aragón (päpstl. Ehrentitel: die Katholischen Könige)
1491/92	Granada wird als letztes Maurenreich erobert
1556–1598	Zeitalter Philipps II.; Bau des Escorial, Ausrottung der Mauren in der Levante und Andalusien
1609	Vertreibung der letzten Mauren aus Spanien
1701–1714	Spanischer Erbfolgekrieg
1808	Einmarsch französischer Truppen nach Spanien; Aufstand in Madrid; Napoleon zwingt den spanischen König zur Abdankung
1811	Valencia wird gegen heftigen Widerstand von franz. Truppen besetzt
1812	Erklärung der ersten spanischen Verfassung in Cádiz
1829	Murcia wird durch ein Erdbeben fast völlig zerstört
1814–1833	Wiederherstellung des Absolutismus in Spanien durch Ferdinand VII.
1833–1839	Karlistenkriege in Nordspanien, Katalonien, Aragón und Valencia nach dem Tod Ferdinands; die für Karl V. kämpfenden Karlisten werden vor Madrid geschlagen
1873/74	2. Karlistenkrieg und 1. Republik unter Emilio Castelar
1874	Spanien wird unter Alfons XII. wieder Königreich
1931–1936	2. Republik auf spanischem Boden; anarchistische Zustände im Land führen zum
1936–1939	Spanischen Bürgerkrieg; Rebellion der Garnison von Melilla, General Francisco Franco übernimmt die Führung der Aufstän-

	dischen; erbitterte Kämpfe unter starker ausländischer Beteiligung fordern rund 1,2 Mio. Opfer
1939–1945	im Zweiten Weltkrieg bleibt Spanien neutral
1939–1975	Diktatur des Caudillo Francisco Franco
1947	Nachfolgeregelung durch Volksentscheid und gesetzliche Grundlegung; Spanien soll wieder Monarchie werden
1950	Zusammenarbeit mit den USA; Wiederaufbauhilfe
1955	Spanien wird Mitglied der UNO
1960	erste vorsichtige Lockerung der zentralen Verwaltungsstrukturen zugunsten der einzelnen Regionen
ab 1966	intensive staatliche Förderung des Fremdenverkehrs in den Küstengebieten
1975	Juan Carlos I. wird nach dem Tod Francos König von Spanien
1976/77	weitere Demokratisierung durch freie Wahlen; Regionalisierung des Landes durch Bildung autonomer Gemeinschaften schreitet fort
1978	die neue spanische Verfassung tritt in Kraft
1982	Spanien wird Mitglied der NATO
1986	Spanien wird Mitglied der EG

Abbildungsnachweis

Farbabbildungen

Bilderberg, Hamburg (K. D. Francke)   3, 4, 5, 13, 21, 22
Wolfgang Fritz, Köln   1, 2
Rolf Hering, Siegburg   7, 8, 9, 11, 14, 15, 16, Titelbild, Umschlaginnenklappe
Wulf Ligges, Flaurling   6, 10, 17, 18, 19, 20, 23, 24

Alle anderen Aufnahmen stammen vom Autor.

Schwarz/Weiß-Abbildungen

Bildarchiv Foto Marburg   1–26, 28–75, 77–96
Werner Neumeister, München   27, 76

Autor und Verlag danken folgenden Persönlichkeiten und Institutionen, die bei der Beschaf-
fung von historischem Bildmaterial behilflich waren:
Gerhard Beese, Hamburg   S. 89
Antiquariat Buchholz, Köln   S. 136, 243, 280
Kunsthandlung Goyert, Köln   S. 39
Ibero-Club Bonn e. V.   S. 65
Interfoto Pressebild Agentur, München   S. 180
Kunsthandlung G. B. Mathias, Stuttgart   S. 177, 194, 218, 236, 273, 278, 296
Romanisches Seminar der Universität Bonn   S. 35
Ullstein Bilderdienst, Berlin   S. 42

Abb. S. 48 entnommen aus H. Biedermann, Lexikon der Felsbildkunst, mit freundlicher
   Genehmigung des Verlags für Sammler, Graz
Abb. S. 65 entnommen aus A. Beltran, Felskunst der Spanischen Levante, mit freundlicher
   Genehmigung des Lübbe-Verlags, Bergisch Gladbach
Abb. S. 83 u. 85 aus W. Teschendorff, Der Küstenhof von Valencia. Regensburg 1978, mit
   freundlicher Genehmigung des Verfassers

Alle anderen Abbildungen sind den Archiven von Autor und Verlag entnommen.

Erklärung historischer und kunsthistorischer Begriffe (Glossar)

Abakus – Quadratische Abdeckplatte über einem Säulenkapitell

Ädikula – (lat.: kleines Haus); Nische von geringer Tiefe, die von Säulen, Pfeilern oder Pilastern gerahmt, von Gebälk und Giebel bekrönt wird

Akanthus – Mittelmeerische Distelart mit großen, gezackten, an den Rändern leicht eingerollten Blättern; seit der Antike in stilisierter Form ein verbreitetes Dekorationsmuster in Baukunst und Kunstgewerbe

Alkazar – (span.: *alcazar*); in Spanien gebräuchliche Bezeichnung für Schloß/Palast auch nicht-maurischen Ursprungs

Almería-Kultur – Jungsteinzeitliche Kultur in Südostspanien; ihre Gemeinschaftsgräber gelten als Vorläufer der Megalithgräber; → Megalithkultur

Almohaden – Spanisch-berberische Dynastie (1147–1269), hervorgegangen aus gleichnamiger berberisch-islamischer religiöser Reformbewegung; entmachtete die → Almoraviden, unterwarf das islamische Spanien

Almoraviden – Spanisch-berberische Dynastie (1036–1147), hervorgegangen aus einem islamischen Missionsorden; eroberte den Maghreb und von dort ab 1090 das islamische Spanien

Altarauszug – Kleiner Aufsatz auf dem → Retabel (Figurengruppe oder Gemälde)

Altarblatt – Im Zentrum des Altaraufsatzes (→ Retabel) stehendes Relief oder Gemälde

Apostelfiguren – Stehen mit ihren Attributen versehen, an denen sie auch in anderem künstlerischem Zusammenhang zu erkennen sind, meist in Portalgewänden: Andreas mit x-förmigem Kreuz, Bartholomäus mit einem Messer, Jakobus d. Ä. mit Stab und Muschel (Jakobsmuschel), Jakobus d. J. mit einer Fahne, Johannes mit Kelch und Schlange, Judas Thaddäus mit einer Keule, Matthäus mit Winkelmaß und Beil, Paulus mit einem Schwert, Petrus mit einem Schlüssel, Philippus mit einem Kreuzstab, Simon mit der Säge und Thomas mit Winkel oder Lanze

Apsis – Halbrunder oder polygonaler, mit einer Halbkuppel überwölbter Raum, der sich zu einem Hauptraum öffnet; in der christlichen Baukunst der östliche Abschluß einer Kirche

Aquädukt – römische Wasserleitung mit leichtem Gefälle, die Täler und Schluchten auf oft mehrstöckigen Bogenstellungen überquert

Arabeske – Ornament aus stilisiertem Laub und Ranken, oft durch eingefügte Sphingen, Masken, Figuren oder Gefäße bereichert

Archaisch – Frühzeitlich, aus der Frühphase eines Stils stammend (besonders aus der vorklassischen Epoche der griechischen Kunst)

Architrav – Den Oberbau tragender Hauptbalken über → Säulen und → Pfeilern

Archivolte – Stirn oder Laibung eines Rundbogens

Arkade – Bogenstellung über → Pfeilern oder → Säulen

Attribut – In der Kunst Kennzeichen oder charakteristische Beigabe einer Person oder eines Gottes

Azulejo (span.) – In der spanischen, portugiesischen und ibero-amerikanischen Kunst und Architektur verwendete hart gebrannte, glasierte Tonfliesen, zuweilen kombiniert zu großflächigen *azulejo*-Gemälden (z. B. Altarbilder) geschmückt mit pflanzlichen oder figürlichen Ornamenten

Baldachin – In der Baukunst dachartiger Aufbau über einem Altar, Bischofsstuhl, einer Statue oder der Kanzel

Balustrade – Ein aus kleinen, gedrungenen Stützen gebildetes Geländer an Treppen, Balkonen oder als Dachabschluß

Barraca (span.) – Bauernhütte in der → *huerta* von Valencia, meist eingeschossig mit → Satteldach aus Gräsern und Schilf

Basilika – Drei-, fünf- oder mehrschiffige Kirche, deren Mittelschiff höher (und breiter) ist als die Seitenschiffe, so daß der durchfensterte → Obergaden für die Beleuchtung des Zentralraumes sorgt; in der römischen Architektur Markt- und Gerichtshalle, in der christlichen Baukunst früh bevorzugter Kirchentypus

Basrelief – Relief von geringer räumlicher Tiefe

Bastion – Vorspringender Bauteil einer Festung; auch Bastei genannt

Batería (span.), Batterie – Geschützstand, Mauerbruch

Bergfried – Hauptturm einer Burg, als Beobachtungsstand und letzte Zufluchtsstätte bei Belagerung; auch Belfried genannt

Bollwerk – 1. Einfacher Verteidigungswall, bestehend aus mit Bohlen befestigter Erde. 2. Eine einer Festung vorgelagerte Verteidigungsanlage

Bündelpfeiler – Pfeiler, der rundum mit Dreiviertelsäulen (→ Dienst) verschiedener Stärke besetzt ist, die in die Rippen des Gewölbes und der Bogen fortgeführt sind

Cabo (span.) – Kap

Capilla (span.) – Kapelle

Castello (span.) – Befestigte Ortschaft (nicht Festung)

Castillo (span.) – Burg, Festung

Cerro (span.) – Hügel

Chor – Hochaltarraum einer Kirche; einige Stufen höher liegend als der Gemeinderaum, architektonisch besonders ausgestaltet und durch Schranken oder Gitter vom übrigen Kirchenraum abgetrennt

Cortes (span.) – Früher die Versammlung der Landstände Spaniens, heute die spanische Volksvertretung

Churriguerismus – Etwa 1680–1750; Epoche des spanischen Barock, gekennzeichnet durch überreiche Ornamentik und die Verbindung verschiedener Stilformen sogar bis ins Bizarre; Begründer war José Churriguera (1650–1723)

Cueva (span.) – Höhle

Dienst – Langes, dünnes Viertel-, Halb- oder Dreiviertelsäulchen, das als Teil eines → Bündel- oder Wandpfeilers die Rippen des → Gewölbes und der Bogen aufnimmt

Diptychon – → Triptychon

Dreifaltigkeitsaltar – Altar mit Darstellung der Dreifaltigkeit

Eierstab – Zierleiste aus abwechselnd eiförmigen Gebilden und spitzen Stegen

Entasis – Leichte Schwellung des Säulenschaftes (griechische Baukunst)

Eremitage (franz.) – Einsiedelei

Ermita (span.) – Einsiedelei

Erosion – Abtragung von Oberflächen durch Wasser, Wind, Temperaturwechsel usw.

Eroten – Kleine, geflügelte, meist männliche Liebesgötter; beliebtes Ziermotiv in der antiken Wandmalerei und Mosaikkunst; in der römischen Kunst auch Amoretten, in der Renaissance Putten genannt

Erzpriesterkirche – Kirche des Dekan

Escorial – Klösterliche Residenz bei Madrid, von Juan de Herrera erbaut (1563–84)

Fensterrose – In der gotischen Kunst kreisrundes, mit → Maßwerk gefülltes Fenster

Frontispiz – Giebeldreieck über einem Gebäudevorsprung

Feston – Dekoratives Element in Form einer durchhängenden Girlande aus Zweigen, Blumen, Früchten usw., oft mit einem Band umwickelt, meist als durchlaufender Fries aneinandergereihter Girlanden

Fischgrätenverband – Mauerverband, bei dem die Steine in den übereinanderliegenden Schichten schräg zueinander gesetzt sind, so daß sich ein Fischgrät- oder Ährenmuster ergibt

Flachrelief – → Basrelief

Flamboyant – 1. Flammenartig bewegtes → Maßwerk in der gotischen Kunst. 2. Bezeichnung für die letzte Stufe der französischen Spätgotik, in der die unter 1. beschriebenen Maßwerkformen auftreten

Flügelaltar – Altar bestehend aus einem Mittelteil (Altarschrein) und beweglichen, bemalten oder mit Schnitzwerk verzierten Seitenflügeln

Fluvial, Fluviatil – Vom fließenden Wasser abgetragen oder abgelagert

Forum – Marktplatz und Versammlungsort am Kreuzungspunkt der Hauptstraßen in römischen Städten

Fresko – Auf noch feuchtem (frischem) Kalkmörtel ausgeführte Malerei, bei der sich die Farben mit dem Putz verbinden und so besonders haltbar werden (im Gegensatz dazu die Seccomalerei auf trockenem Putz)

Fries – Waagerechte Mauerstreifen mit ornamentalen oder figürlichen Darstellungen als Schmuck, Gliederung oder Abschluß einer Wand

Galerie – Langer, gedeckter, nach einer Seite offener Gang. 1. Laufgang mit offenen → Arkaden an einer Fassade. 2. Laufgang über den Seitenschiffen von Kirchen, der sich zum Mittelschiff öffnet

Gebälk – 1. Balken, die zur Decken- oder Dachkonstruktion gehören. 2. In der Antike (und der aus ihr abgeleiteten Architektur) oberer Teil einer Säulenordnung, bestehend aus → Architrav, → Fries und → Kranzgesims

Gesims – Vorspringendes, meist horizontal verlaufendes Bauelement, das eine Außenwand in einzelne Abschnitte gliedert

Gewölbe – Gekrümmte Raumdecke. *Tonnengewölbe:* Gewölbe mit halbkreisförmigem Querschnitt, einfachste Gewölbeform; bei der Durchdringung zweier gleich hoher Tonnengewölbe entsteht ein *Kreuzgewölbe,* dessen Gewölbeflächen sich in Graten verschneiden (Kreuzgratgewölbe); verläuft entlang der Grate eine tragende Skelettkonstruktion, so spricht man von einem *Kreuzrippengewölbe*

Girlande – → Feston

Gurtbogen – Verstärkungsbogen quer zur Hauptrichtung des → Gewölbes (Transversalbogen), der von → Pfeiler zu Pfeiler gespannt ist und die Gliederung des Gewölbes in → Joche betont

Herrera-Stil – Etwa 1550–1690; strenger, fast puritanischer und schmuckloser Architekturstil anschließend an die spanische Renaissance, berühmter Vertreter war Juan de Herrera (um 1530–97)

Hochrelief – Relief mit plastisch sehr stark herausgearbeiteten Darstellungen; Gegensatz → Basrelief

Huerta (span.) – Garten; ein landwirtschaftlich, genutztes, durch üppige Mischkultur gekennzeichnetes Bewässerungsgebiet vorwiegend an der Rom zugewandten spanischen Mittelmeerküste

Hufeisenbogen – Variante des Rundbogens, deren Form an ein Hufeisen erinnert

Initiale – In mittelalterlichen Handschriften durch Größe, Farbe und Verzierung hervorgehobener Anfangsbuchstabe

Inkunabel – Wiegendruck; die ältesten mit metallenen Einzellettern gedruckten Bücher oder Einblattdrucke (etwa 1450–1500)

Interkolumnium – Lichte Weite zwischen zwei → Säulen

Isabellinik – Etwa 2. Hälfte 15. Jh.; Fortführung der Gotik zu einer rein spanischen Form; eine Verbindung gotischer, romanischer und → mudéjarer Elemente unter Einschluß zeitgenössischer und regionaler Einflüsse

Joch – Gewölbeabschnitt in Längsrichtung

Kalif, Khalif (arab.) – Stellvertreter; Bezeichnung für den Nachfolger Mohammeds als oberste politisch-religiöse Autorität der islamischen Gemeinschaft

Kalvarienberg – Nachbildung der Kreuzigungsstätte Christi

Kanneluren – Senkrechte, konkave Rillen an Säulen-, Pfeiler- oder Pilasterschäften

Kapelle – 1. Kleine Kirche oder Sakralraum ohne Pfarrecht. 2. Architektonisch selbständiger Anbau mit Altar in Kirchen

Kapitell – Oberer Abschluß von → Säule, → Pfeiler oder → Pilaster mit ornamentaler, figürlicher oder pflanzlicher Dekoration. 1. *Dorisches Kapitell:* bestehend aus wulstförmigen Kissen (Echinus) und → Abakus. 2. *Toskanisches Kapitell:* Variante von 1. 3. *Ionisches Kapitell:* Volutenkapitell, ein beiderseits eingerollter → Volutenkörper liegt zwischen einem Wulstkörper (mit → Eierstab) und → Abakus. 4. *Korinthisches Kapitell:* bestehend aus zwei übereinandergeordneten → Akanthusblattkränzen, je zwei diagonal gestellte → Voluten bilden die Ecken und tragen einen → Abakus (konkav eingezogen, Blume auf jeder Seitenmitte)

Kapitelsaal – Versammlungsraum der Mönche im Kloster

Karlisten – Traditionalisten; Anhänger des spanischen Thronanwärters Don Carlos (1788–1855), die eine Rückkehr zur absolutistischen Monarchie beabsichtigten; mit modifizierter Ideologie bis heute existierend

Kastell – 1. Befestigtes Schloß. 2. Römische Festung

Keltiberer – Im Altertum Stämme im nördlichen Spanien, entstanden aus der Vermischung von Iberern mit aus Gallien eingewanderten Kelten (5. Jh.)

Kirchspiel, Kirchsprengel – Gebiet einer Pfarrei oder Gemeinde

Kranzgesims – Deutlich auskragendes → Gesims am Dachansatz als Abschluß eines Gebäudes

Kreuzgang – Rechteckiger Hof mit einem Brunnen und einem überdeckten Umgang im Zentrum eines Klosters, um den sich die anderen Klostergebäude gruppieren: im Osten der Kapitelsaal, im Süden das → Refektorium, im Westen die Wirtschaftsgebäude, im Norden die Klosterkirche

Kreuzgratgewölbe – → Gewölbe

Kreuzwegstationen – Bildliche Darstellung der einzelnen Stationen des Leidensweges Christi

Langhaus, Längsschiff – Bei einer Kirche der langgestreckte Gebäudeteil zwischen Fassade und → Chor

Levante-Kunst – Etwa 6000–4000 v. Chr.; an der Ost- und Südküste Spaniens verbreitete Felszeichnungen mit stilisierten Darstellungen (z. B. Jagdszenen) insbesondere in Rot- und Schwarz-Tönen

Lonja (span.) – Börse

Maßwerk – Gotisches Bauornament, diente zunächst der Unterteilung großer Fenster, später auch der Gliederung und Ornamentierung von Wandflächen, Giebeln usw.

Mauren – 1. Bezeichnung für die Mohammedaner arabisch-berberischer Herkunft die von 711–1492 in Spanien herrschten. 2. Nordafrikanische Bevölkerung, entstanden aus einer Vermischung von Arabern und Berbern

Mausoleum – Prächtig ausgestattetes, monumentales Grabmal

Medaillon – Rund oder oval gerahmtes Bild bzw. → Relief

Megalithkultur – Neolithische Kultur etwa des 3. Jt. v. Chr., deren Monumente (Gräber, Kultanlagen) aus ›Großen Steinen‹ (Megalithen) gebaut sind

Mesolithikum – Mittlere Steinzeit. Periode zwischen → Paläolithikum und → Neolithikum; in Europa etwa ab 8000 v. Chr.

Metope – Glatte oder reliefierte Platte am → Fries eines dorischen Tempels

Minarett – Moscheeturm für den Gebetsruf

Monstranz – Kostbares Gefäß zum Tragen und Zeigen der geweihten Hostie

Moriscos (span.), Morisken – Bezeichnung für die nach der → *reconquista* in Spanien zurückgebliebenen → Mauren

Mozarabischer Stil – Baustil christlicher Architekten im islamischen Spanien, verbindet omaijadische Stilelemente mit römischen und westgotischen

Mudéjarstil – 12.–16. Jh.; spanisch-maurischer Dekorationsstil, verbindet Elemente islamischer Baukunst mit romanischen und später gotischen (typisch: → Hufeisenbogen, prunkvolle Stuckelemente)

Muezzin – Gebetsrufer im Islam

Mukarnas, Muqarnas (arab.) – Vorkragende, konkave, zellenartige Dekorationselemente, die die → Trompen einer Kuppel ausfüllen (islamische Baukunst)

Neolithikum – Jungsteinzeit, folgt auf Paläolithikum und Mesolithikum; in Europa etwa ab 6000 v. Chr.

Noria (span.) – Schöpfrad

Obergaden – Wandabschnitt über den Mittelschiffarkaden einer → Basilika, in dem sich die Fenster befinden; auch Licht- oder Fenstergaden genannt

Oktogon – Achteck

Omaijaden – Kalifendynastie in Syrien (Damaskus, 661–750), dann Reich der Omaijaden in Spanien (Córdoba, 756–1031)

Oratorium, Oratorio (span.) – Privatkapelle in oder an einer Kirche; Betsaal

Paläolithikum – Altsteinzeit; von vor etwa 3–2 Millionen Jahren bis etwa 9000 v. Chr.

Palisaden – Schanzpfähle, die bei alten Befestigungen als Hindernisse dienten

Patio (span.) – Offener Innenhof in der spanischen und lateinamerikanischen Baukunst

Pendentif – Sphärisches Dreieck, das vom Quadrat des Grundrisses zum Kreis der Kuppel überleitet

Pfeiler – Stützglied über rechteckigem oder polygonalem Grundriß; → Säule, → Rundpfeiler

Pilaster – Der Wand oder einem anderen Bauglied vorgelegter vertikaler Mauerstreifen mit Basis und → Kapitell

Platareskenstil – Etwa 1480–1560, spanischer Baustil mit verschwenderischer Verwendung von Ornamenten, die in keiner Beziehung zum Baukörper stehen

Presbyterium – Der den Priestern vorbehaltene Raumteil der Kirche, in dem sich der Hochaltar befindet (nicht unbedingt identisch mit dem → Chor)

Purísima (span.) – Die Jungfrau Maria

Putten – → Eroten

Quadermauerwerk – Mauer aus großen, regelmäßig geformten Hausteinen

Querhaus, Querschiff – Zwischen → Langhaus und → Chor eingeschobener Querbau, durch den eine Kirche Kreuzform erhält; den Ort (das Quadrat) der Durchdringung nennt man Vierung

Reconquista (span.) – Spanisch-christliche Rückeroberung der islamisch besetzten Gebiete Spaniens etwa zwischen dem 8. und Mitte des 13. Jh.

Refektorium – Der Speisesaal eines Klosters

Relief – Eine aus einer Fläche herausgearbeitete plastische Form, die jedoch stets mit dem Hintergrund (Reliefgrund) verbunden bleibt

Reliquiar – Behälter zur Aufbewahrung von Gegenständen oder sterblichen Überresten religiöser Autoritäten, Heiliger

Retabel, Retablo (span.) – Mit Gemälden oder Skulpturen geschmückter Altaraufsatz; entwickelte sich weiter zum → Triptychon

Rippe – Tragende Konstruktionsteile bei → Gewölben, die das Gerüst für die nichttragenden Gewölbekappen bilden

Riu-Rau (span.) – Typische Hausform im Gebiet von Alicante; rechteckiges Haus, in dem die Zimmer an der langen Front liegen mit einem davor befindlichen Säulengang

Rosette – Stilisiertes, blütenförmiges rundes Ornament

Rundpfeiler – Pfeiler mit rundem Querschnitt, jedoch ohne → Entasis; oft ist zwischen Rundpfeiler und → Säule nicht genau zu unterscheiden

Saal – Raum, der nicht durch Stützen unterteilt oder gegliedert ist

Sakramentshäuschen – Architektonisch ausgebildetes Behältnis aus Stein oder Holz zur Aufbewahrung geweihter Hostien an der Nordwand des → Chores

Sakristei – Neben dem → Chor liegender Raum zum Ankleiden des Priesters und zur Aufbewahrung liturgischer Geräte

Salomonische Säule – Im spanischen Barock häufig vorkommende Form einer gedrehten → Säule. Ihr Name geht zurück auf Säulen, die Salomons Tempel in Jerusalem schmückten und von dort nach Rom verbracht wurden, um den → Baldachin am Hauptaltar Alt Sankt Peters zu tragen; Symbol der Kontinuität von Juden- und Christentum

Sarkophag – Prunksarg

Satteldach – Das Sattel- oder Giebeldach besteht aus zwei schräg gegeneinander gestellten Dachflächen

Säule – Senkrecht stehendes, sich nach oben verjüngendes Stützglied mit kreisförmigem Querschnitt, meist gegliedert in Basis, Schaft, → Kapitell. 1. *Säulen dorischer Ordnung:* keine Basis, Schaft mit 16–20 → Kanneluren, dorisches → Kapitell. 2. *Säule der toskanischen Ordnung:* Basis, Schaft häufig ohne → Kanneluren, Halsring unter einem toskanischen → Kapitell. 3. *Säulen der ionischen Ordnung:* Basis (quadratische Sockelplatte, Hohlkehle und zwei kreisförmige Wülste), Schaft mit bis zu 24 → Kanneluren, ionisches → Kapitell. 4. *Säule der korinthischen Ordnung:* Sonderform der kleinasiatischen ionischen Säule mit korinthischem → Kapitell

Schanze – Kleines, geschlossenes Festungswerk mit → Bastionen vor der eigentlichen Hauptfestung

Schematische Kunst – Etwa 4. Jt. v. Chr. (Endphase der Bronzezeit); Stil von Felszeichnungen in Nordwest- und Südspanien

Schisma – Kirchenspaltung

Schlußstein – Oberster, als letzter eingesetzter Stein eines Bogens oder eines Kreuzrippengewölbes (→ Gewölbe). Oft mit Ornamenten (Wappen, Köpfe, Tiere usw.) geschmückt

Schrein – Kunstvoll gearbeiteter, dekorierter eckiger Behälter

Sediment – Schicht- oder Ablagerungsgestein, das sich aus Ablagerungen (Sand, Schlick, Kies) gebildet hat: z. B. Sandstein, Grauwacke, Gipsgestein, Kohle usw.

Stalaktitengewölbe – Gewölbe, dessen Form an herabhängende Tropfsteine erinnert (islamische Baukunst) → Zellenpendentif

Sterngewölbe – Gewölbe, bei dem die Rippen eines → Joches Sternform bilden

Stirn – Vorder- und Rückenfläche des Bogens

Strebebogen – Bogen, der den → Strebepfeiler mit der zu stützenden Mauer verbindet und über den der Gewölbeschub in den Strebepfeiler geleitet wird

Strebepfeiler – Ein quer zur Längsflucht eines Gebäudes stehender Pfeiler; dient der Verstärkung hoher Mauern und der Ableitung von Schubkräften

Strebewerk – Bestehend aus → Strebepfeilern und -bogen, die ein Stützsystem bilden, um den Schub der Mauern oder/und des → Gewölbes abzufangen und abzuleiten

Stuck – Gut formbares und schnell härtendes Gemisch aus Gips, Kalk, Sand und Wasser; zur Dekoration von Innenräumen, aber auch als Werkstoff für Skulpturen und → Reliefs verwendet (in die Form gegossen oder handgeformt)

Stütze – Stützendes Bauglied, z. B. → Säule, → Pfeiler

Stylobat – Oberste Stufe des Tempelunterbaus, auf die → Säulen errichtet werden

Tabernakel – Gehäuse zur Aufbewahrung geweihter Hostien. In der Gotik zum → Sakramentshäuschen ausgestaltet

Taifas (arab.) – Teilstaaten, in die das Kalifat von Andalusien 1031–46 zerfiel

Tenebrismus, Tenebroso-Stil (span.) – Hell-Dunkel-Malerei, gekennzeichnet durch eine Vermischung von Realismus, Mystizismus und Dramatik; berühmter Vertreter Francisco Ribalta (1565–1628)

Traufe – Waagerechte Kante, eines Dachvorsprungs an der Längsseite des Daches, parallel zum First verlaufend, dient dem Ablaufen des Regenwassers

Triptychon – Dreiteiliges Altarbild, bestehend aus Mittelbild und Seitenflügeln

Trompe – Halb-hohlkehlförmiges Bauglied, das vom quadratischen Unterbau in das Rund der Kuppel überleitet; → Pendentif

Tympanon – 1. Bogenfeld über einem mittelalterlichen Portal, meist mit plastischem Schmuck. 2. Giebelfeld eines antiken Tempels, mit oder ohne plastischem Schmuck

Urbanización (span.) – Wohnsiedlung, Touristensiedlung

Vega (span.) – Bezeichnung für weiträumig bewässertes Kulturland in Spanien, wird oft mit dem Begriff → *huerta* gleichbedeutend benutzt, bezeichnet jedoch im engeren Sinne spanische Bewässerungsgebiete mit arabischer Kulturtradition

Vierpaß – Der Paß ist der Kreisbogen des gotischen → Maßwerks. Nach der Zahl der Kreisbögen unterscheidet man Drei-, Vier-, Vielpaß

Vierung – Der Ort der Durchdringung von → Längs- und → Querschiff einer Kirche

Vierungspfeiler – Die meist verstärkten Pfeiler an den vier Ecken der → Vierung

Vierungskuppel – Kuppel über der → Vierung

Volute – Spiraliges oder schneckenförmiges Ornament an → Kapitellen der ionischen Ordnung; in Renaissance und Barock werden sie auch an Giebeln und Konsolen angebracht

Zellenpendentif – → Pendentif aus → Mukarnas-Elementen, z. B. beim → Stalaktitengewölbe

Zyklopenmauerwerk – Aus unregelmäßigen Felsblöcken und Bruchstein sorgfältig geschichtetes Mauerwerk

Register

Ortsregister

Personenregister

Alfons X. (König von Kastilien und León;
reg. 1252–84) 232
Alfons XII. (König von Spanien;
reg. 1874–85) 44, 135, 318
Alfons XIII. (König von Spanien;
reg. 1886–1931) 45
Almansûr (Feldherr) 34, 318
Almeida, E. de (Bischof) 298
Alomiquez, J. de (Maler) 285
Amadeus von Aosta (König von Spanien;
reg. 1870–73) 44
Angel, M. (Baumeister) 295
Anglés, J. (Bildhauer) 286, 287, 288
Antonelli, J. B. (Architekt) **114**, 242, 269
Augustus (röm. Kaiser;
reg. 27 v.–14 n. Chr.) 31

Baglietto, L. (Maler) 297
Balaguer, P. (Baumeister) 176, 189
Barrio, Don M. (Bischof) 296 f.
Baylón, P. (Ordensbruder, Heiliger)
131 f.
Beli, J. (Maler) 121
Belluga, L. de (Bischof) 291
Beltrán, D. (Bildhauer) 298
Beltrán, V. (Bildhauer) 193
Benedikt XIII. (Papst) **96 f.**, 114, 115,
116 f., 122, 181, 187, 238
Benlliure, M. (Maler, Bildhauer) 281
Berenguer (General) 45
Bermejo, B. (Maler) **72**, 130
Bernini, G. L. (Baumeister, Bildhauer)
175
Berruguete, A. G. de (Bildhauer, Archi-
tekt) **73**
Bertessi, J. (Maler) 193
Berwick und Liria, Herzog von 40, 196
Boabdil (eigentl. Abu Abd Allah Muham-
mad XII.; König von Granada;
reg. 1482/83, 1487–92) 37

Bonaparte, J. (König von Spanien;
reg. 1808–13) 43
Bonaparte, N. (König von Frankreich;
reg. 1804–14/15) 43, 318
Bonfill, P. (Architekt) 189
Borgia (Familie; span.: Borja) 72, 176,
179, 191, 198, 222
Borgia, A. de s. Calixtus III.
Borgia, F. (Jesuit) 179, 222, 223, 224
Borgia, J. B. (Bildhauer) 184, 239, 288
Borgia, R. de s. Alexander VI.
Borgoña, J. de (Maler) 169
Borja s. Borgia
Borrás, Fray N. (Maler) 77, 287
Bort y Melia, J. (Bildhauer, Architekt)
288, **293**, 296, 299
Bronchú (Maler) 235
Burgos, J. de (Architekt) 139
Busi, N. de (Bildhauer) 276
Bustamente, M. (Architekt) 298

Cabrera (General) 120
Cabrera (Maler) 235
Calixtus III. (Papst) 179, 191, 198, 283
Camacho, P. (Maler) 287
Carlos, Don (span. Thronanwärter) 43 f.,
318, 325
El Campesino s. Gonzalez, V.
Cano, A. (Bildhauer) 300
Caravaggio, M. da (Maler) 76, 186
Carbonell, C. (Architekt) 193
Carbrera, J. (Architekt) 190
Cardona, B. (Maler) 73, 269
Cardona, B. (Ordensmeister) 115
Cardona, J. (Maler) **73**, 90
Carducho, B. (Maler) 298
Cascó, V. (Architekt) 181
Castelar (y Ripoll), E. (Politiker, Schrift-
steller) 44, 318
Castell, I. (Maler) 285
Castelló, G. (Maler) 235

DuMont Kunst-Reiseführer

»Kunst- und kulturgeschichtlich Interessierten sind die DuMont Kunst-Reiseführer unentbehrliche Reisebegleiter geworden. Denn sie vermitteln, Text und Bild meist trefflich kombiniert, fundierte Einführungen in Geschichte und Kultur der jeweiligen Länder oder Städte, und sie erweisen sich gleichzeitig als praktische Führer.«   *Süddeutsche Zeitung*

Alle Titel in dieser Reihe:

Alle Bände mit vielen, zum Teil farbigen Abbildungen; dazu Zeichnungen, Karten, Grundrisse, praktische Reisehinweise.

»Richtig reisen«